해커스공무원

FINAL
봉투모의고사
공통과목 통합 국어+영어+한국사

약점 보완 해설집

해커스공무원

해커스공무원
gosi.Hackers.com

: 목차

특별 제공

 모바일 자동 채점 + 성적 분석 서비스
(OMR 카드 또는 해설의 QR 코드 스캔 후 이용 가능)

 OMR 카드 6회분
(교재 내 수록)

📄 **공통과목 핵심 마무리 체크(PDF)**
(해커스 공무원 홈페이지에서 다운로드 gosi.Hackers.com)

⊙ 정답 한눈에 보기

국어

01	③	06	①	11	①	16	③
02	④	07	①	12	④	17	④
03	③	08	②	13	④	18	②
04	③	09	③	14	②	19	②
05	③	10	①	15	③	20	②

영어

01	②	06	①	11	②	16	③
02	①	07	②	12	②	17	④
03	④	08	③	13	①	18	①
04	①	09	③	14	②	19	②
05	③	10	③	15	③	20	④

한국사

01	③	06	④	11	③	16	③
02	④	07	②	12	②	17	②
03	③	08	④	13	③	18	②
04	①	09	④	14	①	19	①
05	③	10	③	15	②	20	①

모바일 자동 채점 + 성적 분석 서비스
◀ QR 코드를 스캔하시면, 더욱 상세한 성적 분석 서비스 이용이 가능합니다.

⊙ 나의 모의고사 성적 셀프 체크

난이도	국어	중	체감 난이도	국어	
	영어	중		영어	
	한국사	중		한국사	
나의 점수	국어	/ 100점	풀이 시간	국어	/ 17분
	영어	/ 100점		영어	/ 27분
	한국사	/ 100점		한국사	/ 13분
	평균 점수	/ 100점		전체 풀이 시간	/ 57분

국어

01 어법 | 표준 언어 예절   난이도 중 ●●○

정답 설명

③ (손주에게) 민아야, 얼른 가서 어머니 좀 오시라고 해라(○): 자녀를 손주에게 말할 때는 어멈, 어미로 지칭하기보다는 '어머니'로 가리키는 것이 적절하다. 따라서 민아(손주)에게 자신의 딸을 어머니로 지칭한 것은 적절하다. 또한 '○○(손주)야, 어머니/아버지 좀 오라고 해라'와 같이 주체 높임 선어말 어미 '−시−'를 쓰지 않는 것을 기본으로 하나, 손주에게 '어머니/아버지'가 대우해서 표현해야 할 윗사람이라는 것을 알려 준다는 교육적인 차원에서 '−시−'를 넣어 사용할 수 있으므로 ③은 올바른 우리말 표현이다.

오답 분석

① (직장 상사에게) 한 해 동안 <u>수고 많으셨습니다</u>(×) → 한 해 동안 <u>고맙습니다</u>/한 해 동안 <u>함께 해 주셔서 고맙습니다</u>(○): '수고하다'라는 표현은 동료나 아랫사람에게 쓰는 말이므로 윗사람에게 쓰면 안 된다. 따라서 윗사람에게 고마움을 표현하기 위해서는 '고맙습니다'로 고쳐 써야 한다.

② (아내가 남편에게) <u>자기야</u>, 오늘 저녁은 나가서 먹을까?(×) → <u>여보</u>, 오늘 저녁은 나가서 먹을까?(○): 남편을 부를 때 '자기'라고 하는 것은 바람직하지 않다. 따라서 아내가 남편을 부를 때는 호칭을 '여보', '○○ 씨', '○○[자녀] 아빠', '○○[자녀] 아버지', '영감' 등으로 고쳐 써야 한다.

④ (직장에 전화를 걸어) 안녕하십니까? 김경호 씨 좀 바꿔 주시겠습니까?(×) → 안녕하십니까? <u>저는 ○○○입니다.</u> 김경호 씨 좀 바꿔 주시겠습니까?(○): 전화를 걸 때는 전화를 거는 사람이 먼저 인사를 하고 자신의 신분을 밝히는 것이 바람직하다. 따라서 '저는 ○○○입니다'와 같이 자신의 신분을 밝히는 표현을 추가해야 한다.

이것도 알면 합격!

자녀에 대한 지칭

대화 상대	혼인하지 않은 자녀	혼인한 자녀
당사자에게	○○(자녀 이름)	아범, □□(손주 이름) 아범, 아비, □□(손주 이름) 아비, 어멈, □□(외손주 이름) 어멈, 어미, □□(외손주 이름) 어미, ○○(자녀 이름)
가족, 친척에게	○○(자녀 이름)	아범, □□(손주 이름) 아범, 아비, □□(손주 이름) 아비, 어멈, □□(외손주 이름) 어멈, 어미, □□(외손주 이름) 어미, ○○(자녀 이름)
자녀의 직장 사람들에게	○○○ 씨, ○ 과장, ○○○ 과장, ○ 과장님, ○○○ 과장님	
그 밖의 사람들에게	○○(자녀 이름), 아들, 딸	

02 비문학 | 논지 전개 방식   난이도 중 ●●○

정답 설명

④ 제시문에서 정보화 사회는 지식과 정보가 소수에게 독점된 권위적인 사회로 이어질 수 있다는 문제에 대해 설명하고 있으나, 그에 대한 구체적인 사례를 제시하고 있지는 않으므로 답은 ④이다.

오답 분석

① 끝에서 1~6번째 줄을 통해 타인에 의해 평가된 정보만을 가치 있게 여기는 사람이 많아질수록(원인) 특정 분야에 대한 전문성을 갖춘 소수에게 엄청난 권력이 부여되게 될 것임(결과)을 제시하여 앞으로의 사회가 권위적인 사회가 될 것임(전망)을 서술하고 있으므로, 인과적 분석을 통해 미래를 전망하고 있음을 알 수 있다.

[관련 부분] 다른 사람에 의해 이미 평가된 정보만을 가치 있게 여기고 스스로 정보에 대한 평가나 판단을 유보하는 사람들이 많아질수록 그 사회는 특정 분야에 대한 전문성을 갖춘 소수에게 엄청난 권력을 부여하게 되며, 결국 지식과 정보가 소수에게 독점된 권위적 사회가 될 것이다.

② 1~3번째 줄을 통해 '정보화 사회'에 대한 개념을 밝혀 독자의 이해를 돕고 있음을 알 수 있다.

[관련 부분] 정보화 사회란 ~ 사회나 경제가 운영되고 발전되어 가는 사회이다.

③ 3~7번째 줄을 통해 기존 사회 학자들이 예상한 것과 실제 현상 간의 차이를 밝히고 있음을 알 수 있다.

[관련 부분] 그동안 사회학자들은 정보를 많이 갖게 될수록 주체적인 생활을 할 수 있을 것이라고 예상해 왔다. 그러나 ~ 사람들은 정보를 평가하기를 포기하고 몇몇 사람이 내린 평가에 의존하게 되었다.

03 문학 | 작품의 종합적 감상 (한시)   난이도 중 ●●○

정답 설명

③ © '주인'은 가난하지만 정(情)을 베풀 줄 아는 인물로, 여고(旅苦)에 지친 화자에게 '멀건 죽 한 그릇'을 대접하는 긍정적인 대상이다. 따라서 화자에게 시련을 주는 부정적인 존재가 아니므로 적절하지 않은 것은 ③이다.

오답 분석

① ㉠ '멀건 죽 한 그릇'은 주인이 화자에게 베푸는 소박한 인정을 의미하므로 적절하다.

② ㉡ '하늘빛과 구름 그림자'는 방랑하는 화자의 자유로운 삶을 상징함을 알 수 있다.

④ 방랑 중인 화자는 '주인'이 준 '멀건 죽 한 그릇'을 받고는 죽 그릇 안에 비친 청산이 좋다며 삶에 대한 만족감을 해학적으로 표현하고 있다. 따라서 ㉢ '얼비쳐 오는 청산 내사 좋으니'는 화자의 안분지족하는 삶의 태도를 드러낸 것임을 알 수 있다.

• 안분지족(安分知足): 편안한 마음으로 제 분수를 지키며 만족할 줄 앎

🎓 이것도 알면 합격!

김병연, 「무제」의 주제와 특징
1. 주제: 탈속적 인생관과 안분지족하는 삶의 태도
2. 특징
   • 독특한 발상을 통해 안분지족하는 삶의 태도를 드러냄
   • 시각적 심상을 통해 자신의 처지를 해학적으로 표현함

04 문학 | 작품의 내용 파악　난이도 하 ●○○

정답 설명

③ '옥화'는 여수로 떠나는 '영감'에게 여수에서의 삶이 여의찮으면 함께 살자고 이야기할 뿐, '영감'이 다시 돌아올 것을 예상하는 부분은 제시문에 드러나지 않으므로 적절하지 않다.

오답 분석

① 여수로 떠나면 다시는 볼 수 없을 것이라는 '옥화'의 말에 '영감'은 사람의 일은 알 수 없고, 인연이 있으면 다시 만날 것이라고 말하고 있다. 이를 통해 '영감'은 운명론적인 사고방식을 지니고 있음을 알 수 있다.

② '계연'과 원치 않는 이별을 하게 된 '성기'의 눈에 불꽃이 타올랐다는 장면을 통해 '성기'가 '계연'과의 사랑이 좌절된 데에서 안타까움과 분노를 느끼고 있음을 알 수 있다.

④ '계연'은 '오빠, 편히 잘 사시오'를 반복하며 '성기'에 대한 미련을 드러내고 '성기'와 헤어지고 싶지 않은 마음에 기적 같은 구원을 기다리며 '성기'가 자신을 붙잡아 주기를 바라고 있음을 알 수 있다.

🎓 이것도 알면 합격!

김동리, 「역마」의 주제와 특징
1. 주제: 운명에의 순응하는 삶
2. 특징
   • 한국적인 운명관을 바탕으로 개인과 운명의 갈등을 그려 냄
   • '화개장터'를 배경으로 '인생(人生)'과 '길(道)'의 유사성을 드러냄

05 비문학 | 작문 (고쳐쓰기)　난이도 하 ●○○

정답 설명

③ ⓒ의 앞 문장을 통해 '샐러드 볼(Salad Bowl) 이론'이 소수 집단을 문화적으로 억압하는 것에 대한 대안임을 알 수 있고, ⓒ이 포함된 문장을 통해 각 문화의 고유성과 다양성을 존중하는 이론임을 알 수 있다. 따라서 ⓒ '대등한'을 '수많은 사람의 무리를 중심으로 한'을 뜻하는 '대중적'으로 고치는 것은 적절하지 않다.

오답 분석

① ㉠이 포함된 문장의 앞 문장에서 '용광로(Melting Pot) 이론'이 이민자들의 문화가 지배적인 문화에 '동화'되는 것이라고 하였으므로 ㉠ '부분적인'을 '완전한'으로 고쳐 쓰는 것은 적절하다.
   • 동화(同化): 성질, 양식(樣式), 사상 등이 다르던 것이 서로 같게 됨.

② ⓒ이 포함된 문장에서 '용광로(Melting Pot) 이론'은 이민자 개개인의 문화와 개성보다는 지배 집단의 문화를 중심으로 한다고 하였으므로, '공평하고 올바른 성질'을 뜻하는 ⓒ '공정성'을 '여러 개의 사물이 굳게 뭉쳐 하나의 사물로 기능하는 특성'을 뜻하는 '통합성'으로 고쳐 쓰는 것은 적절하다.

④ ⓔ의 앞 문장에서 '샐러드 볼(Salad Bowl) 이론'은 각 문화의 고유성과 다양성을 존중한다고 하였고 이를 통해 문화를 '창출'할 수 있다고 하였다. 따라서 '늘 써서 버릇이 되다시피 한'을 뜻하는 ⓔ '상투적'을 '다른 것을 모방함이 없이 새로운 것을 처음으로 만들어 내거나 생각해 내는'을 뜻하는 '독창적'으로 고쳐 쓰는 것은 적절하다.
   • 창출(創出): 전에 없던 것을 처음으로 생각하여 지어내거나 만들어 냄

06 비문학 | 내용 추론　난이도 중 ●●○

정답 설명

① 1문단 1~3번째 줄에서 포퍼는 지식을 경험과 무관한 수학적/논리학 지식과 경험에 의존하는 과학적 지식으로 구분했음을 알 수 있다. 이를 통해 포퍼는 수학적 지식이나 논리학 지식이 경험 외의 방법으로 증명할 수 있는 지식이라고 생각했음을 알 수 있으므로 ①은 적절한 추론이다.

오답 분석

② 1문단 끝에서 3~5번째 줄에서 포퍼는 가설이 과학적 방법에 의해 시험되어 증명될 수 있다고 주장했음을 알 수 있다. 그러나 과학적 방법은 가설을 시험하는 수단일 뿐, 과학적 방법의 유무를 통해 예측의 성공 여부는 알 수 없으므로 ②는 적절하지 않은 추론이다.

③ 1문단 끝에서 1~3번째 줄에서 논리 실증주의자들은 예측이 맞을 경우 그 예측을 도출한 가설을 새로운 지식으로 추가할 수 있다고 하였다. 이를 통해 예측이 실패할 경우에는 예측을 도출한 가설이 새로운 지식에 추가될 수 없을 것임을 추론할 수 있다. 그러나 제시문을 통해 논리 실증주의자들이 여러 조건들을 고려해 예측 실패의 원인을 밝힐 수 있다고 생각하는지는 알 수 없으므로 ③은 적절하지 않은 추론이다.

④ 2문단을 통해 콰인은 가설에서 예측을 논리적으로 도출하기 위해서는 기존의 지식들뿐만 아니라 여러 조건(변수)을 고려해야 한다고 주장했음을 알 수 있다. 따라서 가설에서 도출된 예측이 변수가 없기 때문에 논리적이라는 ④는 적절하지 않은 추론이다.

07 문학 | 시구의 의미　난이도 하 ●○○

정답 설명

① 제시된 작품에서 화자는 '당신'을 기다리며 심의, 도포, 자리옷 등 '당신'에게 줄 옷을 정성스럽게 지어 놓았다. 이처럼 화자는 옷을 짓는 행위로 '당신'에 대한 정성과 사랑을 드러내고 있으므로 ㉠ '옷을 다 지어 놓았습니다'가 임에 대한 사랑의 표현이라는 ①의 이해는 적절하다.

오답 분석

② 화자는 마음이 아플 때 '수놓기'를 하면 '맑은 노래'가 자신의 마음이 된다고 표현한다. 이를 통해 '수놓기'는 화자가 마음을 정화하는 방법이자 사랑하는 임을 기다리는 행위를 의미함을 알 수 있다. 즉 '수놓는 금실'은 '수놓기'를 완성하기 위한 도구이며 임을 사랑하고 있는, 임의 실상을 구현해 나가는 화자의 분신이므로 ⓒ '수놓는 금실'이 '임의 분신'이라는 ②는 적절하지 않다.

③ 화자는 '당신'이 부재한 상황에서 수를 놓으며 정신을 수양하고 있고 그 과정의 결과물로 ⓒ '맑은 노래'를 얻는다. 다시 말해, 화자에게 '수놓기'는 임을 기다리며 마음을 다스리는 방법이라고 할 수 있고 그 결과물인 ⓒ'맑은 노래'는 번뇌를 견뎌 낸 후 얻게 되는 '마음의 정화와 위안'임을 알 수 있다. 따라서 ⓒ '맑은 노래'가 '임의 응답'이라는 ③은 적절하지 않다.

④ 화자에게 주머니에 수를 놓는 것은 당신을 기다리는 행위임과 동시에 그에 대한 정성과 사랑을 표현하는 행위이다. 이러한 점에서 미루어 볼 때, 주머니를 완성한다는 것은 당신을 기다리는 행위의 종결을 뜻하므로 ⓔ '짓고 싶어서 다 짓지 않는 것'은 당신에 대한 영원한 사랑을 역설적으로 강조하는 것임을 알 수 있다. 따라서 ⓔ '짓고 싶어서 다 짓지 않는 것'이 화자의 저항 의지를 나타낸다는 ④는 적절하지 않다.

📝 이것도 알면 합격!

한용운, 『수의 비밀』의 주제와 특징
1. 주제: 수(繡)에 담긴 임에 대한 화자의 사랑
2. 특징
   • 경어체를 통해 화자의 정서를 표현함
   • 역설법을 사용하여 임에 대한 화자의 사랑을 강조함

08 비문학 | 화법 (말하기 전략) 난이도 하 ●○○

정답 설명

② '현우'는 3번째 발화에서 자신이 알려 준 공부법을 적용했을 때 예상되는 문제점(적응 시간 필요)을 언급한 후 이에 대한 해결 방안(자투리 시간 활용)과 효과(공부에 대한 부담 감소, 효율적인 시간 활용, 성적 향상)를 함께 제시하고 있으므로 답은 ②이다.

09 비문학 | 세부 내용 파악 난이도 하 ●○○

정답 설명

③ 3문단 끝에서 1~3번째 줄을 통해 비축 농지 장기 임대 우선 지원의 혜택을 받을 수 있는 대상은 '교육 과정을 수료한 청년 창업농'임을 알 수 있다. 따라서 모든 교육생이 비축 농지 장기 임대 시 우선 지원 대상이라는 ③은 적절하지 않다.

[관련 부분] 교육 과정을 수료한 청년 창업농에게는 ~ 비축 농지 장기 임대 우선 지원의 혜택이 주어진다.

오답 분석

① 2문단 3~5번째 줄을 통해 알 수 있다.

[관련 부분] 교육생별 영농 지식수준에 따라 3개월 내지 8개월의 입문 교육과 교육형 실습 교육을 수강한 후.

② 1문단 끝에서 1~2번째 줄을 통해 알 수 있다.

[관련 부분] 전공에 관계없이 창업농을 희망하는 청년이라면 누구든지 지원할 수 있다.

④ 2문단 끝에서 1~2번째 줄을 통해 알 수 있다.

[관련 부분] 현장 실습과 경영 실습 과정에는 스마트팜 전문 컨설턴트의 현장 지도와 자문을 받으면서 영농을 할 수 있다

※ 출처: 농림축산식품부(www.mafra.go.kr)

10 어법 | 옛말의 문법 (어휘의 변천) 난이도 중 ●●○

정답 설명

① 슬프다: '슬프다'의 옛말인 '슳다'의 어근 '슳-'에 형용사 파생 접미사 '-브-'가 결합한 뒤 'ㅎ'과 'ㅂ'의 축약이 일어나 'ㅍ'이 되어 '슬프다'로 바뀐 말이므로 ①의 설명은 적절하지 않다.

오답 분석

② 싸다: '싸다'의 옛말인 'ᄊᆞ다'는 중세 국어와 근대 국어에서 '값이 있다', '그 값에 해당하다', '그 정도의 값어치가 있다'와 같은 의미로 쓰이다가 20세기 이후에는 '물건 값이나 사람 또는 물건을 쓰는 데 드는 비용이 보통보다 낮다'의 의미로 사용되게 되었다.

③ 배꼽: '배꼽'의 옛말인 '빗복'은 '비[腹] + ㅅ(관형격 조사) + 복'이 결합한 합성어로, 18세기에 두 번째 음절의 첫소리 'ㅂ'과 끝소리 'ㄱ'이 서로 도치되어 '빗곱'이 되었다. 이와 더불어 18세기에 'ㆍ'가 'ㅏ'로 바뀜에 따라 'ㅐ'가 되었고, 첫 번째 음절의 끝소리 'ㅅ'의 영향으로 두 번째 음절의 첫소리 'ㄱ'이 된소리 'ㄲ'으로 바뀌면서 오늘날 '배꼽'이 된 것이다.

④ 좁쌀: '좁쌀'의 옛말인 '조ᄡᆞᆯ'은 '조 + ᄡᆞᆯ[米]'이 결합한 것으로, 중세 국어 시기에 어두 자음군 'ㅄ'에서 'ㅂ'이 앞 음절 종성으로 이동하여 '좁ᄊᆞᆯ'이 되었다. 이후 근대 국어 시기에 어두 자음군이 사라지면서 'ㅄ'이 된소리 'ㅆ'로 바뀌었고 18세기에 'ㆍ'가 'ㅏ'로 바뀌면서 오늘날 '좁쌀'이 된 것이다.

11 비문학 | 주제 및 중심 내용 파악 난이도 중 ●●○

정답 설명

① 제시문은 1문단에서 '세대 차이'의 개념과 발생 원인을 설명하고 2문단에서 '세대 차이'를 극복하기 위해 필요한 부모의 노력들에 대해 설명하고 있다. 따라서 글의 주제로 가장 적절한 것은 ①이다.

오답 분석

② 제시문에 제시되어 있지 않은 내용이므로 적절하지 않다.

③ 1문단 3~5번째 줄에서 가치관의 차이는 연령과 경험의 차이에서 비롯됨을 알 수 있으나, 제시문의 전체 내용을 포괄하지 못하므로 적절하지 않다.

[관련 부분] 이때 연령이나 경험에 따라 발생하는 가치관의 차이를 '세대 차이'라고 하는데.

④ 2문단에서 '세대 차이'를 줄이기 위한 방법으로 부모가 자녀의 말에 귀를 기울일 것, 자녀의 가치관을 이해하기 위해 노력할 것, 자녀에게 강조한 말들을 실천할 것, 자녀를 독립적이고 성숙한 존재로 인정하고 존중할 것을 제시하고 있을 뿐 자녀가 부모의 가치관을 수용해야 한다는 설명은 제시되어 있지 않다.

정답 설명

④ (라) – (나) – (가) – (다)의 순서가 가장 자연스럽다.

순서	중심 내용	순서 판단의 단서와 근거
(라)	'수원 화성 국제 연극제'가 '화성의 꿈, 시민낙락'을 주제로 수원 곳곳에서 열림	지시 표현이나 접속어로 시작하지 않으며 중심 화제인 '수원 화성 국제 연극제'에 대해 언급함
(나)	'수원 화성 국제 연극제'는 8일 동안 여러 국가의 연극 작품을 상연함	(라)에서 언급한 '수원 화성 국제 연극제'의 진행 일정과 프로그램을 제시함
(가)	'수원 화성 국제 연극제'는 시민 참여가 가능한 다양한 축제 행사를 진행함	접속어 '또한': (나)에서 제시한 프로그램 외의 추가로 진행되는 프로그램을 제시함
(다)	'수원 화성 국제 연극제'의 발전을 기원하며 꾸준한 노력을 독려함	키워드 '앞으로도': (나)와 (가)에서 언급했던 노력들과 같이 미래에도 꾸준히 노력할 것을 독려함

※ 출처: 대한민국 문화체육관광부(www.mcst.go.kr)

정답 설명

④ 묘책(妙策: 묘할 묘, 꾀 책): '매우 교묘한 꾀'를 뜻하는 말로, 동물과 관련된 말이 포함되지 않았다.

오답 분석

① 사족(蛇足: 긴 뱀 사, 발 족): 동물과 관련된 말인 '긴 뱀[蛇]'을 포함하고 있으며, 이때의 '사족'은 '뱀을 다 그리고 나서 있지도 않은 발을 덧붙여 그려 넣는다는 뜻으로, 쓸데없는 군짓을 하여 도리어 잘못되게 함을 이르는 말'이다.

② 잠식(蠶食: 누에 잠, 밥 식): 동물과 관련된 말인 '누에[蠶]'를 포함하고 있으며, 이때의 '잠식'은 '누에가 뽕잎을 먹듯이 점차 조금씩 침략하여 먹어 들어감'을 뜻하는 말이다.

③ 낭패(狼狽: 이리 낭, 이리 패): 동물과 관련된 말인 '이리[狼], [狽]'를 포함하고 있으며, 이때의 '낭패'는 '계획한 일이 실패로 돌아가거나 기대에 어긋나 매우 딱하게 됨'을 뜻하는 말이다.

정답 설명

② ㉠ '채봉'은 부모가 자신이 재상의 첩이 되길 바라는 것을 알면서도 '차라리 닭의 입이 될지언정 소의 뒤 되기는 바라는 바가 아닙니다'라고 말하며 부모의 뜻에 반대하고 있다. 또한 ㉡ '공주'는 평강왕이 상부(上部) 고씨(高氏)에게 시집을 보내려 하자 '대왕의 명령이 잘못되었사오니 소녀는 받들지 못하겠습니다'라고 말하며 왕의 뜻을 거역하고 있으므로 ㉠ '채봉'과 ㉡ '공주'는 각각 부모와 왕에게 모두 순응하지 않음을 알 수 있다.

오답 분석

① ㉠ '채봉'과 ㉡ '공주' 두 인물 모두 부모의 말을 수동적으로 따르는 것이 아닌 스스로 판단하여 자신의 배필을 선택한다는 점에서 주체적인 삶의 태도를 지니고 있음을 알 수 있다.

③ ㉠ '채봉'은 부모가 자신이 재상의 첩이 되길 바라는 것을 알면서도 자신의 연인인 장필성을 떠올리며 부모의 말을 거역한다. 이를 통해 ㉠ '채봉'은 배필을 선택할 때 재력(財力)보다 자신의 사랑을 더 소중히 여김을 알 수 있다.

④ ㉡ '공주'는 평강왕이 자신에게 어렸을 때부터 번번이 말해 왔던 것을 지키지 않자 이를 비판하며 '식언(食言)'이나 '희언(戲言)'을 해서는 안 된다고 말하고 있으므로 '신의(信義)'를 가장 중요한 덕목으로 여기고 있음을 알 수 있다.

• 신의(信義): 믿음과 의리를 아울러 이르는 말

• 식언(食言): 한번 입 밖에 낸 말을 도로 입 속에 넣는다는 뜻으로, 약속한 말대로 지키지 않음을 이르는 말

• 희언(戲言): 웃음거리로 하는 실없는 말

🦔 **이것도 알면 합격!**

제시된 작품들의 주제와 특징

(가)	작자 미상, 『채봉감별곡』 1. 주제: 권세에 굴복하지 않는 남녀의 진실된 사랑 2. 특징 　• 스스로 자신의 운명을 정하는 근대적 여성상이 나타남 　• 매관매직(賣官賣職)이 팽배했던 조선 후기 사회의 부패상을 드러냄
(나)	작자 미상, 『온달전』 1. 주제: 온달의 출세와 평강 공주의 주체적인 삶 2. 특징 　• 역사 속 실존 인물과 관련된 설화를 전기 형식으로 기록함 　• 여성의 주체 의식, 신분 상승 욕구와 같은 민중 의식이 드러남

정답 설명

③ 예스러운(○): '옛것과 같은 맛이나 멋이 있다'를 뜻하는 말은 '예스럽다'로 표기해야 한다. '옛스럽다'는 '예스럽다'의 비표준어이다. 참고로, '옛'은 관형사이고 '예'는 명사인데 이때 형용사 파생 접미사 '-스럽다'는 명사, 명사성 어근과 주로 결합하므로 명사 '예'와 결합하여 써야 한다.

오답 분석

① 개인(×) → 갠(○): '흐리거나 궂은 날씨가 맑아지다'를 뜻하는 말은 '개다'이므로 '갠'이 바른 표기이다. '개이다'는 '개다'의 비표준어이다.

② 추스리고(×) → 추스르고(○): '일이나 생각 등을 수습하여 처리하다'를 뜻하는 말은 '추스르다'이므로 '추스르고'가 바른 표기이다.

④ 깔아진다(×) → 까라진다(○): '기운이 빠져 축 늘어지다'를 뜻하는 말은 '까라지다'이므로 '까라진다'가 바른 표기이다.

16 어휘 | 한자어 (한자어의 표기)   난이도 상 ●●●

정답 설명

③ 부작용(不作用: 아닐 부, 지을 작, 쓸 용)(×) → 부작용(副作用: 버금 부, 지을 작, 쓸 용)(○): '어떤 일에 부수적으로 일어나는 바람직하지 못한 일'을 뜻하는 '부작용'의 '부'는 '副(버금 부)'를 써야 한다. 따라서 한자 표기가 옳지 않은 것은 ③이다.

오답 분석

① 부활(復活: 다시 부, 살 활): 쇠퇴하거나 폐지한 것이 다시 성하게 됨. 또는 그렇게 함

② 부조리(不條理: 아닐 부, 가지 조, 다스릴 리): 1. 이치에 맞지 않거나 도리에 어긋남. 또는 그런 일 2. '부정행위'를 완곡하게 이르는 말

④ 불혹(不惑: 아닐 불, 미혹할 혹): 마흔 살을 달리 이르는 말

17 비문학 | 세부 내용 파악   난이도 하 ●○○

정답 설명

④ 3문단을 통해 '앤디 워홀'이 작품 창작에 다양한 기법을 사용했음을 알 수 있을 뿐, '팝 아트'의 기법을 정했다는 부분은 찾을 수 없다. 또한 3문단 끝에서 1~2번째 줄에서 '팝 아트'에는 정해진 기법이 존재하지 않았다고 하였으므로 글에 대한 이해로 적절하지 않다.

[관련 부분] 팝 아트에 있어 정해진 기법은 존재하지 않았다.

오답 분석

① 1문단 끝에서 1~4번째 줄을 통해 알 수 있다.

[관련 부분] 이러한 새로운 물결은 대중이 매체를 친숙하게 여기는 계기가 되었으며, 이에 일부 예술가들은 ~ '팝 아트(pop art)'를 탄생시켰다.

② 2문단 끝에서 2~3번째 줄을 통해 알 수 있다.

[관련 부분] (팝 아트 작가들은) 예술 작품을 대량으로 복제했다. 즉, 작품의 유일성, 독창성에 대한 관념을 파괴하고

③ 2문단 1~3번째 줄을 통해 알 수 있다.

[관련 부분] 1960년대 팝 아트가 등장하기 전까지 ~ 당시 예술 작품은 추상성이 짙고 난해해 엘리트 계층의 전유물에 불과했다.

18 어휘 | 한자 성어   난이도 중 ●●○

정답 설명

② 밑줄 친 부분은 모차르트가 죽은 후에도 그의 명성과 명곡이 후대에도 전해지고 있음을 제시하고 있다. 따라서 밑줄 친 부분에 어울리는 한자 성어로 가장 적절한 것은 ② '유방백세(流芳百世)'이다.

• 流芳百世(유방백세): 꽃다운 이름이 후세에 길이 전함

오답 분석

① 面從腹背(면종복배): 겉으로는 복종하는 체하면서 내심으로는 배반함

③ 囊中之錐(낭중지추): 주머니 속의 송곳이라는 뜻으로, 재능이 뛰어난 사람은 숨어 있어도 저절로 사람들에게 알려짐을 이르는 말

④ 有名無實(유명무실): 이름만 그럴듯하고 실속은 없음

19 비문학 | 세부 내용 파악   난이도 하 ●○○

정답 설명

② 1문단 1번째 줄에서 '시간'은 인류의 역사 속에 항상 존재해 왔음을 알 수 있고, 2문단 1~3번째 줄에서 산업 혁명 이전에도 태양의 움직임과 계절의 변화와 같은 자연스러운 시간의 변화에 따라 사람들의 생활양식이 달라졌음을 알 수 있다. 따라서 ②는 제시문에 대한 이해로 적절하지 않다.

[관련 부분]
• '시간'은 인류의 역사와 항상 함께였지만,
• 산업 혁명 이전의 사람들은 태양이 떠 있을 때 일을 하고 태양이 지면 으레 잠이 들었다. 수확이 적은 겨울에는 충분한 수면을 취하고, 수확 시기에는 잠을 줄이고 낮잠으로 피로를 풀었다.

오답 분석

① 1문단 1~2번째 줄을 통해 알 수 있다.

[관련 부분] 현재 우리가 '시간'이라고 생각하는 개념은 사실 산업 혁명 시대의 발명품이다.

③ 2문단 끝에서 1~2번째 줄을 통해 알 수 있다.

[관련 부분] 즉 작업 생산성을 높이기 위해 노동자들이 시간 감각을 느끼지 못하게 한 것이다.

④ 3문단 2~4번째 줄을 통해 알 수 있다.

[관련 부분] 노동자들은 고용주에게 표준화된 근무 시간을 요구하였다. 이와 같이 인간으로서 최소한의 권리를 보장받기 위한 투쟁은 끊임없이 지속되었고,

20 비문학 | 내용 추론   난이도 중 ●●○

정답 설명

② 제시문을 통해 추론할 수 있는 내용은 ㄴ이다.

• ㄴ: 1문단 4번째 줄에서 '명제'와 '사태'는 대응함을 알 수 있고, 2문단 3~4번째 줄에서 '사태'가 실제로 일어나 '사실'이 되면 그것을 기술한 '명제'는 참이 된다고 설명하고 있다. 따라서 '명제'가 실제로 발생한 '사태'와 대응한다면 해당 '명제'의 진위를 참이라고 판단할 수 있으므로 'ㄴ'은 적절한 추론이다.

오답 분석

• ㄱ: 2문단 1~5번째 줄에서 참인 '명제'와 거짓인 '명제'의 구분은 '명제'가 기술한 '사태'가 실제로 일어났는지의 여부에 의해 판단함을 알 수 있다. 또한 2문단 끝에서 3~7번째 줄에서 '의미 있는 명제'와 '의미 없는 명제'의 구분은 명제가 언급하는 것이 실재하는 '대상'이나 '사태'에 관한 것인지의 여부에 의해 판단함을 알 수 있다. 하지만 제시문에서 '명제'의 참 혹은 거짓의 가능성에 따라 '의미 있는 명제' 혹은 '의미 없는 명제'가 될 수 있는 확률에 대한 내용은 확인할 수 없으므로 'ㄱ'은 적절하지 않은 추론이다.

• ㄷ: 2문단에서 어떤 '명제'가 실재하는 '대상'이나 '사태'에 대해 언급하면 그 진위를 따질 수 있는 '의미 있는 명제'가 되며, 어떤 '명제'가 실재하지 않는 '대상'이나 '사태'가 아닌 것에 대해 언급하면 그 진위를 따질 수 없는 '의미 없는 명제'가 됨을 설명하고 있다. 따라서 실제로 존재하는 '대상'을 언급한 '명제'는 진위 여부와 관계없이 '의미 있는 명제'가 되며, '의미 없는 명제'는 진위 여부 자체를 판단할 수 없으므로 'ㄷ'은 적절하지 않은 추론이다.

영어

01 어휘 | lucrative = profitable
난이도 하 ●○○

해석

후원을 받은 소셜 미디어 게시글은 충성스러운 추종자들을 가진 인플루언서들에게 수익성이 좋은 것으로 판명되었다.

① 편리한
② 수익성이 있는
③ 적절한
④ 도덕적인

정답 ②

어휘

sponsor 후원하다 post 게시글 lucrative 수익성이 좋은, 벌이가 되는
influencer 인플루언서, 영향력이 있는 사람 following 추종자, 팬
convenient 편리한 profitable 수익성이 있는 appropriate 적절한
virtuous 도덕적인

이것도 알면 합격!

lucrative(수익성이 좋은)의 유의어
= money-making, profit-making, remunerative

02 어휘 | vanish = disappear
난이도 중 ●●○

해석

건기 동안, 그 지역의 연못과 작은 호수들은 사라진다.

① 사라지다
② 방향을 바꾸다
③ 나오다
④ 확대되다

정답 ①

어휘

dry season 건기 pond 연못 vanish 사라지다, 없어지다
swerve 방향을 바꾸다 emerge 나오다, 드러나다 expand 확대되다

이것도 알면 합격!

vanish(사라지다)와 유사한 의미의 표현
= fade, wane, dissolve, clear out

03 어휘 | in accordance with = in conformity with
난이도 중 ●●●

해석

우리는 학생 안내서에 따라 학교에서 교복을 입어야 한다.

① ~을 기념하여
② ~에 반대하여
③ ~을 방해하여
④ ~에 따라

정답 ④

어휘

uniform 교복, 유니폼 in accordance with (규칙·지시 등에) 따라, ~에 부합되게
handbook 안내서

이것도 알면 합격!

in accordance with(~에 따라)와 유사한 의미의 표현
= conforming to, in compliance with

04 어휘 | bump into
난이도 하 ●○○

해석

나는 여행 중에 내가 아는 누군가와 우연히 마주칠 때 항상 놀란다.

① ~와 우연히 마주치다
② ~을 준수하다
③ ~에게서 이어받다
④ ~와 함께 성장하다

정답 ①

어휘

bump into ~와 우연히 마주치다 abide by ~을 준수하다, 따르다

이것도 알면 합격!

bump into(~와 우연히 마주치다)와 유사한 의미의 표현
= encounter, run into, come across

정답 설명

③ **주어와 동사의 수 일치 | 능동태·수동태 구별** 주어(The official rules)가 복수 명사이고, 주어와 동사 사이의 수식어 거품(of the game)은 동사의 수 결정에 영향을 주지 않으므로 단수 동사 has를 복수 동사 have로 고쳐야 한다. 또한, 주어(The official rules)와 동사가 '공식적인 규칙들이 무시되다'라는 의미의 수동 관계이므로 능동태 have often ignored를 수동태 have often been ignored로 고쳐야 한다.

정답 ③

오답 분석

① **의문문의 어순** 의문문이 다른 문장 안에 포함된 간접 의문문은 '의문사 + 주어 + 동사'의 어순이 되어야 하므로 why his friend didn't enjoy가 올바르게 쓰였다. 참고로 동사 enjoy는 동명사를 목적어로 취하는 동사이므로 enjoy 뒤에 동명사 reading이 올바르게 쓰였다.

② **능동태·수동태 구별 | 주격 관계절의 수 일치** 주어(Diseases)와 동사가 '질병들이 야기되다'라는 의미의 수동 관계이므로 수동태 are caused가 올바르게 쓰였다. 또한, 주격 관계절(that ~ eye) 내의 동사는 선행사(pathogens)에 수 일치시켜야 하므로 복수 동사 are가 올바르게 쓰였다.

④ **주격 관계절의 수 일치** 주격 관계절(who ~ French) 내의 동사는 선행사(someone)에 수 일치시켜야 하므로 단수 동사 is가 올바르게 쓰였다.

해석

① 그는 왜 그의 친구가 책 읽는 것을 즐기지 않는지 이해할 수 없었다.
② 질병들은 육안으로는 보이지 않는 병원균에 의해 야기된다.
③ 그 게임의 공식적인 규칙들이 종종 무시되어 왔다.
④ 그들은 그들에게 프랑스어를 가르쳐줄 수 있는 누군가를 찾고 있다.

어휘

disease 질병 pathogen 병원균 invisible 보이지 않는
the naked eye 육안, 맨눈 ignore 무시하다

이것도 알면 합격!

주어와 동사 사이의 수식어 거품은 동사의 수 결정에 영향을 주지 않는다.

> The flowers in the garden smell fragrant.
   주어   수식어 거품   동사
  정원에 있는 꽃에서 향기가 난다.

정답 설명

① **전치사 자리 | 병치 구문** 전치사(of) 뒤에는 명사 역할을 하는 것이 와야 하고, 접속사 and로 연결된 병치 구문에서는 같은 품사끼리 연결되어야 한다. and 앞과 뒤에 명사 peace, serenity가 나열되고 있으므로 and 앞의 형용사 tranquil(고요한)을 명사 tranquility(고요함)로 고쳐야 한다.

정답 ①

오답 분석

② **가정법 도치** if절에서 if가 생략되어 동사 Had가 주어(I) 앞으로 온 가정법 과거완료 구문 Had I known ~이 왔으므로, 주절에도 가정법 과거완료를 만드는 '주어 + would + have + p.p.'의 형태가 와야 한다. 따라서 I would have bought가 올바르게 쓰였다.

③ **부분 표현의 수 일치** 부분을 나타내는 표현(Half of)을 포함한 주어는 of 뒤의 명사(the resort)에 동사를 수 일치시켜야 하므로 단수 동사 is가 올바르게 쓰였다.

④ **수량 표현** 복수 취급하는 수량 표현 several 뒤에는 복수 명사가 와야 하므로 복수 명사 copies가 올바르게 쓰였다.

해석

① 명상을 하는 사람들은 평온함과 고요함, 그리고 차분함의 감각을 얻는다.
② 수리 비용을 알았더라면, 나는 새로운 컴퓨터를 샀을 것이다.
③ 그 리조트의 절반은 보수되고 있는 중이기 때문에 현재 폐쇄되어 있다.
④ 그녀는 선물로 나누어 주기 위해 그 책을 여러 권 샀다.

어휘

meditate 명상하다 tranquil 고요한 serenity 차분함, 평온
renovate 보수하다, 개조하다

이것도 알면 합격!

to 부정사구 병치 구문에서 두 번째 나온 to는 생략될 수 있다.

> The traveler hopes to discover **and** (to) learn about different cultures.
  그 여행자는 다른 문화들을 발견하고 배우기를 희망한다.

> I need to finish my homework **and** (to) make dinner for my family.
  나는 나의 숙제를 끝내고 가족을 위해 저녁을 만들어야 한다.

07 문법 | 우리말과 영작문의 의미상 불일치   난이도 중 ●●○

정답 설명

② **우리말과 영작문의 의미상 불일치** 동사 help는 조동사의 부정형 cannot 과 함께 cannot help but(~하지 않을 수 없다)의 형태로 쓰인다. 따라서 '내가 가장 좋아하는 노래를 따라 부르지 않을 수 없다'라는 의미를 만들기 위해서는 긍정형 조동사 can을 부정형 조동사 cannot으로 고쳐야 한다.

정답 ②

오답 분석

① **현재진행 시제 | 전치사 1: 시간** 현재진행 시제를 사용해 가까운 미래에 일어나기로 예정되어 있는 일이나 곧 일어나려고 하는 일을 표현할 수 있으므로 현재진행 시제 are planning이 올바르게 쓰였다. 또한, 전치사 in은 숫자를 포함한 표현(three years) 앞에 쓰일 때, '~ 후에'라는 의미를 나타낼 수 있으므로 in three years가 올바르게 쓰였다.

③ **수동태로 쓸 수 없는 동사** 동사 respond는 목적어를 갖지 않는 자동사이고 수동태로 쓸 수 없으므로 능동태 responded가 올바르게 쓰였다.

④ **조동사 관련 표현** 조동사 관련 표현 have no choice but(~하는 수밖에 없다) 뒤에는 to 부정사가 와야 하므로 to evacuate가 올바르게 쓰였다.

어휘

eagerly 열심히, 열렬하게   respond 대답하다, 대응하다
evacuate 떠나다, 피난하다

 이것도 알면 합격!

조동사 관련 숙어

> would rather 차라리 ~하는 게 낫다
> may[might] as well ~하는 편이 더 낫겠다
> cannot ~ too 아무리 ~해도 지나치지 않다
> may well ~하는 게 당연하다

---

08 문법 | 병치·도치·강조 구문 & 시제   난이도 중 ●●○

정답 설명

③ **도치 구문: 부사구 도치 1 | 시제 일치** 부정을 나타내는 부사(Hardly)가 강조되어 문장 맨 앞에 나오면 주어와 조동사가 도치되어 '조동사 + 주어 + 동사'의 어순이 되어야 하는데, 문맥상 '내가 집에 도착한' 시점이 '내 이웃이 문을 두드린' 시점보다 더 이전에 일어난 일이므로 과거완료 시제가 쓰여야 한다. 따라서 Hardly I have arriving을 Hardly had I arrived로 고쳐야 한다.

정답 ③

오답 분석

① **조동사 관련 표현** 조동사처럼 쓰이는 표현 had better(~해야 한다) 뒤에는 동사원형이 와야 하므로 동사원형 reserve가 올바르게 쓰였다. 참고로 '너무 늦기 전에'는 부사 역할을 하는 숙어 표현 before it is too late (너무 늦기 전에)로 나타낼 수 있다.

② **동명사 관련 표현** '기억하는 것에 어려움을 겪는다'는 동명사 관련 표현 have trouble -ing(~하는 것에 어려움을 겪다)를 사용하여 나타낼 수 있으므로 has trouble remembering이 올바르게 쓰였다.

---

④ **기타 전치사** '그녀는 그녀의 성공을 열심히 일한 것의 결과로 본다'는 attribute A to B(A를 B의 결과로 보다)를 사용하여 나타낼 수 있고 전치사(to) 뒤에는 동명사(working)가 와야 하므로 She attributes ~ to working hard가 올바르게 쓰였다.

어휘

reserve 예매하다, 예약하다   hardly ~하자마자

 이것도 알면 합격!

동명사 관련 표현

> contribute to -ing ~에 공헌하다
> be accustomed to -ing ~에 익숙하다
> be attributed to -ing ~의 탓이다
> be used to -ing ~에 익숙하다

---

09 생활영어 | I've always enjoyed working with marble.   난이도 하 ●○○

정답 설명

③번에서 A는 B에게 흥미를 끄는 조각상이 있는지 질문하고 있으므로, 대리석으로 작업하는 것을 즐긴다는 B의 대답 '③ I've always enjoyed working with marble(저는 항상 대리석으로 작업하는 것을 즐겨왔어요)'은 어울리지 않는다.

정답 ③

해석

① A: 오늘 아침에 회사에 지각한 것에 대한 이유가 있나요?
   B: 네, 지하철이 고장 났어요.
② A: 나는 그 작가가 사용한 신비로운 요소들이 정말 좋았어.
   B: 그것이 그가 독자들의 관심을 유지하는 방법이야.
③ A: 이 미술관에 당신의 흥미를 끄는 특정한 조각상이 있나요?
   B: 저는 항상 대리석으로 작업하는 것을 즐겨왔어요.
④ A: 내가 요리하는 음식은 늘 맛은 훌륭하지만 보기에는 좋지 않아.
   B: 그건 최고의 요리사들에게도 때때로 일어나는 일이야.

어휘

excuse 이유, 변명   attention 관심, 주의   specific 특정한
sculpture 조각상, 조각   marble 대리석

 이것도 알면 합격!

흥미에 대해 물을 때 쓸 수 있는 다양한 표현

> What are some things that you find interesting?
  당신이 흥미롭다고 생각하는 것들은 무엇인가요?
> What kind of topic do you like to learn about?
  당신은 어떤 주제에 대해서 배우고 싶으신가요?
> What do you enjoy doing in your free time?
  당신은 자유시간에 무엇을 하는 것을 즐기나요?

10 생활영어 | I was under the weather the whole time.
난이도 중 ●●○

겨울방학이 어땠냐는 B의 질문에 대해 A가 아쉬웠다고 하며 정말 아무것도 할 수 없었다고 대답하고, 빈칸 뒤에서 다시 B가 오, 그것참 안된 일이네. 지금은 괜찮아졌기를 바라(Oh, that's too bad. I hope you're feeling better now)라고 말하고 있다. 따라서 빈칸에는 '③ 나는 내내 몸이 안 좋았어(I was under the weather the whole time)'가 들어가야 자연스럽다.

정답 ③

해석

> A: 오랜만이야. 겨울방학은 어땠어?
> B: 좋았어. 나는 가족들과 함께 스위스에 스키를 타러 갔었거든. 너는 어땠어?
> A: 아쉬웠어. 나는 내내 몸이 안 좋았어. 나는 정말 아무것도 할 수 없었어.
> B: 오, 그것참 안된 일이네. 지금은 괜찮아졌기를 바라.
> A: 응. 모든 것이 정상으로 돌아왔어.
> B: 그 말을 들으니 다행이야.

① 나는 그것이 뜻밖의 좋은 결과였다고 생각해
② 그 슬로프에는 그렇게 많은 눈이 있지 않았어
③ 나는 내내 몸이 안 좋았어
④ 불행하게도, 그것은 예상보다 오래 걸렸어

어휘

a blessing in disguise 뜻밖의 좋은 결과   slope (스키장 등의) 슬로프, 경사면
under the weather 몸이 안 좋은

이것도 알면 합격!

건강 상태를 나타낼 때 쓸 수 있는 다양한 표현

> run-down 피로한, 지친	> dizzy 어지러운
> nauseous 메스꺼운	> sore 아픈
> stiff 뻣뻣한, 결린	> feverish 열이 있는

11 독해 | 논리적 흐름 파악 (문단 순서 배열)
난이도 상 ●●●

주어진 문장에서 색맹인 사람의 두뇌는 제대로 색을 처리하지 않아 색을 인지할 수 없게 만든다고 설명한 후, (A)에서 그러나(However), 오늘날에는 빛이 눈에 들어오는 방식을 변화시키는 것에 두뇌가 색을 정확히 보도록 속일 수 있다고 여겨진다고 언급하고 있다. 이어서 (C)에서 이것(This)이 색 인지 문제를 유발하는 특정한 파장들이 눈에 들어오는 것을 차단하는 새로운 유형의 렌즈인 EnChroma 이면의 생각이라고 설명하고, 마지막으로 (B)에서 서로 다른 파장들에 대한 혼란함 없이 EnChroma 사용자들의 두뇌가 색을 구별하고 보는 것이 가능해진다고 하며 EnChroma의 작동 원리에 대해 설명하고 있다. 따라서 ② (A) - (C) - (B)가 정답이다.

정답 ②

해석

> 색맹인 사람의 두뇌는 제대로 색을 처리하지 않으며, 그들이 다른 사람들이 하는 방식으로 색을 인지할 수 없게 만든다.

(A) 그러나, 오늘날에는 빛이 눈에 들어오는 방식을 변화시키는 것이 두뇌가 색을 정확히 '보도록' 속일 수 있다고 여겨진다.

(C) 이것(빛이 눈에 들어오는 방식을 변화시켜서 색을 정확히 보도록 두뇌를 속이는 것)은 겹쳐졌을 때 색 인지 문제를 유발하는 특정한 파장들이 눈에 들어오는 것을 차단하는 새로운 유형의 렌즈인 EnChroma 이면의 생각이다.

(B) 서로 다른 파장들에 대한 혼란함 없이, EnChroma 사용자들의 두뇌는 그것들이 이전에는 할 수 없었던 색을 구별하고 보는 것이 가능해진다.

어휘

colorblind 색맹의   properly 제대로, 적절하게   perceive 인지하다
confusion 혼란   wavelength 파장, 주파수   differentiate 구별하다, 분간하다
previously 이전에   block 차단하다   perception 인지   overlap 겹치다

12 독해 | 논리적 흐름 파악 (문장 삽입) 난이도 상 ●●●

정답 설명

지문 처음에서 거짓짝은 비슷해 보이지만 매우 다른 의미를 가진 서로 다른 언어의 단어들이라고 했고, ②번 앞 문장에 영어 단어인 'bizarre'와 스페인어 단어인 'bizarro'는 비교적 비슷해 보이며 발음될 때 'bizarro'는 스페인어 접미사와 함께 쓰인 'bizarre'처럼 들린다는 내용이 있다. 따라서 ②번에 그러나(however) 실제로 'bizarro'는 영어에서처럼 '특이한' 혹은 '즐거운'을 의미하는 것이 아니라, '용감한'을 의미한다는 내용의 주어진 문장이 들어가야 지문이 자연스럽게 연결된다.

정답 ②

해석

거짓짝은 비슷해 보이지만 매우 다른 의미를 가진 서로 다른 언어의 단어들이다. 그것들은 같은 철자로 쓰이거나, 약간의 변형을 가지거나, 심지어는 똑같이 들릴 수 있지만, 서로 바뀌어 쓰일 수 없다. 영어 단어인 'bizarre'와 스페인어 단어인 'bizarro'가 거짓짝의 좋은 예시이다. 그 단어들은 비교적 비슷해 보이고, 발음될 때 'bizarro'는 스페인어 접미사와 함께 쓰인 'bizarre'처럼 들린다. ② 그러나, 실제로, 'bizarro'는 영어에서처럼 '특이한' 혹은 '즐거운'을 의미하는 것이 아니라, '용감한'을 의미한다. 이 눈에 띄게 유사한 단어들의 발달은 다양한 이유로 인해 발생하게 된다. 가장 흔한 것은 공통 어원인데, 이것이 영어와 스페인어의 거짓짝인 'bizarre'와 'bizarro'를 초래하는 것이다. 두 용어 모두 이탈리아어에서 차용된 초기 단어를 통해 각각의 언어에 들어갔다.

어휘

brave 용감한 amusing 즐거운
false friend 거짓짝((두 언어 간에) 비슷해 보이지만 뜻이 다른 단어)
spell 철자를 쓰다 slight 약간의 variation 변형
interchangeably 서로 바뀌어, 교체되어 relatively 비교적
pronounce 발음하다, 표명하다 suffix 접미사 strikingly 눈에 띄게
etymology 어원, 어원학 term 용어 respective 각각의
adopt (외국어 등을) 차용하다, 채택하다

13 독해 | 전체 내용 파악 (제목 파악) 난이도 중 ●●○

정답 설명

지문 처음에서 우리가 직장에서 힘들 때 신체적, 정신적으로 기진맥진하게 느끼도록 만들거나 생산적이지 못하게 하는 벽에 부딪힌다고 설명하고 있고, 지문 전반에 걸쳐 이 시기를 지나가기 위한 한 가지 해결법은 쉬는 것이라고 하면서 한 걸음 물러서는 것이 생산성을 높이기 위한 열쇠라는 연구 내용을 설명하고 있으므로 '① 성공하기 위해 한 걸음 물러나는 것'이 이 글의 제목이다.

정답 ①

해석

우리가 직장에서 힘들 때마다, 종종 더 이상 무언가를 할 수 없는 시점에 도달하여, 우리가 신체적으로나 정신적으로 기진맥진하게 느끼도록 만들거나 생산적이지 못하게 하는 벽에 부딪힌다. 비록 이 시기를 지나가기 위해 할 수 있는 것이 아무것도 없는 것처럼 보일지라도, 한 가지 효과적인 해결법이 있는데, 바로 쉬는 것이다. 이것이 직관에 반하는 것처럼 느껴질 수 있지만, 연구들은 물러서는 것이 사람의 정신적 건강과 신체적 안녕을 개선할 수 있고, 일을 완료하는 능력을 증진시킬 수 있다는 것을 보여준다. 생체 의학 과학자인 Javier S. Bautista 박사에 따르면, 생산성을 높이기 위한 열쇠는 쉬기 위한 의식적인 결정을 내리는 것과 스스로를 잠시 일에서 떼어내는 것처럼 간단할 수 있다.

① 성공하기 위해 한 걸음 물러나는 것
② 성공하기 위해 필요한 것
③ 불필요한 작업 중단을 피하는 방법
④ 극도의 피로는 생산성의 가장 큰 장애물이다

어휘

physically 신체적으로 mentally 정신적으로 exhausted 기진맥진한
productive 생산적인 counterintuitive 직관에 반하는, 반직관적인
step away 물러서다 improve 개선하다 well-being 안녕, 행복
biomedical 생체 의학의 productivity 생산성 conscious 의식적인
get ahead 성공하다, 출세하다 exhaustion 극도의 피로, 탈진 barrier 장애물

14 독해 | 논리적 흐름 파악 (무관한 문장 삭제) 난이도 하 ●○○

정답 설명

지문 처음에서 다세대 생활 방식이 인기를 잃었기는 하지만, 최근의 연구는 이 방식으로 돌아가는 것이 아이들에게 이로움을 줄 수 있다는 것을 시사한다고 한 뒤, ①번에서 자료가 조부모와 함께 사는 것이 더 높은 인지 기능을 가진 아이들을 야기한다는 것을 보여준다고 설명하고 있다. 이어서 ③, ④번에서도 조부모와 함께 사는 것의 이점에 대해 설명하고 있다. 그러나 ②번은 많은 인지 기능이 유전적이지만, 일부는 연습을 통해 향상될 수 있다는 내용으로 조부모와 함께 사는 다세대 생활 방식이 아이들에게 주는 이점에 관한 지문 전반의 내용과 관련이 없다.

정답 ②

해석

대부분의 서구 세계에서, 다세대 생활 방식은 인기를 잃었다. 그러나 최근의 연구는 이 방식으로 돌아가는 것이 아이들에게 이로움을 줄 수도 있다는 것을 시사한다. ① 자료는 아이들에게 더 많은 시간과 에너지를 투자할 수 있는 조부모와 함께 사는 것은 더 높은 인지 기능을 가진 아이들을 야기한다는 것을 보여준다. ② 비록 많은 인지 기능이 유전적이지만, 일부는 연습을 통해 향상될 수 있다. ③ 인지적인 이점에 더해, 조부모와 함께 사는 것은 정서적인 이점도 있다. ④ 조부모의 도움을 받아 길러진 아이들은 더 강한 사회적 및 가족적 유대를 발달시킨다. 조부모와 상호작용하면서, 아이들은 그들 자신과 다른 사람들과의 관계에서 더 자신감을 갖게 된다. 그들 주위의 사람들과 더 연결되어 있고 지지를 받고 있다고 느끼는 것은 대개 행동적이고 정서적인 문제들의 감소로 이어진다.

어휘

multigenerational 다세대의 fall out of favor 인기를 잃다, 총애를 잃다
arrangement 방식, 배열 invest 투자하다 cognitive 인지의 function 기능
genetic 유전적인, 유전자에 의해 만들어지는 improve 향상하다, 개선하다
practice 연습 emotional 정서적인, 감정적인 assistance 도움, 원조
familial 가족적인, 가족의 bond 유대, 끈 interact 상호작용하다
confident 자신감을 가지는, 자신이 있는 connect 연결하다 reduction 감소

정답 설명

지문 중간에서 설리번은 그녀의 손에 단어를 씀으로써 의사소통하도록 헬렌 켈러를 가르쳤다고 했고, 켈러는 그 새로운 기술을 활용하여 설리번의 도움으로 대중 연설을 하기 시작했다고 했으므로 '③ 헬렌 켈러는 다른 사람의 도움 없이 대중 연설을 할 수 있었다'는 것은 지문의 내용과 일치하지 않는다.

정답 ③

해석

헬렌 켈러는 회복력으로 유명한 미국의 작가이자 활동가였다. 19개월의 나이에 불가사의한 질병에 걸린 이후, 켈러는 눈이 멀고 귀가 안 들리게 되었다. 그녀의 자서전인 『나의 이야기』에 따르면, 의사소통이 되지 않았기 때문에, 그녀는 마치 '짙은 안개 속 바다'에 있는 것 같이 느꼈다. 그러나, 그녀는 결국 그녀의 가족과 기본적인 의사소통을 할 수 있게 해준 일련의 개인적으로 사용하는 수화를 만들었다. 그녀의 능력이 향상되기를 바라면서, 켈러의 부모는 앤 설리번이라는 이름의 젊은 여자를 그녀의 교사로 고용하였는데, 이는 그녀의 인생을 완전히 바꿀 결정이었다. 설리번은 그녀의 손에 단어의 철자를 씀으로써 의사소통하도록 켈러를 가르쳤고, 이것은 그녀가 처음으로 그녀 자신을 온전하게 표현할 수 있게 했다. 그녀의 새로운 기술을 활용하여, 켈러는 설리번의 도움으로 대중 연설을 하기 시작했다. 이 중 많은 것들이 장애인의 권리에 초점을 맞춘 것이기는 했지만, 켈러는 또한 여성, 가난한 사람들, 인종 소수자들과 같은 다른 소외된 집단에 대한 옹호로 유명해졌다.

어휘

activist 활동가 resilience 회복력 contract 걸리다
render (어떤 상태가 되게) 하다, 만들다 blind 눈이 먼 deaf 귀가 안 들리는
dense 짙은, 빽빽한 fog 안개 autobiography 자서전
home sign 개인적으로 사용하는 수화 rudimentary 기본적인
improve 향상하다 profoundly 완전히, 깊이 spell 철자를 쓰다
assistance 도움 center on ~에 초점을 맞추다 disabled 장애가 있는
advocacy 옹호 marginalize 소외시키다 racial 인종의 minority 소수자

정답 설명

지문 중간에서 많은 남아시아, 중동 그리고 아프리카 문화는 식기를 완전히 멀리하면서, 대신 손가락을 선택한다고 했으므로, '③ 중동의 문화들은 손으로 음식을 만지는 것을 부적절한 것으로 여긴다'는 것은 지문의 내용과 일치하지 않는다.

정답 ③

해석

미주와 유럽에서 식사를 하는 사람들에게 있어, 식기들은 거의 모든 식사에 사용되기 때문에, 포크, 나이프, 그리고 숟가락의 조합 없이는 식사를 하는 것이 불가능해 보일 것이다. 하지만 이것은 보편적인 것이 아니다. 동아시아에서는 이 식기들의 기능이 종종 젓가락과 숟가락을 사용하여 수행되지만, 태국과 같은 일부 지역에서는 서양식 도구들이 젓가락과 함께 발견될 수 있는데, 이는 각각의 것이 특정한 작업에 더 우수한 것으로 생각되기 때문이다. 반면에, 많은 남아시아, 중동, 그리고 아프리카 문화는 식기를 완전히 멀리하면서, 대신 손가락을 선택한다. 예를 들어, 인도인들은 음식을 함께 으깨어 그들이 입으로 옮길 수 있을 만한 한입 크기의 작은 양을 만들어 내며 그들의 손가락 끝으로 음식을 섞는다. 이 행동을 돕기 위해, 종종 로티나 피타와 같은 어떤 종류의 빵이 식사와 함께 제공되는데, 이는 이러한 음식을 먹는 사람들이 다른 사람들이 숟가락을 가지고 하는 것처럼 음식을 적시거나 떠먹는 것을 가능하게 한다. 이것은 에티오피아에서 한 걸음 더 나아가는데, 그곳에서는 '인제라'라고 불리는 스펀지 같은 납작한 호밀빵이 먹을 수 있는 도구뿐만 아니라 접시의 역할도 한다.

① 서양의 식사는 일반적으로 포크와 숟가락, 그리고 나이프로 먹는다.
② 태국 사람들은 서양식 도구와 젓가락을 서로 다른 용도로 이용한다.
③ 중동의 문화들은 손으로 음식을 만지는 것을 부적절한 것으로 여긴다.
④ 에티오피아인들은 납작한 호밀빵을 먹을 수 있는 음식 접시와 도구로 사용한다.

어휘

diner 식사를 하는 사람 combination 조합, 결합 cutlery 식기
universal 보편적인 function 기능, 역할 accomplish 수행하다, 성취하다
utensil 도구, 기구 alongside ~과 함께, ~의 옆에 superior (…보다 더) 우수한
eschew 멀리하다, 삼가다 altogether 완전히, 전적으로
opt for ~을 선택하다, 채택하다 fingertip 손가락 끝 mash 으깨다
bite-size 한입 크기의 morsel (특히 음식의) 작은 양
transport 옮기다, 이동시키다 permit 가능하게 하다 sop 적시다
scoop up 뜨다 flatbread 납작한 호밀빵 edible 먹을 수 있는
inappropriate 부적절한 vessel 접시

정답 설명

지문 처음에서 팁을 주는 관습이 더 나은 서비스에 대해 종업원들에게 보답
한다고 흔히 주장되지만, 연구들은 팁을 주는 비율이 매력, 성별 인종 등 근무
자들이 통제할 수 없는 성과에 기반하지 않은 요인들에 영향을 받는다는 것
을 발견했다고 설명하고 있다. 또한, 지문 중간에서 팁을 주는 것이 소비자들
에 대한 더 나쁜 서비스로 이어질 수 있는데, 이는 종업원들이 같은 요인에 근
거하여 손님들의 우선순위를 낮출 수도 있기 때문이라고 설명하고 있으므로,
'④ 팁을 주는 것은 식사 손님과 종업원 양측 모두에 의한 차별적인 관습을 초
래할 수 있다'가 이 글의 요지이다.

정답 ④

해석

미국처럼 팁을 주는 문화를 가진 나라에서는, 그 관습이 더 나은 서비스에 대
해 종업원들에게 보답한다고 흔히 주장되지만, 연구는 이것이 사실이 아닐지도
모른다는 것을 보여준다. 연구들은 팁을 주는 비율이 매력, 성별, 그리고 인종
과 같이 종업원들이 통제할 수 없는 성과에 기반하지 않은 요인들의 영향을 받
으며, 이것이 특정한 사람들이 그들 각각의 기량에 상관없이 항상 다른 사람들
보다 더 많이 벌 수 있게 한다는 것을 발견했다. 그러나, 이러한 차별은 종업원
들에게만 문제가 되는 것이 아니다. 팁을 주는 것이 손님들에 대한 더 나쁜 서
비스로 이어질 수 있는 것으로 보이는데, 이는 직원들이 종종 같은 요인들(매
력, 성별, 인종과 같은 요인들)에 근거하여, 그들이 생각하기에 초라한 팁을 주
는 사람일 것 같은 손님들의 우선순위를 낮출 수도 있기 때문이다. 실제로, 대
부분의 조사 대상자들은 그들이 낮은 팁을 줄 것이라고 생각하는 식사 손님들
에게 더 느린 서비스를 제공하는 동료들을 목격했다고 말했다.

① 숙련도를 높이는 것은 종업원들이 더 많은 팁을 버는 열쇠이다.
② 사람들은 그들이 관계를 형성할 수 없는 직원들에게 더 낮은 팁을 준다.
③ 초라한 팁을 주는 사람들은 종종 기억되고 이후 더 느린 서비스를 제공받는다.
④ 팁을 주는 것은 식사 손님과 종업원 양측 모두에 의한 차별적인 관습을 초
　래할 수 있다.

어휘

tip 팁을 주다　argue 주장하다　practice 관습, 실행　attractiveness 매력
respective 각각의　discrimination 차별　deprioritize 우선순위를 낮추다
patron 손님, 후원자　witness 목격하다　colleague 동료　diner 식사 손님
proficiency 숙련도, 능숙　connection 관계

정답 설명

(A) 빈칸 앞부분은 복잡한 어떤 과정이 분산하는 것으로도 여겨질 수 있다
는 내용이고, 빈칸 뒷부분은 어떤 과정은 복잡한 것으로도 분산하는 것으로
도 여겨지지 않을 수 있다는 앞 문장과 대조되는 내용이므로, (A)에는 대조
를 나타내는 연결어 On the other hand(반면에)가 나와야 적절하다. (B) 빈
칸 앞부분은 어떤 과정이 복잡한 것으로도 분산하는 것으로 여겨지지 않는다
고 하여, 이것이 복잡성과 분산성 사이에 겹쳐지는 부분이 없다거나, 하나가
다른 하나로 대체될 수 없다는 것을 의미하지는 않는다는 내용이고, 빈칸 뒷
부분은 몇몇 경우에서는 분산성을 복잡성으로 치환하는 것이 현명할 수도 있
다는 내용으로 앞 문장을 뒷받침하는 자세한 내용을 덧붙이고 있으므로 (B)
에는 앞 문장을 강조할 때 쓰는 연결어 In fact(실제로)가 들어가야 적절하다.
따라서 ①번이 정답이다.

정답 ①

해석

따라야 할 수많은 엄격한 단계를 갖는 것인 복잡성과 많은 선택 가능한 옵션들
이 있는 것인 분산성은 한 스펙트럼의 반대편 끝에 있는 것처럼 보일 수 있지
만, 반드시 그렇지만은 않다. 그것들(복잡성과 분산성)이 상호 배타적이라고 추
정하는 것 또한 틀리다. 복잡한 어떤 과정은 분산하는 것으로도 여겨질 수 있
다. (A) 반면에, 어떤 과정은 복잡한 것으로도 분산하는 것으로도 여겨지지 않
을 수 있다. 그러나, 이것이 그 둘 사이에 겹쳐지는 부분이 존재할 수 없다는
것이나, 하나가 다른 하나에 의해 대체될 수 없다는 것을 의미하지는 않는다.
(B) 실제로, 몇몇 경우에서는, 분산성을 복잡성으로 치환하는 것이 현명할 수도
있다. 이것은 분산성을 위해 요구되는 전문 지식과 의사결정의 정도가 구체적
인 규칙을 따르는 복잡한 단계들을 위해 요구되는 것보다 더 높기 때문이다. 식
당에서 일을 한다고 가정해보자. 당신의 직업은 확실히 복잡한 책임과 분산하
는 책임 모두를 수반할 것이다. 그리고 당신이 더 많은 시간을 분산하는 업무
에 사용할수록, 당신은 덜 능률적이게 될 것이고, 이는 더 많은 직원들이 필요
해져 노동 비용이 증가하는 것을 의미한다. 만약 이것들이 규칙 기반의 복잡한
과정들로 대체된다면, 그것들은 시간이 덜 걸리게 되어, 직원들을 시간적으로
나 재정적으로 더 능률적으로 만들 것이다.

(A)	(B)
① 반면에	실제로
② 결과적으로	그렇지 않으면
③ 그러므로	예를 들어
④ 그럼에도 불구하고	그러므로

어휘

complexity 복잡성　regimented 엄격한　divergence 분산성
selectable 선택 가능한　opposite 반대편의　spectrum 스펙트럼, 범위
necessarily 반드시, 필연적으로　incorrect 틀린, 부정확한　assume 추정하다
mutually exclusive 상호 배타적인　overlap 겹치다
replace 대체하다, 대신하다　substitute 치환하다, 대신하다
expertise 전문 지식　specific 구체적인　certainly 확실히　involve 수반하다
responsibility 책임　efficient 능률적인, 효율적인　financially 재정적으로

구문분석

[17행] And / the more time you spend / on divergent tasks, / the
less efficient you will be, (생략)
: 이처럼 'the + 비교급 + 주어 + 동사 ~, the + 비교급 + 주어 + 동사 –' 구
문이 쓰였을 경우, '더 ~할수록, 더 –하다'라고 해석한다.

정답 설명

지문의 처음에서 고객들이 구매를 하도록 장려하기 위한 많은 방법이 있지만, 그중 가장 성공적인 방법 중 하나가 긴박감을 조성하는 것이라고 언급한 뒤, 항공권을 위해 온라인 쇼핑을 할 때 보게 되는 '이 가격에는 오직 두 좌석만 남아있습니다'와 같은 문구가 무의식적으로 고객들이 빠른 결정을 내리도록 재촉하여, 구매에 유리하게 작용한다고 설명하고 있다. 따라서 빈칸에는 사람들이 '② 기간 한정 제안'으로 보이는 물건을 덥석 사게 될 가능성이 높다는 내용이 들어가야 한다.

정답 ②

해석

고객들이 구매를 하도록 장려하기 위한 많은 방법이 있지만, 가장 성공적인 방법 중 하나는 긴박감을 조성하는 것이다. 예를 들어, 항공권을 위해 온라인 쇼핑을 할 때, 당신은 종종 '이 가격에는 오직 두 좌석만 남아있습니다'나 '이 가격은 5분 동안만 유효합니다'를 보게 될지도 모른다. 이것들은 무의식적으로 고객들이 빠른 결정을 내리도록 재촉하고, 종종 구매에 유리하게 작용한다. 이 과정은 두 가지 주요한 이유로 작동하는데, 하나는 우리가 찾고 있었던 것을 얻지 못하거나 가격이 변경될 것을 우려한다는 것이고, 다른 하나는 우리가 시간을 덜 들일수록, 구매하기로 결정할 가능성이 더 커진다는 것이다. 사람들은 기간 한정 제안으로 보이는 물건을 덥석 사게 될 가능성이 높다.

① 일시적으로 인기 있는 품목
② 기간 한정 제안
③ 더 높은 품질의 제품
④ 유명 브랜드의 디자인

어휘

motivate 장려하다, 동기부여하다　purchase 구매, 구입
a sense of urgency 긴박감, 절박감
subconsciously 무의식적으로, 잠재 의식적으로　impel 재촉하다
snap up 덥석 사다　temporarily 일시적으로　name-brand 유명 브랜드의

정답 설명

지문 중반에서 '정지해 있던 물체는 계속 정지 상태로 있고, 움직이던 물체는 순수한 외부의 힘이 작용하지 않는다면 계속 움직인다'고 말하는 뉴턴의 운동 제1 법칙에 대해 설명하고 있고, 빈칸이 있는 문장에서 현실에서는 중력과 바람의 저항이 작용하여 결국 공을 정지하게 할 것이라고 했으므로 빈칸에는 '④ 떨어뜨리다'가 들어가야 한다.

정답 ④

해석

시속 300킬로미터로 움직이는 초고속 열차를 타고 공을 공중으로 던지면, 그것이 더 이상 열차에 의해 앞으로 밀려 나아가지 않기 때문에, 당신은 그 공이 뒤로 움직일 것이라고 예상할지도 모르지만, 현실에서, 그것은 그저 위아래로 움직일 것이다. 이것은 뉴턴의 운동 제1 법칙 때문인데, 그것은 '정지해 있던 물체는 계속 정지 상태로 있고, 움직이던 물체는 순수한 외부의 힘이 작용하지 않는다면 계속 움직인다'고 말한다. 초고속 열차에서 공을 던지는 경우, 공은 빠르게 움직이는 열차에 있기 때문에 움직이고 있는 것이다. 공중으로 던져졌을 때, 그것은 당신의 손에 있을 때와 같은 속도로 계속 움직인다. 이것은 그 공이, 마치 당신과 그 열차처럼, 관성을 가지고 있어 무언가가 그것을 멈추기 전까지 같은 방향으로 움직일 것이기 때문이다. 만약 무언가가 이 힘을 억누르지 않는다면, 그 공은 영원히 같은 속도를 유지할 것이다. 그러나, 현실에서, 이것은 일어나지 않을 것인데, 이는 중력과 바람의 저항 모두가 결국 그 공을 떨어뜨려 정지하게 할 것이기 때문이다.

① 나타나다
② 올라가다
③ 이동하다
④ 떨어뜨리다

어휘

bullet train 초고속 열차, 일본의 고속 철도　expect 예상하다　state 말하다
net 순수한　external 외부의　inertia 관성　direction 방향
overcome 억누르다, 압도하다　gravity 중력　resistance 저항

한국사

01 선사 시대 | 옥저   난이도 하 ●○○

자료 분석

여자의 나이가 열 살이 되면 서로 혼인을 약속하고 신랑 집에서 맞이하여 장성할 때까지 기름 → 민며느리제 → 옥저

정답 설명

③ 옥저는 사람이 죽으면 가매장한 다음 뼈만 추려 가족 공동 무덤인 목곽에 안치하는 골장제의 풍습이 있었다.

오답 분석

① **동예**: 매년 10월에 무천이라는 제천 행사를 개최한 나라는 동예이다.

② **부여, 고구려**: 남의 물건을 훔쳤을 때에는 12배로 갚게 하는 1책 12법의 법률이 존재하였던 나라는 부여와 고구려이다.

④ **동예**: 다른 부족의 경계를 침범하면 가축이나 노비로 변상하게 한 책화의 풍습이 있었던 나라는 동예이다.

02 고대 | 의상   난이도 중 ●●○

자료 분석

중국으로 감 + 『화엄일승법계도』 저술 → (가) 의상

정답 설명

④ 의상은 관세음보살을 염불하여 현세의 고난을 구제받고자 하는 관음 신앙을 강조하였다.

오답 분석

① **혜초**: 인도를 다녀온 후 기행문인 『왕오천축국전』을 남긴 인물은 혜초이다.

② **진표**: 김제 금산사를 중심으로 중생을 구제하는 미륵불이 출현한다는 미륵 신앙을 전파한 인물은 진표이다.

③ **원효**: 『화엄경』의 내용을 쉽게 이해할 수 있도록 무애가라는 노래를 지어 불교 대중화에 노력한 인물은 원효이다.

03 조선 전기 | 중종 재위 시기의 사실   난이도 중 ●●○

자료 분석

조광조가 왕에게 한나라의 현량과 방정과의 뜻을 이어 능력 있는 사람을 천거하도록 아룀 → 중종

정답 설명

③ 중종 때 풍기 군수 주세붕이 우리나라에 성리학을 처음 소개한 안향을 제사 지내기 위해 우리나라 최초의 서원인 백운동 서원을 건립하였다.

오답 분석

① **명종**: 외척으로 정권을 장악하고 있었던 윤원형과 문정 왕후의 수렴청정을 비판한 양재역 벽서 사건이 일어난 것은 명종 때이다.

② **선조**: 함경도 회령에서 니탕개가 반란을 일으킨 것은 선조 때이다.

④ **세종**: 효자, 충신, 열녀 등의 행적을 모아 그림을 그리고 설명을 붙인 윤리서인 『삼강행실도』가 편찬된 것은 세종 때이다.

04 일제 강점기 | 3·1 운동   난이도 하 ●○○

자료 분석

민족 대표 + 태화관 + '대한 독립 만세'를 외침 → 3·1 운동

정답 설명

① 3·1 운동은 중국의 5·4 운동, 인도의 비폭력·불복종 운동 등 세계 약소 민족의 독립운동에 영향을 주었다.

오답 분석

② **6·10 만세 운동**: 순종의 인산일(장례일)에 학생들의 주도로 전개된 민족 운동은 6·10 만세 운동이다.

③ **6·10 만세 운동**: 국내에서 민족 유일당 운동이 시작되는 계기가 된 민족 운동은 6·10 만세 운동이다. 6·10 만세 운동은 민족주의 계열인 천도교와 사회주의 계열의 단체가 함께 추진하였으며, 이후 민족 유일당 운동이 전개되는 계기를 마련하였다.

④ **광주 학생 항일 운동**: 성진회와 각 학교 독서회 등에 의해 전국적으로 확산된 민족 운동은 광주 학생 항일 운동이다.

05 시대 통합 | 유네스코 세계 기록유산   난이도 중 ●●○

정답 설명

③ 옳은 것을 모두 고르면 ㉡, ㉢, ㉤이다.

㉡ 『동의보감』은 광해군 때 허준이 우리의 전통 한의학을 체계적으로 정리한 의서로, 2009년에 유네스코 세계 기록유산에 등재되었다.

㉢ 국채 보상 운동 기록물은 1907년부터 전개된 국채 보상 운동의 전 과정을 보여주는 기록물로, 2017년에 유네스코 세계 기록유산에 등재되었다.

㉤ 고려대장경판 및 제경판(팔만대장경)은 몽골의 침입을 불력으로 막기 위해 제작한 대장경판으로, 2007년에 유네스코 세계 기록유산에 등재되었다.

오답 분석

㉠ 대동여지도는 조선 후기 철종 때 김정호가 제작한 전국 지도로, 유네스코 세계 기록유산으로 등재되지 않았다.

㉣ 『징비록』은 조선 선조 때 유성룡이 임진왜란 동안에 경험한 사실을 기록한 책으로, 유네스코 세계 기록유산으로 등재되지 않았다.

06 시대 통합 | 전주 지역의 역사   난이도 중 ●●○

자료 분석

견훤이 도읍을 세움 + 후백제 → (가) 전주

정답 설명

④ 전주에서는 동학 농민군이 청·일 양국 군대의 철병과 폐정 개혁을 조건으로 조선 정부와 화약을 체결하였다.

오답 분석

① 공주: 신분 차별에 반대하여 망이·망소이가 봉기를 일으킨 지역은 공주이다.

② 전주에는 신라의 5소경이 설치되지 않았다. 한편, 신라의 5소경이 설치된 지역은 원주(북원소경), 충주(중원소경), 청주(서원소경), 남원(남원소경), 김해(금관소경)이다.

③ 진주: 백정의 차별 철폐 등을 주장한 조선 형평사 창립 총회가 개최된 지역은 진주이다.

07 근대 | 제국신문   난이도 중 ●●○

자료 분석

순한글로 출판 + 대황제 폐하의 당당한 대한국 백성에게 속한 신문 → 제국신문

정답 설명

② 제국신문은 이종일이 창간하였으며, 순한글로 간행되어 하층민과 부녀자들이 많이 구독하였다.

오답 분석

① 만세보: 천도교의 기관지로 친일 단체인 일진회의 매국 행위를 비판한 신문은 만세보이다.

③ 한성순보: 관보적 성격을 띠고 박문국에서 10일에 한 번씩 발행되었던 신문은 한성순보이다.

④ 독립신문: 서재필이 정부의 지원을 받아 발행한 우리나라 최초의 민간 신문은 독립신문이다.

🖋 이것도 알면 합격!

근대의 신문

독립신문	• 서재필 등이 정부의 지원을 받아 발행한 우리나라 최초의 민간 신문 • 한글판과 영문판을 함께 발행
제국신문	순한글로 간행되어 하층민과 부녀자들이 많이 구독
황성신문	• 유생층을 대상으로 한 민족주의적 성격의 국한문 혼용 신문 • 장지연의 '시일야방성대곡'을 게재하여 정간당함
대한매일 신보	• 양기탁과 베델이 한글판, 영문판, 국한문판으로 발행 • 의병 운동을 높이 평가하고, 국채 보상 운동을 주도 • 국권 피탈 이후, 총독부의 기관지로 전락
만세보	천도교의 기관지로 일진회 비판

08 일제 강점기 | 치안 유지법이 실시된 기간의 사실   난이도 중 ●●○

자료 분석

국체를 변혁 또는 사유 재산제를 부인할 목적으로 결사를 조직하는 자를 처벌 → 치안 유지법(1925~1945)

정답 설명

④ 옳은 것을 모두 고르면 ⓒ, ⓔ이다.

ⓒ 1942년에 일제가 조선어 학회를 독립운동 단체로 간주하여 회원들을 탄압한 조선어 학회 사건이 발생하였다.

ⓔ 1931~1934년에 동아일보의 주도로 브나로드 운동이 전개되었다. 브나로드 운동은 "배우자! 가르치자! 다 함께 브나로드!"를 구호로 내걸고 전개된 운동으로, 농촌 계몽, 한글 보급, 미신 타파, 구습 제거 등을 추진하였다.

오답 분석

모두 치안 유지법이 실시되기 이전에 있었던 사실이다.

ⓐ 청년 운동 단체의 연합 기관인 조선 청년 연합회가 조직된 것은 1920년의 사실이다.

ⓑ 제2차 조선 교육령이 공포된 것은 1922년의 사실이다.

09 현대 | 여운형   난이도 중 ●●○

자료 분석

위원장 + 건국 준비 + 치안대 → 조선 건국 준비 위원회 → (가) 여운형

정답 설명

④ 여운형은 1944년에 일제의 패망과 광복에 대비하여 비밀 결사 조직인 조선 건국 동맹을 조직하였다.

오답 분석

① 안재홍: 신민족주의를 내세운 국민당을 창당한 인물은 안재홍이다.

② 조소앙: 삼균주의를 바탕으로 한 건국 강령을 작성한 인물은 조소앙이다.

③ 김구 등: 남한만의 단독 정부 수립에 반대하고 통일 정부 수립을 주장하며 5·10 총선거에 불참한 인물은 김구 등이다.

10 고려 시대 | 고려 시대의 관리 등용 제도   난이도 하 ●○○

정답 설명

③ 고려 시대의 무과는 예종 대를 제외하고는 거의 실시되지 못하였다.

오답 분석

① 고려 시대에는 논술 시험인 제술과와 유교 경전의 이해 정도를 평가하는 시험인 명경과를 통해 문관을 선출하였다.

② 고려 시대의 음서는 아들, 손자뿐 아니라 사위나 조카, 외손자에게도 적용되었다.

④ 고려 시대에는 법률, 회계, 지리 등의 기술학 시험인 잡과가 있었다.

11 고대 | 진성 여왕 재위 시기의 사실   난이도 중 ●●○

자료 분석

각간 위홍 + 대구 화상 + 『삼대목』 편찬 → 진성 여왕

정답 설명

③ 진성 여왕 때 정부의 농민 수탈이 강화되자 원종과 애노가 사벌주(상주)에서 반란을 일으켰다.

오답 분석

① 진덕 여왕: 당 고종을 칭송하는 오언태평송을 지어 당의 황제에게 바친 것은 진덕 여왕 때이다.

② 헌덕왕: 급찬 숭정이 발해에 사신으로 파견된 것은 헌덕왕 때이다.

④ 흥덕왕: 귀족들의 사치 풍조를 없애기 위해 사치 금지 교서를 반포한 것은 흥덕왕 때이다.

12 시대 통합 | 조선의 지방 제도   난이도 중 ●●○

정답 설명

② 각 군현에 향촌 자치 기구로 설치한 것은 경재소가 아닌 유향소이다. 한편, 경재소는 중앙과 지방 유향소 간의 연락을 담당하고, 중앙에서 유향소를 통제하기 위해 설치된 기구이다.

오답 분석

① 조선 시대에는 각 8도의 행정을 총괄하고, 수령을 지휘·감독하는 관찰사를 파견하였다.

③ 조선 시대의 수령은 지방의 행정권, 사법권, 군사권을 가지고 있었다.

④ 조선 시대에는 각 군현 밑에 면·리·통을 설치하고 다섯 집을 1통으로 편제하는 오가작통제를 실시하였다.

13 조선 전기 | 직전법   난이도 하 ●○○

자료 분석

과전법 → (가) 직전법 → 관수 관급제

정답 설명

③ 직전법에서는 세습이 가능했던 수신전, 휼양전 등이 폐지되었고, 현직 관리에게만 수조권을 지급하였다.

오답 분석

① 녹과전: 지급 대상 토지를 경기 8현의 지역으로 한정한 것은 고려 원종 때 시행한 녹과전이다.

② 시정 전시과: 인품과 관품에 따라 차등을 두어 전지와 시지를 지급한 것은 고려 경종 때 시행한 시정 전시과이다.

④ 식읍, 녹읍: 해당 지역의 조세와 역 징발권을 부여한 것은 고대의 식읍과 녹읍이다.

14 고대 | 낙랑군 축출과 한성 함락 사이의 사실   난이도 중 ●●○

자료 분석

낙랑군 축출(313) → (가) → 한성 함락(475)

정답 설명

① 신라는 (가) 시기인 내물 마립간(356~402) 때 지배자의 칭호를 이사금에서 우두머리(대군장)를 뜻하는 마립간으로 변경하였다.

오답 분석

② (가) 이후: 백제의 오경 박사인 단양이와 고안무가 일본에 파견된 것은 무령왕(501~523) 때로, (가) 시기 이후의 사실이다.

③ (가) 이전: 고구려가 위나라 장수 관구검의 공격을 받은 것은 동천왕(227~248) 때로, (가) 시기 이전의 사실이다.

④ (가) 이후: 고구려의 태학 박사 이문진이 역사서인 『신집』을 편찬한 것은 영양왕(590~618) 때로, (가) 시기 이후의 사실이다.

15 근대 | 대한 제국에서 추진한 정책   난이도 중 ●●○

정답 설명

② 옳은 것을 모두 고르면 ㉠, ㉢, ㉤이다.

㉠ 대한 제국은 1900년에 우편 업무를 효과적으로 운영하기 위해 창설된 국제 기구인 만국 우편 연합에 정식으로 가입하였다.

㉢ 대한 제국은 광무개혁 때 양잠 전습소와 잠업 시험장을 설립하였다.

㉤ 대한 제국은 1899년에 상업과 국제 무역, 기타 상행위에 관한 업무를 관장하는 상무사를 조직하였다.

오답 분석

㉡ 제1차 갑오개혁: 신식 화폐 발행 장정을 공포하여 은본위 화폐 제도를 채택한 것은 제1차 갑오개혁 때이다.

㉣ 제2차 갑오개혁: 지방 행정 구역을 8도에서 23부로 개편한 것은 제2차 갑오개혁 때이다.

16 현대 | 6·15 남북 공동 선언   난이도 중 ●●○

자료 분석

남측의 연합제 안과 북측의 낮은 단계의 연방제 안이 서로 공통성이 있음 → 6·15 남북 공동 선언

정답 설명

③ 6·15 남북 공동 선언의 결과 남북 간 경제 협력 사업의 하나로 개성 공단이 건설되었다.

오답 분석

① 남북한이 동시에 유엔에 가입한 것은 1991년 9월로, 6·15 남북 공동 선언 발표(2000) 이전의 사실이다.

② 6·15 남북 공동 선언은 노태우 정부 때가 아닌 김대중 정부 때 발표되었다.

④ 7·4 남북 공동 성명: 합의 사항 추진을 위해 남북 조절 위원회를 구성하기로 한 것은 박정희 정부 때 발표된 7·4 남북 공동 성명이다.

---

17 조선 후기 | 조선 후기의 역사서 　　난이도 상 ●●●

정답 설명

② 임상덕은 『동사회강』에서 기자 조선과 마한을 정통으로 인정하지 않았다. 임상덕의 『동사회강』은 삼국 이전을 편년에서 삭제하였고, 신라 통일 이후와 고려 통일 이후를 정통으로 보았다.

오답 분석

① 한치윤은 중국 및 일본의 자료를 참고하여 고조선부터 고려 시대까지의 역사를 기록한 『해동역사』를 저술하였다.

③ 홍만종은 『동국역대총목』에서 단군 조선을 우리 역사의 시작으로 규정하였으며, 단군 조선 – 기자 조선 – 마한 – 통일 신라로 이어지는 정통론을 제시하였다.

④ 이긍익은 조선 시대의 정치와 문화를 야사를 중심으로 정리한 『연려실기술』을 저술하였다.

🖊️ 이것도 알면 합격!

조선 후기의 역사서

저서	특징
『동국역대총목』 (홍만종)	• 단군의 정통성을 강조한 편년체 사서 • '단군 조선 – 기자 조선 – 마한 – 통일 신라'로 이어지는 정통론을 제시
『동사회강』 (임상덕)	• 삼국~고려 시대까지의 역사를 강목체로 서술 • 마한을 정통으로 인정하지 않고 삼국을 무통으로 간주
『연려실기술』 (이긍익)	• 조선의 정치와 문화를 기사본말체로 서술 • 객관적이고 실증적으로 서술한 야사 총서
『해동역사』 (한치윤)	• 고조선~고려 말까지의 역사를 기전체로 서술 • 540여 종의 중국·일본 자료 참고

---

18 고대 | 삼국 시대의 금석문 　　난이도 중 ●●○

자료 분석

(가) 한반도에 남아 있는 유일한 고구려 비석 → 충주 고구려비
(나) 진흥왕 순수비 중 가장 먼저 발견됨 + 김정희가 비문을 고증함
　　 → 황초령비

정답 설명

② 바르게 연결하면 (가) 충주 고구려비, (나) 황초령비이다.

(가) 충주 고구려비는 한반도에 남아 있는 유일한 고구려 비석으로, 고구려가 한강을 넘어 충주까지 진출하였음을 보여주는 자료이며 당시 스스로를 천하의 중심으로 자부하는 고구려인의 천하관이 반영되어 있다.

(나) 황초령비는 신라가 함경도 지방에 진출한 이후 세운 비석으로, 진흥왕 순수비 중 가장 먼저 발견되었으며 조선 후기에 추사 김정희가 비문을 고증하였다.

오답 분석

• **광개토 대왕릉비**: 광개토 대왕릉비는 장수왕이 아버지인 광개토 대왕의 업적을 기념하기 위해 건립한 것이다.

• **마운령비**: 마운령비는 신라가 함경도 지방에 진출한 이후 세워진 진흥왕 순수비 중 하나로, '태창'이라는 연호 사용, 6부명, 관직과 관등 등의 내용이 기록되어 있다.

---

19 고려 시대 | 최무선 　　난이도 중 ●●○

자료 분석

화약 + 왜구가 진포에 침입했을 때 조정에서 그가 만든 화약을 시험해 보고자 함 → 최무선

정답 설명

① 최무선은 우왕에게 화약 및 화기의 제조를 담당하는 화통도감의 설치를 건의하였다.

오답 분석

② **신돈**: 전민변정도감의 책임자로 임명되어 개혁을 실시한 인물은 신돈이다.

③ **정지**: 남해의 관음포 앞바다에서 왜선을 격침한 인물은 정지이다.

④ **박위, 김사형, 이종무 등**: 왜구의 소굴이었던 대마도를 정벌한 인물에는 박위(고려 창왕), 김사형(조선 태조), 이종무(조선 세종) 등이 있다.

---

20 근대 | 오페르트 도굴 사건 이후의 사실 　　난이도 중 ●●○

자료 분석

덕산 묘소에 발생한 변고 → 오페르트 도굴 사건(1868)

정답 설명

① 옳은 것을 모두 고르면 ㉠, ㉢이다.

㉠ 일본의 운요호가 초지진을 포격한 것은 1875년으로, 오페르트 도굴 사건 이후의 사실이다. 일본은 조선의 문호를 개방하기 위해 군함 운요호를 조선 연해에 보냈고, 조선의 수비대가 경고 사격을 하자 운요호는 강화도의 초지진을 포격하였다.

㉢ 어재연의 부대가 광성보에서 결사 항전한 것은 1871년으로, 오페르트 도굴 사건 이후의 사실이다. 미국이 제너럴셔먼호 사건을 구실로 강화도에 침입하자, 어재연이 이끄는 부대가 광성보에서 결사 항전하였다(신미양요).

오답 분석

모두 오페르트 도굴 사건 이전의 사실이다.

㉡ 조선 정부가 프랑스 선교사를 처형(병인박해)한 것은 1866년의 사실이다.

㉣ 프랑스가 병인박해를 구실로 강화도에 침입하였고, 퇴각 과정에서 외규장각에 보관되어 있던 『의궤』를 약탈(병인양요)한 것은 1866년의 사실이다.

제1회 정답·해설 한국사　21

❯ 정답 한눈에 보기

국어

01	④	06	②	11	④	16	①
02	②	07	③	12	④	17	②
03	②	08	①	13	④	18	④
04	①	09	④	14	②	19	①
05	③	10	②	15	④	20	②

영어

01	②	06	④	11	①	16	④
02	④	07	③	12	②	17	③
03	③	08	②	13	①	18	③
04	④	09	③	14	②	19	③
05	④	10	③	15	③	20	③

한국사

01	④	06	②	11	①	16	③
02	④	07	②	12	①	17	②
03	②	08	④	13	③	18	③
04	③	09	③	14	③	19	④
05	④	10	②	15	①	20	②

모바일 자동 채점 + 성적 분석 서비스
◀ QR 코드를 스캔하시면, 더욱 상세한 성적 분석 서비스
이용이 가능합니다.

❯ 나의 모의고사 성적 셀프 체크

난이도	국어	하	체감 난이도	국어	
	영어	중		영어	
	한국사	중		한국사	
나의 점수	국어	/ 100점	풀이 시간	국어	/ 15분
	영어	/ 100점		영어	/ 27분
	한국사	/ 100점		한국사	/ 13분
	평균 점수	/ 100점		전체 풀이 시간	/ 55분

국어

01   어휘 | 표기상 틀리기 쉬운 어휘   난이도 중 ●●○

정답 설명

④ 걷잡아서(×) → 겉잡아서(○): '겉으로 보고 대강 짐작하여 헤아리다'의 의미를 나타내는 말은 '겉잡다'를 써야 하므로 '겉잡아서'로 표기해야 한다.

- 걷잡다: 1. 한 방향으로 치우쳐 흘러가는 형세 등을 붙들어 잡다. 2. 마음을 진정하거나 억제하다.

오답 분석

① 졸이니(○): '찌개, 국, 한약 등의 물을 증발시켜 분량을 적어지게 하다'를 뜻하는 말은 '졸이다'이다. 이때 '조리다'와 혼동하지 않도록 주의한다.

- 조리다: 1. 양념을 한 고기나 생선, 채소 등을 국물에 넣고 바짝 끓여서 양념이 배어들게 하다. 2. 식물의 열매나 뿌리, 줄기 등을 꿀이나 설탕물 등에 넣고 계속 끓여서 단맛이 배어들게 하다.

② 새워(○): '한숨도 자지 않고 밤을 지내다'를 뜻하는 말은 '새우다'이다. 이때 '새다'와 혼동하지 않도록 주의한다.

- 새다: 날이 밝아 오다.

③ 허우대(○): '겉으로 드러난 체격'을 뜻하는 말은 '허우대'이다. 이때 '허위대'로 잘못 표기하지 않도록 주의한다.

02   어법 | 단어 (조사의 구분)   난이도 중 ●●○

정답 설명

② 일본에(○): 앞말이 어떤 움직임이나 작용이 미치는 대상의 부사어임을 나타내는 조사 '에'는 무정 명사와 결합한다. '일본'은 무정 명사이므로 조사의 쓰임이 옳은 것은 ②이다.

오답 분석

① 화분에게(×) → 화분에(○): '화분'은 무정 명사이므로 조사 '에'와 결합해야 한다.

③ 관람객에(×) → 관람객에게(○): '관람객'은 유정 명사이므로 어떤 행동이 미치는 대상을 나타내는 조사 '에게'와 결합해야 한다.

④ A사에게(×) → A사에(○): 'A사'는 무정 명사이므로 조사 '에'와 결합해야 한다.

03   어휘 | 관용 표현   난이도 하 ●○○

정답 설명

② '난장을 치다'는 '함부로 마구 떠들다'를 뜻하는 관용 표현이므로 밑줄 친 부분과 바꿔 쓸 수 없다. 참고로, 훼방을 놓는다는 표현과 바꿔 쓸 수 있는 관용 표현으로는 '재를 뿌리다'가 있다.

- 재를 뿌리다: 일, 분위기 등을 망치거나 훼방을 놓다.

오답 분석

① 간장이 녹다: 몹시 애가 타다.

③ 발(을) 끊다: 오가지 않거나 관계를 끊다.

④ 입 밖에 내다: 어떤 생각이나 사실을 말로 드러내다.

04   문학+어휘 | 인물의 심리 및 태도, 한자 성어   난이도 중 ●●○

정답 설명

① '저'는 자신이 타고난 정의감에 자부심을 느끼며, 출세했거나 돈을 잘 버는 친구들 사이에서도 기가 죽지 않는다고 말하며 자기 스스로를 다른 사람보다 자랑스러워한다. 이를 통해 (가)에 들어갈 한자 성어로 적절한 것은 ① '군계일학(群鷄一鶴)'임을 알 수 있다.

- 군계일학(群鷄一鶴): 닭의 무리 가운데에서 한 마리의 학이란 뜻으로, 많은 사람 가운데서 뛰어난 인물을 이르는 말

오답 분석

② 마부작침(磨斧作針): 도끼를 갈아 바늘을 만든다는 뜻으로, 힘든 일이라도 꾸준히 정성과 노력을 다하면 끝내 달성할 수 있음을 비유적으로 이르는 말

③ 화이부동(和而不同): 남과 사이좋게 지내기는 하나 무턱대고 어울리지는 않음

④ 초동급부(樵童汲婦): 땔나무를 하는 아이와 물을 긷는 아낙네라는 뜻으로, 평범한 사람을 이르는 말

> **이것도 알면 합격!**
>
> **박완서, 『꿈꾸는 인큐베이터』의 주제와 특징**
> 1. 주제: 남아 선호 사상과 가부장적인 사회 분위기에서 여성이 소외되는 것에 대한 비판
> 2. 특징
>   - 남아 선호 사상에 대한 문제를 제기함
>   - 역순행적 구성으로 사건이 전개됨

05   문학 | 서술상의 특징   난이도 하 ●○○

정답 설명

③ ⓒ은 부인이 과거에 제를 올리던 천제당이 있는 남악 형산을 발견하는 장면으로, 감정 이입을 통해 부인이 남악 형산을 만난 반가움을 마치 남악 형산이 자신을 반가워하는 것처럼 표현하고 있다. 하지만 이를 통해 남악 형산과 천제당의 위압감을 강조하고 있지는 않으므로 ③은 옳지 않다.

오답 분석

① '백옥'과 '월색'으로 비유되는 아름다웠던 부인의 몸과 얼굴이 군사로부터 도망치면서 그와 대조적으로 유혈이 낭자한 모습과 진흙빛이 되었다고 표현하고 있다.

② 서술자의 개입이 나타난 부분으로, 자연물(천지, 강산)을 통해 두 인물이 겪는 상황에 대한 안타까움을 간접적으로 드러내고 있다.

④ 부인은 도망쳐 온 산이 과거에 충렬을 낳기 위해 제를 올리던 남악 형산이라는 것을 알고는 '통곡하고 싶은 마음'이라며 자신의 슬픈 심경을 직접적으로 드러내고 있다.

---

06 비문학 | 주제 및 중심 내용 파악 　　　　　 난이도 하 ●○○

정답 설명

② 제시문은 혁신저항의 개념과 혁신저항을 유발하는 요인이 새로운 기술을 채택할 때 소비자가 느끼는 심리적 부담감임을 설명하고 있다. 따라서 혁신저항을 최소화하기 위해 소비자의 심리를 이해해야 한다는 내용이 결론으로 제시되어야 하므로 답은 ②이다.

오답 분석

① 1~2번째 줄에 시장에 새로운 변화를 가져오려는 시도, 즉 혁신이 실패한 사례가 제시되어 있으나, 이는 혁신저항을 설명하기 위해 든 예시일 뿐 제시문의 결론으로는 적절하지 않다.

③ 혁신이 실패하는 원인을 기술적 열위가 아닌 소비자의 심리에서 찾을 수 있다고 하였으므로 제시문의 내용과는 상반된다.

④ 혁신을 수용하는 과정에서 혁신저항이 일어난다는 사실을 알 수 있으나, 이는 제시문의 일부분에 해당하는 내용이므로 결론으로는 적절하지 않다.

---

07 문학 | 인물의 심리 및 태도 　　　　　 난이도 하 ●○○

정답 설명

③ '원구'는 오랜만에 만난 '동욱'을 보며 마음이 무거워짐을 느끼다. 이는 '원구'의 '동욱'에 대한 연민과 안타까움을 드러내는 것일 뿐, '동욱'을 도와야 한다는 마음과 외면하고 싶은 마음 사이에서 갈등하는 것은 아니다. 따라서 답은 ③이다.

오답 분석

① ② '동욱'은 미군 부대를 찾아다니며 초상화 주문을 받는다는 근황을 전하며 닝글닝글한 웃음을 지어 보인다. 이러한 웃음에는 겨우 생계를 유지해 가는 자기의 암울한 삶에 대한 자조적인 감정이 담겨 있음을 알 수 있다.

④ 1문단 끝에서 1~4번째 줄에서 '원구'는 '동욱'과 '동옥' 남매를 떠올리면 마음 구석에 빗물이 흐르는 것 같다고 하였으며, '원구'의 머릿속에는 '동욱'과 '동옥'이 언제나 비에 젖어 있는 인생들이라고 서술하고 있다. 이를 통해 '원구'는 '동욱'과 '동옥' 남매를 떠올리며 우울하고 무기력함을 느끼고 있음을 알 수 있다.

🎓 이것도 알면 **합격!**

손창섭, 『비 오는 날』의 배경의 기능

배경	기능
비 내리는 날	• 원구의 과거 회상의 매개체 • 어둡고 스산한 분위기를 조성함 • 동욱 남매의 암울한 삶을 상징함 • 원구의 죄책감을 상기시킴

---

08 비문학 | 화법 (말하기 전략) 　　　　　 난이도 하 ●○○

정답 설명

① A는 채용 예정 인원을 세 배 늘려 달라는 B의 조건을 그대로 수용하지 않고, 매년 점진적으로 채용 인원을 늘려 5년 후에는 두 배 이상의 인원을 뽑겠다는 수정된 대안을 제시하고 있다.

오답 분석

② '경제적인 면에서도 지역에 이득이 되지 않을까요?'라는 A의 발화를 통해 질문의 방식으로 자신의 의견에 대한 동의를 구하고 있음을 알 수 있으나, B의 발화에서는 질문을 통해 자신의 의견에 대해 동의를 구하는 부분을 확인할 수 없다.

③ A가 추가 인력을 채용하겠다는 계획을 밝히자, B는 A가 제안한 채용 예정 인원을 세 배 늘려 달라고 요구하였다. 이에 A는 지금 당장은 어렵지만 매년 점진적으로 채용 인원을 늘리겠다고 답하였으므로 A도 공장의 채용 예정 인원을 늘리는 데 동의한 것으로 볼 수 있다.

④ B는 A가 제안한 채용 규모가 공장 이전으로 인한 경제적 효과를 체감하기엔 부족하다고 말했을 뿐, 경제적 효과 자체를 부정한 것은 아니다. 또한, 마지막 발화에서 '가공식품 원료로 우리 지역의 농산물을 사용해서 지역 경제를 살리는 데 동참해 주십시오'라고 말하고 있으므로 공장 이전으로 인해 창출되는 경제적 효과를 인정하고 있음을 알 수 있다.

---

09 비문학 | 적용하기 　　　　　 난이도 하 ●○○

정답 설명

④ 제시문은 업무에서 좋은 성과를 거두면 업무에 대해 긍정적인 태도를 형성할 수 있지만, 업무 외적인 요인으로 인해 형성된 긍정적 태도가 업무 성과를 결정하는 요인이 아님을 설명하고 있다. 이때, 직원들의 사기 진작(업무에 대한 긍정적 태도 형성)과 업무 효율성(업무 성과)이라는 두 마리 토끼를 잡는 방법으로는 업무별로 달성해야 할 목표를 분명하게 제시하여 업무 효율성을 높이고, 목표를 달성한 직원에게 그에 상응하는 보상을 제공하여 사기를 진작시키는 것(성과 달성을 통한 업무에 대한 긍정적 태도 형성)이 적절하다.

오답 분석

① ② 사내 소모임과 복리후생 제도는 업무 외적인 측면에서 긍정적인 태도를 형성하는 요인일 뿐, 업무 성과를 결정하는 요인은 아니므로 적절하지 않다.

③ 신입사원이 업무에 빠르게 적응할 수 있도록 돕는 것이 곧 좋은 성과를 내는 것을 보장하지는 않으므로 적절하지 않다.

---

10 문학 | 작품의 종합적 감상 (시조, 현대 시) 　　 난이도 중 ●●○

정답 설명

② (나)의 '새'와 '구름'은 남북을 오가고, 들 끝으로 자유롭게 이동할 수 있는 존재이다. 즉 '새'와 '구름'은 '삭주 구성'에 갈 수 없는 화자의 처지와 대조되어 화자의 비애감을 강조시키는 자연물일 뿐, 서로 대비되는 대상이 아니다.

① (가)의 중장과 종장에 '제 구퇴야 / 보내고'는 행간 걸침이 적용된 것으로, 이를 통해 임을 떠나보낸 화자의 행위를 강조하면서 이별에 대한 회한을 드러내고 있다. 참고로, 중장을 '제 구퇴야 가랴마는'으로 보는 경우에는 떠나가 버린 '임'의 행위를 강조하는 도치로 볼 수도 있다.

③ (가)는 '이시라 / ᄒ더면 / 가랴마는 / 제 구퇴야'와 같이 각 장마다 4음보의 율격을 통해, (나)는 '더더구나 / 걸어 넘는 / 먼 삼천 리'와 같이 3음보의 민요적 율격을 통해 운율을 형성하고 있다.

④ (가)의 종장에 '보내고 그리는 정'을 통해 화자가 임을 떠나보냈음을 알 수 있으며, (나)의 4연 2행에 '님을 둔 곳'을 통해 화자는 '삭주 구성'에 임을 두고 떠나왔음을 알 수 있다.

---

11 어휘 | 고유어   난이도 중 ●●○

④ '대갈마치'는 '온갖 어려운 일을 겪어서 아주 야무진 사람을 비유적으로 이르는 말'이므로 뜻풀이가 옳지 않은 것은 ④이다.

---

12 문학 | 소재의 의미   난이도 하 ●○○

④ ㉠ '소금', ㉡ '거리의 살림살이', ㉢ '앙상한 사람들의 얼굴'은 모두 세속적인 것을 의미하는 소재인 반면, ㉣ '편벽된 마음'은 자연을 향한 애정을 의미하므로 성격이 다른 하나는 ④이다.

이효석, 「산」의 주제와 특징
1. 주제: 자연과 함께 사는 소박한 삶과 자연을 향한 애정
2. 특징
   • 마을과 산이라는 공간의 대비를 통해 자연 속의 행복한 삶을 강조함
   • 자연을 서정적으로 묘사해 낭만적인 분위기를 형성함

---

13 문학 | 작품의 종합적 감상 (극)   난이도 하 ●○○

④ 형사는 청년을 사기범이라고 단정지어 강압적인 태도를 보이고 있는 것일 뿐, 청년이 범죄를 저지르지 않았음을 알고 있는지는 알 수 없다. 따라서 형사가 청년이 범죄를 저지르지 않았음을 알면서도 범인으로 몰아가고 있다는 ④의 설명은 적절하지 않다.

① 회계 과장이 양복을 사 입으라고 달러 지폐를 주었다는 청년의 말을 통해 사장과 그의 가족(직원들)이 위조지폐를 시험하기 위해 청년을 속인 것임을 알 수 있다. 이를 통해 사장은 남을 속여서 이득을 취하는 부정적 인물임을 알 수 있다.

② 사원 D는 청년에게는 죄가 없다며 안타까워하는데, 이를 통해 사원 D가 청년이 잡혀간 것에 대해 양심의 가책을 느끼고 있음을 알 수 있다.

③ 청년은 아씨나 회계 과장이 자신의 무고함을 증명해 줄 것이라며 형사에게 호소하는데, 이러한 모습을 통해 자신이 사기를 당했다는 사실을 끝까지 인지하지 못하고 있음을 알 수 있다.

오영진, 「정직한 사기한」의 줄거리

해방 직후 어느 무역 회사 사무실, 한 가족이 사기단을 꾸려 위조지폐를 유통하기 위해 유령 회사를 차리고 위조지폐의 사용이 가능한지 대신 시험해 줄 순진한 사람을 찾는다. 이때 억울하게 전과자가 된 한 청년이 광고를 보고 사무실에 찾아와 사원으로 채용된다. 청년은 가족 사기단이 준 돈이 위조지폐임을 알지 못한 채 그것을 사용하다가 형사에게 붙잡힌다. 그러나 가족 사기단은 청년의 채용 사실조차 부인하며 그를 외면한다. 결국 청년은 형사에게 잡혀가고 가족 사기단은 사무실 임대료조차 내지 않기 위해 도망을 간다.

---

14 비문학 | 세부 내용 파악   난이도 하 ●○○

② 1문단 끝에서 3~5번째 줄을 통해 스마트폰을 사용하며 걷는 스몸비의 교통사고 발생률이 높음을 알 수 있으나, 다른 보행자에 비해 교통사고 사망률이 높은지는 확인할 수 없다.
[관련 부분] 스마트폰을 사용하며 걸으면 전방을 주시하며 걸을 때보다 시야 폭이 56% 감소하고, 보행 속도도 느려져 신호 변경, 달리는 차량 등에 대한 자각과 대응이 늦어 사고 발생률이 높아진다.

① 1문단 끝에서 3~5번째 줄을 통해 확인할 수 있다.
[관련 부분] 스마트폰을 사용하며 걸으면 전방을 주시하며 걸을 때보다 시야 폭이 56% 감소하고, 보행 속도도 느려져 신호 변경, 달리는 차량 등에 대한 자각과 대응이 늦어 사고 발생률이 높아진다.

③ 2문단 1~2번째 줄을 통해 확인할 수 있다.
[관련 부분] 스몸비가 스마트폰 보급이 활발한 국가라면 한 번쯤 검토해야 할 문제가 되면서

④ 2문단 끝에서 1~4번째 줄을 통해 확인할 수 있다.
[관련 부분] 우리나라에서도 서울시와 경찰청이 시민이 많이 오가는 지역의 번화가에 '스마트폰을 보면서 걷는 것은 위험하다'는 내용을 담은 안내 표지판을 설치하였다.

---

15 비문학 | 세부 내용 파악   난이도 하 ●○○

④ 2문단에서 할랄 푸드에 속하는 음식이 소, 양, 염소 등의 고기와 어류, 채소, 과일 등으로 정해져 있으며, '다비하'에 따라 도축된 동물만 섭취할 수 있다고 서술하고 있다. 따라서 할랄 푸드는 음식의 종류뿐 아니라 고기의 도축 방식까지 엄격하게 규정되어 있음을 알 수 있다.

[관련 부분]
- 대표적인 할랄 푸드로는 소, 양, 염소 등의 고기와 민물고기를 제외한 생선, 신선한 채소와 과일 등이 있다.
- '다비하'에 따라 도축된 동물만 섭취 가능하다.

오답 분석

① 3문단 1~2번째 줄을 통해 돼지고기는 하람 푸드로 분류됨을 알 수 있다.
   [관련 부분] 반대로 돼지고기, 동물의 피, 알코올, 파충류, 그리고 이슬람 법에 따라 도축되지 않은 모든 육류 등은 하람 푸드로 분류된다.

② 1문단 2~4번째 줄을 통해 할랄은 이슬람교의 율법에서 허용하는 음식뿐 아니라 관광, 행동, 규율 등 다양한 분야에 적용되는 것임을 알 수 있다.
   [관련 부분] 전자를 일컬어 할랄이라고 하고 ~ 이는 식품, 관광, 행동, 규율 등 다양한 분야에 적용된다.

③ 3문단 끝에서 1~2번째 줄을 통해 하람에 속하는 음식을 모르고 먹은 경우는 예외적으로 허용됨은 알 수 있으나, 그 후 기도를 올려야 한다는 내용은 제시문을 통해 알 수 없다.
   [관련 부분] 금지된 음식이더라도 이를 인지하지 않고 섭취하였거나 생명이 위급할 때는 먹는 것을 허용하기도 한다.

16 비문학 | 글의 구조 파악 (접속어의 사용) 난이도 하 ●○○

정답 설명

① (가)~(라)에 들어갈 말은 순서대로 '또한 - 특히 - 그러나 - 이로 인해'이므로 답은 ①이다.
- (가): (가)의 앞에서는 조선 시대 회화의 성격을 설명하고, (가)의 뒤에서는 회화의 주제도 다양해졌다는 점을 언급하고 있다. 따라서 (가)에는 앞과 뒤의 내용을 동등한 자격으로 나열하는 '또한'이나 앞의 내용에 새로운 내용을 덧붙이거나 보충하는 '게다가'가 들어가는 것이 적절하다.
- (나): (나)의 앞에서는 조선 시대의 회화의 성격과 주제를 고려 시대와 비교하여 설명하였고, (나)의 뒤에서는 이 시기(조선 시대)에는 다양한 화가가 활동했다는 점을 서술하고 있다. 따라서 (나)에는 조선 시대 회화의 두드러지는 특징을 설명하는 '특히'가 들어가는 것이 적절하다.
- (다): (다)의 앞에서는 조선 말기에 남종화가 본격적으로 성장했다는 내용이 제시되어 있고, (다)의 뒤에서는 정치적인 이유로 화단 자체가 침체되었음을 설명하고 있다. 따라서 (다)에는 상반된 내용을 이어주는 역접의 접속어 '그러나'가 들어가는 것이 적절하다.
- (라): (라)의 앞에서는 조선 말기에 화단이 침체되었다는 점을 설명하고, (라)의 뒤에서는 그로 인한 결과를 설명하고 있다. 따라서 (라)에는 앞뒤 내용이 인과 관계임을 나타내는 '이로 인해' 또는 '이에 따라'가 들어가는 것이 적절하다.

17 어법 | 올바른 문장 표현 난이도 중 ●●○

정답 설명

② 삼가(○): '삼가'의 기본형은 '삼가다'이므로 '삼가 주시기'는 올바른 표현이다. 따라서 '삼가'를 '삼가해'로 고쳐 쓰는 것은 적절하지 않다.
- 삼가다: 몸가짐이나 언행을 조심하다.

오답 분석

① 되는(×) → 되던(○): 문장 전체의 서술어인 '다녀왔다'가 과거 시제에 해당하므로 현재형 어미 '-는'이 아닌 과거형 어미 '-던'을 사용하여 '되던'으로 고쳐 쓰는 것이 적절하다.

③ 인상시킨(×) → 인상한(○): '인상하다'는 '물건값, 봉급, 요금 등을 올리다'를 뜻하므로 사동의 뜻을 더하는 '-시키다'를 붙이지 않아도 자연스러운 의미 전달이 가능하다. 따라서 '인상한'으로 고쳐 쓰는 것이 적절하다.

④ 반증(×) → 방증(○): '반증'은 '어떤 사실이나 주장이 옳지 않음을 그에 반대되는 근거를 들어 증명함'을 뜻하므로 (라)의 문맥상 쓰임이 적절하지 않다. 따라서 '사실을 직접 증명할 수 있는 증거가 되지는 않지만, 주변의 상황을 밝힘으로써 간접적으로 증명에 도움을 줌'을 뜻하는 '방증'으로 고쳐 쓰는 것이 적절하다.

18 비문학 | 내용 추론 난이도 중 ●●○

정답 설명

④ 제시문은 지구의 온도가 일정하게 유지되는 원리인 온실 효과를 통해 이글루 내부의 온도가 높게 유지되는 원리를 설명하고 있다. 제시문 끝에서 2~6번째 줄을 통해 온실 효과는 지구 내부에서 외부로 나가는 장파가 지구의 대기를 통과하지 못하고 흡수되기 때문에 발생하며, 온실의 유리가 복사파를 차단하는 것에서 그 이름이 유래되었음을 알 수 있다. 이를 이글루에 대입할 경우, 이글루 내부에서 외부로 나가는 장파인 복사파가 얼음에 의해 차단되어 나가지 못하기 때문에 이글루 안이 따뜻하게 유지되는 것임을 추론할 수 있다. 따라서 답은 ④이다.

오답 분석

①② 제시문을 통해 추론할 수 없는 내용이다.

③ 끝에서 3~5번째 줄에서 장파는 단파와 달리 지구의 대기를 통과하지 못하고 흡수된다고 하였고 이로 인해 지구의 온도가 일정하게 유지된다고 하였다. 따라서 복사파인 장파가 이글루의 벽을 통과해 온도를 상승시킨다는 ③의 추론은 적절하지 않다.

19 비문학 | 세부 내용 파악 난이도 하 ●○○

정답 설명

① 2문단 끝에서 1~5번째 줄을 통해 14세 이하의 어린 청소년 그룹은 혼자 게임을 수행할 때보다 또래와 함께할 때 위험을 감수하는 정도가 2배 이상 높아졌고, 19세 이하 청소년 그룹은 1.5배 이상 높아졌으며, 성인은 큰 차이가 없었음을 알 수 있다. 이를 통해 연령대가 높아질수록 또래 집단이 의사 결정에 미치는 영향력이 감소함을 알 수 있으므로 글의 내용과 부합하는 것은 ①이다.

오답 분석

② 청소년 그룹이 성인 그룹보다 위험을 감수하는 정도는 어떤 상황인지에 따라 달라지므로 청소년 그룹 자체가 성인 그룹보다 위험을 감수하는 정도가 높은지는 알 수 없다.

③ 두 청소년 그룹에서는 혼자 있을 때보다 다른 사람(또래 집단)과 함께 있을 때 과감한 의사 결정을 내릴 가능성이 큼을 알 수 있으나, 성인 그룹에는 해당되지 않는다.

④ 청소년 그룹은 또래와 함께 있는 환경에서 위험을 감수하는 정도가 높아지나, 성인 그룹은 혼자 있을 때와 다른 사람과 함께 있을 때 위험을 감수하는 정도에 큰 차이가 없다.

20 비문학 | 내용 추론 난이도 중 ●●○

정답 설명

② 2문단 3~4번째 줄을 통해 인간이 진화 과정에서 점차 육식의 비중을 높여 왔음을 알 수 있고, 3문단 끝에서 3~5번째 줄을 통해 인간이 동물의 뇌나 살을 먹으면서 단백질 섭취량이 늘자 몸집이 커졌음을 알 수 있다. 따라서 육식의 비중이 높아지면서 인간은 몸집이 더 커지는 쪽으로 진화하였다는 ②의 추론은 적절하다.

오답 분석

① 1문단 끝에서 1~2번째 줄을 통해 침팬지는 식물성 음식을 약 96퍼센트 먹는 데 반해 동물성 음식은 약 4퍼센트를 먹는다는 사실을 알 수 있다. 또한 2문단 1~4번째 줄을 통해 인간도 처음에는 침팬지와 비슷한 정도로 동물성 음식을 섭취했으나, 점차 육식의 비중을 높여 갔음을 설명하고 있으므로 오늘날 인간은 침팬지보다 동물성 음식을 더 많이 섭취할 것임을 추론할 수 있다. 따라서 ①의 추론은 적절하지 않다.

③ 3문단 끝에서 1~6번째 줄을 통해 호모 에렉투스 단계의 인간은 육식을 통해 단백질 섭취가 늘어난 후에 몸집이 커진 상태임을 알 수 있다. 따라서 호모 에렉투스의 구강 구조가 초식 동물의 구강 구조와 비슷할 것이라는 ③의 추론은 적절하지 않다.

④ 2문단 끝에서 1~4번째 줄을 통해 인류는 식물성 먹거리를 구하기 어려워지자 다른 동물들이 사냥을 해서 먹고 버린 사체를 먹었음을 알 수 있으므로 인간이 육식을 시작한 초기에 동물을 사냥했다는 내용은 적절하지 않다. 또한 3문단 1~2번째 줄을 통해 인류가 골수와 뇌를 먹으며 진화해 왔음은 알 수 있으나, 뇌와 골수를 다른 부분보다 먼저 섭취하였는지는 제시문을 통해 알 수 없으므로 ④의 추론은 적절하지 않다.

영어

01 어휘 | furnish = supply
난이도 하 ●○○

해석

그 회사는 모든 판매원들에게 그들이 업무 전화를 하기 위해 사용할 수 있는 휴대폰을 제공하기로 결정했다.

① 제한하다
② 제공하다
③ 맡기다
④ 장식하다

정답 ②

어휘

decide 결정하다, 판결을 내리다   furnish 제공하다, 공급하다
salespeople 판매원, 외판원

이것도 알면 합격!

furnish(제공하다)의 유의어
= provide, equip, offer

02 어휘 | futile = ineffective
난이도 하 ●○○

해석

최고의 기술자들과 건축가들을 고용했음에도 불구하고, 그 건물을 보호하기 위한 노력은 헛된 것이었음이 드러났다.

① 유용한
② 필요한
③ 단단한
④ 쓸모없는

정답 ④

어휘

hire 고용하다, 채용하다   engineer 기술자, 수리공   architect 건축가, 설계자
prove 드러나다, 입증하다   futile 헛된, 쓸데없는   useful 유용한, 쓸모 있는
necessary 필요한, 필연적인   solid 단단한, 견고한
ineffective 쓸모없는, 효과 없는

이것도 알면 합격!

futile(헛된)의 유의어
= pointless, useless, fruitless, vain, worthless

03 어휘 | miss the boat = be too late
난이도 중 ●●○

해석

그 스타트업 회사는 팬데믹에 대응하여 전략을 조정하지 않았을 때 기회를 놓쳤고, 현재 급속히 변화하는 시장에서 살아남기 위해 고군분투하고 있다.

① 매우 조용해졌다
② 너무 조심스러웠다
③ 너무 늦었다
④ 매우 화가 났다

정답 ③

어휘

miss the boat 기회를 놓치다, 이젠 너무 늦다   adjust 조정하다
in response to ~에 대응하여   pandemic 팬데믹(전 세계적인 유행병)
struggle 고군분투하다, 전력을 다하다   rapidly 급속히, 빨리

이것도 알면 합격!

miss the boat(기회를 놓치다)와 유사한 의미의 표현
= lose one's chance, miss out, lose the opportunity

04 어휘 | parallel
난이도 중 ●●○

해석

해양 포유동물들의 물갈퀴와 새들의 날개는 사람의 손과 유사한 것이다. 비록 그것들이 매우 달라 보이지만, 그것들은 동일한 기본적인 뼈 구조를 포함하고 있으며, 이는 서로 다른 동물들의 구체적인 필요에 맞도록 진화해 왔다.

① 축소 모형
② 복제품
③ 적응
④ 유사한 것

정답 ④

어휘

flipper 물갈퀴, 오리발   marine 해양의, 바다의   mammal 포유동물
vastly 매우, 엄청나게   contain 포함하다, 함유하다   bone 뼈, 골격
structure 구조   evolve 진화하다, 발전하다   suit ~에 맞다
specific 구체적인, 특정한   miniature 축소 모형, 미니어처
clone 복제품, 복제 (생물)   adaptation 적응, 개작   parallel 유사한 것, 필적한 것

이것도 알면 합격!

parallel(유사한 것)의 유의어
= counterpart, equivalent, analogue

05 어휘 | chip in for
난이도 중 ●●○

해석
모두가 Mark의 생일 선물에 돈을 조금씩 낼 예정이다.
① ~에 걸리다
② ~을 반품하다
③ ~을 태우다
④ ~에 돈을 조금씩 내다

정답 ④

어휘
plan to ~할 예정이다, 계획하다   come down with ~에 걸리다, 들다
take back ~을 반품하다, 취소하다   chip in for ~에 돈을 조금씩 내다, 끼어들다

이것도 알면 합격!

chip in for(~에 돈을 조금씩 내다)와 유사한 의미의 표현
= pitch in for, help out with

---

06 문법 | 능동태·수동태 & 대명사
난이도 중 ●●○

정답 설명
④ **능동태·수동태 구별 | 인칭대명사** 주어 The car's oil과 동사가 '자동차의 오일이 교체되다'라는 의미의 수동 관계이므로 수동태 should be changed가 올바르게 쓰였다. 또한 대명사가 지시하는 명사(The car)가 단수이므로 단수 소유격 대명사 its가 올바르게 쓰였다.

정답 ④

오답 분석
① **능동태·수동태 구별** 주어 The author와 동사가 '그 작가가 상들을 받았다'라는 의미의 수동 관계이므로 현재완료 시제의 능동태 has awarded를 수동태 has been awarded로 고쳐야 한다.
② **현재분사 vs. 과거분사 | 부사 자리** 수식받는 명사 several charges와 분사가 '몇몇 비용이 기입되다'라는 의미의 수동 관계이므로 과거분사 entered가 쓰였는데, 이때 과거분사(entered)를 수식할 수 있는 것은 형용사(incorrect)가 아닌 부사(incorrectly)이므로 incorrect를 incorrectly로 고쳐야 한다.
③ **부사절 접속사 1: 시간 | 부사절 자리** 문맥상 '내가 엄마에게 전화를 할 때'라는 의미가 되어야 자연스러운데, '~할 때'는 부사절 접속사 as를 사용하여 나타낼 수 있다. 이때 as가 이끄는 부사절은 '부사절 접속사 + 주어 + 동사'의 형태가 되어야 하므로 as calling ~을 as I was calling ~이나 as I called ~로 고쳐야 한다.

해석
① 그 작가는 그녀의 데뷔 소설로 여러 주요한 상들을 받았다.
② 그 계좌를 면밀히 검토하면서, 회계 감사관은 몇몇 비용이 잘못 기입되어 있는 것을 발견했다.
③ 내가 엄마에게 데리러 오라는 전화를 할 때 내 휴대폰 배터리가 다 되었다.
④ 자동차의 오일은 매 7,000킬로미터마다 혹은 그것의 오일 교체등이 들어올 때마다 교체되어야 한다.

어휘
award (상·장학금 따위를) 주다, 수여하다   debut 데뷔, 첫 출연   novel 소설
scrutinize 면밀히 검토하다, 세심히 살피다   account 계좌, 장부
auditor 회계 감사관, 청강생   charge 비용, 부채   enter 기입하다, 들어가다

이것도 알면 합격!

시간을 나타내는 부사절 접속사

> when ~일 때, ~할 때	> since ~한 이래로
> before ~하기 전에	> after ~한 후에
> until ~할 때까지	> while ~하는 동안
> as soon as(= no sooner A than B) ~하자마자	

---

07 독해 | 세부 내용 파악 (내용 불일치 파악)
난이도 중 ●●○

정답 설명
③번의 키워드인 contribution(기여)이 그대로 언급된 지문 주변의 내용에서 그 시기의 과학자들은 고생물에 대한 Anning의 기여를 그녀의 공으로 돌리지 못했다고 했으므로, '③ Anning은 고생물학에 대한 그녀의 기여를 인정받았다'는 지문의 내용과 일치하지 않는다.

정답 ③

해석
1799년에 태어난, Mary Anning은 그 시대의 가장 중요한 고생물학적 발견물 중 몇 가지를 발굴해낸 화석 수집가였다. 영국의 라임 레지스에서 자라면서, Anning은 하루하루 먹고 살기 위해 고군분투했던 아마추어 수집가이자 장식장 제작자였던 그녀의 아버지로부터 화석들을 발굴하고 손질하는 법을 배웠다. 그가 1810년에 사망했을 때, Anning은 가족의 빚을 갚기 위해 그녀의 발견물들을 판매하면서 이 취미를 계속 이어 나갔다. 그녀의 발견 중에는 최초의 이크티오사우루스와 플레시오사우루스, 그리고 익수룡의 뼈대들이 있었다. 비록 그 시기의 과학자들은 고생물학에 대한 Anning의 기여를 그녀의 공으로 돌리지 못했고 종종 그 화석들의 진실성에 의문을 제기했지만, 그녀의 발견은 전시되었고, 고대 생물 연구에 대한 대중의 관심을 증가시켰다.
① Anning의 가족은 재정적으로 고군분투했다.
② Anning은 그녀의 아버지가 돌아가신 이후에도 계속해서 화석을 수집했다.
③ Anning은 고생물학에 대한 그녀의 기여를 인정받았다.
④ Anning의 발견은 공개적으로 전시되었다.

어휘
fossil 화석   collector 수집가, 징수원   unearth 발굴하다, 파내다
significant 중요한, 특별한 의미가 있는   paleontological 고생물학적인
find 발견물, 발견   uncover 발굴하다, 발견하다   cabinet 장식장, 진열장
struggle 고군분투하다   make ends meet 하루하루 먹고살다, 간신히 연명하다
pay off 갚다, 성공하다   debt 빚, 빚을 진 상태   discovery 발견
Ichthyosaurus 이크티오사우루스   Plesiosaurus 플레시오사우루스
Pterodactyl 익수룡   skeleton 뼈대, 골격   credit ~의 공으로 돌리다
contribution 기여   question 의문을 제기하다, 의심하다
veracity 진실성, 정확도   financially 재정적으로   recognize 인정하다

정답 설명

② **주어와 동사의 수 일치** 주어 자리에 단수 명사 this effort가 왔으므로 복수 동사 were를 단수 동사 was로 고쳐야 한다. 참고로 주어와 동사 사이의 수식어 거품(which ~ elements)은 동사의 수 결정에 영향을 주지 않는다.

정답 ②

오답 분석

① **전치사 + 관계대명사** 선행사 banking crises가 사물이고 관계절 내에서 전치사 of의 목적어 역할을 하므로 목적격 관계대명사 which가 올바르게 쓰였다.

③ **현재분사 vs. 과거분사** 수식받는 명사(A large and powerful bank)와 분사가 '아주 많이 투자된 크고 강력한 은행'이라는 의미의 수동 관계이므로, 과거분사 invested가 올바르게 쓰였다.

④ **부사절 접속사 2: 기타** 문맥상 '사람들은 동일한 일이 그들의 은행에도 일어날 수 있다는 것에 대해 두려움을 갖게 되어 ~ 돈을 인출하기 시작했다'라는 의미가 되어야 자연스러운데, '매우 ~해서 -하다'는 부사절 접속사 such ~ that을 사용하여 나타낼 수 있으므로 형용사 such가 명사 fear 앞에 올바르게 쓰였다.

해석

미국은 남북전쟁 이후 몇 차례의 금융 위기를 경험했고, 그것들 중 하나는 1873년의 공황이었다. 그 시기에, 정부는 전국에 철도 노선을 깔고 있는 중이었고, 다수의 비용이 많이 들고, 모험적이며, 위험한 요소들을 수반했던 이러한 노력은 재정적인 후원에 의존하고 있었다. 철도 건설에 아주 많이 투자된 크고 강력한 은행은 Jay Cooke & Company였다. 그곳이 1873년 9월에 파산했을 때, 사람들은 동일한 일이 그들의 은행에도 일어날 수 있다는 것에 대해 매우 두려움을 갖게 되어 그들의 모든 돈을 인출하기 시작했다. 이것은 경제에 파멸적이었다.

어휘

banking crisis 금융 위기   railroad track 철도 노선   involve 수반하다
risky 모험적인, 위험한   dependent on ~에 의존하는
financial backing 재정적인 후원   heavily 아주 많이, 크게   bankrupt 파산한
withdraw 인출하다   disastrous 파멸적인, 재난을 일으키는

🖋 **이것도 알면 합격!**

분사가 명사를 수식하는 경우, 수식받는 명사와 분사가 능동 관계이면 현재분사가 와야 한다.

> The airplane **flying** overhead left a trail of white smoke in the sky.
> 머리 위를 나는 비행기는 하늘에 흰 연기의 흔적을 남겼다.

정답 설명

지문 앞부분에서 한때는 수탉들이 동틀 녘의 빛의 변화로 인해 울어야 할 때를 안다고 생각되었지만, 실험들은 이것이 가능성이 낮다는 것을 보여주었다고 했고, 지문 중간에서 수탉들은 빛의 변화로부터 고립된 상태에서도 여전히 동틀 녘에 울었으며, 이것은 그것들이 언제 울지를 정할 때 내부 시계에 의존하고 있다는 것을 입증한다고 설명하고 있다. 이는 수탉들이 우는 것을 정하는 것이 무엇인지에 관한 내용이므로 '③ 무엇이 수탉들이 울도록 유도하는가?'가 이 글의 제목이다.

정답 ③

해석

태양이 떠오르기 시작할 때, 수탉들은 밤의 잠자리를 떠나 다른 수탉들에게 그들의 존재를 알리고 그들의 영역을 강화하기 위해 울기 시작한다. 한때는 인위적으로 빛의 패턴을 변화시킴으로써 수탉들이 울도록 유도될 수 있었기 때문에 그것들이 동틀 녘의 빛의 변화로 인해 울어야 할 때를 안다고 생각되었지만, 실험들은 이것이 가능성이 낮다는 것을 보여주었다. 수탉들을 빛의 변화로부터 고립시키고 그것들의 울음을 관찰함으로써, 그것들은 여전히 동틀 녘에 운다는 것이 밝혀졌고, 이는 그것들이 언제 울지를 정할 때 내부 시계에 의존하고 있다는 것을 입증했다. 시간을 식별하는 이 선천적인 능력은 체내 시계라고 불리고, 그것은 하루 24시간 주기의 경과를 자연스럽게 추적한다.

① 수탉들은 어떻게 영역을 보호하는가?
② 수탉들은 언제 가장 활동적인가?
③ 무엇이 수탉들이 울도록 유도하는가?
④ 우는 것은 수탉들에게 어떤 이점이 있는가?

어휘

rooster 수탉   nightly 밤의; 밤마다   roost 잠자리, 새가 앉는 나무 막대
crow 울다   alert 알리다, 경고하다   presence 존재, 있음
reinforce 강화하다, 보강하다   daybreak 동틀 녘, 새벽   induce 유도하다
artificially 인위적으로, 인공적으로   experiment 실험
unlikely 가능성이 낮은, 일어날 것 같지 않은   isolate 고립시키다
monitor 관찰하다   prove 입증하다   internal 내부의, 체내의
determine 정하다, 알아내다   innate 선천적인   tell 식별하다, 분간하다
circadian clock 체내 시계   naturally 자연스럽게   track 추적하다
cycle 주기   protect 보호하다   prompt 유도하다, 유발하다

정답 설명

지문 처음에서 '공정 거래'로 인증받은 커피가 산업 전체에 부정적인 영향을 미칠 수도 있다고 언급하고, ①, ②, ④번에서 공정 거래로 인증받는 커피들이 특산품 커피로 여겨져 낮은 품질임에도 높은 가격에 팔릴 수 있고, 낮은 품질의 원두들을 받게 된 소비자들이 소비하는 양을 제한하여 결과적으로 커피 가격이 떨어지게 되며, 인증 절차가 농부 그 자신들에게도 부담이 되는 요식 체계로 이어진다고 설명하고 있다. 그러나 ③번은 특산품 커피가 미국 커피 시장에서 8퍼센트를 차지한다는 내용으로, '공정 거래'로 인증받은 커피가 산업에 미치는 부정적인 영향과 관련이 없으므로 ③번이 정답이다.

정답 ③

해석

소비자들은 종종 '공정 거래'로 인증받은 커피를 찾으면서 그들이 그것을 생산하는 농부들을 지원하고 있다고 생각하지만, 전문가들은 이러한 인증이 산업 전체에 부정적인 영향을 미칠 수도 있다고 말한다. ① 공정 거래 커피들이 특산품 커피로 여겨지기 때문에, 농부들은 그것들이 공정 거래로 인증받으면 보다 낮은 품질의 원두를 높은 가격에 판매할 수 있는데, 이것이 이러한 커피의 전반적인 품질을 떨어뜨린다. ② 낮은 품질의 '공정 거래' 원두를 받는 것은 소비자들이 기꺼이 소비하고자 하는 양을 제한하고, 이것이 가격을 떨어뜨린다. ③ 특산품 커피는 180억 달러 규모의 미국 커피 시장에서 8퍼센트를 차지한다. ④ 인증 절차는 농부 그 자신들에게도 부담이 되는 요식 체계로 이어진다. 부담을 주는 서류 작업뿐만 아니라 더 낮은 품질과 가격으로 인해, '공정 거래' 인증은 그것이 해결하는 문제들보다 더 큰 문제들을 야기할 수 있는 것으로 보인다.

어휘

certify 인증하다, 보증하다   support 지원하다, 지지하다
certification 인증, 증명   industry 산업   consider 여기다, 고려하다
specialty 특산품   quality 품질, 질   bean 원두   premium 높은, 프리미엄의
overall 전반적인, 전체적인   limit 제한하다   spend 소비하다, 쓰다
account for (부분·비율을) 차지하다   process 절차, 과정
bureaucracy 요식 체계, 관료주의   burdensome 부담이 되는
paperwork 서류 작업, 문서 작업   appear ~인 것 같다

정답 설명

파티에 이렇게 많은 사람들이 있을 것이라고 예상하지 못했다는 A의 말에 B가 네트워크를 구축할 좋은 기회라고 말하고, 빈칸 뒤에서 다시 B가 I used to work with her a few years ago. We obviously still keep in touch, though(몇 년 전에 그녀와 함께 일했었어. 하지만, 우리는 확실하게 꾸준히 연락하고 있어)라고 말하고 있으므로, 빈칸에는 '① How do you know the host (너는 주최자를 어떻게 아는 거야)'가 들어가야 자연스럽다.

정답 ①

해석

A: 이것은 멋진 파티야. 나는 정말 좋은 시간을 보내고 있어.
B: 나도 동의해. 나도 진짜 즐기고 있어.
A: 나는 이렇게 많은 사람들이 있을 것이라고 예상하지 못했어.
B: 맞아. 네트워크를 구축할 좋은 기회야.
A: 너는 주최자를 어떻게 아는 거야?
B: 몇 년 전에 그녀와 함께 일했었어. 하지만, 우리는 확실하게 꾸준히 연락하고 있어.

① 너는 주최자를 어떻게 아는 거야
② 너는 무슨 일을 하니
③ 너는 이따가 뭐 할 거야
④ 너는 어떻게 이와 같은 일을 계획할 수 있었어

어휘

expect 예상하다, 기대하다   opportunity 기회
network (인적) 네트워크를 구축하다   obviously 확실하게, 명백하게
keep in touch 연락하다   host 주최자, 주인

이것도 알면 합격!

파티나 모임에서 쓸 수 있는 다양한 표현

> Help yourself! 마음껏 드세요!
> Can I get you anything? 뭐 좀 갖다 드릴까요?
> Pleased to make your acquaintance. 당신을 알게 되어 반갑습니다.
> Have you tried the food yet? 음식은 먹어보셨나요?
> This is such a great party! 정말 멋진 파티네요!

정답 설명

내일 몇 시에 출발하기를 원하는지 묻는 A의 말에 B가 그곳까지 가는 시간과 숙소의 체크인 시간을 언급하고, 빈칸 뒤에서 다시 B가 Neither do I. If we leave at 6 a.m., we can avoid rush hour(나도 그래. 오전 6시에 출발하면, 우리는 혼잡 시간대를 피할 수 있을 거야)라고 말하고 있으므로, 빈칸에는 '② I don't want to get stuck in traffic(나는 차가 막히는 것을 원치 않아)' 이 들어가야 자연스럽다.

정답 ②

해석

> A: 너는 야영장에서의 우리의 긴 주말을 위한 모든 준비가 됐니?
> B: 그런 것 같아. 내가 생각할 수 있는 모든 것을 챙겼어.
> A: 좋아. 내일 몇 시에 출발하기를 원해?
> B: 글쎄, 그곳까지 차를 타고 두 시간이 걸릴 거고, 체크인 시간은 오전 7시에서 10시 사이야.
> A: 나는 차가 막히는 것을 원치 않아.
> B: 나도 그래. 오전 6시에 출발하면, 우리는 혼잡 시간대를 피할 수 있을 거야.
> A: 조금 이른 것 같지만, 알았어.

① 그 지역은 멋진 등산로를 몇 개 가지고 있어
② 나는 차가 막히는 것을 원치 않아
③ 우리는 먼저 아침을 먹으러 나가야 해
④ 나는 예약할 시간이 없어

어휘

campground 야영장, 캠핑장   pack 챙기다, 싸다   avoid 피하다, 방지하다
rush hour 혼잡 시간대, 러시아워

✏️ **이것도 알면 합격!**

여행과 관련된 다양한 표현
> travel itinerary 여행 일정
> vacancy 빈 방
> souvenir 기념품
> amenity 편의 용품
> concierge 컨시어지(호텔 투숙객에 대해 각종 서비스를 제공하는 사람 또는 그런 서비스)

정답 설명

① **비교급의 형태로 최상급 의미를 만드는 표현** '비교급 + than + any other + 단수 명사'(다른 어떤 −보다 ~한)의 형태를 사용하여 비교급 형태로 최상급 의미를 만들 수 있으므로 of를 than으로 고쳐야 한다.

정답 ①

오답 분석

② **명사절 접속사 3: 의문사** 목적어가 없는 불완전한 절(the note on my door meant)을 이끌며 동사(did not understand)의 목적어 자리에 올 수 있는 명사절 접속사 what이 올바르게 쓰였다.

③ **to 부정사의 의미상 주어** 문장의 주어(It)와 to 부정사의 행위 주체(the shuttle)가 달라 to 부정사의 의미상 주어가 필요한 경우 'for + 명사'를 to 부정사 앞에 써야 하므로 for the shuttle이 to reach 앞에 올바르게 쓰였다.

④ **조동사 관련 표현** '경치 좋은 길로 가서 그 경치를 즐기는 편이 더 낫겠다'는 조동사 관련 숙어 표현 may[might] as well(~하는 편이 더 낫겠다)을 사용하여 나타낼 수 있으므로, might as well take the scenic route ~가 올바르게 쓰였다.

어휘

name 이름을 붙이다   shuttle 우주 왕복선, 왕복 항공기   reach 도달하다
surface 표면   scenic 경치가 좋은   route 길, 경로

✏️ **이것도 알면 합격!**

비교급 형태로 최상급 의미를 만드는 표현
> no other + 단수 명사/nothing ~ 비교급 + than
   다른 어떤 −도 ~보다 더 ~하지 않다
> have + never/hardly/rarely + p.p. + 비교급
   더 ~해 본 적이 없다

정답 설명

② **분사구문의 관용 표현** 동시에 일어나는 상황은 'with + 명사 + 분사'의 형태로 나타낼 수 있는데, 명사(your thoughts)와 분사가 '생각이 정리되다'라는 의미의 수동 관계이므로 현재분사 organizing을 과거분사 organized로 고쳐야 한다.

정답 ②

오답 분석

① **분사구문의 형태** 주절의 주어(I)와 동사가 '내가 모든 일을 끝내다'라는 의미의 능동 관계이므로 현재분사가 와야 하고, 문맥상 '일을 끝낸' 시점이 '퇴근한' 시점보다 이전에 일어난 일이므로 분사구문의 완료형 Having finished가 올바르게 쓰였다.

③ **분사구문의 의미상 주어** 주절의 주어(the mining company)와 분사구문의 주어(The ore)가 달라 분사구문의 의미상 주어가 필요한 경우 명사 주어를 분사구문 앞에 써야 하므로 분사구문의 주어 The ore가 과거분사 depleted 앞에 올바르게 쓰였다.

④ **분사구문의 역할** '몸이 안 좋아서'라는 의미를 만들기 위해 이유를 나타내는 부사절 역할을 하는 분사구문 Feeling sick이 올바르게 쓰였다.

어휘

leave the office 퇴근하다　beforehand 미리, 사전에　ore 광석, 광물
deplete 고갈시키다　mining 광업, 채굴

📖 이것도 알면 합격!

'with + 명사 + 분사'는 '~ 때문에'라는 의미로 이유를 나타낼 수도 있다.

> **With** the puzzle solved, we felt proud.
　　　　명사　　　분사
　수수께끼가 풀렸기 때문에 우리는 뿌듯했다.

정답 설명

(A) 빈칸 앞 문장은 몽골에서 가족 구성원들이 호의와 선물을 제공하면서 아이의 머리카락을 번갈아 한 줌씩 자른다는 내용이고, 빈칸 뒤 문장은 쿡 제도에서 남자아이의 첫 이발이 그 아이를 축하하기 위한 시간일 뿐만 아니라, 지역 공동체와 대가족이 함께 모일 기회이기도 하다는 내용으로 앞 문장과 유사한 문화를 설명하고 있으므로, (A)에는 유사성을 나타내는 연결어인 Similarly(유사하게)가 들어가야 한다. (B) 빈칸 앞 문장은 정통파 유대교의 가족들은 나무의 열매가 생후 3년이 지나기 전까지 수확될 수 없다고 말하는 율법의 한 구절을 남자아이의 첫 이발에 대한 근거로 든다는 내용이고, 빈칸 뒤 문장은 부모들이 이발 행사에 참여하기 위해 남자아이의 세 번째 생일까지 기다린다는 결과적인 내용이므로, (B)에는 결과를 나타내는 연결어인 Consequently(결과적으로)가 들어가야 한다. 따라서 ③번이 정답이다.

정답 ③

해석

많은 문화가 아이의 첫 이발에 관한 관습들을 가지고 있다. 어떤 문화에서는 이 행사에 온 가족이 참여한다. 예를 들어, 몽골에서는, 가족 구성원들이 호의와 선물을 제공하면서 아이의 머리카락을 번갈아 한 줌씩 자른다. (A) 유사하게, 쿡 제도에서는, 남자아이의 첫 이발이 그 아이를 축하하기 위한 시간일 뿐만 아니라, 지역 공동체와 대가족이 함께 모일 기회이기도 하다. 다른 문화들은 첫 이발을 신성한 행사로 바라본다. 정통파 유대교의 가족들은 남자는 나무와 같고 나무의 열매는 생후 3년이 지나기 전까지 수확될 수 없다고 말하는 율법의 한 구절을 남자아이의 첫 이발에 대한 근거로 든다. (B) 결과적으로, 부모들은 이발 행사에 참여하기 위해 남자아이의 세 번째 생일까지 기다린다.

	(A)	(B)
①	그럼에도 불구하고	그 동안에
②	게다가	반대로
③	유사하게	결과적으로
④	그러나	구체적으로 말하면

어휘

surrounding ~에 관한　involve 참여시키다, 수반하다　snip off 자르다
lock 한 줌　well-wish 호의　celebrate 축하하다　occasion 기회, 경우
extended family 대가족　sacred 신성한　Orthodox 정통파의
Jewish 유대교의　verse 구절　Torah 율법　state 말하다　harvest 수확하다
partake 참여하다

구문분석

[6행] (생략) a boy's first haircut / is / not only a time to celebrate the child / but an occasion for the community and extended family / to come together.

: 이처럼 상관접속사 not only A but (also) B가 쓰인 경우, 'A뿐만 아니라 B도'라고 해석한다.

16 독해 | 추론 (빈칸 완성 – 단어) 난이도 상 ●●●

정답 설명

지문 처음에서 최근의 연구가 큰 가뭄의 심각성과 지속 기간이 인간 활동에 의한 결과일 수 있다는 것을 시사하고 있다고 했고, 지문 마지막에서 인간 활동으로 비롯되어 변한 과정에 의해 초래된 더 높은 온도가 더 많은 증발을 야기했고, 이것이 토양과 초목 모두를 더 메마르게 했다고 했으므로, 빈칸에는 과학자들이 '④ 심해진' 우리 행동의 결과가 다른 어떤 가뭄보다도 더 나쁠 수 있는 상황을 초래했다고 믿는다는 내용이 들어가야 한다.

정답 ④

해석

지난 20년 동안 미국 남서부에 영향을 미쳐 온 큰 가뭄은 더 습하고 더 건조한 기후 패턴의 오랜 주기의 일부이다. 하지만, 그 발생이 자연적일지라도, 최근의 연구는 그 심각성과 지속 기간이 인간의 활동에 의한 결과일 수도 있다는 것을 시사한다. 기후 모델들은 (인간의 활동과는)무관하게 그 지역이 상대적으로 건조한 시기를 경험할 것이라고 예측하지만, 그 결과는 현재보다 훨씬 덜 심각할 것이다. 이것은 우리의 행동과 그와 관련된 환경의 변화로 인해 지난 20년 동안 토양 수분의 42퍼센트가 감소했기 때문이다. 인간 활동으로 비롯되어 변한 과정에 의해 초래된 더 높은 온도가 더 많은 증발을 야기했고, 이것이 토양과 초목 모두를 더 메마르게 했다. 오늘날 과학자들은 __심해진__ 우리 행동의 결과가 그 지역의 역사 속 다른 어떤 가뭄보다도 더 나쁠 수 있는 상황을 초래했다고 믿는다.

① 혼란스럽게 하는
② 절감하는
③ 진정시키는
④ 심해진

어휘

megadrought 큰 가뭄 enduring 오랜, 오래가는
occurrence 발생, 발생하는 것 severity 심각성 duration 지속 기간, 지속
predict 예측하다 relatively 상대적으로 related ~과 관련된
reduction 감소 moisture 수분, 습기
anthropogenic 인간 활동으로 비롯되어 변한 evaporation 증발
vegetation 초목 mystify 혼란스럽게 하다 diminish 절감하다, 깎아내리다
mollify 진정시키다 intensify 심해지다, 강해지다

17 독해 | 전체 내용 파악 (제목 파악) 난이도 중 ●●●

정답 설명

지문 처음에서 꿈의 여행지들에 대한 우리의 기대감이 너무 커져서 항상 현실에 부응하지는 않는다고 설명하고, 지문 전반에 걸쳐 수십 년 동안 낭만적으로 묘사되어 온 파리에서 모든 도시 지역이 경험하는 문제들을 직면할 것이라고 예상하지 못했던 관광객들에게 우울증, 과민성, 편집증, 메스꺼움을 초래할 수 있는 파리 증후군이라고 알려진 현상이 나타나기도 한다고 설명하고 있다. 따라서 '③ 여행 기대로 인해 초래되는 환멸'이 이 글의 제목이다.

정답 ③

해석

꿈의 여행지들은 흔히 그것들 자체를 우리 머릿속에 너무 크게 쌓아 올리게 되어(기대감이 너무 커져서) 우리의 기대가 항상 현실에 부응하지는 않는다. 이것의 한가지 유명한 사례는 파리인데, 그 도시는 그곳을 고급 문화, 로맨스, 그리고 지적 대화의 공간으로 묘사하는 영화들에 의해 수십 년 동안 낭만적으로 묘사되어 왔다. 파리는 확실히 많은 사람들에게 황홀한 공간이지만, 그곳은 여전히 낙서, 소매치기, 쓰레기와 쥐를 포함하여, 모든 인구가 밀집된 도시 지역이 경험하는 문제들을 다루는 현대 도시이다. 그곳은 또한 유럽에서 가장 무례한 도시로 평가되어왔다. 이 빛의 도시에서 그러한 것들을 직면할 것이라고 예상하지 못한 관광객들에게, 그 문화 충격은 우울증, 과민성, 편집증, 그리고 메스꺼움을 초래할 수 있는 상태, 즉 파리 증후군이라고 알려진 현상으로 나타난다.

① 파리에 대한 영화 속 비현실적인 묘사
② 파리 관광의 부정적인 영향
③ 여행 기대로 인해 초래되는 환멸
④ 극도의 문화 충격 현상

어휘

travel destination 여행지, 관광지 have a way of 흔히 ~하게 되어 가다
expectation 기대 live up to ~에 부응하다
romanticize 낭만적으로 묘사하다 depict 묘사하다 intelligent 지적인
magical 황홀한, 마력이 있는 graffiti 낙서, 그래피티 pickpocket 소매치기
encounter 직면하다 manifest 나타나다 phenomenon 현상
condition 상태, 질환 depression 우울증 irritability 과민성
paranoia 편집증 nausea 메스꺼움 disillusionment 환멸
extreme 극도의

18 독해 | 논리적 흐름 파악 (문장 삽입) 난이도 중 ●●○

정답 설명

③번 뒤 문장에 재채기, 눈물, 그리고 가려운 피부가 흔한 반응이라는 내용이 있으므로, ③번 자리에 염증을 일으키는 반응이 일어나 많은 사람들에게 다수의 증상을 유발한다는 내용의 주어진 문장이 나와야 지문이 자연스럽게 연결된다.

정답 ③

해석

유전적 특징과 환경의 결합에 의해 야기되는 것으로 생각되는 알레르기는, 세계에서 가장 흔한 유형의 건강 질환 중 하나이다. 당신이 어떤 물질에 알레르기가 있는 경우, 해로운 미생물을 식별하여 스스로를 보호하는 목적을 가진 당신의 면역 체계는 면역글로불린 E라고 불리는 항체를 생산함으로써 대응한다. 이 항체는 그것이 무엇이든 간에, 알레르기 유발 항원에 달라붙어, 히스타민과 같은 화학 물질을 혈액 속으로 방출한다. 당신의 신체 방어 체계의 일부인 히스타민은 알레르기 유발 항원이 영향을 미친 신체 부분의 혈류를 증가시킴으로써 알레르기 유발 항원을 당신의 신체 혹은 피부에서 제거하는 과정을 시작한다. ③ 그 결과 염증을 일으키는 반응이 일어나, 많은 사람들에게 다수의 증상을 유발한다. 재채기, 눈물, 그리고 가려운 피부가 흔한 반응이며, 대부분의 경우에 그것들은 항히스타민제를 복용함으로써 억제될 수 있다. 그러나, 가장 심각한 알레르기 반응의 경우, 과민증이라고 불리는 생명을 위협하는 질환이 발생할 수 있으며, 이것은 즉각적인 의료적 개입을 요구한다.

어휘

inflammatory 염증을 일으키는 trigger 유발하다, 촉발시키다
genetics 유전적 특징, 유전학 allergy 알레르기 condition 질환, 상태
substance 물질 immune 면역의 identify 식별하다, 알아내다
microorganism 미생물 antibody 항체 immunoglobulin 면역글로불린
latch onto ~에 달라붙다 allergen 알레르기 유발 항원 chemical 화학 물질
histamine 히스타민 blood folw 혈류 sneezing 재채기 itchy 가려운
antihistamine 항히스타민제 severe 심각한
life-threatening 생명을 위협하는 anaphylaxis 과민증, 아나필락시스
intervention 개입

---

19 | 독해 | 전체 내용 파악 (요지 파악) 난이도 중 ●●○

정답 설명

지문 처음에서 어떤 것을 끝내도록 하는 능력은 결정을 내리고 앞으로 나아가면서, 절대 뒤를 돌아보지 않는 것에 의존한다고 한 뒤, 지문 마지막에서 신중하고 합리적인 숙고 이후 최고의 결과를 얻을 것이라고 믿는 것을 선택하고, 다른 모든 선택에 대해서는 마음의 문을 닫아야 한다고 설명하고 있다. 따라서 '③ 결정을 내리고 그것을 고수하라'가 이 글의 요지이다.

정답 ③

해석

어떤 것을 끝내도록 하는 능력은 대개 한 가지에 의존하는데, 그것은 바로 결정을 내리고 그것(결정)과 함께 앞으로 나아가면서, 절대 뒤를 돌아보지 않는 것이다. 대부분의 경우, 만약 어떤 선택이 어렵고 당신의 삶에 중요한 방식으로 영향을 미칠 것이라면, 당신은 각각의 개별적인 선택의 모든 장단점을 검토할 것이고, 각각의 잠재적인 시나리오 속에서의 스스로를 상상할 것이며, 당신이 이용할 수 있는 어떤 행동의 결과에 대해서도 철저히 생각할 것이다. 당신은 '내가 A를 선택한다면, 나는 B를 영원히 잃게 될 것이다'와 같은 어떤 가혹한 진실을 스스로에게 말해야 할지도 모른다. 이것은 결정을 내리는 과정에서 어렵지만 필요한 단계이고 가볍게 여겨져서는 안 된다. 당신이 일단 결정을 하고 나면, 잘못된 선택을 한 것에 대해 걱정하고 당신의 선택들을 재고하고 싶을 수도 있지만, 이것은 아무런 도움이 되지 않는다. 신중하고 합리적인 숙고 이후 당신이 최고의 결과를 얻을 것이라고 믿는 것을 선택하고, 다른 모든 선택에 대해 마음의 문을 닫아라.

① 중요한 결정을 내리기 전에 조언을 구하라.
② 나쁜 결정에 대한 대안을 만들어라.
③ 결정을 내리고 그것을 고수하라.
④ 스스로에게 결정을 내리기 위한 기한을 주어라.

어휘

significant 중요한 go over 검토하다, 점검하다
pros and cons 장단점, 유불리 respective 개별적인, 각각의
visualize 상상하다, 시각화하다 potential 잠재적인 scenario 시나리오, 각본
thoroughly 철저히 available 이용할 수 있는, 이용가능한
reconsider 재고하다 outcome 결과 rational 합리적인, 이성적인
deliberation 숙고, 신중함 backup plan 대안 stand by ~을 고수하다

---

20 | 독해 | 논리적 흐름 파악 (문단 순서 배열) 난이도 상 ●●●

정답 설명

주어진 글에서 Ayn Rand는 가난하고 억압받는 이들의 이익을 보호하는 것이 도덕적으로 옳다는 자유 진보적인 사상에 반대되는 철학인 객관주의에 대한 옹호 때문에 여전히 논란이 되는 인물이라고 언급한 후, (C)에서 이 생각(this idea)에 대한 그녀의 반대는 최고의 도덕적 목적은 스스로의 행복과 물질적인 성공을 성취하는 것이라는 그녀의 믿음에 근거한 것이고, 이 목적을 위해 그녀는 사람들이 정부의 개입이 거의 없는 자본주의 체제에서 자유롭게 번성해야 한다고 주장했다고 설명하고 있다. 이어서 (B)에서 이 자유(This freedom)는 그녀가 가난한 이들을 돕기 위해 부유하고 성공한 이들에게 세금이 부과되어야 한다는 생각에 반대했음을 의미했다고 설명한 후, (A)에서 본질적으로, 그녀는 그들의 노동의 과실에 대한 권리가 없는 누군가는 타인의 행복을 위해 살도록 강요된 노예에 지나지 않는다고 생각했다고 언급하고 있다. 따라서 ③ (C) - (B) - (A)가 정답이다.

정답 ③

해석

그녀의 죽음 이후로 수십 년이 지났음에도, Ayn Rand는 가난하고 억압받는 이들의 이익을 보호하는 것이 도덕적으로 옳다는 자유 진보적인 사상에 반대되는 철학인 객관주의에 대한 그녀의 옹호 때문에 여전히 논란이 되는 인물이다.

(C) 이 생각에 대한 그녀의 반대는 최고의 도덕적 목적은 스스로의 행복과 물질적인 성공을 성취하는 것이라는 그녀의 믿음에 근거했다. 이 목적을 위해, 그녀는 자유방임 자본주의를 옹호했고, 사람들이 정부의 개입이 거의 없는 자본주의 체제에서 자유롭게 번성해야 한다고 주장했다.

(B) 그녀가 갈망했던 정부의 감독으로부터의 이 자유는 그녀가 가난한 이들을 돕기 위해 부유하고 성공한 이들에게 세금이 부과되어야 한다는 생각에 반대했음을 의미했다.

(A) 본질적으로, 그녀는 그들의 노동의 과실에 대한 권리가 없는 누군가는 타인의 행복을 위해 살도록 강요된 노예에 지나지 않는다고 생각했다.

어휘

controversial 논란이 되는, 논란이 많은 figure 인물 advocacy 옹호, 지지
objectivism 객관주의, 객관성 philosophy 철학 liberal 자유의, 진보의
progressive 진보적인, 진보의 notion 사상, 개념 morally 도덕적으로
oppressed 억압받는, 탄압받는 entitle 권리를 주다 labor 노동
crave 갈망하다, 열망하다 oversight 감독, 관리 oppose 반대하다
tax 세금을 부과하다 material 물질적인, 물질계의 laissez-faire 자유방임
capitalism 자본주의 prosper 번성하다, 번창하다 involvement 개입

한국사

01 선사 시대 | 신석기 시대   난이도 하 ●○○

정답 설명

④ 신석기 시대에는 농경이 시작되면서 조와 기장 등의 곡물을 경작하였다.

오답 분석

① 청동기 시대: 권력을 가진 지배자가 등장한 시대는 청동기 시대이다.

② 구석기 시대: 기원전 약 70만 년 전부터 시작된 시대는 구석기 시대이다.

③ 철기 시대: 대표적 유적지로 창원 다호리 등이 있는 시대는 철기 시대이다.

02 근대 | 김홍집   난이도 중 ●●○

자료 분석

군국기무처 회의 총재를 맡음 → (가) 김홍집

정답 설명

④ 김홍집은 제2차 수신사로 일본에 다녀오면서 황준헌(황쭌셴)이 저술한 『조선책략』을 가져와 국내에 소개하였다.

오답 분석

① 박영효: 철종의 사위로 김옥균 등과 함께 갑신정변에 참여한 인물은 박영효이다.

② 박정양: 초대 주미 공사로 임명되어 미국에 파견된 인물은 박정양이다.

③ 유길준: 갑신정변 이후 한반도를 둘러싼 열강들의 대립과 경쟁이 심화되자, 열강이 보장하는 한반도 중립화론을 주장한 인물은 유길준이다.

03 고려 시대 | 이의민 집권 시기의 사실   난이도 중 ●●○

자료 분석

경대승 → ⑦ 이의민(1183~1196) → 최충헌

정답 설명

② 이의민 집권 시기인 1193년에 김사미는 운문(청도), 효심은 초전(울산)에서 신라 부흥을 표방하며 난을 일으켰다.

오답 분석

① 정중부 집권 시기: 명학소가 충순현으로 승격된 것은 1176년으로, 정중부 집권 시기의 사실이다.

③ 최충헌 집권 시기: 만적이 개경에서 반란을 모의한 것은 1198년으로, 최충헌 집권 시기의 사실이다.

④ 최우 집권 시기: 이연년 형제가 백제 부흥을 목표로 담양에서 봉기한 것은 1237년으로, 최우 집권 시기의 사실이다.

이것도 알면 합격!

무신 집권기 하층민의 봉기

망이·망소이의 난 (1176)	망이·망소이가 신분 차별에 반대하며 공주 명학소에서 봉기 → 명학소가 일시적으로 충순현으로 승격
전주 관노의 난 (죽동의 난, 1182)	지방관의 횡포에 반발하여 전주의 관노와 농민 등이 봉기
김사미·효심의 난 (1193)	김사미는 운문(청도), 효심은 초전(울산)에서 신라 부흥을 표방하며 봉기
만적의 난 (1198)	최충헌의 사노비인 만적이 개경에서 신분 해방을 목표로 반란을 모의하였으나, 사전에 발각되어 실패

04 일제 강점기 | 윤봉길의 훙커우 공원 의거   난이도 하 ●○○

자료 분석

보온병과 도시락으로 위장한 폭탄 + 윤봉길이 폭탄을 투척 → 윤봉길의 훙커우 공원 의거(1932)
(가) 한·일 병합(1910) ~ 3·1 운동(1919)
(나) 3·1 운동(1919) ~ 만주 사변(1931)
(다) 만주 사변(1931) ~ 중·일 전쟁(1937)
(라) 중·일 전쟁(1937) ~ 8·15 광복(1945)

정답 설명

③ 윤봉길의 훙커우 공원 의거는 (다) 시기인 1932년에 발생하였다. 한인 애국단원인 윤봉길은 일본 천황의 생일과 상하이 점령 기념식이 열린 훙커우 공원에 폭탄을 투척하여 다수의 일본인 고위 관료를 살상하였다.

05 현대 | 5·18 민주화 운동   난이도 중 ●●○

자료 분석

시민들이 공수 부대에 맞서기 위해 무기고를 털어 총으로 물리침 → 5·18 민주화 운동

정답 설명

④ 5·18 민주화 운동 당시 공공기관이 생산한 자료 및 선언문, 시민들의 기록과 증언, 사진 등의 관련 기록물(5·18 민주화 운동 기록물)은 2011년에 유네스코 세계 기록유산으로 등재되었다.

오답 분석

① 6·3 항쟁: 박정희 정부가 추진한 굴욕적인 한·일 국교 정상화에 반대하여 일어난 것은 6·3 항쟁이다.

② 4·19 혁명: 이승만 대통령이 하야하는 계기가 된 것은 4·19 혁명이다.

③ 6월 민주 항쟁: 여당 대통령 후보인 노태우가 대통령 직선제 개헌을 약속한 6·29 선언을 이끌어 낸 것은 6월 민주 항쟁이다.

06 조선 후기 | 영조의 정책   난이도 중 ●●○

자료 분석

역적 이인좌 등을 능지처사하도록 명함 → 이인좌의 난 → 영조

정답 설명

② **옳은 것을 모두 고르면 ㉠, ㉢이다.**
㉠ 영조는 형벌 제도를 개선하여 압슬형, 낙형 등의 가혹한 형벌을 폐지하고, 사형수에 대한 삼심제를 엄격하게 시행하도록 하였다.
㉢ 영조는 우리나라의 문물과 제도 등을 정리한 백과사전인 『동국문헌비고』를 편찬하여 문물과 제도를 정비하였다.

오답 분석

㉡ **정조**: 인재를 양성하기 위해 초계문신제를 시행한 왕은 정조이다. 초계문신제는 신진 인물이나 중·하급 관리 중에서 유능한 문신들을 재교육하여 인재를 양성하는 제도이다.
㉣ **정조**: 당파의 옳고 그름을 명백히 가리는 준론 탕평을 실시한 왕은 정조이다. 한편, 영조는 당파와 관계없이 온건하고 타협적인 인물을 등용하는 완론 탕평을 실시하였다.

07 근대 | 강화도 조약   난이도 중 ●●○

자료 분석

조선국은 자주국 + 부산 외에 2개 항구를 개항 → 강화도 조약

정답 설명

② 강화도 조약의 제7관에는 일본국 항해자가 조선의 해안을 자유롭게 측량할 수 있는 권리를 인정하는 내용이 명시되었다.

오답 분석

① **제물포 조약**: 조선 주재 일본 공사관의 방어를 위한 일본 경비병의 주둔을 허용한 조약은 제물포 조약이다.
③ **조·일 통상 장정 개정**: 일본 수출입 상품에 대한 관세가 규정된 것은 조·일 통상 장정 개정이다. 한편, 강화도 조약에는 일본 수출입 상품에 대한 관세가 규정되지 않았다.
④ **조·미 수호 통상 조약**: 거중조정과 최혜국 대우의 규정을 명시한 조약은 조·미 수호 통상 조약이다.

08 고려 시대 | 공산 전투와 일리천 전투 사이의 사실   난이도 중 ●●○

자료 분석

공산 전투(927) → (가) → 일리천 전투(936)

정답 설명

④ 발해가 거란 야율아보기의 침략을 받아 멸망한 것은 926년으로, 공산 전투 이전의 사실이다.

오답 분석

모두 (가) 시기에 발생한 사실이다.
① 신라 경순왕은 중앙 정치의 문란과 지방 통제 기능의 상실, 후백제의 침략 등으로 국가 유지가 어려워지자 고려의 왕건에게 항복하였다(935).
② 후백제의 신검은 첫째 아들인 자신 대신에 넷째 아들인 금강에게 왕위를 물려주려고 한 견훤을 금산사에 유폐하였다(935).
③ 고려군은 고창(안동) 전투에서 견훤이 이끄는 후백제군을 격퇴(930)시켰고, 이를 계기로 고려가 후삼국의 주도권을 장악하였다.

09 고려 시대 | 『삼국유사』   난이도 하 ●○○

자료 분석

환웅이 웅녀와 결혼하여 아들을 낳아 단군왕검이라고 함 → 단군 신화 → 『삼국유사』

정답 설명

③ 『삼국유사』는 충렬왕 때 일연이 편찬하였으며 「왕력」, 「기이」, 「흥법」, 「탑상」, 「의해」 등으로 구성되었다. 한편, 단군 신화는 『삼국유사』의 「기이」 편에 수록되어 있다.

오답 분석

① 『동명왕편』: 이규보의 시문집인 『동국이상국집』에 수록되어 전한 것은 『동명왕편』이다.
② 『삼국사기』: 유교적 합리주의 사관에 기초하여 기전체로 서술된 것은 『삼국사기』이다.
④ 『국사』: 진흥왕의 명을 받아 거칠부가 신라 왕조의 역사를 편찬한 것은 『국사』이다.

10 일제 강점기 | 한국광복군   난이도 중 ●●○

자료 분석

OSS 특수 공작 훈련 + 국내로 침투시킬 계획을 작성 → 한국광복군

정답 설명

② 한국광복군은 중국의 재정 원조 및 승인을 받는 조건으로 한국광복군 행동 9개 준승을 체결하는 등 초기에는 중국 군사 위원회의 지휘와 간섭을 받았다. 이러한 제약은 1944년에 행동 준승이 폐기되면서 소멸되었다.

오답 분석

① **조선 혁명군**: 양세봉을 중심으로 남만주 지역에서 활동한 부대는 조선 혁명군이다.
③ **한국 독립군**: 쌍성보 전투, 대전자령 전투 등에서 일본군을 물리친 부대는 한국 독립군이다.
④ **조선 의용대**: 조선 민족 전선 연맹이 중국 국민당의 지원을 받아 창설한 부대는 조선 의용대이다. 조선 의용대는 중국 관내에서 조직된 최초의 한국인 군사 조직이었다.

11 현대 | 김영삼 정부 시기의 사실 　　　난이도 하 ●○○

자료 분석

금융 실명제를 실시 → 김영삼 정부(1993~1998)

정답 설명

① 김영삼 정부 시기인 1995년에 지방 자치 단체장 선거를 시행하여 지방 자치제를 전면적으로 실시하였다.

오답 분석

② **노태우 정부**: 3당 합당으로 거대 여당인 민주 자유당이 창당된 것은 1990년으로, 노태우 정부 시기의 사실이다.

③ **전두환 정부**: 4·13 호헌 조치 철회와 직선제로의 개헌을 위해 야당 정치인과 시민 단체, 종교계 인사 등이 민주 헌법 쟁취 국민 운동 본부를 결성한 것은 1987년으로, 전두환 정부 시기의 사실이다.

④ **박정희 정부**: 근로 조건 개선을 요구하며 전태일이 분신 자살한 것은 1970년으로, 박정희 정부 시기의 사실이다.

---

12 조선 전기 | 이황 　　　난이도 중 ●●○

자료 분석

왕에게 『성학십도』를 올림 → (가) 이황

정답 설명

① 이황의 사상은 임진왜란 이후 일본에 전해져 일본의 성리학 발전에 큰 영향을 끼쳤다.

오답 분석

② **이이**: 『격몽요결』, 『동호문답』 등을 저술한 인물은 이이이다. 한편, 이황의 주요 저서로는 『주자서절요』, 『성학십도』, 『전습록논변』 등이 있다.

③ **조식**: 노장 사상을 포용하고 학문의 실천성을 강조한 인물은 조식이다.

④ **서경덕**: 우주를 무한하고 영원한 기로 보는 태허설을 제기한 인물은 서경덕이다.

---

13 고대 | 발해 　　　난이도 중 ●●○

정답 설명

③ 옳은 것을 모두 고르면 ㉠, ㉡, ㉢이다.

㉠ 발해의 상경성은 당나라의 수도인 장안을 본떠 건설한 계획 도시로, 외성을 쌓고 남북으로 넓은 주작대로를 내었다.

㉡ 발해는 중앙군인 10위가 왕궁과 수도의 경비를 담당하였다.

㉢ 발해는 유학 교육 기관인 주자감을 설치하여 인재를 양성하였다.

오답 분석

㉣ 발해의 주민 중 다수는 말갈인이 맞지만, 이들 중 일부는 지배층에 편입되는 경우도 있었다.

---

14 고려 시대 | 충렬왕 　　　난이도 중 ●●●

자료 분석

국학에 섬학전을 설치함 → 충렬왕

정답 설명

③ 충렬왕은 국방 문제를 논의하던 회의 기구인 도병마사를 도평의사사로 개편하고 국정을 총괄하게 하였다.

오답 분석

① **공민왕**: 대표적인 친원파인 기철을 제거하고, 고려의 내정을 간섭하던 정동행성 이문소를 혁파한 왕은 공민왕이다.

② **충혜왕**: 편민조례추변도감을 설치하여 개혁을 시도한 왕은 충혜왕이다.

④ **충선왕**: 왕명의 출납과 문서를 작성하고 인사 행정을 관장하는 관청인 사림원을 설치한 왕은 충선왕이다.

---

15 시대 통합 | 우리나라의 회화 　　　난이도 상 ●●●

정답 설명

① 순서대로 바르게 나열하면 ㉠ 혜허의 양류관음도(고려 후기, 14세기) → ㉢ 강희안의 고사관수도(조선 전기, 15세기) → ㉡ 정선의 인왕제색도(조선 후기, 18세기) → ㉣ 장승업의 삼인문년도(조선 후기, 19세기)이다.

㉠ **혜허의 양류관음도**: 고려 후기에는 왕실과 권문세족의 구복적 요구에 따라 불화가 많이 그려졌으며, 대표적인 불화로는 14세기에 혜허가 그린 양류관음도(관음보살도)가 있다.

㉢ **강희안의 고사관수도**: 조선 전기인 15세기에 강희안이 그린 고사관수도는 덩굴과 깎아지른 듯한 절벽을 배경에 두고 바위에 기대어 엎드린 자세로 물을 바라보고 있는 선비의 유유자적한 모습을 담은 그림이다.

㉡ **정선의 인왕제색도**: 조선 후기인 18세기에 정선이 그린 인왕제색도는 대표적인 진경 산수화로, 비가 온 뒤의 인왕산의 모습을 사실적으로 묘사한 그림이다.

㉣ **장승업의 삼인문년도**: 조선 후기인 19세기에 장승업이 그린 삼인문년도는 세 신선이 서로의 나이를 자랑하고 있는 모습을 표현한 그림이다.

---

16 근대 | 을미사변과 대한 제국 선포 사이의 사실 　난이도 중 ●●○

자료 분석

(가) 일본 자객들은 왕후(명성 황후)를 찾아내고 칼로 범함 → 을미사변(1895)

(나) 짐(고종)이 황제의 자리에 오름 + 국호를 '대한'으로 정함 → 대한 제국 선포(1897)

정답 설명

③ 고종은 (가)와 (나) 사이 시기인 1896년에 신변의 안전을 꾀하고, 일본의 간섭과 위협에서 벗어나기 위하여 러시아 공사관으로 거처를 옮겼다(아관파천).

오답 분석

① **(나) 이후**: 장인환이 미국 샌프란시스코에서 외교 고문인 스티븐스를 사살한 것은 1908년으로, (나) 이후의 사실이다.

② **(가) 이전**: 개혁 추진 기구인 교정청이 설치된 것은 1894년으로, (가) 이전의 사실이다. 교정청은 전주 화약 체결 이후에 동학 농민군의 요구 사항을 수용하고, 자주적 개혁을 추진하기 위해 조선 정부가 설치한 기구이다.

④ **(가) 이전**: 근대적 개혁안인 홍범 14조가 발표된 것은 1894년 12월로, (가) 이전의 사실이다.

---

17 조선 후기 | 동학   난이도 중 ●●○

자료 분석

궁궐 문 앞에 엎드려 절하고 상소를 올림 + 교조 최제우의 복권을 정부에 청원 → 교조 신원 운동 → (가) 동학

정답 설명

② 옳은 것을 모두 고르면 ㉠, ㉣이다.

㉠ 동학은 하느님을 모신다는 시천주 사상과 모든 인간은 곧 하늘이라는 인내천 사상을 강조하였다.

㉣ 동학은 최제우가 교리를 정리해 지은 『동경대전』을 경전으로 삼았다.

오답 분석

㉡ **천주교**: 조상에 대한 제사 의식을 거부한 종교는 천주교이다. 한편, 동학은 제사 의식을 거부하지 않았다.

㉢ **대종교**: 북간도 지역에서 중광단을 조직하여 무장 투쟁을 전개한 종교는 단군 신앙을 기반으로 나철이 창시한 대종교이다.

🔖 이것도 알면 합격!

동학

창시	철종 때 경주 지역 잔반 출신 최제우가 창시(1860)
성격	유교 + 불교 + 도교 + 천주교의 일부 교리 + 민간 신앙 융합
사상	평등 사상(시천주, 인내천 사상), 보국안민(반외세), 후천개벽(반봉건)
확산	민중들의 지지를 받으며 삼남 지방을 중심으로 확산됨
탄압	혹세무민이라는 죄목으로 1대 교주 최제우가 처형됨
교단 정비	2대 교주 최시형이 최제우가 지은 『동경대전』과 『용담유사』를 간행하여 교리를 정리하고 포접제를 통해 교단 조직을 정비함

---

18 고대 | 신라의 통치 체제   난이도 중 ●●○

자료 분석

시조는 성이 박씨이고 이름은 혁거세 → (가) 신라

정답 설명

③ 신라는 새로 영토로 편입한 지역의 통제력을 강화하기 위해 소경(小京)이

라는 특수 행정 구역을 설치하였다. 지증왕 때 처음 아시촌에 소경이 설치된 이후, 신문왕 때 5소경 체제로 정비되었다.

오답 분석

① **백제**: 수도는 5부(상·하·전·후·중), 지방은 5방(동·서·남·북·중)으로 나누어 정비한 국가는 백제이다.

② **고구려**: 연장자·족장이라는 의미의 형 계열과 행정적 관료 출신의 사자 계열로 관등을 구분한 국가는 고구려이다.

④ **발해**: 정당성을 관장하는 대내상이 국정을 총괄한 국가는 발해이다.

---

19 고려 시대 | 김윤후   난이도 중 ●●○

자료 분석

몽골군이 처인성을 공격하자 몽골 장수인 살리타를 활로 쏴 죽임 → 김윤후

정답 설명

④ 김윤후는 충주성 방호별감으로, 몽골의 5차 침입 때 충주 전투에서 몽골군을 격퇴하였다.

오답 분석

① **박서**: 몽골의 1차 침입 때 몽골군의 침입에 맞서 귀주성에서 항전한 인물은 박서이다.

② **김통정**: 삼별초를 지휘하며 진도에서 제주도로 근거지를 옮겨 대몽 항쟁을 전개한 인물은 김통정이다.

③ **윤관**: 기병이 주축이 된 여진과의 전투에서 패한 뒤, 당시 왕이었던 숙종에게 군사 조직인 별무반의 창설을 건의한 인물은 윤관이다.

---

20 고대 | 경주 황룡사 9층 목탑   난이도 하 ●○○

자료 분석

자장이 탑을 세울 일을 왕에게 아뢰었음 + 아비지라는 공장이 탑을 건축함 → 경주 황룡사 9층 목탑

정답 설명

② 경주 황룡사 9층 목탑은 신라 선덕 여왕 때 자장의 건의로 건립되었으나, 고려 시대에 몽골의 침입으로 소실되었다.

오답 분석

① **경주 분황사 모전 석탑**: 돌을 벽돌 모양으로 다듬어 쌓은 탑은 경주 분황사 모전 석탑이다.

③ **충주 탑평리 7층 석탑**: 우리나라의 중앙부에 위치하여 중앙탑이라고도 불린 탑은 충주 탑평리 7층 석탑이다.

④ **익산 미륵사지 석탑**: 탑을 보수하는 과정에서 금제 사리 봉안기가 발견된 탑은 익산 미륵사지 석탑이다.

제3회 정답·해설

정답 한눈에 보기

국어

01	④	06	②	11	②	16	①
02	④	07	③	12	④	17	①
03	③	08	③	13	④	18	③
04	②	09	①	14	④	19	①
05	④	10	②	15	①	20	③

영어

01	②	06	①	11	③	16	②
02	①	07	④	12	②	17	③
03	②	08	③	13	④	18	②
04	④	09	③	14	①	19	②
05	④	10	②	15	②	20	②

한국사

01	③	06	④	11	④	16	③
02	②	07	④	12	③	17	①
03	④	08	①	13	②	18	④
04	③	09	④	14	③	19	③
05	②	10	②	15	③	20	④

모바일 자동 채점 + 성적 분석 서비스
◀ QR 코드를 스캔하시면, 더욱 상세한 성적 분석 서비스 이용이 가능합니다.

나의 모의고사 성적 셀프 체크

난이도	국어	하	체감 난이도	국어	
	영어	중		영어	
	한국사	상		한국사	
나의 점수	국어	/ 100점	풀이 시간	국어	/ 15분
	영어	/ 100점		영어	/ 27분
	한국사	/ 100점		한국사	/ 15분
	평균 점수	/ 100점		전체 풀이 시간	/ 57분

국어

01 어법 | 올바른 문장 표현 (의미 중복) 난이도 중 ●●○

정답 설명

④ 조사 '는커녕'은 '앞말을 지정하여 어떤 사실을 부정하는 뜻을 강조하는 보조사'이며, 조사 '조차'는 '이미 어떤 것이 포함되고 그 위에 더함의 뜻을 나타내는 보조사'이다. 따라서 '는커녕'과 '조차'의 의미가 서로 다르므로 의미 중복에 해당하지 않는 것은 ④이다.

오답 분석

① 이때 관형사 '매'와 조사 '마다'는 모두 '하나하나 모두'라는 의미이므로, 의미 중복에 해당한다.

  • 매: 하나하나의 모든. 또는 각각의

  • 마다: '낱낱이 모두'의 뜻을 나타내는 보조사

② 부사 '오직'과 조사 '뿐'은 모두 어느 것을 한정한다는 의미이므로, 의미 중복에 해당한다.

  • 오직: 여러 가지 가운데서 다른 것은 있을 수 없고 다만

  • 뿐: '그것만이고 더는 없음' 또는 '오직 그렇게 하거나 그러하다는 것'을 나타내는 보조사

③ 이때 명사 '관계'와 동사 '인하다'는 모두 '까닭, 원인'이라는 의미이므로, 의미 중복에 해당한다.

  • 관계: ('관계로' 꼴로 쓰여) '까닭', '때문'의 뜻을 나타낸다.

  • 인하다: (흔히 '인하여', '인한' 꼴로 쓰여) 어떤 사실로 말미암다.

02 비문학 | 화법 (공손성의 원리) 난이도 하 ●○○

정답 설명

④ 제시된 대화에서 어머니는 추운 날씨에도 가벼운 옷차림으로 나가려는 아들에게 옷을 따뜻하게 입을 것을 제안하고 있다. 밑줄 친 부분에서 어머니는 우선 버스를 타면 덥다는 청자(아들)의 말에 동의한 뒤, 옷을 따뜻하게 입고 나가야 한다는 의견을 제시하고 있다. 따라서 밑줄 친 표현 효과에 대한 설명으로 적절한 것은 공손성의 원리 중 '동의의 격률'에 해당하는 ④이다.

오답 분석

① 간접적이고 우회적인 표현을 사용하는 것은 청자에게 부담이 되는 표현을 최소화하는 '요령의 격률'이다.

② 화자에게 부담이 되는 표현을 최대화하는 것은 '관용의 격률'이다.

③ 청자에 대한 비방을 최소화하고 칭찬을 극대화하는 것은 '찬동의 격률'이다.

03 비문학 | 작문 (자료를 활용한 글쓰기) 난이도 하 ●○○

정답 설명

③ '신체 활동 및 영양 섭취와 정신 질환 간의 상관관계에 대한 연구 자료'는 청소년 수면 부족 문제와 해결 방안에 대한 내용을 뒷받침할 수 없는 자료이므로 답은 ③이다.

이것도 알면 합격!

내용 생성을 위한 자료의 요건

1. 주제를 뒷받침할 수 있는 내용이어야 함
2. 사실과 의견이 분명하게 구분되어야 함
3. 객관적이고 구체적이며 근거가 확실해야 함
4. 독자의 관심을 끌 수 있도록 독창적이며 새로워야 함

04 어휘 | 혼동하기 쉬운 어휘 난이도 중 ●●○

정답 설명

② 것이래야(○): '-라고 해야'가 줄어든 말은 '-래야'이므로 밑줄 친 단어의 쓰임이 옳은 것은 ②이다.

오답 분석

① 삭혔다(×) → 삭였다(○): '긴장이나 화를 풀어 마음을 가라앉히다'의 뜻을 나타낼 때는 '삭이다'를 쓴다.

  • 삭히다: 김치나 젓갈 등의 음식물을 발효시켜 맛이 들게 하다.

③ 작렬하는(×) → 작열하는(○): '불 등이 이글이글 뜨겁게 타오르다'의 뜻을 나타낼 때는 '작열하다'를 쓴다.

  • 작렬하다: 1. 포탄 등이 터져서 쫙 퍼지다. 2. 박수 소리나 운동 경기에서의 공격 등이 포탄이 터지듯 극렬하게 터져 나오다.

④ 박혔다(×) → 박였다(○): '손바닥, 발바닥 등에 굳은살이 생기다'의 뜻을 나타낼 때는 '박이다'를 쓴다.

  • 박히다: 1. 두들겨 치이거나 틀려서 꽂히다. 2. 붙여지거나 끼워 넣어지다. 3. 속이나 가운데에 들여 넣어지다.

05 문학 | 작품의 종합적 감상 (현대 시) 난이도 하 ●○○

정답 설명

④ 제시된 작품은 우포늪의 생명력을 강조하고 있을 뿐, 긍정적 공간과 부정적 공간의 대비는 나타나지 않으며, 문명에 대한 비판 의식도 드러나지 않으므로 ④는 적절하지 않다. 참고로 1행에 '시골장'이라는 공간이 제시되어 있으나, 이는 득음을 하지 못했던 소리꾼이 살아생전 공연을 했었던 장소임을 나타낼 뿐, 부정적인 공간은 아니다.

오답 분석

① 폭포 물줄기가 내리치는 모습, 슬픔을 달빛과 같다고 표현한 것, 수염이 흔들리는 모습, 산이 흔들린다고 표현한 것을 통해 시각적 이미지를 활용해 시상이 전개되고 있음을 알 수 있다.

② 1~7행에서 전생에 득음을 하지 못한 '소리꾼'이 '우포늪'에서 '왁새 울음'이 되었다고 표현하고 있는데, 이를 통해 화자가 '우포늪'의 '왁새'와 상상 속 인물인 '소리꾼'을 동일시하며 시상을 전개하고 있음을 알 수 있다. 또한 12~13행의 '소리꾼'이 평생을 찾아 헤맨 진정한 소리가 '적막한 늪(우포늪)'에 있었다는 표현과, 17~19행의 소리꾼의 완창이 꽃잔치를 무르익게 했다는 표현을 통해 '우포늪'의 생명력과 그 가치를 형상화하고 있음을 알 수 있다.

③ '소목 장재 토평마을', '동편제'와 같은 토속적인 어휘를 사용하여 전통적이고 향토적인 분위기를 조성했다.

이것도 알면 합격!

배한봉, 「우포늪 왁새」의 주제와 특징

1. 주제: 우포늪의 생명적 가치
2. 특징
   - 시각적 이미지를 바탕으로 시상을 전개함
   - 왁새의 울음소리를 소리꾼의 목소리에 빗대어 표현함
   - 소리꾼의 진정한 소리로 우포늪이 지닌 생명적 가치를 형상화함

---

06 어법 | 단어 (용언의 활용) 난이도 중 ●●○

정답 설명

② 죄송스런(×) → 죄송스러운(○): '죄송스럽다'의 어간 '죄송스럽-'에 관형사형 어미 '-은'이 결합한 것이다. 이때 어간의 끝소리 'ㅂ'이 모음으로 시작하는 어미 앞에서 '우'로 바뀌는 'ㅂ' 불규칙 활용을 하므로 '죄송스러운'으로 활용해야 한다.

오답 분석

① 서둘러서(○): '서두르다'의 어간 '서두르-'에 연결 어미 '-어서'가 결합한 것이다. 이때 '서두르다'는 어미 '-어'가 결합할 때 어간의 끝음절 '르'가 'ㄹㄹ'로 바뀌는 '르' 불규칙 활용을 하므로 '서둘러서'로 활용해야 한다.

③ 거드는(○): '거들다'의 어간 '거들-'에 현재 시제 관형사형 어미 '-는'이 결합한 것이다. 이때 '거들다'는 어간 끝 받침 'ㄹ'이 'ㄴ'으로 시작하는 어미 '-는' 앞에서 탈락하는 'ㄹ' 규칙 활용을 하므로 '거드는'으로 활용해야 한다.

④ 억눌러(○): '억누르다'의 어간 '억누르-'에 연결 어미 '-어'가 결합한 것이다. 이때 '억누르다'는 어미 '-어'가 결합할 때 어간의 끝음절 '르'가 'ㄹㄹ'로 바뀌는 '르' 불규칙 활용을 하므로 '억눌러'로 활용해야 한다.

---

07 비문학 | 글의 구조 파악 (문장 배열) 난이도 중 ●●○

정답 설명

③ ㄹ - ㄷ - ㄴ - ㄱ - ㅁ의 순서가 가장 자연스러우므로 답은 ③이다.

순서	중심 내용	순서 판단의 단서와 근거
ㄹ	약 1세기 전부터 동물 세포의 체외 조직 배양에 관심이 있던 과학자들	지시어나 접속어로 시작하지 않으며 '동물 세포의 체외 조직 배양'이라는 중심 화제를 제시함
ㄷ	동물 세포의 체외 조직 배양의 유용성	키워드 '때문이다': ㄹ에서 언급한 과학자들이 동물 세포의 체외 조직 배양에 관심을 가진 이유에 대해 설명함
ㄴ	동물 세포의 체외 조직 배양의 어려움	접속어 '그러나': ㄹ과 ㄷ에서 설명한 것과 상반되게 동물 세포를 체외에서 조직 배양하는 것이 어려웠음을 설명함
ㄱ	초기 동물 세포의 체외 조직 배양의 수준	접속어 '따라서': ㄴ에서 설명한 이유로 초기의 배양은 조직 일부가 체외에서 잠시 살아 있는 정도에 만족했음을 설명함
ㅁ	초기 동물 세포의 체외 조직 배양의 한계	접속어 '그러나': 초기의 배양에서 일부 조직이 얼마간 살아 있었음을 언급한 ㄱ과 상반되게 결국 조직 자체의 배양이 성공적이지 않았다는 한계를 설명함

---

08 비문학 | 주제 및 중심 내용 파악 난이도 하 ●○○

정답 설명

③ 1문단에서는 계면 활성제의 효과와 계면 활성제를 활용한 제품의 예시에 대해 이야기하고 있으며, 2문단에서는 계면 활성제의 문제점과 해당 문제점을 극복할 수 있는 방안에 대해 설명하고 있다. 따라서 제시문의 주장으로 가장 적절한 것은 ③이다.

오답 분석

① 제시문을 통해 알 수 없다.

② 2문단 끝에서 1~3번째 줄에서 천연 계면 활성제를 사용하면 환경 오염을 예방할 수 있음을 설명하고 있으므로 적절하지 않다.

[관련 부분] 식물에서 추출한 베이킹 소다, 구연산과 같은 천연 계면 활성제를 활용하면 ~ 환경 오염도 막을 수 있다.

④ 1문단 끝에서 1~2번째 줄에서 샴푸에 계면 활성제가 활용되었다고 했고, 2문단 2~3번째 줄에서 계면 활성제가 인체에 유해할 수도 있다고 하였다. 하지만 2문단 1~2번째 줄에서 계면 활성제는 완전히 씻기지 않는다고 하였으므로 적절하지 않다.

[관련 부분]
- 계면 활성제를 활용한 제품으로는 비누, 샴푸, 합성 세제 등이 대표적이다.
- 피부에 남은 계면 활성제는 염증을 발생시키거나 눈, 뇌, 심장 등에 쌓일 수도 있다.
- 계면 활성제는 아무리 여러 번 씻어낸다고 하더라도 완전히 씻기지 않는다는 문제가 있다.

09　어법 | 한글 맞춤법 (띄어쓰기)　난이도 중 ●●○

[정답 설명]

① 싶은V대로(○): 이때 '대로'는 '싶은'과 같은 관형어의 수식을 받는 의존 명사이므로 앞말과 띄어 쓴다.
- 대로: 어떤 모양이나 상태와 같이

[오답 분석]

② 참다참다(✕) → 참다V참다(○): 이때 '참다'는 '참다가'의 준말이며 한 단어가 아닌 각각 단어이므로 띄어 써야 한다.

③ 십V년만에(✕) → 십V년V만에(○): 이때 '만'은 '앞말이 가리키는 동안이나 거리'를 나타내는 의존 명사이므로 앞말과 띄어 써야 한다. 참고로, '년'은 '해를 세는 단위'를 뜻하는 의존 명사이므로 앞말과 띄어 쓴다.

④ 센V지(✕) → 센지(○): 이때 '지'는 막연한 의문이 있는 채로 그것을 뒤 절의 사실이나 판단과 관련시키는 데 쓰는 연결 어미 '-ㄴ지'의 일부이므로 앞말에 붙여 써야 한다.

10　어법＋비문학 | 올바른 문장 표현, 작문 (고쳐쓰기)　난이도 중 ●●○

[정답 설명]

② 소변량과 소변보는 횟수가 잦아지고(✕) → 소변량과 소변보는 횟수가 늘어나고/증가하고(○): ⓒ의 '빈번하다'는 '번거로울 정도로 도수(度數)가 잦다'를 뜻하는 형용사이며 ②의 '잦아지다'는 '어떤 일이나 행위 등이 자주 있게 되다'를 뜻하는 동사이므로, 서술어 '빈번하고'와 '잦아지고'는 모두 분량을 나타내는 단어인 '소변량'과 호응하지 않는다. 따라서 ⓒ은 분량을 나타내는 단어와 호응할 수 있는 '늘어나다', '증가하다' 등을 사용하여 서술어를 '늘어나고', '증가하고'와 같이 고쳐 쓰는 것이 적절하다.

[오답 분석]

① '소변에 당분이 많이 섞다'와 같은 문장 표현이 자연스럽지 않으므로 ⊙을 '섞다'의 피동사이자 '두 가지 이상의 것이 한데 합쳐지다'를 뜻하는 '섞이다'를 사용하여 '섞이어'로 수정하는 것은 적절하다.

③ ⓒ의 앞 문장에서 당뇨병 환자들이 더운 날에 특히 음식 섭취를 주의해야 함을 말하고 있고, ⓒ이 포함된 문장에서는 이를 주의하기 위해 음식 섭취를 소홀히 하면 오히려 건강을 해칠 수 있다고 말하고 있다. 따라서 ⓒ을 앞 내용을 인정하면서 앞 내용과 뒤 내용이 대립될 때 쓰는 접속 부사인 '그렇지만'으로 수정하는 것은 적절하다. 참고로, '그래서'는 앞의 내용이 뒤의 내용의 원인이나 근거, 조건 등이 될 때 쓰는 접속 부사이다.

④ ②의 앞 문장은 앞에서 말한 일이 뒤에서 말할 일의 원인, 이유, 근거가 됨을 나타내는 접속 부사 '따라서'로 시작하고 있으며, 당뇨병 환자는 당 지수가 높은 과일의 섭취를 자제해야 한다고 말하고 있다. ②은 여름 제철 과일은 당 지수가 높아 당뇨병 환자에게 문제가 된다고 말하고 있으므로 ②은 앞 문장의 근거임을 알 수 있다. 따라서 ②과 앞 문장의 순서를 바꾸는 것이 문맥상 자연스럽다.

11　문학 | 내용 추리　난이도 중 ●●○

[정답 설명]

② 성이 '麴(누룩 국)'이고, 이름이 '醇(전국술 순)'이라는 점과, 그의 성품이 크고 깊어 맑았다는 점, 사람들에게 기운을 더해 주었다는 점, 일좌가(같은 자리에 있는 사람들이) 모두 절도했다는(몸을 가누지 못했다는) 점을 통해 '술'을 의인화하고 있음을 알 수 있다. 참고로, '출렁대고 넘실거림이 ~ 흐리지 않으며'는 술잔에 담긴 술의 모습을 묘사한 표현이다.

12　비문학 | 다양한 유형의 글 (기사문)　난이도 하 ●○○

[정답 설명]

④ '비통하다'는 '몹시 슬퍼서 마음이 아프다'를 뜻하는 단어이므로, 피의자였던 사람이 억울한 누명을 벗었다는 소식을 전하는 기사의 마무리 표현에 사용하기에 적절하지 않다.

[오답 분석]

① 가뭄이 심각하다는 소식을 전하는 기사이므로 청자인 국민들에게 절수에 동참할 것을 요구하는 표현은 적절하다.
- 절수(節水): 물을 아껴서 사용함

② 원로 연예인의 부고 소식을 전하는 기사이므로 비보를 접한 팬들의 애도가 이어졌다는 표현은 적절하다.
- 부고(訃告): 사람의 죽음을 알림. 또는 그런 글
- 비보(悲報): 슬픈 기별이나 소식
- 애도(哀悼): 사람의 죽음을 슬퍼함

③ 천재지변으로 인한 사고 소식을 전하는 기사이므로 더 이상의 피해가 없길 바란다는 표현은 적절하다.

13　문학 | 작품의 내용 파악　난이도 하 ●○○

[정답 설명]

④ 말뚝이는 쇠뚝이가 정해 준 샌님 일행의 의막(임시 거처)을 보고 '고래당 같은 기와집'이라고 표현하고 있으며, 샌님 일행을 돼지우리 같은 의막으로 돼지를 몰아넣듯 데려가고 있다. 이를 통해 말뚝이가 샌님을 제대로 된 의막에 모시지 못한 것에 대해 가책을 느끼고 있지 않음을 알 수 있으므로 ④의 이해는 적절하지 않다.

[오답 분석]

①② 제시된 작품에서 쇠뚝이는 샌님 일행의 의막을 정하지 못했다는 말뚝이의 말을 듣고 의막을 정해 주고 있다. 이때 쇠뚝이는 자신의 정한 의막의 모습이 말뚝이 박혀 있고 문이 하늘로 나있다고 표현하고 있으며, 말뚝이는 이에 동조하며 양반 일행을 돼지 몰아넣듯 해당 의막으로 데려가고 있다. 이를 통해 말뚝이와 쇠뚝이가 양반을 돼지 취급하며 그들의 의막을 돼지우리로 정해 조롱하고 있음을 알 수 있다.

③ 샌님 일행을 모시고 과거를 보러 간다는 점과 그들의 의막을 정해야 한다는 점, 그 댁에 무엇이 되느냐는 쇠뚝이의 질문에 청직이라고 답하는 점 등을 통해 말뚝이는 샌님 댁의 하인임을 알 수 있다. 반면 양반들을 모시자는 말뚝이의 말에 자신이 무슨 상관이냐고 답하는 쇠뚝이의 말을 통해 쇠뚝이는 샌님 댁 하인이 아님을 알 수 있다.

• 청직(廳直): 양반집에서 잡일을 맡아보거나 시중을 들던 사람

작자 미상, 『양주 별산대놀이』의 주제와 특징
1. 주제: 무능하고 부패한 양반에 대한 조롱과 풍자
2. 특징
   • 총 8과장으로 구성되어 있으며, 각 과장은 서로 관련성이 없음
   • 익살스럽고 해학적인 표현이 사용됨
   • 비속어가 섞인 일상적인 표현이 사용됨
   • 특별한 무대 장치 없이 공간 등을 자유롭게 설정하며 공연함

---

14 | 어휘 | 고유어와 한자어의 대응 | 난이도 중 ●●○

[정답 설명]

④ '기차에 오르기 직전에야'에서 '오르다'는 '탈것에 타다'를 뜻하므로 '배나 비행기, 차 등에 올라탐'을 의미하는 '搭乘(탑승: 탈 탑, 탈 승)'으로 바꿔 쓸 수 있다.

[오답 분석]

① '기세가 오른'에서 '오르다'는 '기운이나 세력이 왕성하여지다'를 뜻하므로 '引上(인상)'이 아닌 '極盛(극성)'으로 바꿔 쓰는 것이 적절하다.
   • 引上(끌 인, 윗 상): 물건값, 봉급, 요금 등을 올림

② '오르는 금리'에서 '오르다'는 '값이나 수치, 온도, 성적 등이 이전보다 많아지거나 높아지다'를 뜻하므로 '記載(기재)'가 아닌 '引上(인상)'으로 바꿔 쓰는 것이 적절하다.
   • 記載(기록할 기, 실을 재): 문서 등에 기록하여 올림

③ '족보에 올렸다고 한다'에서 '오르다'는 '기록에 적히다'를 뜻하므로 '極盛(극성)'이 아닌 '記載(기재)'로 바꿔 쓰는 것이 적절하다.
   • 極盛(극진할 극, 성할 성): 몹시 왕성함

---

15 | 문학 | 작품의 내용 파악 | 난이도 하 ●○○

[정답 설명]

① 끝에서 2~3번째 줄을 통해 (서울 거리에서) 미국 병정들이 말이 통하지 않아 답답해한다는 서술을 통해 서울에서 영어가 아직 통용되지 않는 시기임을 알 수 있으므로 ①은 적절하지 않다.
[관련 부분] 그 미국 병정들이, 거리(서울 거리)를 구경하면서 혹은 물건을 사려면서, 말이 서로 통하지를 못하여 답답해하는 양을 보고

[오답 분석]

② 1~6번째 줄과 9번째 줄을 통해 삼복을 제외한 거리의 많은 사람들이 광복을 맞이한 것을 기뻐하고 있음을 알 수 있다.

[관련 부분]
• 1945년 8월 15일, 역사적인 날 ~ 해방의 날을 맞이하였다. ~ 지나가는 행인이 서로 모르던 사람끼리면서 덥석 서로 껴안고 기뻐하고 눈물을 흘리고 하는 것이 ~
• 몰려다니고 만세를 부르고 하기에 미처 날뛰느라고 ~

③ 15~16번째 줄을 통해 순사를 더 이상 볼 수 없음을 알 수 있고, 끝에서 4~5번째 줄을 통해 서울 거리에 미국 군인들이 늘어나고 있음을 알 수 있다.
[관련 부분]
• 눈을 부라리는 순사를 볼 수 없었다.
• 서울 거리에는 미국 병정이 꼬마차와 함께 그득히 퍼졌다.

④ 15~16번째 줄과 끝에서 8~12번째 줄을 통해 해방 이후 경제를 관리하는 대상이었던 일제(순사)가 사라졌으며 이로 인해 상인들(도가)이 재료 값을 마음대로 올리는 등 혼란스러운 경제 상황이 지속되고 있음을 알 수 있다.
[관련 부분]
• 십 전이나 십오 전에 박아 주던 징을, 오십 전을 받아도 눈을 부라리는 순사를 볼 수 없었다.
• 도가(都家)들이 제 맘대로 재료값을 올리던 것이었다. 징, 가죽, 고무, 실 모두가 오 곱 십 곱 비싸졌다. ~ 소득은 전과 크게 다를 것이 없었다.

채만식, 『미스터 방』의 전체 줄거리

발단	돈벌이를 위해 십여 년 동안 외국에서 떠돌던 방삼복은 조선으로 돌아와 서울에서 신기료장수를 하다 해방을 맞게 됨
전개	해방에 대해 별로 달가워하지 않던 방삼복은 미국 장교(S 소위)에게 접근해 그의 통역이 되고, 그 후 부자가 되어 큰 권세를 누림
위기	친일파로 권세를 누리다 광복 후 몰락한 백 주사가 방삼복을 찾아와 복수를 부탁함
절정·결말	방삼복은 백 주사의 청탁을 들어 주겠다 장담한 뒤 바깥으로 양칫물을 뱉는데, 그 양칫물이 우연이 S 소위의 얼굴에 떨어짐. 이후 허둥지둥 뛰어나온 방삼복은 S 소위에게 얻어맞음

---

16 | 어휘 | 한자 성어 | 난이도 중 ●●○

[정답 설명]

① 제시문은 가입자들의 개인 정보 관리를 소홀히 하던 A사가 개인 정보 유출 사고가 발생한 이후 뒤늦게 관리와 보안을 강화했음을 밝혔으나, A사에 대한 소비자들의 부정적 인식이 바뀌지 않고 있는 상황을 서술하고 있다. 이러한 상황을 가장 적절하게 표현한 한자 성어는 ① '亡羊補牢(망양보뢰)'이다.

• 亡羊補牢(망양보뢰): 양을 잃고 우리를 고친다는 뜻으로, 이미 어떤 일을 실패한 뒤에 뉘우쳐도 아무 소용이 없음을 이르는 말

[오답 분석]

② 切磋琢磨(절차탁마): 옥이나 돌 등을 갈고 닦아서 빛을 낸다는 뜻으로, 부지런히 학문과 덕행을 닦음을 이르는 말

③ 殺身成仁(살신성인): 자기의 몸을 희생하여 인(仁)을 이룸

④ 昏定晨省(혼정신성): 밤에는 부모의 잠자리를 보아 드리고 이른 아침에는 부모의 밤새 안부를 묻는다는 뜻으로, 부모를 잘 섬기고 효성을 다함을 이르는 말

17 문학 | 소재 및 문장의 의미   난이도 중 ●●○

정답 설명

① 행위의 주체가 같은 것은 ㉠, ㉣이다.

- ㉠: ㉠이 포함된 문장을 통해 백성들을 통솔한 행위의 주체는 '추장들(아홉 간)'임을 알 수 있다.
- ㉣: ㉣이 포함된 문장을 통해 노래하고 춤을 춘 행위의 주체는 '아홉 간'임을 알 수 있다.

오답 분석

- ㉡: ㉡의 앞에서 북쪽 구지(龜旨)에서 이상한 소리가 들렸다는 내용을 통해 ㉡의 주체는 '이상한 소리'임을 알 수 있다.
- ㉢: ㉢이 포함된 문장을 통해 '이상한 소리(나)'에게 임금이 되라고 명한 행위의 주체는 '하늘'임을 알 수 있다.
- ㉤: ㉤이 포함된 문장을 통해 땅에 닿아 있는 행위의 주체는 '자줏빛 줄'임을 알 수 있다.
- ㉥: ㉥이 포함된 문장을 통해 각기 흩어진 행위의 주체는 '여러 사람들'임을 알 수 있다.

✏️ **이것도 알면 합격!**

작자 미상, 『가락국기』의 소재의 상징적 의미

소재	상징적 의미
거북	소망을 들어주는 신령스러운 존재이자 주술적 대상
머리	• 집단의 우두머리(임금) • 생명의 기원
자줏빛 줄	하늘과 땅을 이어 주는 대상
황금 알 여섯 개	• 난생(卵生) 화소 • 신성하고 비범한 인물의 탄생 • 새로운 질서의 성립

18 비문학 | 내용 추론   난이도 하 ●○○

정답 설명

③ 1문단 끝에서 1~3번째 줄에서 1000원 숍에서 물건을 사더라도 돈을 절약하지 못할 수 있음을 설명하고 있고, 4문단 끝에서 1~2번째 줄에서 1000원 숍에서 파는 물건 중 다른 곳에서 더 저렴하게 살 수 있는 물건도 있음을 설명하고 있다. 이를 통해 다른 곳에서 더 싸게 구매할 수 있는 물건을 1000원 숍에서 구매하는 것이 절약을 하지 못한 비합리적인 소비임을 추론할 수 있으므로 ③은 적절하다.

오답 분석

① 3문단 끝에서 1~2번째 줄에서 일본의 1000원 숍이 대형 마트보다 이윤이 많음을 설명하고 있으나, 1000원 숍에서 판매되는 물건이 모두 대형마트보다 저렴한지는 제시문을 통해 추론할 수 없으므로 ①은 적절하지 않다.

② 1문단 1~3번째 줄에서 사람들이 1000원 숍을 이용하는 이유는 돈을 절약하기 위해서임을 설명하고 있으며, 4문단 1~2번째 줄을 통해 1000원 숍의 이익률이 높은 이유는 이윤이 남는 물건과 이윤이 남지 않는 물건을 섞어 놓았기 때문임을 설명하고 있다. 하지만 이를 통해 1000원 숍이 인간의 소비 욕구를 자극하는 판매 전략을 취하는지는 추론할 수 없으므로 ②는 적절하지 않다.

④ 3문단 2~3번째 줄을 통해 '머스트 해브 아이템'만 판매할 경우 이윤이 많지 않음을 알 수 있으므로 ④는 적절하지 않다.

19 비문학 | 주제 및 중심 내용 파악   난이도 하 ●○○

정답 설명

① 제시문은 미국과 일본에 비해 우리나라의 편의점에서 판매 가능한 의약품의 종류가 적어 실효성이 낮다고 주장한다. 따라서 제시문의 주장으로 가장 적절한 것은 편의점에서 판매할 수 있는 의약품의 종류를 더 늘려야 한다고 주장하는 ①이다.

오답 분석

②③④ 제시문을 통해 확인할 수 없는 내용이다.

20 비문학 | 내용 추론   난이도 중 ●●○

정답 설명

③ 2~3문단을 통해 외적 귀인형인 사람은 어떤 일의 이유를 자신의 내부적 요인이 아닌 외부적 요인에서 찾는 경향의 사람임을 알 수 있다. 그러나 제시문에서 특정 스타일의 사람이 타인의 외적 변화를 더욱 빠르게 인지한다는 내용은 확인할 수 없으므로 ③은 추론할 수 없는 내용이다.

오답 분석

① 1문단에서 사람들이 연애를 오래 하는 데에 '귀인 과정'이 영향을 미친다고 설명하고 있으며, '귀인 과정'은 무슨 일이 일어나게 된 원인을 찾는 마음의 과정임을 알 수 있다. 또한 4문단에서 내적 귀인형이 연애를 오래하는 경향이 있다고 하였다. 따라서 현상의 원인을 찾는 마음의 과정에 따라 연애 유지 기간이 결정될 수 있음을 추론할 수 있다.

② 2~3문단에서 내적 귀인형인 사람은 어떠한 일의 원인을 자신과 관련된 내부적 요인에서 찾는 스타일인 반면, 외적 귀인형인 사람은 어떠한 일의 원인을 자신의 둘러싼 외부적 요인을 찾는 스타일이라고 설명하고 있다. 따라서 내적 귀인형인 사람이 외적 귀인형인 사람보다 자기 자신을 돌아보는 자아 성찰을 하는 경향이 있을 것임을 추론할 수 있다.

④ 2~3문단에서 내적 귀인형은 어떠한 일의 원인을 내부적 요인에서 찾는 스타일이라고 설명하고 있으며, 4문단에서 오래 연애를 하는 사람들은 대부분 내적 귀인형이라고 설명하고 있다. 따라서 연애가 오래간 사람들의 경우 연애 관계에서 생긴 문제를 자신의 잘못(내부적 요인)으로 생각할 가능성이 클 것임을 추론할 수 있다.

영어

01 어휘 | veracity = authenticity   난이도 중 ●●○

해석

인터넷 이용자들은 종종 부정확한 정보를 접해서, 온라인 주장의 <u>진실성</u>을 판단하기 위한 연구가 필요하다.

① 두드러짐   ② 진실성
③ 인내   ④ 부정확

정답 ②

어휘

come across 접하다, 우연히 마주치다   inaccurate 부정확한, 오류가 있는
veracity 진실성   salience 두드러짐, 특징   authenticity 진실성
endurance 인내, 참을성   imprecision 부정확

🚀 이것도 알면 합격!

veracity(진실성)의 유의어
= accuaracy, truth, correctness

02 어휘 | convenience   난이도 중 ●●○

해석

금욕주의를 행하는 사람들은 검소한 생활을 하기 위해 노력하며, 절약하는 생활방식을 채택하고 불필요한 사치품들과 많은 현대의 <u>편의시설</u>을 피한다.

① 편의시설   ② 할부금
③ 판단력   ④ 업적

정답 ①

어휘

practice 행하다, 연습하다   asceticism 금욕주의   adopt 채택하다
frugal 절약하는, 소박한   luxury 사치품   modern 현대의
convenience 편의시설, 현대적 설비   installment 할부금, 분할 불입
achievement 업적, 성취한 것

🚀 이것도 알면 합격!

convenience(편의시설)의 유의어
= amenity, comfort, facility

03 어휘 | hurdle   난이도 중 ●●○

해석

최근에, 자동차 제조업체들은 전기 자동차를 전통적인 내연기관에 의해 야기된 오염 문제들에 대한 해결책으로 홍보해왔다. 그러나, 실행 가능한 대안으로 그것들을 채택하는 것에는 두 가지 주요한 <u>난관</u>이 있는데, 바로 그것들의 비용과 제한된 주행 거리이다. 전기 자동차들은 일반적으로 화석 연료를 태우는 상대(내연기관 자동차)보다 만 달러에서 2만 달러 더 비싸지만, 그것들은 현재의 배터리 기술의 한계 때문에 그만큼 멀리 이동할 수 없다.

① 조정   ② 난관
③ 해결책   ④ 개선

정답 ②

어휘

automobile 자동차   manufacturer 제조업체, 생산 회사
tout 홍보하다, 광고하다   pollution 오염
internal combustion engine 내연기관   adoption 채택
viable 실행 가능한   alternative 대안   range 주행 거리, 거리
counterpart 상대, 대응물   adjustment 조정, 조절 장치   hurdle 난관, 장애

🚀 이것도 알면 합격!

hurdle(난관)의 유의어
= obstacle, impediment, difficulty, barrier

04 어휘 | aim at   난이도 하 ●○○

해석

세계의 정부들은 전 세계를 휩쓴 인플레이션의 여파를 줄이려고 시도하고 있다. 이 사태를 조사한 이후, 많은 중앙 은행들은 금리를 올리고 있는데, 이는 경제에 유통되고 있는 돈의 양을 줄이는 것을 <u>목표로 한</u> 정책 조치이다.

① ~과 비교되는   ② ~에 의해 전달된
③ ~에 기인하는   ④ ~을 목표로 한

정답 ④

어휘

lessen 줄이다, 줄다   inflation 인플레이션, 물가 상승   sweep 휩쓸다
survey 조사하다, 살피다   interest rate 금리   in circulation 유통되고 있는

🚀 이것도 알면 합격!

aim at(~을 목표로 하다)과 유사한 의미의 표현
= aspire at, intend for, direct at

05 어휘 | offend = insult　　　　난이도 하 ●○○

해석

언어를 배울 때, 사람들은 사용되는 단어들의 미묘한 차이에 대해서 인지해야 하는데, 이는 몇몇 악의 없는 말들이 특정한 경우에 부정적인 함축 의미를 가질 수 있기 때문이다. 이것을 행하기 위해, 사람들은 감정을 상하게 하지 않도록 금기시될 가능성이 있는 단어의 다양한 용법을 공부해야 한다.

① 유도하다　　　　　　　　② 혼란스럽게 하다
③ 융합하다　　　　　　　　④ 모욕하다

정답 ④

어휘

nuance 미묘한 차이, 뉘앙스　harmless 악의 없는, 무해한
connotation 함축 의미　various 다양한　usage 용법
taboo 금기시되는, 금기의　offend 감정을 상하게 하다, 화나게 하다
entice 유도하다　confuse 혼란스럽게 하다　conflate 융합하다
insult 모욕하다

이것도 알면 합격!

offend(감정을 상하게 하다)의 유의어
= disrespect, upset, affront

06 문법 | 동사의 종류　　　　난이도 중 ●●○

정답 설명

① 5형식 동사 지각동사 hear(heard)는 목적어와 목적격 보어가 능동 관계일 때 동사원형이나 현재분사를 목적격 보어로 취하는 5형식 동사인데, 주어진 문장에서 목적어(a dog)와 목적격 보어가 '개가 짖다'라는 의미의 능동 관계이므로 과거분사 barked를 동사원형 bark나 현재분사 barking으로 고쳐야 한다.

정답 ①

오답 분석

② to 부정사의 역할 '말하기를 주저하다'를 나타내기 위해 부사처럼 형용사(hesitant)를 꾸며줄 수 있는 to 부정사 to speak가 올바르게 쓰였다.
③ 동명사 관련 표현 '수리하느라 바쁘다'는 동명사구 관용 표현 'be busy -ing'(~하느라 바쁘다)를 사용하여 나타낼 수 있으므로 The mechanic is busy repairing ~이 올바르게 쓰였다.
④ 수량 표현 every(모든)는 일반적으로 단수 가산 명사를 수식하지만, 특정한 숫자와 함께 오면 '~마다 한 번씩'의 뜻으로 쓰여 복수 명사 앞에 올 수 있으므로, every two hours가 올바르게 쓰였다.

어휘

bark 짖다　hesitant 주저하는, 망설이는　be busy -ing ~하느라 바쁘다
repair 수리하다

이것도 알면 합격!

단수 취급하는 수량 표현에는 단수 동사를, 복수 취급하는 수량 표현에는 복수 동사를 쓴다.

단수 취급하는 수량 표현
> one / each (+ 명사)
> every / the number of / one of / neither of + 명사
> somebody, anybody, everyone, nothing

복수 취급하는 수량 표현
> many / few / both (+ of the) + 복수 명사
> a number of / a couple of / a range of + 복수 명사

07 문법 | 동사의 종류　　　　난이도 상 ●●●

정답 설명

④ 5형식 동사 사역동사 let은 목적어와 목적격 보어가 수동 관계일 때 목적격 보어로 'be + p.p.' 형태를 취하는 5형식 동사인데, 목적어 the auditorium과 목적격 보어가 '강당이 사용되다'라는 의미의 수동 관계이므로 let the auditorium used를 let the auditorium be used로 고쳐야 한다.

정답 ④

오답 분석

① 5형식 동사 사역동사 have(had)는 목적어와 목적격 보어가 수동 관계일 때 과거분사를 목적격 보어로 취하는 5형식 동사인데, 목적어 her kitchen과 목적격 보어가 '그녀의 주방이 개조되다'라는 의미의 수동 관계이므로 과거분사 renovated가 올바르게 쓰였다.
② 5형식 동사 사역동사 let은 목적어와 목적격 보어가 능동 관계일 때, 동사원형을 목적격 보어로 취하는 5형식 동사인데, 목적어 his students와 목적격 보어가 '그의 학생들이 게임을 하다'라는 의미의 능동 관계이므로, 동사원형 play가 올바르게 쓰였다.
③ 5형식 동사 사역동사 make(made)는 목적어와 목적격 보어가 능동 관계일 때 동사원형을 목적격 보어로 취하는 5형식 동사인데, 목적어 her children과 목적격 보어가 '그녀의 아이들이 집안일을 모두 끝마치다'라는 의미의 능동 관계이므로, 동사원형 complete가 올바르게 쓰였다.

어휘

renovate 개조하다　equipment 장비　complete 끝마치다, 수행하다
auditorium 강당　charity 자선

이것도 알면 합격!

to 부정사를 목적어로 취하는 동사

~하기를 원하다	wish to, hope to, desire to
~하기를 계획·결정하다	aim to, intend to, decide to
~하기를 제안·약속·거절하다	ask to, promise to, refuse to

정답 설명

③ **병치 구문** 접속사(and)로 연결된 병치 구문에서는 같은 품사끼리 연결되어야 하는데, and 앞에 과거 시제 동사 tried가 왔으므로 and 뒤에도 과거 시제 동사 achieved가 올바르게 쓰였다.

정답 ③

오답 분석

① **동명사 관련 표현** 문맥상 '그 노래를 듣자마자'라는 의미가 되어야 자연스러운데, '~하자마자'는 동명사 관련 표현 'on -ing'를 사용하여 나타낼 수 있으므로, 과거분사 heard를 동명사 hearing으로 고쳐야 한다.

② **혼동하기 쉬운 어순** 강조 부사 quite는 'quite + a(n) + 형용사 + 명사' 순으로 쓰이므로, a quite expensive wallet을 quite an expensive wallet으로 고쳐야 한다.

④ **보어 자리** 동사 make는 목적격 보어를 취하는 동사인데, 보어 자리에는 명사나 형용사 역할을 하는 것이 올 수 있으므로 부사 bitterly를 형용사 bitter로 고쳐야 한다.

해석

① 그 노래를 듣자마자, 그녀는 어린 시절에 대한 생생한 기억이 떠올랐다.
② 나는 아버지의 생일 선물로 꽤 비싼 지갑을 사드렸다.
③ 그들은 최선을 다했고 의심의 여지 없이 그들의 목표를 달성했다.
④ 변질된 알코올은 그것이 쓴맛이 나게 하는 화합물을 포함한다.

어휘

vivid 생생한　without a doubt 의심의 여지 없이, 틀림없이　denatured 변질된
compound 화합물　bitter (맛이) 쓴, 지독한

🎓 이것도 알면 **합격!**

동사끼리 연결된 병치 구문에서는 수·시제 일치가 되어 있는지 확인해야 한다.

> The room was spacious and airy, **but** also ~~feels~~ cold and impersonal. (→ felt)
그 방은 넓고 통풍이 잘 되지만, 차갑고 인간미가 없는 느낌도 있었다.

정답 설명

지문 처음에서 '증강현실'이라는 용어는 가상의 요소들이 외부 환경과 통합되는 인공두뇌 정보 시스템을 일컫는 것이라고 하면서 증강현실의 정의를 설명하고 있다. 이어서 스마트폰, 가상현실 헤드셋과 같은 기기들을 통해 나타나는 증강현실에서는 정보가 현실의 시야에 덮어씌워진다고 하면서 자동차의 헤드업 디스플레이와 인기 있는 게임인 포켓몬고를 예시로 들고 있으므로, '③ 실제 세계와 가상의 요소들의 통합'이 이 글의 제목이다.

정답 ③

해석

'증강현실'이라는 용어는 가상의 요소들이 외부 환경과 통합되는 인공두뇌 정보 시스템을 일컫는다. 증강현실은 이용자들에게 그들 주변에 무슨 일이 일어나고 있는지에 대한 정보를 제공한다. 일반적으로, 이것은 스마트폰, 가상현실 헤드셋, 혹은 다른 화면들의 활용을 통해 일어난다. 이 기기들을 통해, 정보가 현실의 시야에 덮어씌워진다. 이것의 가장 기본적인 예시는 오늘날 많은 자동차에서 발견되는 '헤드업 디스플레이(전방 표시 장치)'이다. 이 시스템은 운전자의 시야 선상에 있는 앞 유리에 정보를 표시해서, 그들이 계속 그들 앞의 도로를 바라보면서도 속도, 방향 및 기타 정보들을 확인할 수 있게 한다. 그것은 또한 인기 있는 게임인 포켓몬고(Pokémon Go)의 기반이기도 한데, 이 게임에서는 스마트폰 카메라에 포착된 이미지들 위에 가상 캐릭터들이 표시된다.

① 증강현실 대 가상현실
② 현실 세계 정보의 처리
③ 실제 세계와 가상의 요소들의 통합
④ 자동차의 헤드업 디스플레이가 작동하는 방법

어휘

augmented reality 증강현실　refer to ~을 일컫다, 나타내다　virtual 가상의
integrate 통합시키다　device 기기, 장치　overlay 덮어씌우다　sight 시야
automobile 자동차　windscreen (자동차의) 앞 유리
capture 포착하다, 담아내다

정답 설명

주어진 문단에서 미술계와 빠르게 변하는 환경에 대해 우려하고 있는 사람들이 대중을 충격에 빠뜨린 싸움을 겪었다고 한 뒤, (B)에서 '마지막 세대'라고 알려진 조직의 학생 활동가들이 세계적으로 유명한 미술 작품을 음식으로 더럽히는 것과 같은 행동을 시작했다고 하고 있다. 이어서 (A)에서 겉보기에 무의미한 이 행동들(These seemingly senseless acts)은 시위자들이 그들의 메시지를 수백만의 국제 관중들에게 전달하는 것을 가능하게 했기 때문에 효과적이었다고 언급하면서, (C)에서 활동가들은 그들의 행동에 대해 반발이 있으리라는 것을 알고 있었지만, 그것이 그들에게 기회가 된다는 것 또한 알고 있었다고 설명하고 있다. 따라서 ② (B) – (A) – (C)가 정답이다.

정답 ②

해석

> 미술계와 빠르게 변화하고 있는 환경에 대해 우려하고 있는 사람들은 최근에 일반 대중을 충격에 빠뜨린 일련의 싸움을 겪었다.

(B) '마지막 세대'로 알려진 조직에서 한 무리의 학생 활동가들은 기후 변화가 세계에 미치고 있는 재앙적인 여파에 대한 주의를 촉구하는 수단으로 유명한 미술 작품을 음식으로 더럽히고 그들 자신을 박물관 벽에 접착제로 붙이기 시작하였는데, 이는 『모나리자』를 케이크로 뒤덮는 것을 시작으로 하여 반 고흐, 베르메르, 피카소, 라파엘을 비롯한 작가들의 세계적으로 유명한 다른 작품들로 이어졌다.

(A) 겉보기에 무의미한 이 행동들(미술 작품을 더럽히는 행동들)은 많은 구경꾼들을 당황하게 만들었지만, 그들은 결국 그들 자신이 효과적이었다는 것을 입증했는데, 이는 이 잠재적으로 파괴적인 행위들이 국제적 관심을 이끌어냈고 그 시위자들이 환경이 석유 생산업체와 같은 다국적 기업들의 손에 고통받고 있다는 그들의 메시지를 수백만의 국제 관중들에게 전달하는 것을 가능하게 했기 때문이다.

(C) 명백하게, 그 활동가들은 세계가 유명 작품에 대한 그들의 공격을 알게 되면 반발이 있으리라는 것을 인지하고 있었지만, 그들은 또한 그것이 사람들이 '반 고흐의 그림에 대해 느끼는 보호와 방어 감정을 지구의 생명들로 확장하도록' 장려할 수 있는 기회를 제공했다는 것을 알고 있었다.

어휘

concern 우려하다 run-in 싸움, 언쟁 seemingly 겉보기에
senseless 무의미한 baffle 당황하게 만들다 onlooker 구경꾼, 방관자
destructive 파괴적인 protester 시위자 multinational 다국적의
petroleum 석유 activist 활동가 smear 더럽히다, 문지르다
glue 접착제로 붙이다 disastrous 재앙적인 backlash 반발
present (기회 등을) 제공하다, 주다 protectiveness 보호
defensiveness 방어

정답 설명

무엇을 만들었냐고 묻는 A의 말에 B가 대답하고, 빈칸 뒤에서 다시 B가 일주일 정도 걸렸어. 완성해야 할 세부 묘사들이 많았지(About a week. There were a lot of details to finish)라고 대답하고 있으므로, 빈칸에는 '③ 얼마나 걸렸어(How long did it take)'가 오는 것이 자연스럽다.

정답 ③

해석

> A: 방학은 어땠어?
> B: 아주 좋았어. 마침내 공예 프로젝트 작업을 끝낼 시간을 갖게 됐거든.
> A: 무엇을 만들었어?
> B: 몬티첼로의 축소 모형이야. 바로 저기에 있어.
> A: 정말 놀랍다! 얼마나 걸렸어?
> B: 일주일 정도 걸렸어. 완성해야 할 세부 묘사들이 많았지.

① 어떻게 시작하게 됐어?
② 그것에 대해 어떻게 알게 됐어?
③ 얼마나 걸렸어?
④ 그것에 얼마나 많은 조각들이 들어갔어?

어휘

break 방학, 휴식 craft 공예, 기술 scale model 축소 모형
detail 세부 묘사, 세부 사항

이것도 알면 합격!

놀라움을 나타낼 때 쓸 수 있는 다양한 표현
> No way! 말도 안 돼!
> I can't believe it! 믿을 수 없어!
> Unbelievable! 믿어지지 않아!
> I'm blown away! 나는 깜짝 놀랐어!

해커스공무원 FINAL 봉투모의고사 공통과목 통합(국어+영어+한국사)

정답 설명

②번에서 A가 B에게 지난번에 쳤을 때보다 테니스 실력이 많이 늘었다고 칭찬하고 있으므로, 이제 너의 결정에 달려 있다는 B의 대답 'The ball is in your court now(이제 너의 결정에 달려 있어)'는 어울리지 않는다.

정답 ②

해석

① A: 최근에 임대료가 많이 올라간 것 같아.
   B: 맞아, 지금은 모든 것에 큰돈이 들어.
② A: 우리가 지난번에 쳤을 때보다 테니스 실력이 많이 늘었네.
   B: 이제 너의 결정에 달려 있어.
③ A: 나는 네가 너무 피곤해서 파티에 오지 못한다고 생각했어.
   B: 그랬는데, 다시 기운을 차렸어.
④ A: 깨진 접시를 대체할 것을 찾는 것이 어려웠니?
   B: 아니, 전혀. 그것들은 매우 흔해.

어휘

rent 임대료   cost an arm and a leg 큰돈이 들다
the ball is in one's court ~의 결정에 달려 있다
get a second wind 다시 기운을 차리다   replacement 대체할 것
platter (대형) 접시   a dime a dozen 매우 흔한

 **이것도 알면 합격!**

뭔가를 결정할 때 쓸 수 있는 다양한 표현

> I've made up my mind. 나는 결심했어.
> This is the best course of action. 이것이 최선의 조치야.
> I'm going to take the plunge. 나는 시도해볼 거야.

정답 설명

지문 후반에서 중립적이고 직접적인 정보를 교환할 때는 온라인 통신이 빠르게 요점을 전달할 수 있기 때문에 말로 이루어지는 통신보다 더 나을 수 있다고 했으므로, '④ 누군가에게 직접 말하는 것은 디지털 메시지를 쓰는 것보다 더 빠르게 요점을 전달할 수 있다'는 지문의 내용과 일치하지 않는다.

정답 ④

해석

최근에 온라인 통신이 인기를 얻고 있고, 오늘날 거의 60퍼센트의 사람들이 음성 통신보다 디지털 통신을 선호한다고 말한다. 그러나, 이 새로운 형태의 상호작용은 그렇게 효과적이지 않을 수 있는데, 그것이 더 많은 것들을 해석에 남겨두기 때문이다. 채팅을 하고, 이메일을 보내고, 온라인 메시지를 보낼 때, 사람들은 누군가에게 말을 할 때 이용할 수 있는 다른 맥락 단서들의 이점을 누리지 못한다. 직접 혹은 전화로, 대화가 구두로 이뤄진다면, 사람들은 말하는 사람의 어조, 억양 그리고 일반적인 태도를 알아차릴 수 있고, 이 모든 것들은 사용되는 단어들에 대한 이해에 영향을 미칠 수 있다. 게다가, 온라인 통신은 보통 실제로 누군가에게 이야기하는 것보다 '더 냉담한' 것으로 간주되어, 어떤 경우에는 그것의 사용의 적절성을 제한한다. 누군가에게 사고 혹은 실직에 대해 전달하는 것과 같이 민감하거나 강한 감정을 끌어낼 가능성이 높은 주제들의 경우, 온라인 통신 수단을 활용하는 것은 일반적으로 부적절하고 무례한 것으로 여겨진다. 반면, 중립적이고 직접적인 정보를 교환할 때는, 그것이 말로 이루어지는 통신보다 더 나을 수 있으며, 이는 온라인 통신이 구두로 논의하는 것의 시간이 걸리는 측면 없이 빠르게 요점을 전달할 수 있기 때문이다.

어휘

interpretation 해석   available 이용할 수 있는   verbally 구두로   tone 어조
inflection 억양   demeanor 태도, 행동   propriety 적절성   sensitive 민감한
elicit 끌어내다   inappropriate 부적절한   disrespectful 무례한
utilize 활용하다   neutral 중립적인   gist 요점   aspect 측면

14 독해 | 논리적 흐름 파악 (무관한 문장 삭제)　난이도 중 ●●○

정답 설명

지문 앞부분에서 고대 그리스 철학자인 소크라테스는 그가 연구했던 어떤 것에 대해서도 거의 결론에 도달하지 못했다고 설명하고, ②, ③, ④에서 소크라테스가 진리를 추구하기 위해 사용했던 '질문'과 그 방식을 사용한 이유가 무엇인지에 대해 설명하고 있다. 그러나 ①번은 소크라테스가 또 하나의 유명한 그리스 철학자인 플라톤을 가르친 것으로 유명했다는 내용으로, 소크라테스식 방식에 대한 지문 전체의 내용과 어울리지 않는다.

정답 ①

해석

고대 그리스 철학자인 소크라테스는 세계를 이해하려고 노력하며 사색의 삶을 살았다. 그러나, 이 위대한 사색가이자 교육자는 그가 연구했던 어떤 것에 대해서도 거의 결론에 도달하지 못했다. ① 소크라테스는 또 하나의 유명한 그리스 철학자인 플라톤을 가르친 것으로 유명했다. ② 그가 제기한 주제들에 관한 질문에 명확하게 답하기보다, 소크라테스는 그것들에 대한 더 많은 질문을 하는 것을 강조했다. ③ 이 철학자는 각각의 연속적인 질문을 통해, 사람들이 진리에 더 가까워진다고 믿었다. ④ 그러나 그가 결론에 도달한 것처럼 보이는 단계에 도달하면, 소크라테스는 그것의 기반을 약화시키는 질문을 하고 묻는 과정을 다시 시작했다. 이것은 소크라테스식 방식에 따르면, 사람들은 결론을 통해서가 아니라, 고찰을 통해 배우는 것이기 때문이다.

어휘

contemplation 사색, 명상　definitively 명확하게, 결정적으로
present 제기하다　successive 연속적인, 잇따른
undermine ~의 기반을 약화시키다　Socratic 소크라테스식의
examination 고찰, 조사

---

15 문법 | 주어·동사/목적어/보어/수식어　난이도 상 ●●●

정답 설명

② 동사 자리 동사 자리에는 조동사(can) + 동사원형이 올 수 있는데, 동사원형 자리에 동사가 두 개(be, last) 왔으므로 can be last를 자동사 last(지속되다)만 남긴 can last로 고쳐야 한다.

정답 ②

오답 분석

① 능동태·수동태 구별 동사 publish 뒤에 목적어가 없고, 주어(The text of the mayor's speech)와 동사가 '그 시장의 연설문이 게재되었다'라는 의미의 수동 관계이므로 수동태 was published가 올바르게 쓰였다.

③ 5형식 동사의 수동태 동사 presume은 목적어 뒤에 '(to be) + 명사/형용사'를 취하는 5형식 동사인데, presume이 수동태가 되면 '(to be) + 형용사(extinct)'는 수동태 동사 뒤에 그대로 남아야 하므로 was presumed to be extinct가 올바르게 쓰였다.

④ 형용사 자리 be동사(are)는 주격 보어를 취하는 동사인데, 보어 자리에 명사나 형용사 역할을 하는 것이 올 수 있으므로 형용사 역할을 하는 'of + 추상명사'(of importance)가 올바르게 쓰였다.

해석

① 그 시장의 연설문이 도시의 대부분의 신문에 게재되었다.
② 그 질병의 증상들은 최대 6개월까지 지속될 수 있다.
③ 촉수가 있는 나비가오리는 수년 동안 멸종된 것으로 여겨졌다.
④ 국제 기후 패턴의 예상치 못한 변화는 과학자들에게 중요하다.

어휘

publish 게재하다, 출간하다　symptom 증상　last 지속되다, 계속되다
tentacled 촉수가 있는　butterfly ray 나비가오리　presume 여기다
extinct 멸종된　unexpected 예상치 못한

🔖 이것도 알면 합격!

동사 자리에는 수, 시제, 태가 적절한 동사가 와야 한다.

> Several crowds at the stadium are cheering for the team.
> 　　복수 주어　　　　　　　　　　　복수 동사
> 경기장에 모인 몇몇 관중들이 그 팀을 응원하고 있다.

> I went to the gym last night for a workout.
> 　 과거 시제　　　　　　　　과거 시간 표현
> 나는 어젯밤 운동하기 위해 헬스클럽에 갔다.

> New recipes have been created by the head chef.
> 　　주어　　　　　　수동태(만들어졌다)
> 주방장에 의해 새로운 요리법이 만들어졌다.

---

16 독해 | 추론 (빈칸 완성 – 구)　난이도 중 ●●○

정답 설명

빈칸 앞 문장에서 코로나-19 유행병이 앤티가 바부다라는 국가에 막대한 영향을 미쳤다고 했고, 빈칸 뒷부분에서 봉쇄 조치와 여행 제한 때문에 그 나라의 경제가 2020년에 20퍼센트 이상 위축되었으며 이 경기후퇴가 그 섬의 모든 다른 측면에 부정적인 영향을 미쳤다고 설명하고 있다. 따라서 빈칸에는 앤티가 바부다가 경제적 안정성을 보장하기 위해 관광에 '② 의존한다'는 내용이 들어가야 한다.

정답 ②

해석

코로나-19 유행병은 앤티가 바부다라는 카리브해 국가에 막대한 영향을 미쳤는데, 그곳은 경제적 안정성을 보장하기 위해 관광에 의존한다. 봉쇄 조치와 여행 제한 때문에, 그 경제는 2020년에 20퍼센트 이상 위축되었다. 이 경기후퇴는 그 목가적인 섬에서의 생활의 모든 다른 측면에 부정적으로 영향을 미쳤다. Philip Joseph Pierre 총리에 따르면, 그 유행병은 "우리가 사랑하는 지구의 악화를 제외한 모든 것들을 둔화시킨 것 같다."

① ~을 시작하다　　　　　　② ~에 의존하다
③ ~을 들어 올리다　　　　　④ ~을 생략하다

어휘

pandemic 유행병　ensure 보장하다　stability 안정성　lockdown 봉쇄 조치
restriction 제한　shrink 위축되다, 줄어들다　idyllic 목가적인
Prime Minister 총리, 수상　deterioration 악화　set off ~을 시작하다
leave out ~을 생략하다

정답 설명

지문 중간에서 현대의 광고들은 이제 인플루언서들이 제품을 광고하게 하거나, 이용자들이 친구들과 공유할 수 있는 영상과 사진을 제작하는 것과 같이 한 이용자로부터 다른 이용자로 입소문을 타서 소셜 미디어 사이트 전체에 걸쳐 퍼져 나가는 것을 목표로 만들어진다고 했으므로, 빈칸에는 소셜미디어의 성공이 기업들로 하여금 고객들의 '③ 참여'를 향상시키기 위한 새로운 방법을 찾게 했다는 내용이 들어가야 한다.

정답 ③

해석

2000년대 중반 소셜미디어의 부상은 광고 업계를 완전히 뒤엎었고 기업들로 하여금 고객들의 참여를 향상시키기 위한 새로운 방법을 찾게 했다. 정기 간행물들을 읽거나 TV를 시청하면서 고객들이 수동적으로 소비하는 광고들을 만들 수 있는 시대는 지났다. 현대의 광고들은 이제 한 이용자로부터 다른 이용자로 입소문을 타서 소셜 미디어 사이트 전체에 걸쳐 퍼져 나가는 것을 목표로 만들어진다. 종종 이것은 인플루언서들에게 돈을 주어 제품을 사용하고 광고하게 하거나 그 사이트의 이용자들을 즐겁게 하여 그것들을 친구들과 공유하도록 유발할 수 있는 영상과 사진을 제작하는 것과 같은 비전통적인 방식을 낳는다.

① 피드백　　　　　　　　　② 서비스
③ 참여　　　　　　　　　　④ 습득

어휘

advertising 광고　passively 수동적으로　consume 소비하다
periodical 정기 간행물　go viral 입소문을 타다　untraditional 비전통적인
influencer 인플루언서, 영향력이 있는 사람　entertain 즐겁게 하다
prompt 유발하다　feedback 피드백, 반응　engagement 참여
acquisition 습득, 인수

구문분석

[4행] Gone / are the days / of being able to create advertisements / that customers passively consume / while reading periodicals or watching TV.
: 이처럼 분사 보어가 문장의 맨 앞에 와서 도치가 일어난 경우, 주어와 동사가 무엇인지 파악한 다음 '주어 + 동사 + 분사 보어'의 순서대로 해석한다.

정답 설명

지문 중간에서 '노블레스 오블리주'의 개념은 '귀족의 의무'를 의미한다고 한 뒤, 이 개념에 따르면, 권력을 가진 사람들이 단지 지위에 따른 전리품을 누리기보다 그들의 특권을 인정하고 타인에 도움이 되어야 한다고 했으므로, '② 최상류층 사람들은 그들의 지역사회에 환원해야 한다'가 이 글의 요지이다.

정답 ②

해석

"만약 당신이 인류에서 가장 운이 좋은 1퍼센트에 속한다면, 당신이 나머지 99퍼센트에 대해 생각하는 것은 나머지 인류에 대한 의무이다"라고, 세계의 다섯 번째 부자이자 버크셔 해서웨이의 회장인 워런 버핏은 말한다. 이것은 '노블레스 오블리주'의 근본적인 신조인데, 이 용어는 문자 그대로 '귀족의 의무'를 의미한다. 이 개념에 따르면, 권력을 가진 사람들은 단지 지위에 따른 전리품을 누리기보다, 그들의 특권을 인정하고 타인에 도움이 되어야 한다. 몇몇 부유한 개인들에게 있어서, 이 시민적 책임감은 자선 단체, 병원, 그리고 교육 시설에 대한 기부로 이어졌는데, 이는 도움이 필요한 이들을 돕고 사회의 전반적인 상태를 개선하는 선물이었다. 이 개념에 따라서, 버핏은 타인에게 이로운 목적에 재산의 99퍼센트를 기부할 것이라고 약속하면서 '기부 서약'에 서명했다.

① 우리는 사회를 개선하기 위해 힘을 합쳐야 한다.
② 최상류층 사람들은 그들의 지역사회에 환원해야 한다.
③ 모두가 그들이 어떠한 특권을 가지고 있다는 것을 인정해야 한다.
④ 자선 단체는 교육에 집중해야 한다.

어휘

humanity 인류　chairman 회장, 의장　fundamental 근본적인
tenet 신조, 주의　literally 문자 그대로　obligation 의무　noble 귀족, 상류층
spoil 전리품, 성과　privilege 특권　civic 시민적, 시민의
responsibility 책임(감)　donation 기부　charity 자선
overall 전반적인, 전체의　pledge 서약, 선언　cause 목적, 대의
elite 최상류층 사람들　concentrate 집중하다

정답 설명

(A) 빈칸 앞 문장은 기본적인 수준에서 기쁨을 위한 욕구는 에피쿠로스의 철학을 쾌락주의의 형태로 만든다는 내용이고, 빈칸 뒤 문장은 에피쿠로스가 탐닉을 피하는 것을 포함한 검소한 삶을 옹호했다는 대조적인 내용이므로, (A)에는 However(그러나)가 나와야 적절하다. (B) 빈칸 뒤 문장은 완전한 쾌락주의가 오직 기쁨을 위한 욕구의 즉각적인 만족을 얻는 것에만 관심이 있다는 것으로 에피쿠로스가 검소한 삶을 옹호했다는 앞 문장과 대조되는 내용이므로 (B)에는 on the other hand(반면에)가 나와야 적절하다. 따라서 ②번이 정답이다.

정답 ②

해석

그리스의 철학자 에피쿠로스는 살아가기 위한 최고의 방식은 인생의 기쁨들을 즐기는 것이며, 마음의 평안이 그것들 중 가장 위대한 것이라고 믿었다. 이러한 기쁨들에 대해 생각하면서, 에피쿠로스는 그것들(기쁨들)을 두 개의 전반적인 범주로 나누었는데, 이는 바로 맛있는 음식을 즐기는 것과 같은 신체적 기쁨과, 대담성과 즐거움 같은 정신적 기쁨이었다. 기본적인 수준에서, 이것들을 위한 욕구는 에피쿠로스의 철학을 쾌락주의의 형태로 만든다. (A) 그러나, 에피쿠로스는 추후 문제로 이어질 수 있는 탐닉을 피하는 것을 포함한 검소한 삶을 옹호했다. (B) 반면에, 완전한 쾌락주의는 오직 기쁨을 위한 욕구의 즉각적인 만족을 얻는 것에만 관심이 있다.

	(A)	(B)
①	그럼에도 불구하고	요컨대
②	그러나	반면에
③	게다가	물론
④	대신에	예를 들어

어휘

philosopher 철학자　pleasure 기쁨　contemplate 생각하다, 심사숙고하다
divide 나누다　overall 전반적인　fearlessness 대담성
epicureanism 에피쿠로스의 철학, 향락주의　hedonism 쾌락주의
advocate 옹호하다, 지지하다　avoid 피하다, 방지하다　overindulgence 탐닉
solely 오직　attain 얻다　gratification 만족

정답 설명

②번 앞 문장에서 요가는 전반적인 유연성뿐만 아니라 근 긴장도와 체력을 높이는 것을 돕고 이것들 모두가 다른 신체 활동에서의 수행을 개선한다고 했고, ②번 뒤 문장에서는 요가가 마음을 편안하게 하는 것을 도우며, 호흡과 움직임에 집중하는 것은 스트레스를 주는 생각을 제거하고 생각을 더 명료하게 하는 것을 돕는다고 했으므로, ②번 자리에 요가가 다양한 정신 건강의 특전들을 제공한다는 내용의 주어진 문장이 나와야 지문이 자연스럽게 연결된다.

정답 ②

해석

왜 한때 인도 아대륙(인도 반도)에 국한되어 있었던 요가가 이렇게 전 세계적으로 인기가 있게 되었을까? 아마도 그것이 제공하는 많은 이점들 때문일 것이다. 그것은 전반적인 유연성뿐만 아니라 근 긴장도와 체력을 높이는 것을 돕고, 이것들 모두가 다른 신체 활동에서의 수행을 개선한다. ② 요가는 또한 다양한 정신 건강의 특전들을 제공한다. 그것은 마음을 편안하게 하는 것을 도우며, 호흡과 움직임에 집중하는 것은 스트레스를 주는 생각을 제거하고 생각을 더 명료하게 하는 것을 돕는다. 뿐만 아니라, 특정한 자세들을 재현하여 유지하기를 시도하는 것은 집중을 요구하는데, 이것은 요가를 집중력과 정신적 예리함을 개선하기 위한 훌륭한 도구로 만든다. 중독 치료 전문가들에 따르면, 요가는 약물 남용과 중독 문제로 고군분투하는 사람들을 도울 수도 있는데, 느리고 체계적인 움직임이 정신을 산만하게 하여 갈망을 줄일 수 있기 때문이다.

어휘

perk 특전　subcontinent 아대륙(대륙보다는 작고 섬보다는 큰 땅덩이)
muscle tone 근 긴장도　overall 전반적인, 전체의　flexibility 유연성
wipe out ~을 제거하다　recreate 재현하다, 되살리다　sharpness 예리함
addiction 중독　treatment 치료　specialist 전문가
substance abuse 약물 남용　methodical 체계적인　distract 산만하게 하다
craving 갈망, 열망

해커스공무원 FINAL 봉투모의고사 공통과목 통합(국어+영어+한국사)

01 고대 | 지증왕 재위 기간의 사실　난이도 중 ●●○

자료 분석

이사부 + 우산국이 항복함 → 지증왕

정답 설명

③ 지증왕 때 수도인 경주에 시장을 감독하는 관청인 동시전이 설치되었다.

오답 분석

① 법흥왕: '건원'이라는 독자적인 연호를 사용한 것은 법흥왕 때이다.

② 소지 마립간: 국가 공문서를 송달하기 위해 사방에 우역을 처음으로 두었던 것은 소지 마립간 때이다.

④ 진흥왕: 인재 양성을 위해 화랑도를 국가적인 조직으로 개편한 것은 진흥왕 때이다.

🏯 이것도 알면 합격!

지증왕의 업적

한화 정책	국호를 신라로 정하고, 왕호를 마립간에서 왕으로 개칭
행정 구역 정비	지방의 주·군을 정비하고 주에 군주 파견
우산국 정벌	이사부를 파견하여 우산국 정벌
동시전 설치	시장(동시) 관리 감독 기관인 동시전 설치
순장 금지	농업 노동력 확보를 위해 순장 금지

02 현대 | 유신 헌법 시행 시기의 사건　난이도 중 ●●○

자료 분석

대통령은 통일 주체 국민회의에서 투표로 선거 + 긴급 조치 → 유신 헌법(1972. 12.~1980. 10.)

정답 설명

② 유신 헌법 시행 시기인 1979년 10월에 부산과 마산에서는 유신 체제에 반대하는 부·마 민주 항쟁이 일어났다.

오답 분석

① 유신 헌법 시행 이전: 우리 교육이 지향해야 할 이념과 목표를 제시한 국민 교육 헌장이 선포된 것은 1968년으로, 유신 헌법이 시행되기 이전의 사실이다.

③ 유신 헌법 시행 이전: 평화 통일론을 주장한 진보당의 조봉암이 간첩 혐의로 처형된 것은 1959년으로, 유신 헌법이 시행되기 이전의 사실이다.

④ 유신 헌법 시행 이후: 노동자의 권익을 도모하기 위한 단체인 전국 민주 노동 조합 총연맹이 결성된 것은 1995년으로, 유신 헌법이 시행된 이후의 사실이다.

03 고대 | 고대의 고분　난이도 중 ●●○

정답 설명

④ 옳은 것을 모두 고르면 ⓒ, ⓔ이다.

ⓒ 백제의 무령왕릉은 중국 남조의 영향을 받아 만들어진 벽돌무덤이다.

ⓔ 육정산 고분군에 위치한 발해의 정혜 공주 묘는 고구려 양식을 계승한 모줄임 천장 구조를 하고 있다.

오답 분석

㉠ 천마총에서 천마도가 발견된 것은 맞지만, 굴식 돌방무덤이 아닌 돌무지덧널무덤으로 축조되었다.

ⓒ 사신도가 그려진 강서 대묘는 돌무지무덤이 아닌 굴식 돌방무덤으로 축조되었다.

04 선사 시대 | 위만 집권 이후의 사실　난이도 하 ●○○

자료 분석

위만이 준왕을 공격함 + 준왕은 위만과 싸웠지만 상대가 되지 못함 → 위만 집권(기원전 194)

정답 설명

③ 연나라 장수 진개의 침입으로 랴오둥(요동) 지역의 영토를 상실한 것은 기원전 3세기 초로, 위만 집권 이전의 사실이다.

오답 분석

모두 위만 집권 이후의 사실이다.

① 고조선에 복속해 있던 예(濊)의 군장 남려가 한나라에 투항하자, 기원전 128년에 한나라는 고조선 지역에 창해군을 설치하였다.

② 한나라 무제의 공격으로 기원전 108년에 고조선이 멸망한 이후, 8조에 불과하던 법 조항이 60여 개로 늘어나 사회 풍속이 각박해졌다.

④ 고조선에 왔던 한나라 사신 섭하가 한나라로 돌아가는 길에 고조선의 관리를 살해하자, 고조선은 기원전 109년에 군대를 보내 요동동부도위 섭하를 살해하였다.

05 고려 시대 | 최우　난이도 중 ●●○

자료 분석

왕에게 강화도로 가자고 요청함 + 진양후로 책봉 → (가) 최우

정답 설명

② 최우는 자신의 집에 문신들의 숙위 기구인 서방을 설치하고 행정 실무 능력을 갖춘 문신들을 숙위시켜 정책을 자문하도록 하였다.

① **이의민**: 천민 출신으로 김보당의 난 때 전왕(前王)인 의종을 시해한 인물은 이의민이다.

③ **정중부, 이의방 등**: 보현원에서 정변을 일으켜 정권을 장악한 인물은 정중부, 이의방 등의 무신들이다.

④ **최충헌**: 교정도감이라는 국정을 총괄하는 기구를 설치하고 교정별감이 된 인물은 최충헌이다.

🦅 **이것도 알면 합격!**

최우

- 정방(인사 기구)·서방(문신들의 숙위 기구) 설치
- 몽골이 고려를 침입하자 장기 항전을 위해 강화도로 천도
- 강화도 천도의 공으로 진양후에 책봉됨
- 김생, 탄연, 유신과 더불어 신품 4현으로 불림

---

06 일제 강점기 | **무단 통치 시기의 사실** 난이도 하 ●○○

자료 분석

헌병 경찰제를 시행 + 조선 태형령을 제정 → (가) 무단 통치

정답 설명

④ 무단 통치 시기에는 관리뿐만 아니라 교사도 제복을 입고 칼을 착용하였다.

오답 분석

① **민족 말살 통치**: 매일 아침마다 일본 천황이 있는 궁성을 향해 절을 하는 궁성요배를 강요한 것은 민족 말살 통치 시기의 사실이다.

② **문화 통치**: 자문 기구인 도 평의회와 부·면 협의회 등이 설치된 것은 문화 통치 시기의 사실이다.

③ **민족 말살 통치**: 동아일보, 조선일보 등의 한글 신문이 폐간된 것은 민족 말살 통치 시기의 사실이다.

---

07 고려 시대 | **고려의 중앙 정치 조직** 난이도 하 ●○○

정답 설명

④ 고려의 최고 관서는 상서성이 아닌 중서문하성이다. 중서문하성은 장관인 문하시중이 국정을 총괄하였고, 재신과 낭사로 구성되었다.

오답 분석

① 어사대는 관리에 대한 비리를 규찰·탄핵하는 언관의 역할과 풍속 교정 업무를 담당하였다.

② 삼사는 화폐와 곡식의 출납에 대한 회계 등을 담당하였다. 한편, 고려의 삼사는 송의 제도를 참고한 것이었으나, 송과는 달리 단순 회계 기구의 역할만을 담당하였다.

③ 도병마사는 고려의 독자적인 기구로, 양계의 축성 및 군사 훈련 등 국방 문제를 논의하였다.

---

08 일제 강점기 | **국민 대표 회의** 난이도 중 ●●○

자료 분석

상하이 일대의 인사가 개혁을 제창함 + 독립운동의 신국면을 타개하려고 회의의 소집을 제창함 → 국민 대표 회의

정답 설명

① 국민 대표 회의에서는 독립 운동의 방향과 임시 정부의 존속에 대해 논의하였고, 임시 정부를 해산하고 새 정부를 만들자는 창조파와 임시 정부를 개편하자는 개조파가 서로 대립하였다.

오답 분석

② 박은식을 대한민국 임시 정부의 제2대 대통령으로 선출한 것은 국민 대표 회의가 결렬된 이후인 1925년의 사실이다.

③ 민족 혁명당이 임시 정부에 참여한 것과 국민 대표 회의는 관련이 없다. 민족 혁명당은 중·일 전쟁 이후 임시 정부를 중심으로 독립운동 정당·단체들이 연합 전선을 형성하자 1941년 11월에 개최된 전당대표대회 결의에 따라 임시 정부에 참여하였다.

④ 파리 강화 회의에 김규식을 파견하는 것이 논의된 것과 국민 대표 회의는 관련이 없다. 상하이에 있던 독립운동가들은 신한 청년당을 결성하고 민족 대표로 김규식을 파리 강화 회의에 파견하였다.

---

09 조선 후기 | **홍대용** 난이도 상 ●●●

자료 분석

지구가 자전 + 우주 공간의 세계 밖에도 또 다른 별들이 있음 → 『의산문답』 → 홍대용

정답 설명

④ 홍대용은 『임하경륜』에서 양반들도 생산 활동에 종사할 것과 성인 남자에게 2결의 토지를 지급하자고 주장하였다.

오답 분석

① **이익**: 나라를 좀먹는 여섯 가지의 사회 폐단을 지적한 인물은 이익이다.

② **박지원**: 『열하일기』에서 선박과 수레의 이용을 강조한 인물은 박지원이다.

③ **유형원**: 『반계수록』에서 신분에 따라 토지를 차등 있게 분배하자는 균전론을 주장한 인물은 유형원이다.

---

10 근대 | **화폐 정리 사업** 난이도 중 ●●○

자료 분석

갑종 백동화는 새 돈으로 바꾸어 줌 + 병종 백동화는 사들이지 않음 → 화폐 정리 사업

정답 설명

② 화폐 정리 사업에서 한국인들이 소유한 화폐 중 상당수가 을종이나 병종으로 분류되어, 한국의 상인들이 경제적으로 큰 타격을 받았다.

① 화폐 정리 사업은 전환국이 아닌 탁지부의 주도로 시행되었다.

③ 화폐 정리 사업은 함경도 관찰사 조병식이 곡물 수출을 막는 방곡령을 선포(1889)한 이후인 1905년에 시행되었다.

④ 화폐 정리 사업으로 대한 제국의 백동화가 일본 제일은행권으로 교환됨으로써, 대한천일은행이 아닌 일본 제일은행이 중앙 은행의 역할을 하게 되었다.

---

11 조선 전기 | 세조　　　　　　　　　　난이도 중 ●●○

자료 분석

안평 대군의 빈객들보다 나은 인재가 없음 + 한명회가 신임을 얻게 되자 계책을 올림 → (가) 세조

정답 설명

④ 세조는 관리에게 지급할 토지가 부족해지자 현직 관리에게만 수조지를 지급하는 직전법을 처음 시행하였다.

오답 분석

① 태종: 수도를 한양으로 다시 옮기면서 경복궁의 이궁으로 창덕궁을 건립한 왕은 태종이다.

② 성종: 성균관에 도서관인 존경각을 짓고 여러 서적을 소장하게 한 왕은 성종이다.

③ 세종: 한양을 기준으로 천체 운동을 계산한 역법서인 『칠정산』 내외편을 편찬한 왕은 세종이다.

---

12 근대 | 헌의 6조　　　　　　　　　　난이도 중 ●●○

자료 분석

외국과의 이권에 관한 조약은 각 대신과 중추원 의장이 합동 날인함 → 헌의 6조
(가) 통리기무아문 설치(1880) ~ 을미개혁(1895)
(나) 을미개혁(1895) ~ 대한 제국 수립(1897)
(다) 대한 제국 수립(1897) ~ 러·일 전쟁 발발(1904)
(라) 러·일 전쟁 발발(1904) ~ 국권 피탈(1910)

정답 설명

③ 헌의 6조는 (다) 시기인 1898년에 독립 협회가 개최한 관민 공동회에서 결의되었다.

---

13 고대 | 통일 신라의 경제 상황　　　　　난이도 하 ●○○

정답 설명

② 건원중보, 해동통보, 삼한통보, 은병 등과 같은 화폐를 만들어 사용한 것은 통일 신라가 아닌 고려 시대이다. 건원중보는 고려 성종 때, 해동통보, 삼한통보, 은병은 고려 숙종 때 주조된 화폐이다.

---

① 통일 신라는 어아주, 조하주 등 고급 비단을 생산하여 당나라에 보냈으며, 당나라로부터 금띠, 비단 두루마기 등을 답례품으로 받기도 하였다.

③ 통일 신라 시대에는 울산항이 국제 무역항으로 번성하였으며, 당나라와 일본의 상인뿐만 아니라 아라비아 상인들도 왕래하였다.

④ 통일 신라 귀족들은 당나라와 아라비아 등 외국에서 수입한 비단, 양탄자, 유리 그릇 등 사치품을 사용하였다.

---

14 조선 전기 | 을묘왜변과 인조반정 사이의 사실　난이도 중 ●●○

자료 분석

을묘왜변(1555) → (가) → 인조반정(1623)

정답 설명

③ (가) 시기인 1589년에 정여립 모반 사건(기축옥사)으로 이에 연루된 많은 동인이 처형당하였다.

오답 분석

① (가) 이전: 최세진이 어린이들의 한자 학습서인 『훈몽자회』를 편찬한 것은 1527년으로, (가) 시기 이전의 사실이다.

② (가) 이전: 명종의 외척인 소윤 일파(윤원형 등)와 인종의 외척인 대윤 일파(윤임 등)의 갈등으로 을사사화가 일어난 것은 1545년으로, (가) 시기 이전의 사실이다.

④ (가) 이후: 청이 군신의 관계를 맺을 것을 요구하며 조선을 침입한 것(병자호란)은 1636년으로, (가) 시기 이후의 사실이다.

---

15 현대 | 카이로 선언　　　　　　　　난이도 중 ●●○

자료 분석

적당한 시기에 조선이 자유 독립할 것을 결의함 → 카이로 선언

정답 설명

③ 카이로 선언은 미국의 루스벨트, 영국의 처칠, 중국의 장제스가 이집트 카이로에 모여 회담을 한 후 발표되었으며, 적당한 시기에 조선을 자주 독립시킨다고 결의하였다.

오답 분석

① 포츠담 선언: 연합국이 일본에 무조건 항복을 요구한 것은 포츠담 선언이다.

② 얄타 협정: 소련이 대일전에 참전할 것을 결정한 것은 얄타 협정이다.

④ 모스크바 3국 외상 회의 결정서: 4개국(미국·소련·영국·중국)이 최고 5년간 한국을 신탁 통치할 것을 명시한 것은 모스크바 3국 외상 회의 결정서이다.

16 시대 통합 | 조선 시대의 서적   난이도 상 ●●●

정답 설명

③ 옳은 것을 모두 고르면 ㉠, ㉡, ㉢이다.

㉠ 『동국통감』은 성종 때 서거정 등이 고조선부터 고려 말까지의 역사를 정리한 역사서이다.

㉡ 『고려사절요』는 문종 때 김종서 등이 기전체로 서술된 『고려사』를 보완하고자 고려 시대의 역사를 편년체로 기록한 역사서이다.

㉢ 『만기요람』은 순조 때 서영보 등이 국왕의 정사에 참고하도록 정부 재정과 군정의 내역을 정리한 서적이다.

오답 분석

㉣ 『성호사설』: 이익이 천지·인사·만물·경사·시문 등 5개 부문으로 나누어 정리한 것은 『성호사설』이다. 한편, 『오주연문장전산고』는 이규경이 천문, 지리, 역사, 의학 등을 정리한 백과사전이다.

17 고려 시대 | 고려 현종 재위 시기의 사실   난이도 중 ●●●

자료 분석

거란군이 귀주를 지나자 강감찬 등이 맞아 싸움 → 귀주 대첩 → 고려 현종

정답 설명

① 고려 현종 때 개경에 현화사 7층 석탑이 건립되었다.

오답 분석

② 고려 성종: 지방의 주요 지역에 12목을 설치하고 지방관을 파견한 것은 고려 성종 때이다.

③ 고려 예종: 청연각과 보문각이 설치된 것은 고려 예종 때이다.

④ 고려 광종: 국가의 수입 증대를 위해 지방의 주현마다 중앙에 바쳐야 할 공물량을 정하여 주는 주현공부법을 처음 실시한 것은 고려 광종 때이다.

18 근대 | 을미의병   난이도 하 ●○○

자료 분석

병사를 일으키려는 것은 국모의 원수를 갚으려는 것 → 을미의병

정답 설명

④ 을미의병은 유인석, 이소응 등 위정척사 사상을 가진 유생들이 주도하였으며, 일반 농민과 동학 농민군의 잔여 세력이 동참하였다.

오답 분석

① 을사의병: 충남 정산에서 전직 관리인 민종식이 의병을 일으킨 것은 을사의병 때이다.

② 정미의병: 해산된 군인들이 합류하여 전투력이 강화된 것은 정미의병 때이다.

③ 정미의병: 이인영을 총대장으로 하는 의병 연합 부대인 13도 창의군을 결성하여 서울 진공 작전을 전개한 것은 정미의병 때이다.

19 일제 강점기 | 박은식   난이도 중 ●●●

자료 분석

유교계에 3대 문제가 있음 → 「유교구신론」 → 박은식

정답 설명

③ 옳은 것을 모두 고르면 ㉡, ㉢이다.

㉡ 박은식은 나라를 잃고 미쳐버린 노예라는 뜻의 '태백광노' 또는 부끄러움을 모르는 자라는 뜻의 '무치생'이라는 별호를 사용하였다.

㉢ 박은식은 일본의 침략상을 폭로한 『한국통사』, 한국의 독립운동 과정을 서술한 『한국독립운동지혈사』 등을 저술하였다.

오답 분석

㉠ 신채호: 우리 민족의 정신으로 '낭가 사상'을 강조한 인물은 신채호이다.

㉣ 백남운: 『조선 민족의 진로』라는 글에서 '연합성 신민주주의'를 제창한 인물은 백남운이다.

📍 **이것도 알면 합격!**

박은식의 활동

- 1898년 황성신문 주필 역임
- 1909년 「유교구신론」 발표
- 1912년 신규식 등과 동제사 조직
- 1925년 대한민국 임시 정부 제2대 대통령 역임
- 주요 저술: 『유교구신론』, 『한국통사』, 『한국독립운동지혈사』

20 일제 강점기 | 1930년대에 전개된 항일 독립운동   난이도 중 ●●○

정답 설명

④ 대한 애국 청년당의 당원인 조문기 등이 경성 부민관 의거를 일으킨 것은 1945년이다.

오답 분석

모두 1930년대에 전개된 항일 독립운동이다.

① 지청천을 중심으로 한 한국 독립군은 동경성 전투(1933)에서 일본군에 승리하였다.

② 동북 항일 연군 내 한인들이 반일 민족 연합의 통일 전선을 실현할 목적으로 조국 광복회를 결성(1936)하였다.

③ 조선 민족 전선 연맹의 산하 부대로 중국 관내 최초의 한인 무장 단체인 조선 의용대가 조직(1938)되었다.

제4회 정답·해설

정답 한눈에 보기

국어

01	④	06	③	11	③	16	①
02	④	07	④	12	③	17	②
03	①	08	②	13	④	18	③
04	②	09	③	14	④	19	①
05	①	10	④	15	②	20	③

영어

01	①	06	③	11	③	16	②
02	④	07	②	12	②	17	①
03	③	08	②	13	②	18	③
04	①	09	③	14	③	19	②
05	①	10	②	15	①	20	②

한국사

01	③	06	①	11	②	16	②
02	③	07	②	12	②	17	③
03	②	08	③	13	④	18	③
04	①	09	④	14	①	19	②
05	④	10	③	15	③	20	④

모바일 자동 채점 + 성적 분석 서비스
◀ QR 코드를 스캔하시면, 더욱 상세한 성적 분석 서비스 이용이 가능합니다.

나의 모의고사 성적 셀프 체크

난이도	국어	상	체감 난이도	국어	
	영어	상		영어	
	한국사	중		한국사	
나의 점수	국어	/ 100점	풀이 시간	국어	/ 19분
	영어	/ 100점		영어	/ 29분
	한국사	/ 100점		한국사	/ 13분
	평균 점수	/ 100점		전체 풀이 시간	/ 61분

국어

01 어법 | 표준 언어 예절   난이도 중 ●●○

정답 설명

④ (공공 기관 직원이 손님에게) 선생님, 작성하신 서류 ~ 됩니다(○): 공공 기관에서 손님의 이름을 알고 있는 경우 'ㅇㅇㅇ 님', 'ㅇㅇㅇ 선생님'이라 부르고, 이름을 모르는 경우에는 '선생님'이라 부를 수 있으므로 ④는 적절하다.

오답 분석

① (편지 봉투 수신인에) 한현기 과장님 귀하(×) → 한현기 과장님/한현기 귀하(○): '귀하'는 편지글에서 상대편을 높여 이름 다음에 붙여 쓰는 말이며, '-님'은 높임의 뜻을 더하는 접미사이므로 함께 쓸 경우에 높임의 의미가 중복된다. 따라서 편지 수신인 자리에 '한현기 과장님' 또는 '한현기 귀하'라고 표기해야 한다.

② (손위 시누이의 남편에게) 매형, 점심은 드셨어요?(×) → 아주버니/아주버님, 점심은 드셨어요?(○): 여자가 남편 누나의 배우자를 부르거나 이를 때는 '아주버니' 또는 '아주버님'이라고 해야 한다. 매형은 남자가 손위 누이의 남편을 이르거나 부르는 말이다.

③ (방송 인터뷰에서) 저희 나라가 꼭 ~ 좋겠어요(×) → 우리나라가 꼭 ~ 좋겠어요(○): '저희'는 화자를 포함한 '우리'를 낮추는 말로 해석할 수 있으므로 '우리 한민족이 세운 나라를 스스로 이르는 말'을 뜻하는 '우리나라'로 표현해야 한다.

02 어휘 | 표기상 틀리기 쉬운 어휘   난이도 중 ●●○

정답 설명

④ 더욱이(○): '그러한 데다가 더'를 뜻하는 말은 '더욱이'이다. 이때 '더우기'로 잘못 표기하지 않도록 주의한다.

오답 분석

① 뚜렷히(×) → 뚜렷이(○): '엉클어지거나 흐리지 않고 아주 분명하게'를 뜻하는 말은 '뚜렷이'이다.

② 고히(×) → 고이(○): '편안하고 순탄하게'를 뜻하는 말은 '고이'이다.

③ 도저이(×) → 도저히(○): '아무리 하여도'를 뜻하는 말은 '도저히'이다.

03 어법 | 한글 맞춤법 (띄어쓰기)   난이도 상 ●●●

정답 설명

① 띄어쓰기가 옳은 것은 ①이다.

- 그중: '그중'은 '범위가 정해진 여럿 가운데'를 뜻하는 한 단어이므로 붙여 쓴다.
- 옛∨책: 이때 '옛'은 '지나간 때의'를 뜻하는 관형사이므로 명사 '책'과 띄어 쓴다.

오답 분석

② ・비상시(○): '비상시'는 '뜻밖의 긴급한 사태가 일어난 때'를 뜻하는 한 단어이므로 붙여 쓴다.
- 신경쓰고(×) → 신경∨쓰고(○): '신경'과 '쓰고'가 각각 하나의 단어이므로 띄어 써야 한다.

③ ・여기저기(○): '여기저기'는 '여러 장소를 통틀어 이르는 말'을 뜻하므로 붙여 쓴다.
- 떠돌아∨다니던(×) → 떠돌아다니던(○): 이때 '떠돌아다니다'는 '정처 없이 이곳저곳을 옮겨 다니다'를 뜻하는 한 단어이므로 붙여 써야 한다.
- 바라마지∨않았다(×) → 바라∨마지않았다(○): 이때 '마지않다'는 보조 동사 '마지아니하다'의 준말인 한 단어이므로 붙여 써야 한다. 또한 '바라마지않다'는 본용언 '바라다'에 보조용언 '마지않다'가 결합한 구성이므로 각각 띄어 쓰는 것이 원칙이다. 참고로, '바라마지않았다'와 같이 본용언에 보조용언을 붙여 쓰는 것도 허용한다.

④ ・지난∨주(×) → 지난주(○): '지난주'는 '이 주의 바로 앞의 주'를 뜻하는 한 단어이므로 붙여 써야 한다.
- 살아∨생전(×) → 살아생전(○): '살아생전'은 '이 세상에 살아 있는 동안'을 뜻하는 한 단어이므로 붙여 써야 한다.
- 외딴섬(○): '외딴섬'은 '홀로 따로 떨어져 있는 섬'을 뜻하는 한 단어이므로 붙여 쓴다.

04 비문학 | 논지 전개 방식   난이도 중 ●●○

정답 설명

② 제시문과 ②는 모두 대상의 차이점을 중심으로 설명하는 '대조'의 방식을 사용하였으므로 답은 ②이다.

- 제시문: 조류가 시조새에서 진화했다는 견해와 조류가 공룡에서 진화했다는 견해의 차이점을 중심으로 설명하고 있다.
- ②: 케네디 대통령과 존슨 대통령의 권력 사용 방식에 대한 차이점을 중심으로 설명하고 있다.

오답 분석

① 열거: 사카린이 사용된 물건을 열거하고 있다.

③ 묘사: 그의 눈에 들어온 소녀를 그림 그리듯이 구체적으로 표현하고 있다.

④ 인과: 환율 상승(결과)의 원인을 연쇄적으로 설명하고 있다.

05 문학 | 작품의 종합적 감상 (현대 시)   난이도 하 ●○○

정답 설명

① 제시된 작품은 오월에 느끼는 봄날의 생동감과 생명력을 자연물을 통해 간접적으로 표현하고 있으나, 시적 대상에 화자의 감정을 이입한 부분은 찾을 수 없다.

② 들길 – 마을 – 들 – 바람 – 햇빛 – 보리 – 꾀꼬리 – 산봉우리로 시선을 이동하며 봄날의 풍경을 묘사하고 있다.

③ 5행의 보리와 10~11행의 산봉우리에 인격을 부여하여 사람처럼 표현하는 의인법이 사용되었으며, 이를 통해 자연으로부터 느끼는 생동감과 즐거움을 나타내고 있다.

④ 1행의 붉어진 들길과 2행의 푸른 들판이 색채 대비를 이루며 봄날의 경치를 선명하게 드러내고 있다.

06 비문학 | 세부 내용 파악   난이도 중 ●●○

정답 설명

③ 1문단 5~7번째 줄을 통해 사건의 효과를 평가하는 것은 사건을 경험한 시행집단의 결과와 사건을 경험하지 않은 비교집단의 결과를 비교하는 것임을 알 수 있다. 이때 3문단에서 스노는 런던 내 동일 지역 주민을 대상으로 이중차분법을 사용했으며, 수원 교체(사건)를 경험한 주민(시행집단)과 수원 교체(사건)를 경험하지 않은 주민(비교집단)의 콜레라로 인한 사망률의 변화를 비교했다고 하였다. 따라서 스노가 이중차분법으로 평가한 사건의 효과는 콜레라로 인한 사망률의 변화임을 알 수 있으므로 답은 ③이다.

오답 분석

① 1문단 끝에서 1~3번째 줄을 통해 사건의 효과를 평가하는 실험적 방법이 사람을 표본으로 하거나 사회 문제를 다룰 때에 적용할 수 없는 경우가 많음을 알 수 있으므로 ①의 설명은 적절하지 않다.

② 3문단을 통해 스노가 1854년에 수원 교체 여부에 따른 콜레라로 인한 사망률의 변화를 비교하기 위해 이중차분법을 가장 처음 사용했다는 것을 알 수 있다. 그러나 최저임금제 도입 효과를 파악하기 위해 이중차분법을 사용한 것은 그 이후인 1910년대이며, 누가 이 방법을 사용한 것인지는 확인할 수 없으므로 ②의 설명은 적절하지 않다.

④ 2문단 끝에서 1~3번째 줄을 통해 평행 추세 가정이 충족되면 사건 전의 상태가 평균적으로 같도록 두 집단을 구성하지 않아도 됨을 알 수 있다. 하지만 스노가 이중차분법을 사용한 런던의 실험에서 수원을 교체하기 전 두 집단의 상태에 조작을 가했다는 내용은 확인할 수 없으므로 ④의 설명은 적절하지 않다.

07 문학 | 작품의 내용 파악   난이도 중 ●●○

정답 설명

④ 윤 직원이 사회주의 집단을 '부랑당패'라고 칭하며 손자인 종학과 사회주의 집단에 대한 분노를 쏟아 내고 있음은 알 수 있으나, 사회주의 집단이 종학을 꾀어 부추겼다는 내용은 확인할 수 없다.

오답 분석

① 8~9번째 줄에서 확인할 수 있다.

[관련 부분] 그놈이 경찰서장 허랑낭개루 생판 사회주의 허다가 뎁다 경찰서으 잡혀?

② 1~3번째 줄에서 확인할 수 있다.

[관련 부분] 윤 직원 영감은 시방 종학이가 사회주의를 한다는 그 한 가지 사실이 진실로 옛날의 드세던 부랑당패가 백 길 천 길로 침노하는 그것보다도 더 분하고, 물론 무서웠던 것입니다.

③ 끝에서 1~6번째 줄에서 확인할 수 있다.

[관련 부분] 거리거리 순사요, 골골마다 공명헌 정사(政事), 오죽이나 좋은 세상이여…… 남은 수십만 명 동병(動兵)을 히여서, 우리 조선 놈 보호히여 주니, 오죽이나 고마운 세상이여?…… 으응?…… 제 것을 지니고 앉어서 편안허게 살 태평 세상, 이것을 태평천하라구 허는 것이여, 태평천하!……"

🖋️ **이것도 알면 합격!**

채만식, 『태평천하』의 서술상의 특징

풍자와 해학	부정적인 인물을 겉으로는 치켜세우는 것 같지만 실제로는 격하시켜 인물을 희화화함
경어체	독자에게 말을 건네듯이 '~입니다', '~습니다' 등의 경어체를 사용하여 독자와의 거리를 좁히고 인물을 신랄하게 비판·조롱함
서술자의 개입	서술자가 판소리의 창자(唱者)같은 역할을 함으로써 등장인물과 작중 상황을 평하고 서술자의 생각을 독자에게 전달함

08 비문학 | 세부 내용 파악   난이도 중 ●●○

정답 설명

② 끝에서 6~8번째 줄에서 지구의 자정 능력으로는 해결되지 않아 지구 온난화가 발생한 것이라 하였으므로, 지구가 자정 능력 자체를 상실한 것은 아님을 알 수 있다. 따라서 글에 대한 이해로 적절하지 않은 것은 ②이다.

[관련 부분] 이렇게 배출된 엄청난 양의 이산화탄소가 지구의 자정 능력으로는 해결되지 않아 지구 온난화가 발생한 것이기 때문이다.

오답 분석

① 끝에서 6~9번째 줄에서 화석 연료의 사용이 지구 온난화를 야기한다고 하였고, 3~5번째 줄에서 지구 온난화로 인해 기온이 상승하여 빙하가 녹아내리면서 해수면이 높아졌다고 하였다. 이를 통해 화석 연료 사용으로 인해 해수면이 상승하였음을 알 수 있다.

[관련 부분]
- 화석 연료를 사용하고 삼림을 개발하면서 ~ 지구 온난화가 발생한 것이기 때문이다.
- 기온 상승으로 빙하가 녹아내리면서 ~ 해수면이 높아져

③ 끝에서 4~6번째 줄에서 알 수 있다.

[관련 부분] 이에 국제 사회는 이산화탄소 배출량 규제를 통해 지구 온난화에 대응하고자 기후 변화 협약을 추진하였다.

④ 끝에서 1~3번째 줄에서 몇몇 국가들이 자국의 경제적 가치를 지키기 위해 환경적 가치를 지키기 위한 기후 변화 협약 내용을 지키고 있지 않음을 알 수 있다.

[관련 부분] 몇몇 국가들이 자국의 경제에 미칠 악영향을 우려해 기후 변화 협약에서 규정한 이산화탄소 배출 할당량을 지키지 않아 문제가 되고 있다.

09 비문학 | 글의 구조 파악 (문단 배열) 난이도 중 ●●○

정답 설명

③ (다) – (가) – (라) – (나)의 순서가 가장 자연스럽다.

순서	중심 내용	순서 판단의 단서와 근거
(다)	'매너리즘'의 일상적 의미와 미술사적 의미	지시어나 접속어로 시작하지 않으면서 '매너리즘'이라는 중심 화제를 제시함
(가)	미술사적 의미의 '매너리즘': 고전주의의 쇠퇴 및 고전주의에 대한 반동, 고전주의와 바로크의 매개체, 모방 및 아류	키워드 '의미하기도 한다': (다)에 언급한 '매너리즘'의 미술사적 의미를 부연 설명함
(라)	'매너리즘'에 대한 일시적 비판	지시 표현 '이로 인해': (가)에서 설명한 '매너리즘'의 의미를 가리키며, 그 의미가 (라)에서 말한 일시적 비판의 원인임을 말함
(나)	20세기 초 '매너리즘' 시대의 예술에 대한 관심 및 평가	접속어 '하지만': (라)에서 언급한 '매너리즘'에 대한 비판과 달리 새로운 관점의 평가가 이어졌음을 설명함

10 비문학 | 화법 (말하기 전략) 난이도 중 ●●○

정답 설명

④ 아빠는 딸이 사용하는 신조어의 의미를 알지 못하였을 뿐, 상대방이 말하는 내용을 경청하고 있지 않은 부분은 찾아볼 수 없다.

오답 분석

① 아들은 방이 더럽다는 아빠의 말에 더러운 방을 깨끗한 방이라고 정반대로 말하며 자신의 반항심을 표현하고 있다.
[관련 부분] 저는 이게 엄청 깨끗한 상태라고 생각하는데요?

② 엄마는 상대방의 기분을 고려하지 않고 상대를 비난하는 공격적인 말을 사용하고 있다.
[관련 부분] 넌 도대체 뭐가 되려고 그러니?

③ 딸은 부모님과의 대화에서 또래 친구들끼리 '생일 선물'을 줄여 일컫는 말인 '생선'을 사용했는데, 이는 세대 간의 차이로 신조어의 의미를 파악하기 어려운 상대방을 고려하지 않은 표현이다.
[관련 부분]
• 딸: 선아한테 줄 생선 사야 해요.
• 아빠: 생선은 왜 사니? 그게 선아한테 왜 필요해?

11 어휘 | 한자어 난이도 상 ●●●

정답 설명

③ 포폄(褒貶: 기릴 포, 낮출 폄)은 '옳고 그름이나 선하고 악함을 판단하여 결정함'을 뜻한다. 참고로, '가치를 깎아내림'을 뜻하는 한자어로는 폄하(貶下: 낮출 폄, 아래 하) 등이 있다.

오답 분석

① 염의(廉義: 청렴할 염, 옳을 의): 염치와 의리를 아울러 이르는 말

② 혜택(惠澤: 은혜 혜, 못 택): 은혜와 덕택을 아울러 이르는 말

④ 할부(割賦: 벨 할, 부세 부): 돈을 여러 번에 나누어 냄

12 비문학 | 주제 및 중심 내용 파악 난이도 하 ●○○

정답 설명

③ 제시문은 오늘날 사회가 경쟁이 심화됨에 따라 우리를 공격하는 적은 많아졌지만, 그 방식이 노골적이고 직접적이라기보다는 예측 불가능하고 교묘해졌으므로 아무리 가까운 친구라도 경계해야 한다고 말하고 있다. 따라서 제시문의 주제로 가장 적절한 것은 ③이다.
• 믿는 도끼에 발등 찍힌다: 잘되리라고 믿고 있던 일이 어긋나거나 믿고 있던 사람이 배반하여 오히려 해를 입음을 비유적으로 이르는 말

13 문학 | 인물의 태도 난이도 중 ●●○

정답 설명

④ '나'는 매미를 놓아준 이유가 거미의 성품이 탐욕스러우며 배부름을 꾀하고 청렴을 핍박하기 때문이라고 하고 있다. 이는 탐욕스러운 인간의 부정적인 측면을 우의적으로 풍자하고 청백한 삶의 태도를 지녀야 함을 강조한 것이므로 ④의 설명은 적절하다.

오답 분석

① 6문단에서 '나'는 파리 떼와 나비 떼가 각각 썩은 내와 비린내, 꽃을 쫓는 탐욕을 부리기 때문에 거미줄에 걸려도 누구를 탓할 수 없다고 말하고 있다. 이를 통해 '나'는 파리 떼와 나비 떼를 가엽게 여기는 것이 아니라 비판하고 있음을 알 수 있다.

② 4문단에서 '나'는 거미의 성품이 탐욕스러우며, 매미는 청백하다고 말하고 있으므로 '나'는 매미와 거미가 대조적 속성을 가지고 있다고 생각한다.

③ 2문단에서 '곁에 있던 사람'은 거미와 매미가 똑같이 작은 벌레라고 이야기하며 매미를 구해 준 '나'의 행동을 비난하고 있을 뿐, 거미의 이로움에 대해서는 언급하지 않았으며 거미의 편을 들고 있지도 않다.

✍️ 이것도 알면 합격!

이규보, 『방선부』의 구조

기	'나'가 거미줄에 걸린 매미를 구해 준 것을 보고 곁에 있던 사람이 비판을 함
승	'나'는 곁에 있던 사람의 비판에 대해 해명함
전	'나'가 매미를 거미로부터 구해 준 이유를 제시함
결	'매미'와 대조되는 '파리 떼'와 '나비 떼'를 제시해 탐욕에 대한 경계를 강조함

정답 설명

④ 2문단에서 서비스는 그것이 이루어지는 장소에서 바로 소멸되는 특성을 가지고 있어 소비자나 서비스 중 하나가 나머지 한쪽으로 이동해야 한다고 하였다. 이때 교통의 발달이 소비자와 서비스를 이어주는 역할을 하게 되어 서비스의 전문화와 서비스 규모 및 지역 범위의 확대를 가능하게 했다고 하였다. 즉 교통이 서비스의 발달을 촉진한 것은 맞으나, 서비스가 지닌 한계 자체를 소멸시킨 것은 아니므로 ④는 제시문에 대한 이해로 적절하지 않다.

오답 분석

① 3문단 끝에서 2~4번째 줄에서 교통은 사람들이 더 나은 환경에서 살 수 있도록 도왔다고 하였으므로 ①은 제시문에 대한 이해로 적절하다.

② 1문단 끝에서 1~4번째 줄에서 교통이 생산 단위들의 입지를 최적화해 생산비를 줄이고 그에 따라 규모의 경제를 구현한다고 하였으므로 ②는 제시문에 대한 이해로 적절하다.

③ 1문단 끝에서 4~8번째 줄에서 경제 성장에는 분업이 효과적이며 분업은 지역 특화를 낳는다고 하였고, 지역 특화는 지역 간의 교류를 심화시킨다고 하였다. 이때 지역 간 교류는 교통에 의해 가능해진다고 하였으므로 ③은 제시문에 대한 이해로 적절하다.

정답 설명

② ⓒ '채찍'으로 눈 위에 화자의 이름을 쓰며 자신의 흔적을 남기고 있음은 알 수 있으나, 화자가 자신을 성찰을 하는 부분은 확인할 수 없으므로 ②는 적절하지 않다. 참고로, '채찍'은 화자가 말을 타고 친구를 만나러 먼 길을 왔다는 것을 암시한다.

오답 분석

① ⓐ '눈빛'이 지닌 흰 색의 이미지를 사용하여 한 폭의 그림을 보는 듯한 회화적 기법을 사용하였다.

③ ⓒ '바람'을 의인화하여 '바람'에게 불지 말라는 당부를 건네며 자신의 흔적이 없어지지 않기를 바라는 마음을 표현하고 있다.

④ '주인(친구)'이 와서 화자 자신이 남긴 흔적을 볼 수 있기를 소망하는 마음과 주인(친구)을 만나지 못한 아쉬움과 안타까움을 함축적으로 표현하고 있다.

✏️ 이것도 알면 **합격!**

이규보, 「설중방우인불우」의 주제와 특징
1. 주제: 친구를 만나지 못한 아쉬움과 그리움
2. 특징
   • 눈의 흰 이미지를 '종이'와 비교하는 회화적 기법이 나타냄
   • '바람'에게 말을 건네며 화자의 정서를 표현함

정답 설명

① 자의적(自意的: 스스로 자, 뜻 의, 과녁 적)(×) → 자의적(恣意的: 마음대로 자, 뜻 의, 과녁 적)(○): '일정한 질서를 무시하고 제멋대로 하는 것'을 뜻하는 '자의적'의 '자'는 '恣(마음대로 자)'를 써야 한다. 따라서 한자 표기가 옳지 않은 것은 ①이다.

오답 분석

② 부수적(附隨的: 붙을 부, 따를 수, 과녁 적)(○): 주된 것이나 기본적인 것에 붙어서 따르는 것

③ 체계적(體系的: 몸 체, 맬 계, 과녁 적)(○): 일정한 원리에 따라서 낱낱의 부분이 짜임새 있게 조직되어 통일된 전체를 이루는 것

④ 염세적(厭世的: 싫어할 염, 인간 세, 과녁 적)(○): 세상을 싫어하고 모든 일을 어둡고 부정적인 것으로 보는 것

정답 설명

② 밑줄 친 부분에 어울리는 한자 성어로 가장 적절한 것은 ② '一刀兩斷(일도양단)'이다.

• 일도양단(一刀兩斷): 어떤 일을 머뭇거리지 않고 선뜻 결정함을 비유적으로 이르는 말

오답 분석

① 우유부단(優柔不斷): 어물어물 망설이기만 하고 결단성이 없음

③ 조변석개(朝變夕改): 아침저녁으로 뜯어고친다는 뜻으로, 계획이나 결정 등을 일관성이 없이 자주 고침을 이르는 말

④ 읍참마속(泣斬馬謖): 큰 목적을 위하여 자기가 아끼는 사람을 버림을 이르는 말

✏️ 이것도 알면 **합격!**

한자 성어 '읍참마속(泣斬馬謖)'의 유래
중국 촉나라 제갈량이 위나라를 공격할 때, 조예가 명장 사마의를 보내 방비하게 하자 제갈량은 어떤 사람을 보내 그를 막을지 고민한다. 이때 제갈량의 친구 마량의 아우 마속이 자신이 적을 막겠다고 자원한다. 하지만 제갈량은 상대방인 사마의보다 마속의 실력이 부족하다고 생각하여 주저하였다. 그러자 마속은 자신이 실패한다면 목숨을 내놓겠다며 거듭 간청했고 제갈량은 결국 이를 허하고 전략을 내린다. 그러나 마속은 제갈량의 전략을 무시하고 다른 전략을 세웠다가 대패한다. 결국 제갈량은 군령을 어기어 싸움에서 패한 마속을 눈물을 머금고 참형에 처하였다고 하는데 여기서 읍참마속(泣斬馬謖)이 유래한다.

18 비문학 | 내용 추론   난이도 중 ●●○

정답 설명

③ 1문단 끝에서 2~4번째 줄에서 문화의 기준과 문화 내에서 수용되는 사고 방식은 분리할 수 없는 한 덩어리임을 설명하고 있고, 2문단 끝에서 2~3번째 줄에서 문화마다 다른 기준에 따라 자신의 문화에 맞는 이론만을 수용하게 된다고 설명하고 있다. 이를 통해 문화적 차이가 큰 A 그룹과 B 그룹의 이론 중 어느 것이 더 합리적인지에 대한 판단은 그것을 판단하는 사람이 속한 문화에 따라서 달라질 것임을 추론할 수 있다. 따라서 답은 ③이다.

오답 분석

① 1문단 5~7번째 줄에서 서로 다른 문화권(그룹)에 속한 과학자들은 이론적 합의에 합리적으로 이르지 못한다는 것을 설명하고 있으나, 같은 그룹에 속한 과학자들이 이론적 합의에 합리적으로 이르지 못하는 경우에 대한 내용은 제시문에 언급되어 있지 않으므로 ①은 추론할 수 없다.

② 2문단 1~2번째 줄에서 각 그룹은 이론을 만들 때 자신들의 기준을 만족시키는 이론만을 만들 것이라고 하였으나, 문화적 다양성과 차이에 대한 내용과 각 이론의 절충에 대한 내용은 제시문에 언급되어 있지 않으므로 ②는 추론할 수 없다.

④ 1문단 2~3번째 줄에서 다른 문화의 사고방식을 수용하기 위해서는 논리적으로 위력적인 증거나 논증이 있어야 하나, 이와 같은 증거나 논증은 존재할 수 없다고 설명하고 있다. 따라서 사고방식의 효용 가치의 유무와 상관없이 다른 문화를 설득할 수 있는 증거나 논증은 제시할 수 없으므로 ④는 적절하지 않은 추론이다.

19 비문학 | 작문 (고쳐쓰기)   난이도 중 ●●○

정답 설명

① 제시문은 인간이 신이나 초감성적이고 이념적인 권위로 도피할 수 없음을 받아들임으로써 진정한 독립에 이르러야 한다는 내용이다. 이때 ㉠의 앞뒤에서 인간이 신 등에 의지하지 않는 것이 진정한 의미의 독립이라고 설명하고 있으나, ㉠은 신을 제외한 만물로부터의 인간의 해방에 대해 이야기하고 있으므로 글의 통일성을 고려할 때 ㉠을 삭제하는 것이 바람직하다.

20 비문학 | 내용 추론   난이도 중 ●●○

정답 설명

③ 제시문을 통해 추론할 수 있는 내용은 ㄴ, ㄷ이다.

- ㄴ: 2문단 6~10번째 줄에서 신경망의 크기와 복잡성이 커졌다는 것은 신체의 노화로 인해 뇌의 이미지 습득 및 처리 속도가 느려져 마음 시간이 느려진다는 것을 의미함을 알 수 있다. 이때 2문단 끝에서 1~6번째 줄에서 젊을 때는 시계 시간 1시간을 마음 시간 1시간으로 인지했던 사람이 나이가 들어 시간 대비 이미지 처리 수가 줄어들었을 때는 시계 시간 2시간을 마음 시간 1시간으로 인지하게 된다는 예시를 들어 설명하고 있다. 이를 통해 노화로 인해 신경망의 크기와 복잡성이 커진 사람은 시계 시간이 이전(젊었을 때)보다 짧아졌다고 느낀다는 것을 추론할 수 있다.

- ㄷ: 2문단 3~5번째 줄에서 마음 시간은 인간의 마음이 지각하는 시간의 경과로, 뇌 속에서 일어나는 이미지 전환에 의해서 지각됨을 알 수 있다. 따라서 인간의 마음은 인지한 이미지가 바뀌는 것을 기준으로 시간의 경과를 인식함을 추론할 수 있다.

오답 분석

- ㄱ: 2문단 끝에서 8~9번째 줄에서 신체가 노화하면 이미지 습득과 처리 속도가 느려져 마음 시간도 느려진다고 하였으므로 시간의 빠르기는 신체의 노화에 따라 결정됨은 알 수 있다. 그러나 이때 신체의 노화에 따라 결정되는 시간은 물리적 시간인 시계 시간이 아닌 마음 시간이므로 ㄱ의 추론은 적절하지 않다.

영어

01 어휘 | in league with = in collusion with   난이도 중 ●●○

해석

그 악명 높은 폭력배는 그의 범죄 활동에 자금을 댄 부유한 사업가 집단과 <u>한 통속인</u> 것으로 알려져 있다.

① ~와 한통속이 되어   ② ~과 조화하여

③ ~에 반대하여   ④ ~에 덧붙여

정답 ①

어휘

notorious 악명 높은   gangster 폭력배   in league with ~와 한통속인
fund 자금을 대다; 기금   criminal 범죄의
in collusion with ~와 한통속이 되어, ~와 짜고
in keeping with ~과 조화하여, 일치하여

이것도 알면 합격!

in league with(~와 한통속인)와 유사한 의미의 표현
= in conspiracy with, in association with, in cahoots with

02 어휘 | ingenious = imaginative   난이도 중 ●●○

해석

잠재적으로 어려운 문제에 직면했을 때, 그 기술자는 그 문제에 대한 <u>기발한</u> 해결책을 가까스로 찾아냈다.

① 용인되는   ② 예방을 위한

③ 몹시 힘든   ④ 창의적인

정답 ④

어휘

potentially 잠재적으로   manage to 가까스로 ~하다
ingenious 기발한, 독창적인   preventative 예방을 위한, 예방적인
arduous 몹시 힘든, 고된   imaginative 창의적인

이것도 알면 합격!

ingenious(기발한)의 유의어
= inventive, innovative, creative

03 어휘 | assorted = diverse   난이도 중 ●●○

해석

그 꽃 가게는 <u>다양한</u> 꽃들로 가득 차 있고, 당신이 걸어 들어갈 때 그것들의 생생한 색조는 거의 압도적이라고 할 만하다.

① 조화를 이루는   ② 진부한

③ 다양한   ④ 장래의

정답 ③

어휘

vibrant 생생한, 강렬한   hue 색조, 색깔   overwhelming 압도적인
harmonious 조화를 이루는, 사이가 좋은   hackneyed 진부한
prospective 장래의, 곧 있을

이것도 알면 합격!

assorted(다양한)의 유의어
= varied, various, eclectic

04 어휘 | delve into   난이도 중 ●●○

해석

그 변호사는 그 결정에 대한 이유를 <u>철저히 조사하기</u> 위한 시도로 수많은 질문을 했다.

① ~을 철저히 조사하다   ② ~을 갚다

③ ~을 거절하다   ④ ~과 섞다

정답 ①

어휘

in an attempt to ~하기 위한 시도로   delve into ~을 철저히 조사하다
pay off ~을 갚다   turn down ~을 거절하다   mingle with ~과 섞다

이것도 알면 합격!

delve into(철저히 조사하다)와 유사한 의미의 표현
= explore, look into, investigate, examine

05 문법 | 시제 난이도 중 ●●○

정답 설명

① **시제 일치** 현재완료 시제와 자주 함께 쓰이는 시간 표현 yet이 왔으므로, 현재완료 시제 haven't mastered가 올바르게 쓰였다.

정답 ①

오답 분석

② **의문문의 어순** 평서문(It's not impossible ~ on time)에 be동사(is)가 온 부정문이므로, 부정 부가 의문문 isn't it을 긍정 부가 의문문 is it으로 고쳐야 한다.

③ **의문문의 어순** 의문문이 다른 문장 안에 포함된 간접 의문문은 '의문사 + 주어 + 동사'의 어순이 되어야 하므로 where could I find를 where I could find로 고쳐야 한다.

④ **3형식 동사의 수동태** 감정을 나타내는 동사(thrill)의 경우 주어가 감정의 원인이면 현재분사를, 감정을 느끼는 주체이면 과거분사를 써야 하는데, 문맥상 '그 롤러코스터가 신났다'라는 의미로 주어(The roller coaster)가 감정의 원인이 되어야 하므로 과거분사 thrilled를 be동사(was) 뒤에서 능동태를 완성하는 현재분사 thrilling으로 고쳐야 한다.

해석

① 매일 연습했음에도 불구하고, 나는 아직 그 기술을 완전히 익히지 못했다.

② 그들이 제 시간에 그 프로젝트를 끝내는 것이 불가능한 것은 아니다. 그렇지 않은가?

③ 내가 말을 걸었던 그 종업원은 내가 필요한 물건을 어디에서 찾을 수 있는지 확신하지 못했다.

④ 그 롤러코스터가 너무 신나서 나는 타는 내내 목청껏 소리를 질렀다.

어휘

practice 연습하다 master 완전히 익히다, 숙달하다 clerk 종업원, 점원
thrill 신나게 만들다, 열광시키다 at the top of one's lungs 목청껏, 큰 소리로

이것도 알면 합격!

주절에 hardly/scarcely가 오고 종속절에 before/when이 오는 경우, 주절에는 과거완료 시제를 사용하고 종속절에는 과거 시제를 사용한다.

> **Hardly** had he arrived at the bus stop **when** the bus came.
  그가 버스 정류장에 도착하자마자 버스가 왔다.

06 독해 | 세부 내용 파악 (내용 일치 파악) 난이도 중 ●●○

정답 설명

지문 중간에서 그 환영은 실제 파리가 밤에 소등하고 있는 동안, 도시가 그것의 불빛을 억제하는 것에 실패한 것처럼 보이게 만들기 위해, 움직이는 열차의 복제품과 가려진 불빛의 광경을 흉내 낸 불빛들로 완성되었다고 했으므로, '③ 가짜 파리는 다른 곳이 어두울 때 불빛으로 조종사들을 속이기 위한 것이었다'는 지문의 내용과 일치한다.

정답 ③

오답 분석

① 두 번째 문장에서 제1차 세계 대전 중에는 폭격기에 전파 탐지기가 없어서 조종사가 하늘에서 본 광경에 대신 의존해야만 했다고 했으므로 지문의 내용과 다르다.

② 세 번째 문장에서 건설 공사가 전쟁이 시작된 지 3년 후인 1917년에 시작했다고 했으므로 지문의 내용과 다르다.

④ 마지막 문장에서 전쟁이 건설 공사가 완료되기 이전에 끝나서 파리 복제는 사용될 기회를 갖지 못했다고 했으므로 지문의 내용과 다르다.

해석

가장 대담한 전시의 속임수 중 하나는 제1차 세계 대전 중에 일어났다. 그 전쟁 중에는 폭격기에 전파 탐지기가 없어서 조종사가 하늘에서 본 광경에 대신 의존했고, 그래서 프랑스 정부는 파리의 복제품을 그 도시 경계 바깥에 건설하려는 계획을 만들어 냈다. 건설 공사는 전쟁이 시작된 지 3년 후인 1917년에 시작되었으며, 높은 곳에서 충분히 괜찮게 보여지는 '건물들'을 만들기 위해 목재, 플라스틱, 헝겊, 그리고 특수 물감을 사용했다. 그 환영은 실제 파리가 밤에 소등하고 있는 동안, 도시가 불빛을 억제하는 것에 실패한 것처럼 보이게 만들기 위해, 움직이는 열차의 복제품과 가려진 불빛의 광경을 흉내 낸 불빛들로 완성되었다. 이 파리 복제는 사용될 기회를 갖지 못했는데, 이는 그 전쟁이 건설 공사가 완료되기 이전에 끝났기 때문이다.

① 제1차 세계 대전의 폭격기는 주위를 항행하기 위해 전파 탐지기를 사용했다.

② 프랑스 정부는 전쟁이 시작될 때 가짜 도시를 짓기 시작했다.

③ 가짜 파리는 다른 곳이 어두울 때 불빛으로 조종사들을 속이기 위한 것이었다.

④ 그 속임수는 전쟁 말기에 수많은 공격들을 막았다.

어휘

audacious 대담한 wartime 전시의 deception 속임수, 기만
bomber 폭격기 lack ～이 없다 radar 전파 탐지기, 레이더
aerial view 하늘에서 본 광경 hatch (비밀리에 계획 등을) 만들어 내다
replica 복제품, 모형 overhead 높은 곳에서, 머리 위에서 illusion 환영, 환상
mimic 흉내 내다 suppress 억제하다, 억누르다 black out 소등하다
facsimile 복제, 복사 navigate 항행하다, 항해하다 mislead 속이다, 오도하다
avert (습격 등을) 막다, 피하다

07 독해 | 전체 내용 파악 (제목 파악)　　난이도 중 ●●○

정답 설명

지문 처음에서 빈번하게 간과되는 기후 변화의 영향 중 하나는 그것이 인간의 질병에 대해 갖는 직접적인 영향이라고 하였고, 이어서 그중 가장 두드러지는 것이 말라리아의 발병률이 기후 변화의 결과로 급격하게 상승하고 있는 것이라고 했으므로, '② 기후 변화가 말라리아에 미치는 영향'이 이 글의 제목이다.

정답 ②

해석

너무 빈번하게 간과되는 기후 변화의 영향 중 하나는 그것이 인간의 질병에 대해 갖는 직접적인 영향이다. 가장 두드러지는 것은, 말라리아의 발병률이 기후 변화의 결과로 급격하게 상승하고 있다는 것이다. 2억 5천만 명 이상의 사람들이 말라리아에 걸렸고, 대부분이 아프리카이기는 했지만, 그것의(말라리아가 미치는) 범위는 상당히 더 나아갔다. 그 질병은 사회 기반 시설과 관개의 발전이 모기가 질병을 옮기는 형태를 완전히 파괴한 1975년까지 영국과 유럽의 다른 지역에서 풍토병이었다. 그러나, 기후 변화가 기온을 상승시켰고, 이 모기들을 북쪽으로 더 나아가게 했으며 이전에 그것들이 없었던 지역으로 돌아가게 했다. 그것은 또한 그것들이(모기들이) 옮기는 말라리아의 원인이 되는 기생충들의 번식과 발달을 가속화했다. 세계보건기구(WHO)의 전문가들은 기후 변화가 해결되지 않는 한 (말라리아의) 진단율은 계속 빨라질 것이라고 언급했다.

① 유럽 전역의 말라리아 발병률
② 기후 변화가 말라리아에 미치는 영향
③ 관개와 말라리아 비율 사이의 연관성
④ 미래 말라리아 진단율에 관한 예측

어휘

frequently 빈번하게　overlook 간과하다　notably 두드러지게, 특히
incidence rate 발병률　malaria 말라리아, 학질　dramatically 급격하게
affect 병이 걸리게 하다　significantly 상당히　endemic 풍토병
advancement 발전　infrastructure 사회 기반 시설　irrigation 관개
wipe out ~을 완전히 파괴하다　mosquito 모기　territory 지역, 영역
accelerate 가속화하다, 빨라지다　reproduction 번식　parasite 기생충
be responsible for ~의 원인이 되다　note 언급하다, 주목하다
diagnosis 진단　address 해결하다　expectation 예측, 예상

08 문법 | 명사절　　난이도 중 ●●○

정답 설명

② 명사절 접속사 3: 의문사 문맥상 '대부분의 사람들이 믿게 된 것'이라는 의미가 되어야 자연스럽고, 뒤에 목적어가 없는 불완전한 절(most have been led to believe)이 왔으므로 관계대명사 which를 전치사 of 뒤에서 목적어 역할을 하며 불완전한 절을 이끄는 명사절 접속사 what으로 고쳐야 한다.

정답 ②

오답 분석

① 5형식 동사의 수동태 목적격 보어를 취하는 5형식 동사(turn)가 수동태(is being turned)가 되면 목적격 보어 inefficient는 수동태 동사 뒤에 그대로 남아야 하므로 inefficient가 올바르게 쓰였다.

③ 능동태·수동태 구별 주어(The benefits of modified foods)와 to 부정사가 '변형 식품의 이점이 받아들여지다'라는 의미의 수동 관계이므로, to 부정사의 수동형을 만드는 be accepted가 to 뒤에 올바르게 쓰였다.

④ 동명사를 목적어로 취하는 동사 동사 recommend는 동명사를 목적어로 취할 수 있으므로 동명사 avoiding이 올바르게 쓰였다.

해석

농산업의 점점 더 많은 부분이 유기농 식품의 생산을 향해 움직이고 있다. 이것은 유감스러운데, 유기농 작물의 더 적은 산출량과 함께, 점점 더 많은 농지가 비효율적이 되고 있기 때문이다. 대부분의 사람들이 (유익할 것이라고) 믿게 된 것에도 불구하고, 유기농 식품은 다른 어떤 것보다 마케팅 전략으로 더 많은 역할을 하면서 덜 유익할 수 있다. 하지만, 특히 세계가 기후 변화에 더 관심을 갖게 되면서, 변형 식품의 이점이 받아들여지기 시작하고 있다. 현지에서 생산된 식품을 구입하는 것이 유익하기는 하지만, 전문가들은 기업의 '유기농' 식품 라벨을 피하거나, 적어도 그것들을 회의적으로 여길 것을 권장한다.

어휘

agriculture industry 농산업　organic 유기농의　yield 산출량　crop 작물
farmland 농지　ploy 전략, 계책　modified 변형된, 수정된
concern 관심을 갖다　sourced 생산된, 조달된　expert 전문가
recommend 권장하다, 권하다　avoid 피하다　corporate 기업의
label 라벨, 꼬리표　treat 여기다, 다루다　skeptically 회의적으로

🖋️ 이것도 알면 합격!

'의문사 + to 부정사'는 명사절 자리에 오며, '의문사 + 주어 + should + 동사원형'으로 바꿀 수 있다.
> She doesn't know **how to get(= how she should get)** to the library.
그녀는 도서관에 어떻게 가는지 모른다.

09 생활영어 | I'll try to keep my mind on the job in the future.　　난이도 하 ●○○

정답 설명

손님들이 항의 전화를 했다는 A의 말에 대해 B가 집중이 조금 안 되었다고 이야기하자, 빈칸 앞에서 A가 If we don't keep our customers happy, we'll be out of business(우리가 우리의 고객들을 만족스럽게 하지 못한다면, 우리는 폐업하게 될 거예요)라고 말하고 있으므로, 빈칸에는 '③ 앞으로 일에 주의를 기울일게요(I'll try to keep my mind on the job in the future)'가 오는 것이 자연스럽다.

정답 ③

해석

A: 당신이 지난밤에 한 부부와 그들의 아이들의 주문을 받았나요?
B: 맞아요, 대략 8시쯤에, 제 교대 근무가 끝날 무렵이었어요.
A: 그렇군요, 그들이 항의 전화를 했어요. 그들은 음식을 받는 데 너무 오래 걸렸고, 주문이 잘못되었으며, 두 배의 요금이 청구되었다고 말했어요.
B: 저는 제가 하고 있던 모든 일에 대해 집중이 조금 안 됐어요.
A: 우리가 우리의 고객들을 만족스럽게 하지 못한다면, 우리는 폐업하게 될 거예요.
B: 죄송해요. 앞으로 일에 주의를 기울일게요.

① 그들이 무엇에 화가 났는지 구체적으로 명시했나요?

② 요리사가 당신을 위해 올바른 순서로 요리를 시작할 거예요.

③ 앞으로 일에 주의를 기울일게요.

④ 오늘 밤 제 근무는 오후 8시 30분이 조금 넘어서 끝나요.

어휘

serve 주문을 받다, 응대하다 shift 교대 근무 complain 항의, 불평
charge 청구하다 distract 집중이 안 되게 하다
out of business 폐업하다, 파산하다 specify (구체적으로) 명시하다
keep one's mind on ~에 주의를 기울이다

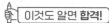 **이것도 알면 합격!**

식당에서 쓸 수 있는 다양한 표현

> Can I see the menu, please? 메뉴판 좀 볼 수 있을까요?

> What do you recommend? 무엇을 추천하시나요?

> Could we have separate checks, please?
  따로 계산해 주시겠어요?

> Excuse me, could we get some more napkins?
  실례지만, 냅킨 좀 더 주실 수 있나요?

---

10 생활영어 | No. I didn't want to take medicine for an illness I don't have. 난이도 중 ●●○

정답 설명

도움이 되는 약을 복용해 봤는지 묻는 A의 말에 B가 대답하고, 빈칸 뒤에서 A가 다시 You really should try some. There are medications designed solely for improving sleep(정말로 복용하셔야 할 것 같아요. 오로지 수면 개선만을 위해 고안된 약들이 있어요)이라고 말하고 있으므로, 빈칸에는 '② 아니요. 제가 가지고 있지 않은 병 때문에 약을 먹고 싶지는 않았어요(No. I didn't want to take medicine for an illness I don't have)'가 오는 것이 자연스럽다.

정답 ②

해석

A: 오늘 조금 피곤해 보이시네요. 괜찮으신가요?

B: 저는 몇 주 동안 밤새도록 잠을 자지 못하고 있어요.

A: 도움이 되는 약을 복용해 보셨나요?

B: 아니요. 제가 가지고 있지 않은 병 때문에 약을 먹고 싶지는 않았어요.

A: 정말로 복용하셔야 할 것 같아요. 오로지 수면 개선만을 위해 고안된 약들이 있어요.

B: 시도해봐야겠네요. 추천해주셔서 감사해요.

① 네, 하지만, 저는 실제로 그것들이 수면에 영향을 미쳤는지 확인하지 못했어요.

② 아니요. 제가 가지고 있지 않은 병 때문에 약을 먹고 싶지는 않았어요.

③ 네, 그것들은 도움이 되는 것 같기는 하지만, 저는 그것들이 안전한지 확신하지 못하겠어요.

④ 아니요. 그것들은 제가 가진 질병과 좋지 않은 반응을 보일 거예요.

어휘

medication 약 solely 오로지, 오직 improve 개선하다
recommendation 추천, 권고 medical condition 질병

이것도 알면 합격!

병원에서 쓸 수 있는 다양한 표현

> Where is the emergency room? 응급실은 어디에 있나요?

> What's my diagnosis? 제 진단은 무엇인가요?

> What are the side effects of this medication?
  이 약의 부작용은 무엇인가요?

> How long will I be in the hospital?
  저는 병원에 얼마나 오래 있어야 하나요?

> What are the visiting hours? 면회 시간은 어떻게 되나요?

---

11 독해 | 논리적 흐름 파악 (문장 삽입) 난이도 상 ●●●

정답 설명

③번 앞 문장에서 의회 중심제에서는 유권자들이 의회에서 일할 지역 대표자만을 선택할 수 있고, 그들의 국가의 정부를 이끌게 될 사람에 직접적으로 투표하지 않는다고 했고 ③번 뒷부분에 대통령제하에서는 대통령과 입법부 구성원들을 선출하기 위해 별도의 선거가 치러진다고 하면서 의회 중심제와 대비되는 대통령제에 대해 설명하고 있다. 따라서 ③번에 대조적으로(In contrast), 대통령은 입법부를 장악하는 동일한 정당의 일원이어야 할 필요가 없다는 내용의 주어진 문장이 들어가야 지문이 자연스럽게 연결된다.

정답 ③

해석

민주주의 국가에서, 시민들은 선거를 통해 정부의 지도부를 선택하는 데 직접적인 역할을 한다. 이는 다양한 방식으로 이루어지며, 그중 가장 일반적인 두 가지는 의회 중심제와 대통령제이다. 영국에서 기원한 의회 중심제에서, 유권자들은 의회에서 일할 지역 대표자만을 선택할 수 있다. 그들은 결코 그들의 국가의 정부를 이끌게 될 사람에 직접적으로 투표하지 않는다. 이는 가장 많은 의석을 장악한 정당의 수장이 자동으로 총리로 임명되기 때문이다. ③ 대조적으로, 대통령은 입법부를 장악하는 동일한 정당의 일원이어야 할 필요가 없다. 대통령제하에서는, 대통령과 입법부 구성원들을 선출하기 위해 별도의 선거가 치러진다. 이것들은 거의 항상 다른 시기에 열리는데, 예를 들어, 미국에서는, 대통령 선거가 4년마다 열리는 반면 의회 선거는 2년마다 열린다. 결과적으로, 대통령제는 정부의 행정부와 입법부 간의 갈등을 특징으로 하는 경향이 있다.

어휘

party 정당 control 장악하다 legislature 입법부 democratic 민주주의의
citizen 시민 election 선거 achieve ~을 이루다 presidential 대통령의
voter 유권자 regional 지역의 representative 대표(자)
serve (임기 동안) 일하다 appoint 임명하다 prime minister 총리
separate 별도의 take place 열리다 congressional 의회의
tend to (~하는) 경향이 있다

정답 설명

첫 문장에서 모든 사람이 한 번쯤 불안을 경험한다고 언급한 뒤, ①번에서 불안의 정의에 대해 설명하고 있다. 이어서 어떤 사람들은 불안의 감정이 만성적일 수 있다고 언급하면서, 이것이 '불안 장애' 때문이라고 설명하고, ③번과 ④번에서 불안 장애 치료를 위해 사용되는 치료법과 약물의 종류에 대해 설명하고 있다. 그러나 ②번은 사회적 배경과 상호작용이 '사회 불안'으로 알려진 분류에서 불안 장애의 흔한 계기가 된다는 내용으로 불안 장애의 증상과 치료법에 대한 지문 전반의 내용과 관련이 없다.

정답 ②

해석

모든 사람은 한 번쯤 불안을 경험한다. ① 이 감정은 미래 사건에 대한 두려운 혹은 염려스러운 느낌으로 특징지어지며, 그 상황에 의해 정당화 되는 것 이상의 방식으로 나타난다. 그러나, 어떤 사람들에게는, 이 감정의 발생이 만성적일 수 있다. 이것은 '불안 장애'로 알려진 일련의 질환 중 하나 때문에 발생한다. ② 사회적 배경과 상호작용은 '사회 불안'으로 알려진 분류에서 불안 장애의 흔한 계기이다. 불안 장애는 환자들에게 엄청난 부담이 될 수 있으며, 대부분의 사람들이 당연하게 여기는 일상의 많은 측면에 영향을 미친다. ③ 치료는 대개 상담이나, 생활 방식의 변화, 더 일반적으로는 약물 치료를 통해 이루어진다. ④ 처방되는 약물의 가장 흔한 형태는 기분 조절에 관여하는 두 가지 신경 전달 물질인 세로토닌과 노르에피네프린의 흡수를 억제함으로써 작용한다. 이 질환들은 평생 지속될 수도 있고 사라져버릴 수도 있지만, 매우 관리하기 쉬우며, 대부분이 인식하는 것보다 더 흔해서, 어느 연도이건 인구의 약 20퍼센트가 그것들을 앓고 있다.

어휘

anxiety 불안 characterize 특징짓다 dread 두려운 warrant 정당화하다
occurrence 발생 chronic 만성적인 setting 배경 interaction 상호작용
trigger 계기, 방아쇠 tremendous 엄청난 burden 부담, 짐
treatment 치료 ordinarily 대개, 흔히 therapy 상담, 치료
medication 약물 치료, 약물 prescribe 처방하다 inhibit 억제하다
absorption 흡수 serotonin 세로토닌 norepinephrine 노르에피네프린
neurotransmitter 신경 전달 물질 regulation 조절
manageable 관리하기 쉬운 population 인구

정답 설명

지문 초반에서 온도와 산소 수준의 변화가 각각의 영역에 거주할 수 있는 식물과 동물들에 영향을 미치는 것이 산간지대에 독특하게 계층화된 환경을 조성하여, 다른 환경들의 상대적인 균질성과 그 생태계(산간지대의 생태계)를 구별하게 한다고 했으므로, '② 산악의 생태계는 독특하게 균질적이다'는 지문의 내용과 일치하지 않는다.

정답 ②

해석

산간지대의 생태계는 산의 비탈에서 발견되는 것들이고, 다른 생태계와 그것들을 구별하게 하는 수많은 독특한 특징들을 포함한다. 가장 두드러지는 것은, 산을 오를 때 발생하는 온도와 산소 수준의 변화가 각각의 영역에 거주할 수 있는 식물과 동물들에 영향을 미친다는 것이다. 이것은 그러한 특정한 기후에서 생존하도록 진화한 각기 다른 생명체를 지원하는 서로 다른 영역으로 독특하게 계층화된 환경을 만드는데, 이는 다른 환경들의 상대적 균질성과 그 생태계(산간지대의 생태계)를 구별하게 한다. 하나에서 그 다음으로 영역이 전환되는 특정한 고도는 위도에 따라 달라지지만, 영역의 진행이 유사하여 일반적인 일관성이 발견된다. 가장 낮은 고도에서는, 산간지대의 삼림이 발견된다. 이 영역은 그것의 지역에 따라, 매우 다양한 나무와 동물들을 포함한다. 그 다음에 마주하게 되는 영역은 아고산대 영역으로, 충분한 고도를 가진 산의 수목 한계선 바로 아래에서 발견된다. 아고산대 영역 전체에 걸쳐 나무들은 점점 더 구부러지게 되는데, 이는 물과 빛에 닿기 위해 그것들에게 적응이 필요했기 때문이다. 그 위에서는, 고산 지대 목초지와 동토대를 마주하게 된다. 이 영역들은 놀라울 정도로 제한된 수의 나무들로 알려져 있고, 대부분의 식물들은 더 넓은 표면적을 가지고, 땅 가까이에서 머문다.

① 산간지대의 생태계는 뚜렷한 영역들로 나뉘어져 있다.
② 산악의 생태계는 독특하게 균질적이다.
③ 아고산대 영역들은 덜 곧은 나무들을 포함한다.
④ 고산 지대 영역은 높은 높이의 식물들이 거의 없다.

어휘

montane 산간지대의 ecosystem 생태계 slope 비탈, 경사면 oxygen 산소
inhabit 거주하다, 살다 stratified 계층화된, 층을 이룬 specific 특정한, 구체적인
relative 상대적인 homogeneity 균질성 elevation 고도, 높이
transition 전환, 변화 vary 달라지다 latitude 위도 consistency 일관성
encounter 마주하다, 직면하다 subalpine 아고산대의 sufficient 충분한
crooked 구부러진, 비뚤어진 adaptation 적응, 각색 alpine 고산 지대의
tundra 동토대 distinct 뚜렷한, 구별되는 homogenous 균질적인, 동질의

14 문법 | 병치·도치·강조 구문 & 동명사 난이도 중 ●●○

정답 설명

③ 도치 구문: 기타 도치 | 동명사와 to 부정사 둘 다 목적어로 취하는 동사 부사 so가 '~역시 그렇다'라는 의미로 쓰여 절 앞에 오면 주어와 조동사가 도치되어 '조동사(did) + 주어(his brother)'의 어순이 되어야 하므로 so did his brother이 올바르게 쓰였다. 또한, 동사 start는 to 부정사와 동명사를 모두 목적어로 취하는 동사이므로 동명사를 목적어로 취한 started doing이 올바르게 쓰였다.

정답 ③

오답 분석

① 동명사 관련 표현 '걱정하는 것은 소용없다'는 동명사 관련 표현 'It's no use -ing'(−하는 것은 소용없다)로 나타낼 수 있으므로 동사원형 worry를 동명사 worrying으로 고쳐야 한다.

② 동명사 관련 표현 '근무하는 것에 반대했다'는 동명사 관련 표현 'object to -ing'(−하는 것에 반대하다)로 나타낼 수 있으므로 동사원형 work를 동명사 working으로 고쳐야 한다.

④ 혼동하기 쉬운 자동사와 타동사 '식료품들을 놓다'는 타동사 lay를 써서 나타낼 수 있으므로 자동사 lie(놓여 있다)를 타동사 lay(놓다)로 고쳐야 한다.

어휘

object to ~에 반대하다 unpaid 무보수의 chore 집안일, 잡일

이것도 알면 합격!

시간의 부사구가 강조되어 문장의 맨 앞에 나올 때는 도치가 일어나지 않는다.

> In a few weeks the winter break will begin.
>   주어   동사

몇 주 후에 겨울 방학이 시작될 것이다.

15 문법 | 부사절 & 어순 난이도 상 ●●●

정답 설명

① 부사절 접속사 2: 기타 | 혼동하기 쉬운 어순 부사절 접속사 such ~ that (매우 ~해서 −하다)은 'such + 형용사/부사 + that + 주어(surrounding businesses) + 동사(complained)'의 형태로 쓰이고, such 뒤의 형용사가 명사를 수식할 때는 'such + a/an + 형용사(loud) + 명사(festival)'의 어순으로 나타낼 수 있으므로 such a loud festival that surrounding businesses complained가 올바르게 쓰였다.

정답 ①

오답 분석

② 동명사 관련 표현 동명사구 관용 표현 'stop + 목적어(many people) + from + −ing'(~가 −하는 것을 막다) 형태가 되어야 하므로 동사원형 panic을 동명사 panicking으로 고쳐야 한다.

③ 명사절 접속사 2: if와 whether 명사절 접속사 if와 whether 모두 '~인지 아닌지'라는 의미이지만, if는 'if or not'의 형태로 쓰일 수 없고, if가 이끄는 명사절은 전치사 on의 목적어 자리에 올 수 없으므로 if를 whether로 고쳐야 한다.

④ 부사절 접속사 2: 양보 문맥상 '똑똑할지라도'는 양보의 부사절 접속사 as(비록 ~이지만)를 사용하여 나타낼 수 있으므로, as if를 부사절 접속사 as로 고쳐야 한다. 참고로, 양보의 부사절 내의 보어가 강조되어 as 앞에 나오면 '(As +) 보어(Intelligent) + as + 주어(you) + 동사(are)'의 어순으로 쓰인다.

어휘

complain 항의하다 intelligent 똑똑한, 총명한 predict 예측하다

이것도 알면 합격!

양보를 나타내는 부사절 접속사

> although, though, even if, even though 비록 ~이지만
> whereas, while 반면에
> whether ~이든지 −이든지 (간에)

16 독해 | 추론 (빈칸 완성 − 구) 난이도 중 ●●○

정답 설명

지문 중간에서 이용자들 중 대략 1.5퍼센트만 실제로 평가를 남기고, 이 비율은 강렬한 감정과 연관성이 있는 경향이 있다고 했으므로, 빈칸에는 고객들이 '② 그들이 강한 감정을 갖는' 제품들만 평가한다는 내용이 들어가야 한다.

정답 ②

해석

사람들은 그들의 돈을 쓸 상품이나 장소를 평가할 때 오랫동안 평가에 의지해 왔다. 하지만, 최근 일반 고객들의 온라인 피드백이 급증함에 따라, 전문적인 비평가에 대한 불신이 커지고 있다. 그러나, 통계적으로, 연구들은 이용자의 평가가 전문적인 비평가들에 의한 그것들(평가)보다 상당히 덜 믿을 만하다는 것을 나타낸다. 여기에는 많은 이유가 있는데, 그것은 주로 각각의 평가자들의 가지각색의 기준과 우선순위에 기인한다. 게다가, 그 평가들은 극단적인 것들 중 하나에 과도하게 가중치를 두는 경향이 있다. 이용자들 중 대략 1.5퍼센트만 실제로 평가를 남기고, 이 비율은 강렬한 감정과 연관성이 있는 경향이 있다. 그 결과, 평가들은 모두 극단을 향해 치우치게 되는 경향이 있는데, 이는 고객들이 오직 그들이 강한 감정을 갖는 제품들만 평가하기 때문이다. 마지막으로, 평가를 남기는 사람 중 상당 비율은 비교할 수 있는 제품들에 대해 제한된 경험을 가지고 있어서, 그들의 평가들은 주어진 품목에 대한 상대적 가치를 평가할 수 없다. 이 모든 요인들이 동료 평가의 신뢰성 부족에 기여하여, 전문적인 비평가들의 의견들을 그 어느 때보다 더 가치 있게 만든다.

① 긍정적으로 평가되는
② 그들이 강한 감정을 갖는
③ 비평가들이 반대하는
④ 그들이 평가할 자격이 주어진

어휘

turn to ~에 의지하다 distrust 불신 statistically 통계적으로
substantially 상당히 reliable 믿을 만한 varying 가지각색의
standard 기준 priority 우선순위 weight 가중치를 두다
extreme 극단, 극단적인 것 correlate 연관성이 있다 intense 강렬한
bias 치우치게 하다 comparable 비교할 수 있는, 비교할 만한
evaluate 평가하다 relative 상대적인 worth 가치 contribute ~에 기여하다
reliability 신뢰성 valuable 가치 있는 disapprove of 반대하다
qualify 자격을 주다

정답 설명

빈칸 뒤에서 모기업의 것과 동일한 제품임에도, 소비자들이 유명 브랜드의 커피숍에 대해 갖는 기대와 인상된 가격을 기꺼이 지불하고자 하는 의지는 기준점에 근거하여 결정을 내리는 심리적 편향인 기준점 편향의 명백한 예시라고 설명하고 있다. 따라서 빈칸에는 '① 인지적인'이 들어가야 한다.

정답 ①

해석

지난 10년 동안 행동경제학에 대한 늘어난 관심이 목격되었고, 전문가들은 그것의 이론들을 주류인 신 케인스 경제학 논조에 포함시켰다. 행동경제학은 인간의 의사결정의 현실에 초점을 맞추었고, 인지적인 편견과 발견적 추론을 미시 경제학 이론에 통합시켰다. 예를 들어, 그것이 모기업의 일반적인 등가물과 동일한 제품임에도 불구하고, 유명 브랜드의 커피숍에 대한 소비자들의 기대와 인상된 가격을 기꺼이 지불하고자 하는 의지는 기준점 편향(사람들이 기준점에 근거하여 결정을 내리는 심리적 편향)의 명백한 예시이다. 행동경제학은 이러한 원리들을 소비자 결정에 적용하여, 결정이 외부와 단절된 상태로 존재하는 것이 아니며, 구매를 평가할 때 경제적 고려 이상의 영향을 받는다는 것을 인식한다. 이런 면에서, 그 분야는 주어진 시장의 반응에 관한 더 현실성 있고 유용한 예측 변수이다.

① 인지적인   ② 금전상의
③ 금융의   ④ 확정적인

어휘

behavioral economics 행동경제학   incorporate 포함시키다, 통합하다
theory 이론   mainstream 주류   discussion 논조, 논의
integrate 통합시키다   bias 편견, 편향   heuristic reasoning 발견적 추론
microeconomic 미시 경제학의   expectation 기대   willingness 의지
name-brand 유명 브랜드의   generic 일반적인   equivalent 등가물, 상응물
anchoring bias 기준점 편향   psychological 심리적인
reference 기준, 참조   apply 적용하다   in a vacuum 외부와 단절된 상태로
consideration 고려, 고려사항   evaluate 평가하다   practical 현실성 있는
predictor 예측 변수   cognitive 인지적인   pecuniary 금전상의
determinate 확정적인

정답 설명

주어진 문장에서 한 단어의 의미가 제거되거나 강조되지 않을 때, 탈의미화가 발생하여 그 단어의 문법적인 기능만을 남기고 용법을 극적으로 바꾼다고 설명한 후, (B)에서 그 단어들은 남아있는 기능에 의존해서 새로운 의미를 취하게 된다고 언급하고 있다. 이어서 (C)에서 예를 들어(For instance), '문자 그대로'는 '실제로'라는 맥락과 관련된 의미를 잃었지만, 그것이 문장에서 사용되었던 방식이 그 단어에 '비유적으로'라는 새로운 의미를 수여한다고 한 후, (A)에서 이러한 의미의 변화가 문법학자들에게 좌절감을 줄 수 있음에 대해 설명하고 있다. 따라서 ③ (B) – (C) – (A)가 정답이다.

정답 ③

해석

> 탈의미화, 즉 의미론적 표백은 한 단어의 의미가 제거되거나 강조되지 않을 때 발생하며, 오직 그것의 문법적인 기능만을 남겨, 그 단어의 용법을 극적으로 바꾼다.

(B) 이 남아있는 기능에 의존하여, 그 단어들은 새로운 의미를 취하고, 그것이 기존의 문맥에서 수행했던 문법적 역할에 근거한 더 넓은 해석을 갖는다.

(C) 예를 들어, '문자 그대로'는 '실제로'라는 맥락과 관련된 의미를 잃었지만, 그것이 그러한 문장에서 사용되었던 방식은 그것이 적용되지 않았던 맥락에 남아, 그것에 '비유적으로'라는 새로운 의미를 수여한다.

(A) 그러나, 이러한 의미의 변화는 규범적인 문법학자들에게 좌절감을 줄 수도 있는데, 이는 그 단어가 본질적으로 상반되는 두 뜻을 갖는 단어가 되기 때문이다.

어휘

desemanticalization 탈의미화   semantic 의미론적인   bleaching 표백
strip away 제거하다   de-emphasize 강조하지 않다   dramatically 극적으로
alter 바꾸다   essentially 본질적으로   contranym 상반되는 두 뜻을 갖는 단어
frustrating 좌절감을 주는   prescriptive 규범적인   grammarian 문법학자
functionality 기능(성)   interpretation 해석, 해설   context 문맥, 맥락
literally 문자 그대로   in actuality 실제로   apply 적용되다
figuratively 비유적으로

19

정답 설명

지문 전반에 걸쳐, 못은 먼 옛날부터 몇 가지 형태로 존재해 왔으며, 손으로 만들어졌던 연철 못에서부터, 완전히 자동화된 공정이 도입된 이후 만들어지기 시작한 철사 못까지 순차적으로 발전해왔음을 설명하고 있다. 따라서 '② 못의 역사와 발전'이 이 글의 주제이다.

정답 ②

해석

가장 중요하고 일상적으로 당연하게 여겨지는 발명품들 중 하나는 보통 못이다. 이 단일 품목은 적어도 고대 이집트 시대만큼이나 먼 옛날부터 몇 가지 형태로 존재해 왔지만, 오늘날에도 여전히 엄청난 양의 건설 공사를 가능하게 한다. 본래, 못은 손으로 만들어졌는데, 그 공정은 힘들 뿐만 아니라 많은 시간을 요하는 것이기도 했다. 연철 못은 결국 대가리 없는 못으로 바뀌었지만, 19세기 초에 대가리 없는 못을 제조하기 위해 자동화된 공정이 도입될 때까지 두 가지 형태 모두 계속해서 손으로 만들어졌다. 이 공정은 못을 더 싸게 만들었고, 대가리 없는 못이 손으로 만든 연철 못을 완전히 대신하게 했으며, 철사 못의 완전히 자동화된 제조가 보편적이게 된 19세기 후반과 20세기 초반까지 표준으로 남아있게 했다. 철사 못은 금형을 통해 특정한 크기에 도달하도록 늘려져, 뾰족한 끝을 갖도록 잘린 철사로 만들어진다. 1913년까지, 이 못들은 생산된 못의 90퍼센트를 차지했다.

① 보통 못 제조의 효용
② 못의 역사와 발전
③ 연철 못 사용 감소
④ 대가리 없는 못보다 철사 못이 개선된 점

어휘

routinely 일상적으로 taken-for-granted 당연하게 여겨지는
common nail 보통 못 enable 가능하게 하다 tremendous 엄청난
forge 만들다 laborious 힘든 wrought-iron 연철의
give way to ~로 바뀌다 cut nail 대가리 없는 못 automated 자동화된
manufacture 제조하다 introduce 도입하다 displace 대신하다
wire nail 철사 못 die 금형, 틀 account for 차지하다
improvement (~보다) 개선된 점

구문분석

[2행] This single item / has existed in some form / since / at least / as far back as Ancient Egypt (생략)

: 이처럼 'as + 형용사/부사의 원급 + as' 구문이 두 대상의 동등함을 나타내는 경우, '~만큼 -한'이라고 해석한다.

20

정답 설명

지문 전반에 걸쳐 신인이었던 해에 테니스계에서 좋지 못한 평가를 받았던 Tom이 끈질긴 노력 끝에 서게 된 결승전 경기에서 모든 것을 끝낼 수 있는 방식으로 상대의 서브를 받아넘기는 모습을 묘사하고 있으므로, '② 단호하고 흥분된'이 화자의 심경으로 적절하다.

정답 ②

해석

그 경기는 하루 이상 이어졌고, 양측 참가자들의 실력은 막상막하였다. Tom은 여기까지 오기 위해 열심히 노력해왔다. 그가 신인이었던 해에, 테니스계는 호의적이지도 그들의 판단을 보류하지도 않았다. 그러나 그는 비평가들이 틀렸다는 것을 입증할 수 있을 것이라고 확신하며, 끈질기게 계속해왔다. 심지어 지금, 세계에서 가장 탁월한 선수와의 결승전 경기에서조차, 그를 의심하는 사람들이 있었다. 습기 속에서의 열기는 참기 어려웠고, 땀은 그의 눈썹 아래로 뚝뚝 흘러내려서 그의 시야를 위협했다. 하지만 그는 결코 상대에게서 눈을 떼지 않았고, 서브를 인내심 있게 기다렸다. Tom은 견고하게 그것에 타격을 가할 수 있다면, 모든 것을 끝낼 수 있는 방식으로 그것을 받아넘길 수 있을 것이라고 확신했다. 그가 기다리고 있던 들어오는 공에 맞서며 그 공이 그의 라켓 중앙을 때렸을 때, 세상이 멈춘 것 같았다.

① 우울하고 무관심한
② 단호하고 흥분된
③ 불안전하고 걱정스러운
④ 열의가 넘치고 태평한

어휘

match 경기, 시합 evenly matched 실력이 막상막하인 rookie 신인
withhold 보류하다 persist 끈질기게 계속하다 prove 입증하다
championship 결승전, 선수권 dominant 탁월한, 우세한 doubt 의심하다
unbearable 참기 어려운 humidity 습기 drip 뚝뚝 흐르다
threaten 위협하다 vision 시야 opponent 상대 patiently 인내심 있게
solidly 견고하게, 확고하게 square up 맞서다, (~와) 싸울 자세를 취하다
crack 때리다, 찧다 depressed 우울한 apathetic 무관심한
determined 단호한, 결심이 굳은 insecure 불안전한
exuberant 열의가 넘치는 carefree 태평한

한국사

01 고려 시대 | 영주 부석사 무량수전 　　난이도 중 ●●○

자료 분석

주심포 양식 + 팔작 지붕 + 배흘림 기둥 + 건물 내부에는 소조 아미타여래 좌상이 있음 → 영주 부석사 무량수전

정답 설명

③ 영주 부석사 무량수전은 고려 시대에 주심포 양식과 팔작 지붕, 배흘림 기둥 양식으로 지어진 목조 건축물로, 건물 내부에는 통일 신라의 전통 양식을 계승한 불상인 소조 아미타여래 좌상이 있다.

오답 분석

① 안동 봉정사 극락전: 고려 시대에 주심포 양식과 맞배 지붕 양식으로 지어진 목조 건축물로, 보수 공사 중에 공민왕 때 중수하였다는 상량문이 발견되어 우리나라에서 가장 오래된 목조 건축물로 보고 있다.

② 예산 수덕사 대웅전: 고려 시대에 주심포 양식과 맞배 지붕, 배흘림 기둥 양식으로 지어진 목조 건축물로, 백제 계통의 목조 건축 양식을 계승하였다.

④ 사리원 성불사 응진전: 고려 시대에 다포 양식과 맞배 지붕 양식으로 지어진 목조 건축물이다.

🚩 **이것도 알면 합격!**

고려 후기의 주요 건축물

안동 봉정사 극락전	• 주심포 양식, 맞배 지붕 • 현존하는 우리나라의 가장 오래된 목조 건축물로 보고 있음
영주 부석사 무량수전	• 주심포 양식, 팔작 지붕 • 내부에 통일 신라의 전통 양식을 계승한 소조 아미타여래 좌상이 있음
예산 수덕사 대웅전	주심포 양식, 맞배 지붕
사리원 성불사 응진전	다포 양식, 맞배 지붕

02 선사 시대 | 부여와 삼한 　　난이도 하 ●○○

자료 분석

(가) 의복은 흰색을 숭상 + 가뭄이나 장마가 계속되어 오곡이 익지 않으면 왕을 바꾸거나 죽여야 한다고 함 → 부여

(나) 세력이 강대한 사람은 스스로 신지라 하고 그 다음은 읍차라고 함 + 5월과 10월에 제사를 지냄 → 삼한

정답 설명

③ 부여는 왕 아래에 가축 이름을 딴 마가, 우가, 저가, 구가 등의 가(加)들이 있었으며, 이들은 저마다 사출도라는 별도의 행정 구획을 통치하였다.

오답 분석

① 삼한: 죄를 지은 사람이 소도에 들어가면 잡아가지 못하였던 국가는 삼한이다. 천군이 주관하는 소도는 군장의 세력이 미치지 못하는 신성 지역으로, 죄를 지은 사람이 도망하여 이곳에 오면 잡아가지 못하였다.

② 고구려: 혼인을 한 후 신랑이 처가에 지은 서옥에 머무르는 혼인 풍습이 있었던 국가는 고구려이다.

④ 동예: 질병으로 인해 사람이 죽으면 옛집을 버리고 새집을 지어 살았던 국가는 동예이다.

03 고대 | 성왕 재위 시기의 사실 　　난이도 중 ●●○

자료 분석

왕이 관산성을 공격함 + 고간 도도가 왕을 죽임 → 관산성 전투 → 성왕(523~554)

정답 설명

② 성왕 때인 552년에 노리사치계가 백제의 사신으로 왜에 건너가 불상과 불경을 전하였다.

오답 분석

① 문주왕: 장수왕의 남진 정책으로 한성이 함락되자, 도읍을 금강 유역의 웅진(공주)으로 옮긴 것은 문주왕 때이다.

③ 동성왕: 탐라국을 복속하고, 중국 남제와 수교를 맺은 것은 동성왕 때이다.

④ 무령왕: 지방에 22개의 담로를 두고 왕족을 파견하여 지방에 대한 통제를 강화한 것은 무령왕 때이다.

04 일제 강점기 | 대한 광복회 　　난이도 중 ●●○

자료 분석

풍기 광복단과 조선 국권 회복단의 일부 인사가 연합 + 박상진, 채기중 등을 중심으로 대구에서 조직 + 행형부 조직 → (가) 대한 광복회

정답 설명

① 대한 광복회는 박상진, 채기중 등을 중심으로 1915년에 조직된 단체로, 공화제 국가 수립을 지향하였다.

오답 분석

② 독립 의군부: 고종의 비밀 지령을 받아 임병찬이 의병과 유생을 규합하여 조직한 단체는 독립 의군부이다.

③ 대한민국 임시 정부: 비밀 행정 조직으로 연통제를 운영한 단체는 대한민국 임시 정부이다.

④ 의열단: 신채호가 작성한 「조선혁명선언」을 활동 지침으로 삼은 단체는 의열단이다.

05 시대 통합 | 조선 시대의 통치 기록 난이도 중 ●●○

정답 설명

④ 『조선왕조실록』은 기록의 독립성과 비밀성을 위하여 왕이더라도 자유롭게 **열람할 수 없었다.**

오답 분석

① 『일성록』은 정조가 세손 시절부터 쓴 일기가 공식 국정 기록으로 전환된 것으로 1910년까지의 국왕의 동정과 국정을 기록한 것이다.

② 『승정원일기』는 왕의 비서 기관인 승정원에서 취급한 문서와 왕의 일과 등을 기록한 것이다.

③ 『의궤』는 조선 시대에 왕실이나 국가에 큰 행사가 있을 때 후대에 참고할 수 있도록 관련 사실을 그림과 글로 정리한 기록물이며, 이두와 차자 및 우리의 고유한 한자어 연구에도 귀중한 자료이다.

06 근대 | 헐버트와 베델 난이도 중 ●●○

자료 분석

(가) 육영 공원에서 학생들을 가르침 + 『사민필지』를 저술함 → 헐버트
(나) 양기탁과 함께 대한매일신보를 창간함 → 베델

정답 설명

① (가), (나)에 들어갈 이름을 바르게 연결하면 (가) 헐버트, (나) 베델이다.

(가) 헐버트는 우리나라 최초의 근대식 관립 학교인 육영 공원의 교사로 초빙되어 학생들을 가르쳤으며, 세계 지리서인 『사민필지』를 저술하였다.

(나) 베델은 데일리메일의 특파원으로 내한한 영국인으로, 양기탁과 함께 대한매일신보를 창간하였다.

오답 분석

• **알렌**: 알렌은 우리나라 최초의 서양식 병원인 광혜원의 설립을 건의하였다.

• **아펜젤러**: 아펜젤러는 서울에 배재 학당을 설립하였다.

07 조선 후기 | 조선 후기 과학 기술의 발달 난이도 중 ●●○

정답 설명

② 제너의 종두법을 우리나라에 처음 소개한 인물은 지석영이 아닌 정약용이다. 한편, 지석영은 우리나라 최초로 종두법을 실시하였다.

오답 분석

① 조선 후기 효종 때 김육 등의 건의로 서양식 역법인 시헌력이 채택되었다.

③ 조선 후기 철종 때 최한기는 『지구전요』에서 지구의 자전과 공전을 주장하였다.

④ 조선 후기 인조 때 제주도에 표류한 박연(벨테브레)은 훈련도감에 소속되어 서양식 대포의 제조법을 가르쳤다.

08 고대 | 백강 전투와 매소성 전투 사이의 사실 난이도 중 ●●○

자료 분석

(가) 백강 어귀에서 왜국 병사를 만나 모두 이김 → 백강 전투(663)
(나) 당의 이근행이 매소성에 주둔 + 우리 군사(신라)가 공격하여 쫓아버림 → 매소성 전투(675)

정답 설명

③ 옳은 것을 모두 고르면 ⓛ, ⓒ이다.

ⓛ 부여융과 신라 문무왕은 665년에 웅진 취리산에서 화친을 맹세하였다.

ⓒ 신라 문무왕은 고구려 유민들을 금마저(익산)에 자리 잡게 하고, 674년에 안승을 보덕국의 왕으로 책봉하였다.

오답 분석

⑤ (가) 이전: 당이 백제의 옛 땅을 지배하고자 웅진(공주)에 웅진 도독부를 설치한 것은 660년으로, (가) 이전의 사실이다.

ⓔ (나) 이후: 신라가 기벌포에서 설인귀가 이끄는 당군을 크게 물리친 것은 676년으로, (나) 이후의 사실이다.

09 고려 시대 | 고려 광종 재위 시기의 사실 난이도 하 ●○○

자료 분석

연호를 '광덕'이라 정함 + 준홍과 왕동 등을 유배 보냄 → 고려 광종

정답 설명

④ 고려 광종 때는 호족 세력을 약화시키기 위해 본래 양인이었다가 억울하게 노비가 된 사람을 양인으로 해방시키는 노비안검법을 실시하였다.

오답 분석

① 고려 성종: 최승로가 건의한 시무 28조를 수용한 것은 고려 성종 때이다.

② 고려 정종: 광군을 조직하여 거란의 침입에 대비한 것은 고려 정종(3대) 때이다.

③ 고려 태조: 빈민을 구제하기 위한 기구로 흑창을 설치한 것은 고려 태조 때이다.

10 근대 | 대한 자강회 난이도 중 ●●○

자료 분석

자강을 위해 분발하여 협력하면 국권을 회복할 수 있음 + 국력을 양성할 방법은 교육과 산업의 발달임 → 대한 자강회

정답 설명

③ 대한 자강회는 전국 각지에 25개의 지회를 설치하고, 월보를 간행하였다.

오답 분석

① 신민회: 서울과 평양 등에 태극 서관을 설립하여 서적을 출판한 단체는 신민회이다.

② **보안회**: 송수만, 심상진 등이 중심이 되어 결성된 단체는 보안회이다.

④ **독립 협회**: 만민 공동회를 열어 러시아의 내정 간섭과 이권 침탈을 비판한 단체는 독립 협회이다.

---

11 조선 전기 | 임진왜란의 전개 과정 난이도 중 ●●○

정답 설명

② 시기순으로 나열하면 ㉠ 동래성 전투(1592. 4.) → ㉣ 한산도 대첩(1592. 7.) → ㉡ 진주 대첩(1592. 10.) → ㉢ 칠천량 해전(1597. 7.)이다.

㉠ **동래성 전투**: 동래 부사 송상현이 동래성 전투에서 왜군에 항전하였다 (1592. 4.).

㉣ **한산도 대첩**: 이순신이 한산도 앞바다에서 학익진 전법으로 왜의 수군을 격퇴하였다(1592. 7.).

㉡ **진주 대첩**: 진주 목사 김시민이 왜군에 맞서 진주성을 지켜냈다(1592. 10.).

㉢ **칠천량 해전**: 원균이 이끄는 조선 수군이 칠천량에서 왜의 수군에게 패배하였다(1597. 7.).

---

12 고려 시대 | 묘청 난이도 하 ●○○

자료 분석

서경의 승려 + 국호를 '대위'라 하고 연호를 '천개'라 함 → (가) 묘청

정답 설명

② 묘청은 왕을 황제라 칭하고 연호를 사용하자는 칭제 건원과 금나라를 정벌할 것을 주장하였다.

오답 분석

① **이자겸**: 척준경과 함께 난을 일으킨 인물은 이자겸이다.

③ **최충헌**: 왕(명종)에게 봉사 10조의 개혁안을 제시한 인물은 최충헌이다.

④ **각훈**: 왕명에 따라 『해동고승전』을 편찬한 인물은 각훈이다.

---

13 현대 | 현대사의 전개 난이도 중 ●●○

자료 분석

유엔 총회에서 남북한 총선거를 실시할 것을 결정(1947. 11.) → (가) → 제헌 국회에서 헌법 제정(1948. 7. 17.)

정답 설명

④ (가) 시기인 1948년 2월에 김구는 남한만의 단독 정부 수립에 반대하며 '삼천만 동포에게 읍고함'이라는 글을 발표하였다.

오답 분석

① (가) 이후: 친일파 청산을 위해 반민족 행위 특별 조사 위원회(반민특위)가 설치된 것은 1948년 10월로, (가) 시기 이후의 사실이다.

---

② (가) 이후: 귀속 재산 처리를 위한 귀속 재산 처리법이 제정된 것은 1949년 12월로, (가) 시기 이후의 사실이다.

③ (가) 이전: 이승만이 정읍에서 남한의 단독 정부 수립을 주장한 것은 1946년 6월로, (가) 시기 이전의 사실이다.

---

14 일제 강점기 | 국가 총동원법 제정 이후 일제의 정책 난이도 하 ●○○

자료 분석

정부는 국가 총동원상 필요한 경우에 총동원 업무에 협력하게 할 수 있음 → 국가 총동원법(1938)

정답 설명

③ 일제는 국가 총동원법이 제정된 이후인 1941년에 초등 교육 기관의 명칭을 '황국 신민의 학교'를 의미하는 '국민학교'로 변경하였다.

오답 분석

모두 국가 총동원법 제정(1938) 이전의 사실이다.

① 일제가 서당 규칙을 발표하여 서당 설립을 허가제로 바꾸고 개량 서당을 탄압한 것은 1918년이다.

② 일제가 국내로 들어오는 일본 상품의 관세(주류 등 일부 품목 제외)를 철폐한 것은 1923년이다.

④ 일제가 소작 문제 해결을 위해 조선 농지령을 제정한 것은 1934년이다.

---

15 근대 | 동학 농민 운동 난이도 중 ●●○

자료 분석

(가) 고부 농민 봉기(1894. 1.) ~ 황토현 전투(1894. 4. 7.)
(나) 황토현 전투(1894. 4. 7.) ~ 전주 화약 체결(1894. 5.)
(다) 전주 화약 체결(1894. 5.) ~ 삼례 2차 봉기(1894. 9.)
(라) 삼례 2차 봉기(1894. 9.) ~ 우금치 전투(1894. 11.)

정답 설명

③ (다) 시기인 1894년 6월에 일본은 군대를 동원하여 경복궁을 점령하였다. 동학 농민군이 전주성을 점령한 이후 조선 정부의 요청으로 청군이 조선에 출병하자 일본군도 톈진 조약을 근거로 조선에 출병하였다. 이에 조선 정부는 동학 농민군과 전주 화약을 체결하고 청·일 양군의 철수를 요청하였으나 오히려 일본군은 이를 무시한 채 경복궁을 점령하였다.

오답 분석

① (라) 시기: 전봉준의 남접과 손병희의 북접이 논산에 집결한 것은 1894년 10월로, (라) 시기의 사실이다.

② (가) 시기: 전봉준을 중심으로 한 농민군이 백산에 집결하여 4대 강령을 발표한 것은 1894년 3월로, (가) 시기의 사실이다.

④ (나) 시기: 장성 황룡촌 전투에서 농민군이 홍계훈이 이끄는 관군에 승리한 것은 1894년 4월 23일로, (나) 시기의 사실이다.

16 | 일제 강점기 | 1920년대의 사회·문화 | 난이도 상 ●●●

정답 설명

② 1920년대에는 김기진, 박영희 등의 신경향파 문인들이 카프(KAPF)를 결성하였다.

오답 분석

① 1910년대: 이광수가 매일신보에 우리나라 최초의 현대 장편 소설인 「무정」을 연재(1917)한 것은 1910년대의 사실이다.

③ 1930년대: 손기정 선수가 베를린 올림픽에서 마라톤 금메달을 획득(1936)한 것은 1930년대의 사실이다.

④ 1940년대: 서민의 주택난을 해결하기 위해 영단 주택이 등장(1941)한 것은 1940년대의 사실이다.

17 | 현대 | 정전 협정 | 난이도 중 ●●○

자료 분석

국제 연합군 총사령관, 조선 인민군 최고 사령관, 중국 인민 지원군 사령원이 서명 + 정전을 확립할 목적 → 정전 협정(휴전 협정, 1953)

정답 설명

③ 한국을 미국의 극동 방위선에서 제외한 애치슨 선언은 정전 협정 체결 이전인 1950년에 발표되었다.

오답 분석

① 정전 협정은 개성, 판문점 등에서 진행된 회담을 통해 체결되었다.

② 정전 협정에서는 소련을 제외한 4개국(스위스, 스웨덴, 체코슬로바키아, 폴란드) 중립국 감시 위원회의 구성에 합의하였다.

④ 정전 협정의 협상 과정에서 공산군 측은 군사 분계선 설정 문제에 대해 38도선을 경계로 휴전할 것을 요구하였다.

✏️ 이것도 알면 **합격!**

정전 협정

정전 제의	전쟁이 확대될 것을 우려한 소련이 정전 제의(1951. 6.)
정전 회담	군사 분계선의 설정, 중립국 감시 기구의 구성, 전쟁 포로 처리 문제 등으로 지체
정전 반대 운동	국토 분단을 우려하며 정전 협정 체결에 반대한 이승만 대통령이 반공 포로를 석방(1953. 6.)
정전 협정 체결	판문점에서 유엔군 대표, 북한군 대표, 중국군 대표가 서명함으로써 정전 협정(휴전 협정) 체결(1953. 7.)

18 | 조선 후기 | 이괄의 난 이후에 전개된 사실 | 난이도 중 ●●○

자료 분석

이괄이 군영에 있는 장수들을 위협하여 난을 일으킴 → 이괄의 난(1624)

정답 설명

③ 명나라의 요청에 따라 강홍립이 이끄는 부대가 파병(1618~1619)된 것은 광해군 때로, 이괄의 난 이전의 사실이다.

오답 분석

모두 이괄의 난 이후에 전개된 사실이다.

① 청나라의 군신 관계 요구에 대해 무력 항쟁을 주장한 척화론자인 삼학사(홍익한·윤집·오달제)가 청나라에 끌려가 죽임을 당한 것은 인조 때인 1637년이다.

② 서인과 남인이 효종과 효종비 사후에 자의 대비(인조의 계비)의 복상 기간을 둘러싸고 두 차례에 걸쳐 예송 논쟁을 전개한 것은 현종 때인 1659년(기해예송)과 1674년(갑인예송)이다.

④ 민간의 광산 개발 참여를 허용하는 설점수세제가 처음 실시된 것은 효종 때인 1651년이다.

19 | 고대 | 김춘추(태종 무열왕) | 난이도 중 ●●○

자료 분석

백제가 대야성을 함락하자 딸인 고타소랑이 죽음 + 당에 들어가 군사를 요청함 → 김춘추(태종 무열왕)

정답 설명

② 김춘추(태종 무열왕)는 진골 출신으로는 최초로 신라의 왕이 되었다.

오답 분석

① 원광: 화랑이 지켜야 할 세속 오계를 제시한 인물은 원광이다.

③ 장보고: 일본에 회역사, 당에 견당매물사 등의 교역 사절을 파견한 인물은 장보고이다.

④ 김유신: 금관가야 왕족의 후손으로 황산벌에서 계백이 이끄는 백제군을 물리친 인물은 김유신이다.

20 | 조선 전기 | 사헌부 | 난이도 중 ●●○

자료 분석

관리를 감찰하고 풍속을 교정함 → 사헌부

정답 설명

④ 사헌부는 조선 시대에 관리의 비리 감찰 및 풍속 교정을 담당하였던 기구로, 발해의 중정대와 비슷한 기능을 수행하였다.

오답 분석

① 사간원: 장(長)이 정3품의 대사간이었던 기구는 간쟁과 논박을 관장한 사간원이다. 한편, 사헌부의 장(長)은 종2품의 대사헌이었다.

② 승정원: 은대·대언사라고 불린 기구는 왕명 출납을 담당한 승정원이다. 한편, 사헌부는 백부·상대 등으로 불렸다.

③ 의정부: 조선 시대에 재상들이 모여 국정을 총괄한 합의 기구는 의정부이다.

제5회 정답·해설

▶ 정답 한눈에 보기

국어

01	④	06	②	11	②	16	③
02	②	07	③	12	④	17	③
03	③	08	④	13	④	18	④
04	②	09	④	14	②	19	①
05	④	10	④	15	④	20	③

영어

01	④	06	④	11	③	16	②
02	①	07	①	12	③	17	②
03	②	08	④	13	①	18	②
04	②	09	④	14	④	19	②
05	④	10	②	15	①	20	③

한국사

01	③	06	④	11	①	16	④
02	①	07	③	12	②	17	④
03	①	08	④	13	③	18	②
04	④	09	②	14	④	19	③
05	②	10	②	15	①	20	②

모바일 자동 채점 + 성적 분석 서비스

◀ QR 코드를 스캔하시면, 더욱 상세한 성적 분석 서비스 이용이 가능합니다.

▶ 나의 모의고사 성적 셀프 체크

난이도	국어	중	체감 난이도	국어	
	영어	하		영어	
	한국사	하		한국사	
나의 점수	국어	/ 100점	풀이 시간	국어	/ 17분
	영어	/ 100점		영어	/ 26분
	한국사	/ 100점		한국사	/ 10분
	평균 점수	/ 100점		전체 풀이 시간	/ 53분

01 어법 | 단어 (대명사의 쓰임) 난이도 중 ●●○

정답 설명

④ ㉢에 사용된 '저희'는 일인칭 대명사 '우리'의 낮춤말로 상대방에 대해 자신을 낮추어 말하는 겸사말이기 때문에 청자를 포함하지 않는다. 이와 달리 ㉢에 사용된 '저희'는 앞에서 이미 말하였거나 나온 바 있는 사람들을 도로 가리키는 삼인칭 대명사로 '그들'을 가리킬 뿐, 청자는 포함하지 않는다. 따라서 답은 ④이다.

오답 분석

①② '우리'는 화자가 자기와 청자를 또는 자기와 청자를 포함한 여러 사람을 가리키는 일인칭 대명사이다. 이때 ㉠에 사용된 '우리'는 화자와 청자(철수)를 포함하고 있다. '저희'는 일인칭 대명사 '우리'의 낮춤말로, 이때 사용된 ㉡ '저희'는 청자는 배제하고 화자와 제3자만 포함하고 있으므로 ㉠과 ㉡이 모두 화자를 포함하고 있음을 알 수 있다. 또한 ㉢에 사용된 '저희'는 앞에서 이미 말하였거나 나온 바 있는 사람들을 도로 가리키는 삼인칭 대명사이다.

③ ㉡에 사용된 '저희'는 '우리'의 낮춤말로 사용되었으므로, 청자가 높임의 대상임을 알 수 있다. 따라서 ㉡ '저희'가 화자보다 높은 사람을 상대할 때 사용하는 말이라는 설명은 적절하다.

02 어휘 | 한자어 (한자어의 표기) 난이도 상 ●●●

정답 설명

② 강렬(強劣: 강할 강, 못할 렬)(×) → 강렬(強烈: 강할 강, 세찰 렬)(○): '강하고 세차다'를 뜻하는 '강렬하다'의 어근 '강렬'의 '렬'은 '烈(세찰 렬)'로 쓴다. 따라서 한자 병기가 옳지 않은 것은 ㉡이므로 답은 ②이다.

오답 분석

① ㉠ 발휘(發揮: 필 발, 휘두를 휘): 재능, 능력 등을 떨치어 나타냄

③ ㉢ 업적(業績: 업 업, 길쌈할 적): 어떤 사업이나 연구 등에서 세운 공적

④ ㉣ 도전(挑戰: 돋울 도, 싸울 전): 어려운 사업이나 기록 경신 등에 맞섬을 비유적으로 이르는 말

03 비문학 | 내용 추론 난이도 중 ●●○

정답 설명

③ 끝에서 2~3번째 줄을 통해 거울 뉴런계가 타인의 감정을 이해하는 데 중요한 역할을 한다고 하였으므로 타인의 감정이나 고통을 이해하지 못하는 사람은 거울 뉴런계에 이상이 있거나 발달이 더딜 것임을 추론할 수 있다.

[관련 부분] 거울 뉴런계가 타인의 감정을 이해하는 데에도 중요한 역할을 하고 있음을 말해 준다.

① 3~5번째 줄을 통해 거울 뉴런계가 다른 사람의 행동을 관찰하는 것만으로도 자신이 행동하는 것과 같은 활성을 내는 신경 세포임을 알 수 있다. 하지만 관찰은 거울 뉴런계가 활성화되기 위한 조건일 뿐, 관찰력이 부족한 사람이 거울 뉴런 발달이 더딜지는 추론할 수 없다.

[관련 부분] 거울 뉴런은 다른 행위자가 행한 행동을 관찰하기만 해도 자신이 그 행위를 직접 할 때와 똑같은 활성을 내는 신경 세포이다.

② 끝에서 3번째 줄을 통해 거울 뉴런계가 신경계 중 운동 영역에 속해 있음은 알 수 있으나, 운동 능력의 수준과 거울 뉴런의 발달 간의 상관관계에 대한 내용은 제시문을 통해 알 수 없다. 따라서 운동 능력이 뛰어난 사람일수록 거울 신경계의 발달이 빠르지는 추론할 수 없다.

[관련 부분] 이는 운동 영역인 거울 뉴런계가 ~

④ 제시문을 통해 확인할 수 없는 내용이다.

04 어휘 | 혼동하기 쉬운 어휘 난이도 중 ●●●

정답 설명

② 밑줄 친 어휘 중 잘못 쓰인 것으로만 묶은 것은 ㉠, ㉢, ㉣이다.

- ㉠ 맞혀(×) → 맞춰(○): 문맥상 '둘 이상의 일정한 대상들을 나란히 놓고 비교하여 살피다'를 뜻하는 '맞추다'를 써야 한다.

- ㉢ 맞춰(×) → 맞혀(○): 문맥상 '문제에 대한 답을 틀리지 않게 하다'를 뜻하는 '맞히다'를 써야 한다.

- ㉣ 맞춘다고(×) → 맞힌다고(○): 문맥상 '자연 현상에 따라 내리는 눈, 비 등을 닿게 하다'를 뜻하는 '맞히다'를 써야 한다.

오답 분석

- ㉡ 맞춰(○): 문맥상 '어떤 기준이나 정도에 어긋나지 않게 하다'를 뜻하는 '맞추다'가 적절하게 쓰였다.

- ㉤ 맞혀(○): 문맥상 '물체를 쏘거나 던져서 어떤 물체에 닿게 하다. 또는 그렇게 하여 닿음을 입게 하다'를 뜻하는 '맞히다'가 적절하게 쓰였다.

05 문학 | 서술상의 특징 난이도 중 ●●○

정답 설명

④ ㉣은 '노인'의 말을 빌려 왜적이 연곡사에 쳐들어와 저지른 만행을 요약적으로 제시하고 있을 뿐, 사건 전개 과정을 인과적으로 제시하고 있지는 않으므로 ㉣의 설명은 적절하지 않다.

오답 분석

① ㉠에서 '옥영'은 자신의 마음을 '얼어붙은 호수'에 비유하여 외로움의 정서를 효과적으로 드러내고 있다.

② ㉡에서 '옥영'은 자신을 '붉은 구슬'에 비유해 그것이 포악한 무리들로부터 깨지지는 않을까 '노심초사(勞心焦思)'한다고 표현함으로써 왜적으로부터 고통 받을 자신의 처지에 대한 걱정을 드러내고 있다.

- 노심초사(勞心焦思): 몹시 마음을 쓰며 애를 태움

③ ⓒ에는 최척이 목격한 참혹한 상황이 구체적으로 묘사되어 있으며, 이를 통해 전쟁의 참혹함이 생생하게 전달되고 있다.

이것도 알면 **합격!**

조위한, 「최척전」의 문학사적 의의

배경의 확장	공간적 배경이 조선만으로 국한된 것이 아니라 중국, 일본, 안남(베트남) 등 아시아 지역으로 공간적 배경이 확대됨
사실성 확보	임진왜란이나 정유재란과 같은 실제 역사 속 전쟁을 배경으로 설정해 사실성을 확보함
복잡한 구성	임진왜란, 정유재란, 요동 출병 등 세 번의 전쟁으로 인해 최척과 옥영의 만남과 이별도 세 번 반복되는 구성을 취함
분량의 장편화	최척과 옥영, 최숙과 심씨, 몽석과 몽선 등의 행적을 세세하게 드러내어 분량이 길어짐

06 비문학 | 화법 (말하기 전략)   난이도 하 ●○○

정답 설명

② A는 2번째 발화에서 B가 오늘은 프레젠테이션 연습에 참여하기 어렵다고 하자, 부정의 의미를 담은 비언어적 표현(미간을 찡그림)과 긍정의 의미를 담은 언어적 표현(네, 괜찮습니다)을 동시에 나타내며, B의 말에 수긍하고 있다. 이와 같이 A의 비언어적 표현과 언어적 표현이 불일치하고 있으므로 ②의 설명은 적절하지 않다.

오답 분석

① B는 1번째 발화에서 연습을 더 해야 할 것 같다는 A의 말에 '아무래도 그렇겠지요?'라고 질문의 방식으로 답하며 A의 제안에 대한 승낙의 의미를 드러내고 있다.

③ B는 3번째 발화에서 오늘 퇴근 후 19시에 회의실에서 만나자는 A의 말을 그대로 재진술하며 A의 말의 의미를 정확하게 이해했음을 표현하고 있다.

④ A는 1번째 발화에서 B에게 프레젠테이션 연습을 제안할 때, 성과 보고회가 얼마 남지 않았다는 사실을 이유로 제안하고 있다.

07 비문학 | 세부 내용 파악   난이도 하 ●○○

정답 설명

③ 3문단을 통해 창호 바깥에 자연물이 있을 경우에 한해 창호와 일정 거리를 두고 밖을 보면 풍경화를 감상하는 것과 같은 효과가 있어 한옥의 실내가 심미적 공간으로 바뀐다는 것을 알 수 있다. 즉, 창호를 일정한 거리를 두고 바라본다는 조건만으로 창호 자체의 심미적 효과가 극대화되는 것이 아니므로 ③의 설명은 제시문의 내용과 부합하지 않는다.

오답 분석

① 1문단을 통해 한옥에서는 창과 문의 크기나 형태가 비슷하기 때문에 둘을 구별하지 않고 '창호(窓戶)'라고 불렀음을 알 수 있다.

② 2문단 끝에서 3~4번째 줄을 통해 창호에 의해 한옥 안팎의 공간이 연결되거나 분리되고 실내 공간의 경계가 변화된다는 것을 알 수 있다.

④ 3문단 끝에서 1~4번째 줄을 통해 열린 창호는 인간과 자연이 완전하게 소통을 하도록 하며 둘 사이의 경계를 없앤다는 것을 알 수 있다.

08 문학 | 인물의 심리 및 태도   난이도 하 ●○○

정답 설명

④ 주지가 4번째 대사에서 도념이 죄를 씻을 수 있도록 기도해 준다고 하지만 도념은 이를 거부한다. 따라서 도념이 주지와의 대화를 통해 자기가 저지른 잘못을 깨닫는다는 ④의 설명은 옳지 않다.

오답 분석

① 주지는 2번째 대사에서 도념의 어머니를 '대죄를 지은 자', '대천지원수'라고 칭하고 있다. 이를 통해 주지가 도념의 어머니에게 적개심을 갖고 있음을 알 수 있다.

② 주지는 2번째 대사에서 도념의 어머니가 파계했다고 하였으므로 도념의 어머니가 여승의 신분으로 죄를 지어 도념을 두고 절을 떠났음을 알 수 있다. 또한 도념은 2번째 대사에서 주지에게 어머니가 계신 곳을 가르쳐 달라고 하였으므로 어머니를 그리워하고 있음을 알 수 있다.

③ 주지는 2번째 대사에서 도념이 파계한 어머니의 죄를 이어받았기 때문에 남보다 더 많이 염주를 세어야 한다고 말하고 있다. 또한 4번째 대사에서 도념에게 죄를 씻기 위해서는 냉수 목욕을 해야 한다고 말하고 있다. 이를 통해 주지가 어머니가 죄를 지었을 리가 없다는 도념의 뜻을 무시하고 자신의 신념인 불교적 가르침을 일방적으로 강요하고 있음을 알 수 있다.

이것도 알면 **합격!**

함세덕, 「동승」의 줄거리

발단	깊은 산속에 있는 절에서 주지와 함께 살고 있는 동자승 도념은 어머니에 대한 강한 그리움을 가지고 속세의 삶과 종교적 삶 속에서 갈등한다.
전개	죽은 아들의 제사를 지내기 위해 절을 찾아오던 미망인은 도념에게 연민을 느끼고 도념을 양자로 삼고자 한다.
절정	주지는 도념이 절에서 죄를 씻으며 살아가야 한다고 생각해 입양을 반대하다가 결국에는 승낙한다.
하강	도념이 어머니에게 목도리를 만들어 주기 위해 토끼를 죽인 것이 들통나면서 도념의 입양은 끝내 좌절된다.
대단원	도념은 어머니를 찾기 위해 주지 몰래 절을 떠난다.

09 비문학 | 적용하기   난이도 중 ●●○

정답 설명

④ 1~3번째 줄에서 가면 증후군은 자신이 이뤄 낸 업적이 자신의 능력이 아닌 다른 요소 덕분이라고 여기는 심리임을 알 수 있다. 또한 7~9번째 줄에서 가면 증후군을 겪는 사람들은 자기가 자신감을 보이면 타인으로부터 도움을 받지 못할 것이라고 생각해 자신감을 내보이지 않는다고 하였다. 이를 통해 자신의 이뤄 낸 업무 결과에 비해 과하게 자신감이 없는 태도를 보이는 사람은 가면 증후군을 겪고 있을 가능성이 클 것임을 알 수 있다.

① 1~3번째 줄을 통해 가면 증후군은 자신의 업적이 스스로의 능력에 의한 것임을 인정하지 않는 것임을 알 수 있으나, 타인의 업적에 대해 평가하는 것에 대한 내용은 제시문에서 확인할 수 없다.

② 5~7번째 줄을 통해 가면 증후군을 겪는 사람은 성취와 인정을 받고자 과하게 성실히 일하는 경향이 있음을 알 수 있고, 끝에서 5번째 줄을 통해 자존감을 높이는 것이 가면 증후군 증상을 해결하는 데 도움이 됨을 알 수 있다. 하지만 성실함을 인정받는 것과 자존감 간의 상관관계는 제시문에서 확인할 수 없다.

③ 끝에서 1~3번째 줄을 통해 실패를 경험해도 좌절하지 않는 태도가 가면 증후군 증상을 해결하는 데 도움이 됨을 알 수 있으나, 실패를 지속적으로 경험할 때에 대한 내용은 제시문에서 확인할 수 없다.

10　어법 | 올바른 문장 표현　난이도 중 ●●○

정답 설명

④ 참관인의 자격으로 회의에 참석한 두 사람은 눈짓을 주고받은 후에 회의장을 빠져나갔다(○): 주어와 서술어, 부사어와 서술어, 목적어와 서술어의 호응이 모두 적절하므로, 문장 성분의 호응이 가장 적절한 것은 ④이다.

오답 분석

① 네가 한 가지 기억해야 할 것은 ~ 성실함이 있었다(×) → 네가 한 가지 기억해야 할 것은 ~ 성실함이 있었다는 점이다/것이다(○): 주어부인 '네가 ~ 할 것은'과 서술부인 '성실함이 있었다'가 호응하지 않는다. 따라서 서술부를 '성실함이 있었다는 점이다/것이다'와 같이 고쳐 쓰는 것이 적절하다.

② 정부는 국가 안보 강화와 국가 경제를 성장시키기 위해 투자를 아끼지 않았다(×) → 정부는 국가 안보를 강화하고 국가 경제를 성장시키기/국가 안보 강화와 국가 경제 성장을 위해 투자를 아끼지 않았다(○): 접속 조사 '와'로 연결되는 '국가 안보 강화'와 '국가 경제를 성장시키기'가 각각 구와 절로 제시되어 어법상 자연스럽지 않다. 따라서 문법적 형태가 동일하게 대응되도록 '국가 안보 강화와'를 '국가 안보를 강화하고'로 고쳐 쓰거나 '국가 경제를 성장시키기'를 '국가 경제 성장을'로 고쳐 쓰는 것이 적절하다.

③ 그는 스스로 창안한 이론을 더욱 발전해(×) → 그는 스스로 창안한 사회 이론을 더욱 발전시켜(○): 문맥상 목적어 '이론을'과 서술어 '발전해'의 호응이 적절하지 않으므로, 사동 표현인 '발전시켜'로 고쳐 쓰는 것이 적절하다.

11　문학 + 어휘 | 주제 및 중심 내용 파악, 한자 성어　난이도 중 ●●○

정답 설명

② 제시된 작품은 인생의 허무함을 술을 통해 해소하고자 하는 내용을 담고 있는 정철의 시조이다. 따라서 시조의 내용으로 가장 적절한 것은 ② '草露人生(초로인생)'이다.

• 草露人生(초로인생): 풀잎에 맺힌 이슬과 같은 인생이라는 뜻으로, 허무하고 덧없는 인생을 비유적으로 이르는 말

오답 분석

① 事君以忠(사군이충): 세속 오계의 하나. 충성으로써 임금을 섬긴다는 말

③ 利用厚生(이용후생): 기구를 편리하게 쓰고 먹을 것과 입을 것을 넉넉하게 하여, 국민의 생활을 나아지게 함

---

④ 先憂後樂(선우후락): 세상의 근심할 일은 남보다 먼저 근심하고 즐거워할 일은 남보다 나중에 즐거워한다는 뜻으로, 지사(志士)나 어진 사람의 마음씨를 이르는 말

지문 풀이

> 한잔 먹세그려. 또 한잔 먹세그려. 꽃을 꺾어 수를 세면서 한없이 먹세그려.
> 이 몸이 죽은 후에는 지게 위에 거적을 덮어 꽁꽁 졸라매어 (무덤으로) 실려 가거나, 곱게 꾸민 상여를 타고 수많은 사람이 울며 따라가거나, 억새, 속새, 떡갈나무, 백양 숲에 가기만 하면 누런 해와 흰 달이 뜨고, 가랑비와 함박눈이 내리며, 차고 매서운 바람이 불 때 그 누가 한잔 먹자고 하겠는가?
> 하물며 무덤 위에 원숭이들이 놀러와 휘파람 불 때 (아무리 지난날을) 뉘우친들 무슨 소용이 있겠는가?
> 　　　　　　　　　　　　　　　　　　　　　　　－ 정철

✎ 이것도 알면 합격!

정철, 「훈 진 먹새 그려~」의 주제와 특징
1. 주제: 인생의 무상함을 술을 통해 해소함
2. 특징
   • 인생무상(人生無常)의 태도와 술을 즐기는 퇴폐적 태도가 동시에 드러남
   • 대조법과 열거법을 통해 화자의 정서를 강조함

12　문학 | 작품의 종합적 감상 (시조, 현대 시)　난이도 중 ●●○

정답 설명

④ (가)는 중장에서 '반가온 매화(梅花)는 ~ 픠엿는고'와 같이 설의적인 표현을 통해 고려를 재건할 우국지사(憂國之士)가 없음을 안타까워하고 있으나, 묻고 답하는 문답의 형식은 사용되지 않았다. 반면 (나)는 2연 3~4행에서 화자가 묻고 아우가 답하는 문답의 방식을 취해 일제 강점기라는 암울한 현실을 살아가야 하는 아우에 대한 안타까움을 드러내고 있다. 따라서 답은 ④이다.

오답 분석

① (가)는 고려의 유신을 나타내는 '백설(白雪)'이 사라져 감과 조선의 신흥 세력을 나타내는 '구름'이 일고 있는 것을 대조하여 왕조가 교체되는 혼란스러운 현실 상황을 나타내고 있다.

② (나)는 1연과 4연에서 '아우의 얼굴'을 '슬픈 그림'에 비유하고 있다. 이는 화자가 아우의 얼굴을 보고 느낀 슬픔을 표현한 것으로, 화자가 슬픔을 느낀 이유는 아우를 비롯한 우리 민족이 일제 강점기라는 암울한 현실을 살아갈 수밖에 없는 상황에 놓여 있기 때문이다.

③ (가)는 3·4조, 4음보의 정해진 율격에 맞춰 구성되어 있으며, (나)는 1연과 4연에서 동일하거나 유사한 시구를 반복하는 수미 상관의 구조로 구성되어 있다. 참고로, (나)에서 수미 상관은 시의 형태적 안정감을 부여하고 시의 주제 의식을 강조하는 역할을 한다.

지문 풀이

> (가) 백설이 잦아진 골짜기에 구름이 험하게 일고 있구나.
> 　　(나를) 반겨 줄 매화는 어느 곳에 피어 있는가?
> 　　석양에 홀로 서서 갈 곳을 몰라 하노라.
> 　　　　　　　　　　　　　　　　　　　　　　－ 이색

제시된 작품들의 주제와 특징

(가)	이색, 『백설이 주자진 골에』
	1. 주제: 고려의 쇠퇴에 대한 안타까움과 우국충정(憂國衷情)
	2. 특징
	  • 대조와 상징이 사용됨
	  • 왕조 전환기 지식인의 고뇌와 회한이 드러남

(나)	윤동주, 『아우의 인상화』
	1. 주제: 일제 강점기를 살아가야만 하는 아우에 대한 걱정과 안타까움
	2. 특징
	  • 수미 상관을 통해 주제를 강조함
	  • 인물(화자, 동생) 간의 대화를 직접 인용하여 생생한 느낌을 줌

---

13 어휘 | 표기상 틀리기 쉬운 어휘 난이도 중 ●●○

정답 설명

④ 어쭙잖은(×) → 어쭙잖은(○): '아주 서투르고 어설프다. 또는 아주 시시하고 보잘것없다'를 뜻하는 말은 '어쭙잖다'이므로 '어쭙잖은'이 바른 표기이다.

오답 분석

① 깨쳤다(○): '일의 이치 등을 깨달아 알다'를 뜻하는 말은 '깨치다'이므로 '깨쳤다'가 바른 표기이다.

② 조그마한(○): '조금 작거나 적다'를 뜻하는 말은 '조그마하다'이므로 '조그마한'이 바른 표기이다.

③ 호도하는(○): '명확하게 결말을 내지 않고 일시적으로 감추거나 흐지부지 덮어 버리다'를 뜻할 때는 '호도하다'이므로 '호도하는'이 바른 표기이다.

---

14 비문학 | 세부 내용 파악 난이도 하 ●○○

정답 설명

② 1문단 끝에서 3~5번째 줄에서 범주화는 자극(대상)을 일반적인 범주(집단)에 맞게 분류하는 과정이며, 특유화는 자극(대상)을 한 범주(집단)로부터 차별화하는 과정이라고 설명하고 있다. 따라서 ②의 설명은 글의 내용과 부합한다.

오답 분석

① 1문단 끝에서 1~2번째 줄에서 범주화와 특유화는 밀접한 관련이 있으며 범주화는 특유화를 전제로 한다고 설명하고 있으므로, 범주화와 특유화가 상호 독립적이면서 배타적 관계에 있다는 ①의 설명은 제시문의 내용과 부합하지 않는다.

③ 2문단 1~2번째 줄에서 범주화가 생각할 토대를 제공하지 않는다고 설명하고 있으나, 이것이 커뮤니케이션에 부정적인 영향을 미치는지는 알 수 없으므로 ③의 설명은 제시문의 내용과 부합하지 않는다.

④ 2문단 끝에서 1~4번째 줄에서 낯선 이들과 커뮤니케이션할 때는 주로 범주화를 통해 만들어진 고정 관념을 활용한다고 설명하고 있다. 하지만 친숙한 사람과 커뮤니케이션할 때 어떠한 방식으로 의사소통하는지와 범주화와 특유화 중 경우에 따라 어느 방식을 사용하는 것이 더 합리적인지는 알 수 없으므로 ④의 설명은 제시문의 내용과 부합하지 않는다.

---

15 비문학 | 주제 및 중심 내용 파악 난이도 중 ●●○

정답 설명

④ 제시문은 플랫폼 노동자들을 규정하는 기준이 명확하지 않고 관련 법안이 개선되지 않아 플랫폼 노동자들이 근로자로서의 정당한 대우를 받지 못하고 있는 문제점을 제기하고 있다. 따라서 제시문의 결론으로 가장 적절한 것은 플랫폼 노동자에 대한 구체적인 기준 및 그들을 보호하기 위한 법적 장치가 마련되어야 한다고 주장하는 ④이다.

오답 분석

① 1문단 1~2번째 줄을 통해 알 수 있으나 부분적인 내용에 해당하므로 적절하지 않다.

②③ 제시문을 통해 알 수 없는 내용이므로 적절하지 않다.

---

16 비문학 | 세부 내용 파악 난이도 하 ●○○

정답 설명

③ 1문단 4~6번째 줄에서 어휘력이 높으면 독서량이 많아지고, 독서량이 많아지면 다시 어휘를 습득할 기회가 많아져 어휘력이 높아진다고 하였다. 이를 통해 어휘력과 독서량은 상관관계에 있음을 알 수 있고, 독서량이 많을수록 어휘력도 향상될 것임을 알 수 있다. 따라서 답은 ③이다.

  • 상관관계: 두 가지 가운데 한쪽이 변화하면 다른 한쪽도 따라서 변화하는 관계

오답 분석

① 1문단 1~3번째 줄에서 학년이 올라갈수록 어휘력이 높은 학생과 어휘력이 낮은 학생의 격차는 점점 더 커진다고 하였다.

② 2문단 1~3번째 줄에서 읽기 요소를 잘 갖춘 독자일수록 그렇지 못한 독자보다 더 잘 읽게 되는 것을 매튜 효과를 통해 설명하기도 한다고 하였으나, 읽기 요소와 인지 능력의 관계를 설명한 부분은 제시문에서 확인할 수 없다.

④ 2문단 끝에서 2~4번째 줄에서 매튜 효과가 사회적 명성이 높거나 물질적 자산이 많을수록 그렇지 않은 사람보다 자산을 더 많이 보유할 수 있음을 설명하는 이론임을 알 수 있을 뿐, 부모의 사회적 명성 또는 물질적 자산 보유량과 독서 능력 간의 관계를 설명한 부분은 제시문을 통해 확인할 수 없다.

---

17 문학 | 인물의 심리 및 태도 난이도 하 ●○○

정답 설명

③ 끝에서 3~5번째 줄에서 '어머니'의 만류에도 불구하고 '아내'는 땔감을 구하러 갔음을 알 수 있으나, '어머니'가 자신의 말을 따르지 않는 '아내'를 못마땅하게 여기는 부분은 제시된 작품에 나타나 있지 않으므로 ③은 적절하지 않다.

오답 분석

① 2문단에서 '나'와 '아내'는 대구어 장사, 두부 장사 등을 하며 가난에서 벗어나기 위해 필사적으로 노력하고 있다.

② 3문단에서 '아내'는 출산한 지 얼마 되지 않았음에도 '나'와 '어머니'를 도와 땔감을 구하러 나선다. 이를 통해 '아내'는 헌신적인 인물임을 알 수 있다.

④ 2문단 끝에서 1~4번째 줄에서 '나'는 가난으로 인해 출산한 지 며칠 안 되었음에도 일을 할 수밖에 없는 아내의 모습을 보며 안타까워하고 있으며, 불평이 있을 때면 아내에게 욕하고 다시 후회한다. 이를 통해 '나'가 아내에 대한 미안함, 가정으로서 의무를 하지 못한다는 자책감을 느끼고 있음을 알 수 있다.

✏️ 이것도 알면 합격!

최서해, 『탈출기』의 주제와 특징
1. 주제: 일제 강점기의 암울한 현실과 저항 의지
2. 특징
   • 서간체 형식을 취해 인물의 내면 심리가 효과적으로 드러남
   • '나'의 태도 변화를 통해 주제 의식이 분명하게 드러남

---

18 문학 | 작품의 종합적 감상 (현대 소설)   난이도 중 ●●○

정답 설명

④ 제시된 작품은 주인공인 '그'의 의식의 흐름에 따라 이야기를 전개하고 있을 뿐 과거와 현재의 사건을 교차시키며 이야기를 전개하는 부분은 확인할 수 없으므로 ④는 제시된 작품에 대한 이해로 적절하지 않다.

오답 분석

① 제시된 작품은 사건과 사건이 인과 관계를 지니지 않고 주인공인 '그'의 의식의 흐름에 따라 이야기가 전개되고 있으므로 적절하다.

② 1문단에서 '그'가 삶에 대한 애착이나 염세를 갖지 않을 뿐만 아니라, 어떠한 감정도 느끼지 않는다는 것과 2문단에서 '그'에게 사고(思考)와 욕망조차 제거되어 있어 존재하지 않는다는 것을 통해 '그'가 삶의 의미와 정체성을 상실한 현대인을 나타냄을 알 수 있다.

③ '없을 것이다', '아닐 것이다', '~ 모른다', '않-'과 같은 부정적인 표현의 반복을 통해 일상적인 삶에서의 행위를 거부한 채 무기력하게 살아가는 인물의 생활을 드러내고 있다.

✏️ 이것도 알면 합격!

최윤, 『푸른 기차』의 주제와 특징
1. 주제: 삶의 의미와 정체성을 상실해 가는 현대인의 모습
2. 특징
   • 인물 간의 갈등이나 사건 없이 이야기를 전개함
   • 주인공을 익명화된 인물인 '그'로 설정해 삶의 가치를 상실한 현대인의 모습을 나타냄

---

19 비문학 | 글의 구조 파악 (접속어의 사용)   난이도 하 ●○○

정답 설명

① (가)~(라)에 들어갈 접속어는 순서대로 '그러나 – 또한 – 즉 – 그래서'이므로 답은 ①이다.

• (가): (가)의 앞에는 개방형 사무실의 장점(수평적 조직 문화 조성, 직원들 간의 자유로운 소통)이 제시되어 있고, (가)의 뒤에는 개방형 사무실의 단점(업무 생산성의 감소)이 제시되어 있다. 따라서 (가)에는 앞의 내용과 뒤의 내용이 상반될 때 쓰는 접속어 '그러나' 또는 '하지만'이 들어가는 것이 적절하다.

• (나): (나)의 앞에는 개방형 사무실의 단점(업무 생산성의 감소)이 제시되어 있고 (나)의 뒤에는 개방형 사무실의 또 다른 단점(집단 전염병 감염률이 높음)이 제시되어 있다. 따라서 (나)에는 앞과 뒤의 내용을 동등한 자격으로 이어주는 접속어 '또한' 또는 '그리고'가 들어가는 것이 적절하다.

• (다): (다)의 앞에는 개방형 사무실의 단점이 제시되어 있고 (다)의 뒤에는 개방형 사무실이 직원들에게 미치는 부정적인 영향을 요약적으로 제시하고 있다. 따라서 (다)에는 앞의 말을 요약하여 다시 제시해 주는 '즉'이 들어가는 것이 적절하다.

• (라): (라)의 앞에는 개방형 사무실이 직원의 집중력을 저하시키고 집단 감염에 취약한 환경을 조성한다는 내용이 제시되어 있고 (라)의 뒤에는 개방형 사무실의 단점을 극복하기 위해 다시 폐쇄형 사무실로 돌아가자는 움직임이 나타나고 있다는 내용이 제시되어 있다. 따라서 (라)에는 앞의 내용이 뒤의 내용의 원인이나 근거, 조건 등이 될 때 쓰는 접속어인 '그래서'가 들어가는 것이 적절하다.

---

20 비문학 | 내용 추론   난이도 중 ●●○

정답 설명

③ 1문단을 통해 함께 식사를 한다는 의미를 담고 있는 '커멘셜리티(commensality)'는 '친교'로도 번역됨을 알 수 있고, 3문단 3~4번째 줄을 통해 가족을 의미하는 '식구'가 함께 밥을 먹는 행위로부터 유래한 단어임을 설명하고 있다. 이로 미루어 보아 인류는 함께 식사를 하는 행위를 공동체 내에서 친교를 나누거나 혈연의 정을 느끼는 행위로 확장해 인식했을 것임을 추론할 수 있으므로 ③은 적절한 추론이다.

• 유대감: 서로 밀접하게 연결되어 있는 공통된 느낌

오답 분석

① 2문단 끝에서 2~5번째 줄을 통해 쿵족이 혼자 식사를 하는 사람을 사자나 늑대처럼 여긴다고 하였음을 알 수 있다. 그러나 이는 인간과 동물을 구별하기 위해 제시한 사례일 뿐, 이를 통해 다른 사람과 함께 식사를 하지 않는 사람이 공동체에서 도태될 것이라는 내용은 추론할 수 없으므로 ①은 적절하지 않다.

② 3문단 끝에서 1~4번째 줄을 통해 인류의 식사가 생물학적 기능의 식사 이상의 다른 무언가를 실현하기 위한 것임을 알 수 있으나, 이는 인류가 함께 식사를 하며 공동체의 유대감을 증진시킨다는 것을 설명하기 위한 것일 뿐이다. 제시문을 통해 인류가 집단의 생존에 유리하게 식사 문화를 진화시켜 왔는지는 추론할 수 없으므로 ②는 적절하지 않다.

④ 제시문을 통해 확인할 수 없는 내용이다.

영어

01 | 어휘 | hereditary
난이도 하 ●○○

해석

눈 색깔과 키와 같은 몇몇 신체적 특징들은 유전적이기 때문에, 그것들은 부모로부터 그들의 자식들에게 물려진다.

① 명백한   ② 선호하는
③ 전염성의   ④ 유전적인

정답 ④

어휘

physical 신체적인, 신체의   height 키   pass down ~을 물려주다
offspring 자식, 자손   obvious 명백한   preferable 선호하는
contagious 전염성의   hereditary 유전적인

이것도 알면 합격!

hereditary(유전적인)의 유의어
= heritable, genetic, inherited

02 | 어휘 | substantiate = verify
난이도 하 ●○○

해석

그 기자는 그 도시의 부패에 관해 그의 정보원이 제기한 주장들을 입증하기 위해 열심히 노력했다.

① 입증하다   ② 눈금을 매기다
③ 조종하다   ④ 높이다

정답 ①

어휘

substantiate 입증하다   source 정보원   corruption 부패   verify 입증하다
calibrate 눈금을 매기다, 조정하다   manipulate 조종하다, 교묘하게 다루다
enhance 높이다, 향상시키다

이것도 알면 합격!

substantiate(입증하다)의 유의어
= confirm, validate, authenticate, prove

03 | 어휘 | cancel out = make up for
난이도 하 ●○○

해석

그 항공사는 우리의 앞선 끔찍한 경험을 상쇄하기 위해 무료로 우리의 좌석을 상위 등급으로 높여주었다.

① ~까지도 하다   ② ~을 보상하다
③ ~을 교묘히 모면하다   ④ ~이 생기다

정답 ②

어휘

cancel out ~을 상쇄하다   make up for ~을 보상하다
get away with ~을 교묘히 모면하다   break out in ~이 생기다

이것도 알면 합격!

cancel out(상쇄하다)의 유의어
= offset, counteract, neutralize

04 | 어휘 | resurrect = revive
난이도 하 ●○○

해석

오랫동안 활동을 중단한 그 영화 시리즈는 곧 있을 리메이크와 함께 부활될 예정이었고 곧바로 속편을 발표했다.

① 상기되다   ② 부활되다
③ 취임하게 되다   ④ 참석하게 되다

정답 ②

어휘

long-dormant 오랫동안 활동을 중단한   movie franchise 영화 시리즈
resurrect 부활시키다   upcoming 곧 있을, 다가오는   announce 발표하다
remind 상기시키다, 생각나게 하다   inaugurate 취임시키다

이것도 알면 합격!

resurrect(부활시키다)의 유의어
= restore, renew, reactivate, reanimate

05 문법 | 시제 & 명사와 관사 　　　　　난이도 중 ●●○

정답 설명

④ **현재진행 시제 | 불가산 명사** 미래를 나타내는 on Saturday(토요일에)가 쓰였고, 현재진행 시제를 사용해 미래에 일어나기로 예정되어 있는 일이나 곧 일어나려고 하는 일을 표현할 수 있으므로 현재진행 시제 am preparing이 올바르게 쓰였다. 또한, 명사 food가 일반적인 '음식'이라는 의미로 쓰일 때는 앞에 부정관사(a)를 쓰거나 복수형으로 쓸 수 없는 불가산 명사이므로 food가 올바르게 쓰였다.

정답 ④

오답 분석

① **현재분사 vs. 과거분사** 감정을 나타내는 동사(exhilarate)의 경우 주어가 감정의 원인이면 현재분사를, 감정을 느끼는 주체이면 과거분사를 써야 하는데, 문맥상 '그 서핑 수업이 엄청 신났다'라는 의미로 주어(The surfing lesson)가 감정의 원인이 되어야 자연스러우므로 과거분사 exhilarated를 현재분사 exhilarating으로 고쳐야 한다.

② **조동사 관련 표현** ought to(~해야 한다) 뒤에는 동사원형이 와야 하므로 studying을 동사원형 study로 고쳐야 한다.

③ **가산 명사·불가산 명사** 대명사 much가 지시하는 명사(diseases)가 가산 복수 명사이므로, 불가산 대명사 much를 가산 복수 대명사 many로 고쳐야 한다.

해석

① 그 서핑 수업은 엄청 신났고, 나는 내가 파도를 탔다는 것을 믿을 수 없었다.
② 너는 매우 재능 있는 화가이기 때문에, 대학에서 미술을 공부해야 한다.
③ 세상의 무수한 질병들 중에서, 우리가 진정으로 치료한 것은 얼마나 될까?
④ 내가 토요일에 있을 파티를 위한 음식을 준비하고 있으니 너는 이번 주말에 집에 잠깐 들러야 한다.

어휘

exhilarate 신나게 하다　countless 무수한, 셀 수 없이 많은　cure 치료하다
swing by 잠깐 들르다

이것도 알면 합격!

조동사처럼 쓰이는 표현

> ought to ~해야 한다	> be able to ~할 수 있다
> have to ~해야 한다	> used to ~하곤 했다
> be going to ~할 것이다	> had better ~하는 게 좋겠다
> need to ~해야 한다	> dare to 감히 ~하다

06 어휘 | make a hash of = completely ruin 　　　　　난이도 중 ●●○

해석

우리의 관리자가 우리가 중요한 프로젝트를 <u>엉망으로 하</u>고, 회사의 중요한 고객을 화나게 한 것에 대해 우리를 질책했을 때, 그 방 안에 있던 모두가 불편한 기분을 느꼈다.

① ~에 의존하는　　　　　② ~을 해명하는
③ ~을 철저하게 시행하는　④ ~을 완전히 망치는

정답 ④

어휘

reprimand 질책하다　make a hash of ~을 엉망으로 하다

이것도 알면 합격!

make a hash of(~을 엉망으로 하다)와 유사한 의미의 표현
= mess up, screw up, make a mess of

07 문법 | 병치·도치·강조 구문 & 수 일치 　　　　　난이도 하 ●○○

정답 설명

① **도치 구문: 부사구 도치 2 | 주어와 동사의 수 일치** 장소를 나타내는 부사구(In the attic ~ homes)가 강조되어 문장 맨 앞에 나오면 주어와 동사가 도치되어 '동사 + 주어(a scale city model)'의 어순이 되어야 한다. 주어 자리에 단수 명사 a scale city model이 왔으므로 복수 동사 are를 단수 동사 is로 고쳐야 한다.

정답 ①

오답 분석

② **분사구문의 관용 표현** 동시에 일어나는 상황은 'with + 목적어(its buildings) + 분사'의 형태로 나타낼 수 있는데 목적어 its buildings와 분사가 '그것의 건물들은 변색되어 있다'라는 의미의 수동 관계이므로 과거분사 weathered가 올바르게 쓰였다.

③ **관계대명사 that** 선행사 270 meters of track이 사물이고, 관계절 내에서 동사 weave의 주어 역할을 하므로 주격 관계대명사 that이 올바르게 쓰였다.

④ **분사구문의 형태** 주절의 주어(He)와 동사가 '그가 머물렀던 호텔마다 그의 방 옆에 빈방을 요청했다'라는 의미의 능동 관계이므로 현재분사 requesting이 올바르게 쓰였다.

해석

역사상 가장 성공적인 음악가 중 한 명인, 로드 스튜어트 경은 음악 외에 또 하나의 열정의 대상에 믿을 수 없을 정도로 몰두했는데, 그것은 바로 기차 모형이다. 그의 집들 중 하나의 다락방에는 그가 만드는 데 23년이 걸린 도시 축적 모형이 있다. 그 도시는 대략적으로 뉴욕과 시카고를 기반으로 하고 있는데, 그것의 건물들은 변색되어 있고 다른 측면들은 대단히 상세하게 묘사되어 있다. 그 모형은 1.5미터 높이의 건물들 사이를 누비고 지나가는 270미터의 선로를 포함한다. 그는 활동 내내, 그 모형을 만드는 것에 공을 들였고, 심지어는 순회공연 중에도 그가 머물렀던 호텔마다 그의 방 옆에 그것을 작업할 수 있는 빈방을 요청했다.

어휘

incredibly 믿을 수 없을 정도로, 놀랍게도 devote 몰두하다
passion 열정의 대상, 열정 attic 다락방 scale 축적
loosely 대략적으로, 느슨하게 weather 변색시키다 facet 측면
weave 누비고 지나가다 request 요청하다

이것도 알면 합격!

목적격 관계대명사와 '주격 관계대명사 + be 동사'는 생략할 수 있다.

> The person **(whom/that)** I met yesterday was my math teacher.
> 내가 어제 만난 사람은 나의 수학 선생님이었다.
> The library **(which is)** located downtown is large.
> 시내에 위치한 도서관은 크다.

---

08 문법 | 명사절 난이도 중 ●●○

정답 설명

④ **명사절 접속사 4: 복합관계대명사** 복합관계대명사의 격은 복합관계대명사가 이끄는 명사절 내에서 그것의 역할에 따라 결정되는데, 주어가 없는 불완전한 절(demonstrates ~ singer)을 이끌며 동사(demonstrates)의 주어 자리에 올 수 있는 것은 주격 복합관계대명사이므로 목적격 복합관계대명사 whomever를 주격 복합관계대명사 whoever로 고쳐야 한다.

정답 ④

오답 분석

① **혼합 가정법** '내가 어린 시절에 해외에서 머물렀더라면, 나는 지금 다른 언어를 유창하게 말할 텐데'는 과거의 상황을 반대로 가정했을 경우 그 결과가 현재에 영향을 미칠 때 쓰는 혼합 가정법을 사용하여 나타낼 수 있다. 혼합 가정법은 'If + 주어 + had p.p., 주어 + would + 동사원형'의 형태로 나타내므로 If I had stayed ~, I would speak ~가 올바르게 쓰였다.

② **과거완료 시제 | 수동태로 쓸 수 없는 동사** '지원 창이 닫힌' 것은 특정 과거 시점(이력서가 접수되지 않은 시점)보다 이전에 일어난 일이고, 동사 close는 '닫히다'라는 의미를 가질 때 목적어를 갖지 않는 자동사이므로 수동태로 쓰일 수 없다. 따라서 과거완료 능동태 had closed가 올바르게 쓰였다.

③ **시제 일치** 과거 시제와 자주 함께 쓰이는 시간 표현 'last + 시간 표현'(last week)이 왔으므로, 과거 시제 lost, wouldn't start가 올바르게 쓰였다. 또한, '화를 내다'라는 의미의 숙어 표현 lose one's temper의 과거형인 lost his temper가 올바르게 쓰였다.

어휘

application 지원(서) résumé 이력서 demonstrate 발휘하다, 보여주다

이것도 알면 합격!

혼합 가정법의 주절에는 주로 '현재'임을 나타내는 단서가 함께 온다.

> If I **had known** his phone number, I **would call** him right now.
> 내가 그의 핸드폰 번호를 알았었더라면, 지금 그에게 전화할 텐데.

---

09 독해 | 추론 (빈칸 완성 – 연결어) 난이도 상 ●●●

정답 설명

(A) 빈칸 앞부분은 성격 특성의 어둠의 3요소에 해당하는 마키아벨리주의에 관한 내용이고, 빈칸 뒤 문장은 성격 특성의 '빛의 3요소'에 해당하는 이 특성의 대응물이 이타주의라는 내용으로 대조적인 내용이다. 따라서 대조를 나타내는 연결어 In contrast(대조적으로)가 나와야 적절하다. (B) 빈칸 앞 문장은 한 사람이 두 가지의 3요소들 중 오직 한 가지의 3요소에서만 강한 특성을 가질 것이라고 가정하는 것이 자연스럽다는 내용이고, 빈칸 뒤 문장은 연구 결과 동일한 사람이 두 그룹 모두의 성격적 특성을 나타내는 것이 가능하다는 대조적인 내용이다. 따라서 대조를 나타내는 연결어 However(그러나)가 나와야 적절하다. 따라서 ④번이 정답이다.

정답 ④

해석

마키아벨리주의는 흔히 성격 특성의 '어둠의 3요소'로 불리는 것의 토대 중 하나인데, 이것은 인간의 악의적인 성향들을 묘사하는 특성들의 집합이다. 니콜로 마키아벨리의 이름을 따 명명된 이 일련의 특성들은, 높은 수준의 이기심과 자신의 목표를 달성하기 위해 교묘한 조종을 사용하려는 의지로 이어진다. (A) 대조적으로, 성격의 '빛의 3요소'에 해당하는 이 특성의 대응물은 이타주의, 또는 칸트주의이다. 이것은 특히 어떤 형태의 자기희생이나 부정적인 개인적 결과가 수반될 때 타인을 돕고자 하는 욕망이다. 한 사람이 두 가지의 3요소들(어둠의 3요소, 빛의 3요소) 중 오직 한 가지(의 3요소)에서만 강한 특성을 가질 것이라고 가정하는 것이 자연스럽다. (B) 그러나, 연구는 이 두 그룹이 부정적인 상관관계를 가지고 있지 않다는 것을 보여주었으며, 이는 동일한 사람이 두 그룹 모두의 성격적 특성을 나타내는 것이 가능하다는 것을 의미한다.

	(A)	(B)
①	결과적으로	그러므로
②	따라서	게다가
③	더욱이	그 결과
④	대조적으로	그러나

어휘

Machiavellianism 마키아벨리주의 cornerstone 토대, 주춧돌
malevolent 악의적인 tendency 성향 self-interest 이기심
manipulation 교묘한 조종, 조작 corresponding 해당하는
counterpart 대응물, 상대 altruism 이타주의 desire 욕망
self-sacrifice 자기희생 correlation 상관관계 exhibit 나타내다, 드러내다

정답 설명

지문 처음에서 프로그래밍 언어가 두 개의 범주로 나뉜다고 했고, 지문 전반에 걸쳐 저급 프로그래밍 언어와 고급 프로그래밍 언어가 각각 어떤 특징을 가지고 있는지에 대해 설명하고 있으므로 '② 컴퓨터 언어의 서로 다른 범주는 무엇인가'가 이 글의 주제이다.

정답 ②

해석

프로그래밍 언어는 프로그래밍 범례를 교체하는 두 개의 주요 범주로 나뉘는데, 바로 저급 프로그래밍 언어와 고급 프로그래밍 언어이다. 저급 언어는 근본적으로 2진법 부호, 어셈블리 코드, 기계어와 같이, 기계와 컴퓨터가 이해할 수 있는 것들이다. 그것들은 명령을 수행하는 근본적인 구성 요소로서 존재한다. 매우 효과적이기는 하지만, 이 언어(저급 언어)는 사람들이 읽기에는 어렵고, 이는 그것들을 사용하는 것을 어렵게 만든다. 반면, 고급 언어는 사람들에게 쉽게 읽히고, 각각이 그것들이 구성된 방식에 따라 다른 성능과 도구 모음을 가지고 있다. 그러나, 그것들(고급 언어) 자체는, 컴퓨터와 기계가 판독하기 어렵다. 이것 때문에, 프로그래머들은 고급 언어로 코드를 작성한 다음, 컴파일러를 이용하여 그것을 저급 언어로 번역한다. 이 과정은 사람 프로그래머들에 의해 사용될 수 있으면서도, 여전히 컴퓨터에 의해 이해가 되는 언어의 결과를 낳는다.

① 언어를 선택할 때 프로그래머들은 무엇을 기대하는가
② 컴퓨터 언어의 서로 다른 범주는 무엇인가
③ 프로그래밍 언어의 발달은 무엇을 수반하는가
④ 다른 유형의 프로그램 활용은 무엇이 될 수 있는가

어휘

supersede 교체하다, 대체하다   **programming paradigm** 프로그래밍 범례(각종 컴퓨터 모듈을 대상으로 한 특징적인 프로그래밍 기법을 추상화한 개념)
essentially 근본적으로   **binary** 2진법의   **assembly** 어셈블리(기호언어로 쓰인 프로그램을 기계어로 쓰인 프로그램으로 변환하는 것)   **machine code** 기계어
fundamental 근본적인   **building block** 구성 요소   **execute** 수행하다
command 명령   **capability** 성능, 능력   **toolset** 도구 모음
unreadable 판독하기 어려운, 읽기 어려운   **translate** 번역하다
compiler 컴파일러(명령어 번역 프로그램)   **utilize** 사용하다, 활용하다
look for 기대하다   **entail** 수반하다

정답 설명

목재 테라스를 직접 만들었는지 묻는 A의 말에 B가 그렇다고 대답하고, 빈칸 뒤에서 It was not too hard. It just took some time and patience(그렇게 어렵지 않았어. 단지 시간과 인내심이 좀 필요했을 뿐이야)라고 말하고 있으므로, 빈칸에는 '③ 그것은 완성하기에 어려웠니(Was it difficult to complete)'가 들어가야 자연스럽다.

정답 ③

해석

A: 요즘 어떻게 지내?
B: 잘 지내고 있어. 내 새로운 목재 테라스를 좀 봐!
A: 와! 네가 직접 만들었어?
B: 응. 철물점에서 목재를 샀어.
A: 그것은 완성하기에 어려웠니?
B: 그렇게 어렵지 않았어. 단지 시간과 인내심이 좀 필요했을 뿐이야.
A: 한 번 시도해봐야 할 것 같아.
B: 네가 언제 시작할지 알려주면 내가 방법을 알려줄게.

① 너는 이전 경험이 있어
② 그것을 만들기 위한 더 좋은 방법이 있어
③ 그것은 완성하기에 어려웠니
④ 비품을 어디에서 샀어

어휘

deck 목재 테라스, (주택의 옥외) 덱   **lumber** 목재   **hardware store** 철물점
patience 인내심   **previous** 이전의   **construct** 만들다, 건설하다
supply 비품, 보급품

🔧 **이것도 알면 합격!**

철물점과 관련된 다양한 표현

> tool 도구	> sandpaper 사포
> nail 못	> safety goggles 안전 고글
> screw 나사	> tape measure 줄자
> bolt 볼트	> work gloves 작업용 장갑

정답 설명

③ **동명사와 to 부정사 둘 다 목적어로 취하는 동사** 동사 forget(forgot)은 '~한 것을 잊다'라는 과거의 의미를 나타낼 때 동명사를 목적어로 취하므로 to 부정사 to go를 동명사 going으로 고쳐야 한다.

정답 ③

오답 분석

① **관계대명사** 선행사(The entrepreneur)가 사람이고, 관계절 내에서 동사 thought의 주어 역할을 하므로 주격 관계대명사 who가 올바르게 쓰였다.

② **비교급 | 병치 구문** '그녀의 솜씨는 그의 솜씨보다 더 나았다'는 '형용사의 비교급 + than'의 형태로 나타낼 수 있으므로 better than이 올바르게 쓰였다. 또한, 비교 구문에서 비교 대상은 같은 구조끼리 연결되어야 하는데, than 앞의 명사(Her skill)가 '소유격 + 명사'의 형태이므로 than 뒤에도 '소유격 + 대명사'의 역할을 하는 소유대명사 his가 올바르게 쓰였다.

④ **타동사** '학부모들에게 휴교를 알릴 것이다'는 'notify + 목적어(parents) + of'의 형태로 나타낼 수 있으므로 will notify parents of any closures ~가 올바르게 쓰였다.

어휘

entrepreneur 사업가   think outside the box 고정관념을 깨다
revolutionize 혁신을 일으키다   paintbrush 화필, 그림을 그리는 붓
notify 알리다

🖋 **이것도 알면 합격!**

동명사가 목적어일 때와 to 부정사가 목적어일 때 의미가 다른 동사

	+ -ing (과거 의미)	+ to 부정사 (미래 의미)
remember	~한 것을 기억하다	~할 것을 기억하다
forget	~한 것을 잊다	~할 것을 잊다
regret	~한 것을 후회하다	~하게 되어 유감스럽다

정답 설명

①번에서 A는 B에게 어디에 가고 있는지를 묻고 있으므로, 식료품점에 가고 있다는 B의 대답 '① I'm headed to the grocery store(식료품점에 가고 있어)'는 자연스럽다.

정답 ①

해석

① A: 지금 어디에 가고 있니?
   B: 식료품점에 가고 있어.
② A: 나를 좀 태워줄 수 있을까?
   B: 우리가 그것을 들기에는 너무 무거워.
③ A: 어떻게 지냈어?
   B: 내 생각엔 그것에 닿을 수 있을 것 같아.
④ A: 몇 시인지 알아?
   B: 30분 정도 걸릴 거야.

어휘

head 가다, 향하다   lift (차 등을) 태워 주기   reach 닿다, 도달하다

🖋 **이것도 알면 합격!**

도움을 요청할 때 쓸 수 있는 다양한 표현
> Could you help me, please?
   도와주실 수 있나요?
> I could use some help.
   저는 도움이 좀 필요해요.
> Would you mind giving me a hand?
   도와주시겠어요?

정답 설명

지문 전반에 걸쳐 메소아메리카의 가장 큰 건축물들 중 하나인 태양의 피라미드가 기원후 200년부터 탈루 타블레로 건축 양식으로 지어졌는데, 이 양식이 가장 큰 도시였던 테오티와칸과 그곳의 신전의 영향 때문에 상당히 퍼져 나갔다고 설명하고 있다. 따라서 '④ 메소아메리카의 태양 신전 건축 양식의 영향'이 이 글의 제목이다.

정답 ④

해석

태양의 피라미드는 메소아메리카(중앙 아메리카)에 지어진 가장 큰 건축물들 중 하나이고, 마야 문명의 가장 큰 도시인 테오티와칸의 중심물이다. 기원후 200년에 시작하여 두 단계로 건설되었으며, 그 완성된 구조물은 대략 65미터의 높이로 주변의 풍경 위로 우뚝 솟아 있었다. 그것은 그 당시에 흔했던 탈루 타블레로 건축 양식으로 지어졌다. 이 설계 양식은 그 외의 경사진 표면에서 돌출되는 특징적인 판과 단 때문에 '슬로프 앤 패널 스타일'로도 불렸다. 이 양식은 테오티와칸과 그곳의 가장 유명한 신전의 영향 때문에 상당히 퍼져나갔는데, 다른 문화들이 그들 자신을 강력한 마야 문명과 연관시키기 위해 이 양식을 채택했기 때문이다.

① 메소아메리카 전역의 흔한 신전 배치
② 테오티와칸 중기에 연구된 종교들
③ 슬로프 앤 패널 스타일 측벽의 발달
④ 메소아메리카의 태양 신전 건축 양식의 영향

어휘

centerpiece 중심물 civilization 문명 tower over ~ 위로 우뚝 솟아 있다
surrounding 주변의 architecture 건축 양식 signature 특징적인
platform 단, 층계참 jut out from ~에서 돌출되다 considerably 상당히
adopt 채택하다 associate 연관시키다 layout (건물 등의) 배치
religion 종교 sidewall 측벽

---

15 독해 | 논리적 흐름 파악 (무관한 문장 삭제) 난이도 중 ●●○

정답 설명

지문 처음에서 철학자들은 대개 컴퓨터 공학에 관심이 없는 반면, 프로그래머들은 철학에 엄청나게 관심이 있다고 설명한 뒤 ②, ③, ④번에서 컴퓨터 공학은 주로 문제 해결의 학문이기 때문에 프로그래머들이 철학의 논리적 근거 구조를 연구하는 것이고, 이러한 기량을 코드의 오류에 대응하거나 잠재적인 문제들을 예측하기 위해 사용한다고 설명하고 있다. 그러나 ①번은 컴퓨터가 더 진보함에 따라 철학적인 문제들이 덜 중요해질 것이라는 내용으로, 프로그래머들이 철학을 연구하는 이유에 대해 설명하는 지문 전반의 내용과 관련이 없다.

정답 ①

해석

철학자들은 대개 컴퓨터 공학에 관심이 없는 반면, 프로그래머들은 철학에 엄청나게 관심이 있다. ① 컴퓨터가 더 진보함에 따라, 인간성과 정체성 같은 철학적인 문제들은 덜 중요해질 것이다. ② 컴퓨터 공학은 주로 문제 해결의 학문이기 때문에, 논거와 전제들을 평가하는 것에 이용되는 논리와 엄격한 체계가 필수적이다. ③ 따라서, 프로그래머들은 철학의 논리적 근거 구조를 연구하는 데 시간을 자주 쓴다. ④ 그들은 이러한 기량을 그들의 코드에 있는 오류에 대응하고 해결책을 찾기 위해 사용할 뿐만 아니라, 잠재적인 문제들을 예측하기 위해서도 사용한다. 이것은 철학자들이 그들의 주장을 사전에 방어하기 위해 대조와 반례를 예측하는 방식과 유사하다.

어휘

immensely 엄청나게 philosophy 철학 personhood 인간성
identity 정체성 largely 주로 discipline 학문, 학과목 rigid 엄격한
evaluate 평가하다 argument 논거, 주장 premise 전제
vital 필수적인, 극히 중대한 frequently 자주 construction 구조, 구성
respond 대응하다 potential 잠재적인 counterpoint 대조, 대위법
counterexample 반례

---

16 독해 | 추론 (빈칸 완성 – 구) 난이도 상 ●●●

정답 설명

지문 처음에 모든 사람들은 어느 정도 문화에 동조하도록 배운다는 내용이 있고, 빈칸이 있는 문장에서 이러한 경향은 일반적으로 우리가 당연하게 받아들이는 것들이라는 내용이 있다. 또한, 빈칸 뒤에서 이것이 우리가 기념하는 휴일의 형태로, 문제에 대한 우리의 접근법, 다른 사람이 우리에게 하는 기대나 우리가 그들에게 하는 기대일 수도 있다고 하며 이에 대한 예시를 보여주고 있으므로, 빈칸에는 우리는 문화에 동조하는 경향에 대해 고민하려 애쓰지 않고 그것들을 '② 세상에 관한 내재된 진실'로 받아들인다는 내용이 들어가야 한다.

정답 ②

해석

모든 사람들은 보통 친구나 가족과 같이 우리가 속한 집단에 속하거나 우리가 속한 집단에 모순되는 것을 피해야 하는 필요성을 통해 어느 정도 문화에 동조하도록 배워왔다. 이러한 경향은 일반적으로 우리가 당연하게 받아들이는 것들이며, 우리는 그것들(문화에 동조하도록 배우는 경향)이 잘못된 추론에 기반하고 있음에도 불구하고 그것들에 대해 고민하려고 애쓰지 않고 그것들을 세상에 관한 내재된 진실로 받아들인다. 이것은 우리가 기념하는 휴일의 형태로 나타날 수 있다. 아니면 그것은 문제에 대한 우리의 접근법일 수도 있다. 그것은 또한 다른 사람이 우리에게 하는 기대일 수도 있고, 우리가 다시 그들에게 하는 기대일 수도 있다. 당신의 생각 이면에 있는 추론을 평가하고 가장 합리적인 선택지를 선택하는 것을 배우는 것은 최선이면서도 윤리적인 선택을 하는 데 있어 필수적인 단계이다.

① 제3자들로부터 학습된 행동
② 세상에 관한 내재된 진실
③ 끊임없는 평가를 요구하는 것
④ 집단 역학의 변화하는 패턴

어휘

contradict 모순되다, 부정하다 tendency 경향 bother ~하도록 애쓰다
fallacious 잘못된 reasoning 추론 celebrate 기념하다 approach 접근법
expectation 기대 evaluate 평가하다 reasonable 합리적인 vital 필수적인
inherent 내재된 constant 끊임없는 dynamics 역학

정답 설명

지문 처음에서 연구는 인간은 스트레스 반응으로 '돌보기와 친구하기' 기제도 가지고 있다는 것을 시사한다고 했고, 지문 전반에 걸쳐 인간이 위험에 직면할 때 사회적 유대와 돌봄과 관련된 옥시토신 호르몬을 더 높은 수준으로 방출하는데 이것은 진화 역사에서 비롯되었다고 여겨진다고 설명하고 있다. 따라서 '② 인간은 돌봄을 제공하고 연결을 추구함으로써 스트레스에 반응해왔다'가 이 글의 요지이다.

정답 ②

해석

연구는 스트레스 반응으로 '싸움 또는 도피' 반응이 더 잘 알려져 있지만, 인간은 또한 '돌보기와 친구하기' 기제도 가지고 있다는 것을 시사한다. 위험에 직면하면, 신체는 사회적 유대와 돌봄과 관련된 호르몬인 옥시토신을 더 높은 수준으로 방출하는데, 이는 개인들이 그들의 아이들의 필요를 우선시하고 사회적 지원을 구하도록 한다. 이 반응은 개인들이 생존하고 번영하기 위해 사회적 유대와 협력에 의존했던 진화 역사에서 비롯되었다고 여겨진다. 예를 들어, 선조들의 사회에서, 남성들이 위협으로부터 그들의 가족과 공동체를 보호하기 위해 동맹을 구성하는 동안, 어머니들은 위기 상황에서 그들의 자식들을 돌보기 위해 다른 여성들로부터의 사회적 지지에 의존했다.

① 사회적 유대의 진화적 발전은 계속 변화할 것이다.
② 인간은 돌봄을 제공하고 연결을 추구함으로써 스트레스에 반응해왔다.
③ 남성과 여성은 위협에 대해 서로 다른 호르몬 반응을 가지고 있다.
④ '돌보기와 친구하기' 반응은 현대 인간 사회에서 나타났다.

어휘

flight 도피 tend 돌보다 befriend 친구가 되다 mechanism 기제
associate with ~과 관련시키다 caregiving 돌봄, 부양 compel ~하게 하다
prioritize 우선시하다 emerge 비롯되다, 나타나다 evolutionary 진화적인
cooperation 협력 thrive 번영하다 ancestral 선조의, 조상의
offspring 자식, 자손 crisis 위기 alliance 동맹

정답 설명

주어진 문장에서 자전거는 1800년대 후반에 발명되었고, 가장 인기 있었던 초기 모델이 서로 다른 크기의 바퀴를 가지고 있었던 페니파딩이었다고 언급한 뒤, (B)에서 이 차이(This variance)가 이 모델(페니파딩)에 동력을 공급하고 충분한 속도를 제공하기 위해 필요했으며, 이 자전거들에는 페달의 형태를 한 크랭크가 앞바퀴에 직접적으로 부착되어 있었다고 설명하고 있다. 이어서 (A)에서 그 크랭크나 페달이 회전될 때, 앞바퀴의 회전이 페달의 회전과 균형이 맞지 않아 동일한 수준의 회전으로도 상당히 더 먼 거리를 이동하게 했다고 설명하고 있으며, (C)에서 이것(페니파딩)은 오직 짧은 시기 동안만 자전거의 지배적인 형태였는데, 이는 오늘날의 안전 자전거가 속도, 기동성 등에서 이점들을 제공했기 때문이라고 언급하고 있다. 따라서 ② (B) – (A) – (C)가 정답이다.

정답 ②

해석

원래 이륜차로 불렸던 자전거는 1800년대 후반에 발명되었다. 가장 인기 있었던 초기 모델은 그것들의 서로 다른 크기의 바퀴 때문에 페니파딩으로 알려져 있었다.

(B) 이 차이는 이 모델에 동력을 공급하고 충분한 속도를 제공하기 위해 필요했다. 이 자전거들은 전적으로 앞바퀴에 의해 추진되었는데, 그것에는 보통 페달의 형태를 한 크랭크가 직접적으로 부착되어 있었다.

(A) 그 크랭크나 페달이 회전될 때, 그 거대한 앞바퀴와의 이 직접적인 연결 때문에, 바퀴의 회전은 페달의 회전과 균형이 맞지 않는데, 동일한 수준의 회전으로 상당히 더 먼 거리를 이동하여 그 탈것에 속도와 움직임을 제공했다.

(C) 이것은 오직 짧은 시기 동안만 지배적이었던 자전거의 형태였는데, 이는 크랭크를 체인과 일련의 기어들을 통해 뒷바퀴에 대신 연결한, 오늘날 우리가 알고 있는 형태인 안전 자전거가 속도, 기동성, 안전, 그리고 편의성에 있어서 이점들을 제공했기 때문이다.

어휘

velocipede 이륜차 on account of ~ 때문에 crank 크랭크, ㄴ자형 핸들
rotation 회전 disproportionate ~과 균형이 맞지 않는 cover 이동하다, 가다
substantially 상당히 variance 차이, 변형 sufficient 충분한
drive 추진하다, 몰다 attach 부착하다 dominant 지배적인
maneuverability 기동성 convenience 편의성

정답 설명

②번 앞 문장에 향수가 소위 '레거시 팬들'에게 강하게 적용되는데 이들은 지역에 대한 개별적인 애착은 가지고 있지 않지만, 그들의 부모나 가족의 지지를 받는 팀이었기 때문에 그 팀을 추종한다는 내용이 있으므로, ②번 자리에 이러한 팬들에게 있어서 충성심은 그들의 어린 시절의 집과 가족과 관련된 감정을 불러일으키는 학습된 행동이라고 설명하는 주어진 문장이 나와야 지문이 자연스럽게 연결된다.

정답 ②

해석

스포츠 팬들은 눈에 띄게 그들의 팀에 충성스럽고, 이러한 충성의 이면에는 수많은 이유가 존재한다. 모든 팬층의 이면에 있는 주된 이유는 향수와 소속감이다. 향수는 소위 '레거시 팬들'에게 강하게 작용하는데, 이들은 지역에 대한 개별적인 애착은 가지고 있지 않지만, 그들의 부모나 가족의 지지를 받는 팀이었기 때문에 그 팀을 추종한다. ② 이러한 팬들에게 있어서, 그들의 충성심은 학습된 행동이며, 심리학자들과 마케터들은 이 행동이 그들의 어린 시절의 집과 가족과 관련된 감정을 불러일으킨다고 믿는다. 팬들이 팀을 추종하는 다른 이유는 소속감을 경험하기 위해서이다. 이 감정은 일반적으로 그들의 고향이나 현재 지역을 대표하는 팀을 추종하는 팬들과 연관된다. 그런 다음, 그 팀과의 관계는 다른 팬들이나 그들의 현재 거주지에 대한 동족적인 소속감을 형성한다.

어휘

loyalty 충성(심) psychologist 심리학자 evoke 불러일으키다
associate with ~과 관련시키다 primary 주된, 주요한 nostalgia 향수
belonging 소속(감) come into play 작용하다 attachment 애착
represent 대표하다, 대변하다 locality 지역 tribal 동족적인, 부족의
residence 거주(지)

정답 설명

지문 중간에서 비버가 건설한 댐들이 강과 시내의 물의 속도를 낮춰 침식을 최소화하고 퇴적물 층을 보존한다고 하였고, 이어서 비버 댐이 강의 수온을 평균적으로 섭씨 2.5도까지 떨어뜨린다고 했으므로, '③ 수면의 온도는 댐으로 인해 물이 더 빠르게 움직이기 때문에 떨어진다'는 것은 지문의 내용과 일치하지 않는다.

정답 ③

해석

특히 기후 변화의 최근 영향에 관하여 가장 중요하고 정당하게 평가받지 못한 종 중 하나는 비버이다. 댐의 건설을 통해, 이 동물들은 그들이 거주하는 지역의 생태계를 형성하는 데 중요한 역할을 한다. 그 댐들은 강과 시내의 물의 속도를 낮춰 침식을 최소화하고 퇴적물 층을 보존한다. 침식의 축소는 댐 하류의 물이 그렇지 않았을 경우보다 상당히 더 깨끗해질 수 있게 한다. 그리고 이 기후 변화의 시대에 가장 중요한 것은, 비버 댐이 강의 수온을 평균적으로 섭씨 2.5도까지 떨어뜨린다는 것이다. 더 느린 물의 속도는 지하수 함양이라고 알려진 과정에서 수면층이 증발하는 동안 물이 수면 안으로 더 깊숙하게 흡수될 수 있게 한다. 이 필수적인 과정은 물의 순환과 안정적인 대수층을 유지하는 것에 있어 중요한 부분이다.

① 댐은 하류 지역의 퇴적층을 유지하고 보존하는 데 도움이 된다.
② 비버 댐 근처의 강 일부에서 침식이 최소화된다.
③ 수면의 온도는 댐으로 인해 물이 더 빠르게 움직이기 때문에 떨어진다.
④ 지하수 함양 과정은 물의 순환에서 중요한 역할을 수행한다.

어휘

underappreciated 정당하게 평가받지 못하는 significant 중요한
ecosystem 생태계 minimize 최소화하다 erosion 침식, 부식
preserve 보존하다 sediment 퇴적물 layer 층 downstream 하류의
Celsius 섭씨 absorb 흡수하다 evaporate 증발하다
groundwater recharge 지하수 함양 vital 필수적인 crucial 중요한
maintain 유지하다 aquifer 대수층

구문분석

[1행] One of the most important and underappreciated species, / particularly / with current effects of climate change, / is the beaver.
: 이처럼 'one of the + 최상급'이 쓰인 경우, '가장 ~한 -중 하나'라고 해석한다.

한국사

01 고대 | 신문왕 난이도 중 ●●○

자료 분석

선왕(문무왕)이 감은사를 창건하려 했으나 끝내 못하고 죽자 뒤이어 즉위하여 공사를 마무리함 → 신문왕

정답 설명

③ 신문왕은 장인인 김흠돌의 반란을 진압하고 이를 계기로 귀족 세력을 숙청하여 왕권을 강화하였다.

오답 분석

① **문무왕**: 당나라를 몰아내고 삼국 통일을 완수한 왕은 문무왕이다.

② **경덕왕**: 관리에게 직무의 대가로 지급하는 녹읍을 부활시킨 왕은 경덕왕이다. 한편, 신문왕은 관료전을 지급(687)하고, 녹읍을 폐지(689)하였다.

④ **성덕왕**: 관리들이 지켜야 할 덕목을 담은 『백관잠』을 지은 왕은 성덕왕이다.

02 조선 전기 | 김종직 난이도 하 ●○○

자료 분석

제자 김일손이 사초 내에 부도덕한 말로 선왕조의 일을 기록 + 부관참시 → (가) 김종직

정답 설명

① 김종직은 세조의 왕위 찬탈을 비판한 『조의제문』을 지었다. 이후 제자인 김일손이 이 글을 『실록』의 초안인 『사초』에 기록한 것이 발단이 되어 무오사화가 일어났다.

오답 분석

② **기대승**: 이황과 편지를 통해 4단 7정에 대한 논쟁을 벌인 인물은 기대승이다.

③ **조식**: 선조에게 올린 상소에서 서리망국론을 주장하며 당시 서리의 폐단을 비판한 인물은 조식이다.

④ **김시습**: 우리나라 최초의 한문 소설집인 『금오신화』를 저술한 인물은 김시습이다.

03 시대 통합 | 시대별 교육 기관 난이도 중 ●●○

정답 설명

① 옳은 것을 모두 고르면 ㉠, ㉢이다.

㉠ 고려의 국자감은 국자학, 태학, 사문학의 유학부와 율학, 서학, 산학의 기술학부로 구성되었다.

㉢ 동문학은 통역관을 양성하기 위해 1883년에 정부가 설립한 외국어 교육 기관이다.

오답 분석

㉡ 조선의 성균관은 원칙적으로 소과에 합격한 15세 이상의 생원과 진사가 입학할 수 있었던 것은 맞지만, 정원이 미달일 경우 4부 학당의 성적 우수자(승보시 합격자) 등이 입학하기도 하였다.

㉣ **한성 사범 학교 등**: 고종의 교육 입국 조서 반포에 따라 설립된 관립 학교로는 한성 사범 학교(1895) 등이 있다. 한편, 원산 학사는 덕원 부사 정현석과 주민들이 기금을 모으는 등 관민이 합심하여 1883년에 설립한 최초의 근대적 사립 학교이다.

04 일제 강점기 | 의열단 난이도 중 ●●○

자료 분석

김익상이 조선 총독부에 들어가서 폭탄을 던짐 → 의열단

정답 설명

④ 의열단원의 일부가 1926년에 황포(황푸) 군관 학교에 입학하여 정치·군사 훈련을 받았다.

오답 분석

① **대한민국 임시 정부**: 구미 위원부를 설치하여 외교 활동을 전개한 단체는 대한민국 임시 정부이다.

② **한인 애국단**: 침체된 임시 정부에 활력을 불어넣기 위해 김구가 조직한 단체는 한인 애국단이다. 한편, 의열단은 1919년 만주 길림에서 김원봉, 윤세주 등이 조직한 단체이다.

③ **신민회**: 서간도 삼원보에 신흥 강습소를 설립하여 독립군을 양성한 단체는 신민회이다.

05 고려 시대 | 지눌 난이도 하 ●○○

자료 분석

정(定)은 본체이고 혜(慧)는 작용 → 정혜쌍수 → 지눌

정답 설명

② 지눌은 당시 타락한 불교계를 비판하며 이를 개혁하기 위해 수선사(순천 송광사)를 중심으로 독경, 선 수행, 노동 등 승려 본연의 자세로 돌아가자는 수선사 결사를 제창하였다.

오답 분석

① **균여**: 귀법사의 초대 주지로 화엄 사상을 정비한 인물은 균여이다.

③ **보우**: 원으로부터 선종의 일파인 임제종을 들여와 전파시킨 인물은 보우이다.

④ **의천**: 고려·송·요·일본의 불교 자료를 수집하여 『신편제종교장총록』을 편찬한 인물은 의천이다.

06 고려 시대 | 우왕 대의 사실 난이도 중 ●●○

자료 분석

대군이 압록강을 건너서 위화도에 머무름 + 이성계가 군사를 돌이킴
→ 위화도 회군 → 우왕(1374~1388)

정답 설명

④ 우왕 때인 1377년에 청주 흥덕사에서 『직지심체요절』이 간행되었다. 『직지심체요절』은 현존하는 세계 최고(最古)의 금속 활자본으로, 현재 프랑스 국립 도서관에 보관되어 있다.

오답 분석

① 충렬왕: 동녕부와 탐라총관부가 고려에 반환된 것은 충렬왕 때이다. 동녕부는 원이 자비령 이북 지역을 통치하기 위해 설치한 관청이고, 탐라총관부는 원이 제주도를 직접 관할하기 위하여 설치한 관청이다.

② 공민왕: 신돈을 등용하여 전민변정도감을 운영한 것은 공민왕 때이다. 전민변정도감은 권문세족에게 빼앗긴 토지를 원래 주인에게 돌려주고, 억울하게 노비가 된 자들을 풀어주기 위해 설치된 기구이다.

③ 공양왕: 군사 통솔 기관인 삼군도총제부가 설치된 것은 공양왕 때이다. 삼군도총제부는 이후 조선 태조 때 의흥삼군부로 개편되었다.

07 조선 후기 | 정약용의 저술 난이도 하 ●○○

자료 분석

1여의 토지는 1여의 인민이 공동으로 경작 + 수확물을 노동 일수에 따라 여민에게 분배 → 여전론 → 정약용

정답 설명

③ 정약용이 저술한 『목민심서』는 지방 행정 개혁 및 수령이 지켜야 할 지침에 대해 정리한 서적이다.

오답 분석

① 이익: 『곽우록』을 저술한 인물은 이익이다. 이익은 『곽우록』에서 국가 제도 전반에 대한 개혁론을 제시하였다.

② 유형원: 『반계수록』을 저술한 인물은 유형원이다. 유형원은 『반계수록』에서 신분에 따라 토지를 차등 있게 재분배하자는 균전론을 주장하였다.

④ 박지원: 『과농소초』를 저술한 인물은 박지원이다. 박지원은 『과농소초』에서 농업 생산력의 증대를 위한 영농 방법 혁신, 수리 시설 확충 등을 주장하였다.

이것도 알면 합격!

정약용의 저술

저술	내용
『목민심서』	지방 행정 조직 개혁, 목민관(지방관)의 자세 제시
『흠흠신서』	형옥 관련 법률 제시
『경세유표』	중앙 통치 체제 개혁, 정전제 주장
『기예론』	기술 교육과 기술 진흥 강조(북학파의 주장 지지)
『마과회통』	홍역에 관한 의서, 제너의 종두법 소개

08 근대 | 14개조 혁신 정강 난이도 중 ●●○

자료 분석

일본인에게 이용당함 + 김옥균 → 갑신정변 → 14개조 혁신 정강

정답 설명

④ 14개조 혁신 정강에는 흥선 대원군을 귀국시키고, 종래에 청에 행하던 조공의 허례를 폐지한다는 내용이 명시되어 있다.

오답 분석

① 폐정 개혁안 12개조: 7종의 천인 대우를 개선하고 백정이 쓰는 평량갓은 없애는 것은 동학 농민군이 발표한 폐정 개혁안 12개조 중 6조의 내용이다.

② 홍범 14조: 총명한 젊은이들을 파견하여 외국의 학술, 기예를 견습시킨다는 것은 고종이 반포한 홍범 14조 중 11조의 내용이다.

③ 헌의 6조: 국가의 재정은 탁지부에서 전담하고 예산과 결산은 인민에게 공포한다는 내용은 독립 협회가 결의한 헌의 6조 중 3조의 내용이다.

09 현대 | 좌·우 합작 7원칙 난이도 하 ●○○

자료 분석

조선의 좌·우 합작 + 7원칙을 결정 → 좌·우 합작 7원칙(1946. 10.)
(가) 조선 인민 공화국 선포(1945. 9.) ~ 제1차 미·소 공동 위원회 개최 (1946. 3.)
(나) 제1차 미·소 공동 위원회 개최(1946. 3.) ~ 남조선 과도 입법 의원 창설(1946. 12.)
(다) 남조선 과도 입법 의원 창설(1946. 12.) ~ 5·10 총선거(1948. 5.)
(라) 5·10 총선거(1948. 5.) ~ 대한민국 정부 수립(1948. 8.)

정답 설명

② (나) 시기인 1946년 10월에 좌·우 합작 7원칙이 발표되었다. 좌·우 합작 7원칙의 주요 내용으로는 모스크바 3국 외상 회의 결정에 따른 민주주의 임시 정부의 수립과 미·소 공동 위원회의 속개 요청 등이 있다.

10 조선 전기 | 조선 전기의 대외 관계 난이도 상 ●●●

정답 설명

② 조선은 명나라의 선진 문물을 수용하기 위하여 연행사가 아닌 조천사를 파견하였다. 한편, 연행사는 조선 후기 청나라에 파견된 사신이다.

오답 분석

① 조선은 여진족에 대한 회유책의 일환으로 국경 지역인 경성과 경원에 무역소를 설치하여 교역하였다.

③ 조선은 류큐(오키나와)에 불경, 유교 경전, 범종 등을 전해주어 류큐의 문화 발전에 기여하였다.

④ 조선은 세종 때인 1443년에 대마도주와 계해약조를 체결하여 연간 50척의 세견선을 허용하였다.

11 고려 시대 | 고려 시대의 가족 제도   난이도 중 ●●○

자료 분석

이규보는 돌아가신 장인의 영전에 제사를 올림 → 고려 시대

정답 설명

① 고려 시대에 부모의 재산은 균분 상속으로 아들과 딸의 구분 없이 골고루 분배되었다.

오답 분석

② 조선 후기: 부계 위주의 족보가 편찬되었고 동성 마을을 형성한 것은 조선 후기의 사실이다.

③ 고려 시대의 여성은 비교적 자유롭게 재가할 수 있었고, 호주가 될 수 있었다.

④ 고려 시대에는 결혼할 때 여성이 데려온 노비에 대한 소유권은 여성에게 귀속되었다.

12 고대 | 을지문덕   난이도 중 ●●○

자료 분석

살수 + 수나라의 군대가 한꺼번에 허물어짐 → 살수 대첩 → (가) 을지문덕

정답 설명

② 을지문덕은 적장인 우중문에게 5언시인 '여수장우중문시'를 보냈다.

오답 분석

① 연개소문: 당의 침입에 대비하기 위하여 쌓은 천리장성의 축조를 감독한 인물은 연개소문이다.

③ 연개소문: 정변을 일으켜 영류왕을 제거하고, 보장왕을 옹립한 인물은 연개소문이다.

④ 김유신, 김춘추: 선덕 여왕 때 비담, 염종 등이 일으킨 반란을 진압한 인물은 김유신과 김춘추이다.

13 현대 | 6·25 전쟁   난이도 중 ●●○

정답 설명

③ 순서대로 나열하면 ⓒ 인천 상륙 작전(1950. 9.) → ⊙ 1·4 후퇴(1951. 1.) → ⓛ 맥아더의 유엔군 총사령관직 해임(1951. 4.) → ⓔ 이승만 정부의 반공 포로 석방 조치(1953. 6.)가 된다.

ⓒ 인천 상륙 작전: 유엔군 총사령관 맥아더의 지휘 아래 유엔군과 국군이 인천 상륙 작전을 전개하였다(1950. 9.).

⊙ 1·4 후퇴: 유엔군과 국군이 압록강까지 진출하자 위기를 느낀 중국은 북한을 돕기 위해 대규모 군대를 파견하였고, 중국군의 공세로 유엔군과 국군은 서울을 다시 빼앗겼다(1951. 1.).

ⓛ 맥아더의 유엔군 총사령관직 해임: 중국군의 참전 이후 세계 전쟁으로 확대될 것을 우려한 미국 정부에 의해 만주 폭격 등 전선의 확대를 주장하던 맥아더가 유엔군 총사령관직에서 해임되었다(1951. 4.).

ⓔ 이승만 정부의 반공 포로 석방 조치: 이승만 정부는 정전 협정에 반대하며 반공 포로를 석방하는 조치를 실행하였다(1953. 6.).

14 조선 후기 | 『속대전』 편찬과 홍경래의 난 사이의 사실   난이도 하 ●○○

자료 분석

『속대전』 편찬(1746) → (가) → 홍경래의 난(1811)

정답 설명

④ (가) 시기인 1791년에 정조는 신해통공을 반포하여 육의전을 제외한 시전 상인의 금난전권(난전을 단속할 수 있는 권리)을 폐지하고, 사상의 자유로운 상업 활동을 보장하였다.

오답 분석

① (가) 이후: 우리나라 최초의 신부인 김대건이 순교한 것은 헌종 때인 1846년으로, (가) 시기 이후의 사실이다.

② (가) 이전: 용골산성에서 정봉수가 의병을 이끌고 항전한 것은 정묘호란 때인 1627년으로, (가) 시기 이전의 사실이다.

③ (가) 이전: 창덕궁에 임진왜란 때 조선을 도와준 명나라 신종을 기리는 대보단이 설치된 것은 숙종 때인 1704년으로, (가) 시기 이전의 사실이다.

15 일제 강점기 | 1910년대 일제의 경제 정책   난이도 중 ●●○

정답 설명

① 옳은 것을 모두 고르면 ⊙, ⓒ이다.

⊙ 일제는 1914년에 호남선 철도를 개통하여 호남 곡창 지대의 농산물 반출을 확대하였다.

ⓒ 일제는 1918년에 조선 임야 조사령을 제정하여 대부분의 임야를 국유지로 강제로 편입시켰다.

오답 분석

ⓛ 1920년대: 일제가 신은행령을 공포(1928)하여 은행 설립 및 운영을 제한하고 한국인 소유의 중소 은행을 합병한 것은 1920년대의 사실이다.

ⓔ 1930년대: 일제가 빈번하게 일어나는 소작 쟁의를 조정·억제하기 위해 조선 소작 조정령을 발표(1932)한 것은 1930년대의 사실이다.

16 고대 | 백제의 사회 모습   난이도 중 ●●○

자료 분석

관직에는 16품이 있음 + 좌평, 달솔, 은솔 → 백제

정답 설명

④ 백제의 대표적인 귀족의 성으로는 진씨, 해씨, 연씨, 백씨, 사씨, 목씨, 협씨, 국씨의 8개가 있었다.

① **고구려**: 경당에서 청소년에게 글과 활쏘기를 가르친 나라는 고구려이다.

② **신라**: 만장일치제인 화백 회의를 통해 국가의 중대사를 결정한 나라는 신라이다.

③ **고구려**: 진대법을 실시하여 빈민에게 곡식을 빌려주었던 나라는 고구려이다.

---

17 근대 | 안중근   난이도 중 ●●○

자료 분석

이토 히로부미를 죽임 → 안중근

정답 설명

④ 안중근은 뤼순 감옥 안에서 동양 평화 실현을 위한 『동양평화론』을 집필하였다.

오답 분석

① **이재명**: 대표적인 친일파인 이완용을 습격하여 중상을 입힌 인물은 이재명이다.

② **안창호**: 미국 샌프란시스코에서 흥사단을 조직한 인물은 안창호이다.

③ **나석주**: 동양 척식 주식회사에 폭탄을 투척한 인물은 의열단원인 나석주이다. 동양 척식 주식회사는 조선의 토지와 자원을 수탈하고 일본인 농업 이민을 장려할 목적으로 설립된 국책 회사이다.

이것도 알면 합격!

안중근의 활동

- 1906년: 삼흥 학교 설립, 돈의 학교를 인수하여 경영
- 1907년: 국채 보상 운동에 참가, 연해주로 망명한 이후 의병 부대에 가담
- 1909년: 만주 하얼빈에서 초대 통감 이토 히로부미 사살
- 1910년: 중국 뤼순 감옥에서 순국

---

18 고대 | 신라 촌락 문서   난이도 중 ●●○

자료 분석

서원경 부근 사해점촌을 비롯한 4개 촌락에 대한 문서 + 신라 장적 + 각 촌락의 인구 수, 토지 면적 등을 기록 → 신라 촌락 문서

정답 설명

② 신라 촌락 문서에서 인구는 남녀 모두 연령에 따라 6등급으로 나누어 파악하였다.

오답 분석

① 신라 촌락 문서는 1933년에 일본 도다이사 쇼소인에서 발견되었다.

③ 신라 촌락 문서는 호구와 달리 전답 면적의 증감은 기록되어 있지 않다.

④ 신라 촌락 문서는 토착 세력인 촌주가 변동 사항을 매년 조사하여 3년마다 작성하였다.

이것도 알면 합격!

신라 촌락 문서

발견	일본 도다이사 쇼소인(1933)
작성	촌주가 3년마다 작성(매년 호구의 감소만을 기재하는 추가 기록 존재)
조사 대상	서원경(지금의 청주) 부근 4개 촌락의 호(戶) 수, 인구 수, 소·말의 수, 뽕·잣나무 수, 토지 종류와 총면적(토지의 증감은 기록 ×) 기록
내용	• 인구: 남녀를 각각 연령에 따라 6등급으로 구분 • 호(戶): 사람의 다소(多少)에 따라 9등급으로 구분 • 토지: 논, 밭 및 촌주위답, 연수유전답, 내시령답, 관모전답 등의 총면적 기재

---

19 시대 통합 | 조선 시대의 신분 제도   난이도 하 ●○○

정답 설명

③ 조선 시대에 양반의 첩에게서 태어난 서얼은 서얼 금고법에 의해 문과에는 응시가 불가능했으나 무과나 잡과 등을 통해 관직에 진출할 수 있었다.

오답 분석

① 조선 시대 천민의 대다수를 차지한 노비는 재산으로 취급되어 매매·상속·증여의 대상이 되었다.

② 조선 시대에는 공노비에게 관품이 없는 관직을 뜻하는 유외잡직이라는 하급 기술직의 벼슬이 주어지기도 하였다.

④ 조선 시대의 신량역천(수군, 역졸, 봉수꾼 등)은 법제상 양인에 속하였지만 천역을 담당하였다.

---

20 일제 강점기 | 상하이 지역의 민족 운동   난이도 중 ●●○

자료 분석

1919년 9월 + 이승만을 대통령, 이동휘를 국무총리로 하는 대한민국 임시 정부 수립 + 임시 의정원 → (가) 상하이

정답 설명

② 상하이에서는 신규식, 박은식 등의 주도로 동제사가 조직되었다. 동제사는 박달 학원 설립 등 청년 교육에 주력하였다.

오답 분석

① **연해주**: 국권 회복을 위해 한글 신문인 해조신문이 발간된 지역은 연해주이다.

③ **멕시코**: 이근영 등의 주도로 독립군 양성 기관인 숭무 학교가 설립된 지역은 멕시코이다.

④ **미주**: 한인 비행 학교를 설립해 독립군 비행사를 육성한 지역은 미주이다.

◉ 정답 한눈에 보기

국어

01	④	06	③	11	②	16	③
02	④	07	①	12	②	17	④
03	①	08	④	13	③	18	①
04	④	09	③	14	④	19	②
05	③	10	③	15	③	20	④

영어

01	①	06	④	11	③	16	②
02	④	07	②	12	②	17	②
03	②	08	①	13	④	18	②
04	②	09	④	14	②	19	②
05	①	10	④	15	①	20	④

한국사

01	③	06	④	11	③	16	④
02	①	07	④	12	②	17	③
03	①	08	③	13	②	18	①
04	②	09	①	14	②	19	③
05	④	10	③	15	④	20	②

모바일 자동 채점 + 성적 분석 서비스
◀ QR 코드를 스캔하시면, 더욱 상세한 성적 분석 서비스 이용이 가능합니다.

◉ 나의 모의고사 성적 셀프 체크

난이도	국어	중	체감 난이도	국어	
	영어	하		영어	
	한국사	하		한국사	
나의 점수	국어	/ 100점	풀이 시간	국어	/ 17분
	영어	/ 100점		영어	/ 26분
	한국사	/ 100점		한국사	/ 10분
	평균 점수	/ 100점		전체 풀이 시간	/ 53분

국어

01 어법 | 올바른 문장 표현 (의미 중복) 난이도 중 ●●○

정답 설명
④ 의미 중복이 없는 문장은 ④이다. 참고로, '과반수(過半數)'는 '절반이 넘는 수'를 뜻하므로 의미 중복이 되는 '과반수 이상'과 같이 쓰지 않도록 유의한다.

오답 분석
① 자리에 착석하여(×) → 착석하여/자리에 앉아(○): '착석하다'는 '자리에 앉다'를 뜻하므로 '자리에 착석하다'는 의미가 중복된 표현이다.
② 가까운 근방에(×) → 근방에/가까운 곳에(○): '근방(近方)'은 '가까운 곳'을 뜻하므로 '가까운 근방'은 의미가 중복된 표현이다.
③ 혼자 독학하여(×) → 독학하여/혼자 공부하여(○): '독학하다'는 '스승이 없이, 또는 학교에 다니지 않고 혼자서 공부하다'를 뜻하므로 '혼자 독학하다'는 의미가 중복된 표현이다.

02 비문학 | 화법 (말하기 전략) 난이도 중 ●●○

정답 설명
④ '박 교수'는 1번째 발화에서 현충 시설의 관리 주체가 현충 시설이 위치한 국가의 지방 정부, 민간단체, 지역 대학임을 제시하며 우리 정부가 해외 현충 시설을 직접 관리하기 어렵다는 문제점을 밝히고 있다. 하지만 문제에 대한 해결책을 촉구하고 있지는 않으므로 ④는 적절하지 않다.

오답 분석
① '민 과장'은 2번째 발화에서 현충 시설을 관리하던 나라와 외교 관계가 악화되어 현충 시설 관리 요원이 추방당한 실제 사례를 제시하면서 자신의 의견을 보충하고 있으므로 적절하다.
② '사회자'는 2번째 발화에서 '민 과장'이 인용한 자료에 대해 생각보다 해외 현충 시설 수가 많아 관리하기 어렵겠다는 주관적인 해석을 제시하고 있으므로 적절하다.
③ '사회자'는 3번째 발화와 4번째 발화에서 각각 '박 교수'의 1번째 발화와 '민 과장'의 2번째 발화를 요약 및 정리하고 그와 관련된 질문을 하며 토의를 진행하고 있으므로 적절하다.

03 비문학 | 작문 (자료를 활용한 글쓰기) 난이도 하 ●○○

정답 설명
① 차량 5부제를 실시하는 공공 기관의 사례는 공공 기관의 주차난 해소를 위한 해결 방안은 될 수 있으나, 아파트 주차난으로 인한 문제의 해결 방안으로는 알맞지 않으므로 글의 내용에 포함하기에 적절하지 않다.

04 어휘 | 혼동하기 쉬운 어휘 난이도 중 ●●○

정답 설명
④ 올해로써(○): 문맥상 어떤 일의 기준이 되는 시간임을 나타내는 격 조사 '로써'가 적절하게 쓰였다. 지위나 신분 또는 자격을 나타내는 격 조사 '로서'를 쓰지 않도록 주의해야 한다.

오답 분석
① 붙여(×) → 부쳐(○): '편지나 물건 등을 일정한 수단이나 방법을 써서 상대에게로 보내다'를 의미할 때는 '부치다'를 쓴다.
② 일절(×) → 일체(○): '모든 것'을 의미할 때는 '일체(一切)'를 쓴다.
  • 일절(一切): 아주, 전혀, 절대로의 뜻으로, 흔히 행위를 그치게 하거나 어떤 일을 하지 않을 때에 쓰는 말
③ 앉히고(×) → 안치고(○): '밥, 떡, 찌개 등을 만들기 위하여 그 재료를 솥이나 냄비 등에 넣고 불 위에 올리다'를 의미할 때는 '안치다'를 쓴다.

🚩 이것도 알면 합격!

조사 '로써'와 '로서'의 쓰임

로써	1. 어떤 물건의 재료나 원료를 나타내는 격 조사 예 쌀로써 떡을 만든다. 2. 어떤 일의 수단이나 도구를 나타내는 격 조사 예 말로써 천 냥 빚을 갚는다고 한다. 3. 시간을 셈할 때 셈에 넣는 한계를 나타내거나 어떤 일의 기준이 되는 시간임을 나타내는 격 조사 예 고향을 떠난 지 올해로써 20년이 된다.
로서	1. 지위나 신분 또는 자격을 나타내는 격 조사 예 그것은 교사로서 할 일이 아니다. 2. (예스러운 표현으로) 어떤 동작이 일어나거나 시작되는 곳을 나타내는 격 조사 예 이 문제는 너로서 시작되었다.

05 문학 | 작품의 종합적 감상 (현대 시) 난이도 하 ●○○

정답 설명
③ '걷는다'라는 표현을 반복하여 날지 않고 걷기만 하는 본성을 잃은 새의 모습을 강조하고 있다. 이때 새는 스스로 자유를 포기하고 새장 안에서의 삶에 안주하고 있으므로 반복을 통해 자유를 갈망하는 새의 모습을 강조하고 있다는 감상은 적절하지 않다.

오답 분석
① '못한다', '걷는다', '쪼아 본다' 등에서 현재 시제의 단정적 어조를 사용하여 하늘을 자유롭게 날아다녀야 하는 새가 본성을 잃어버리고 현실에 안주하며 살아가는 것에 대한 비판적인 시각을 드러내고 있다.
② '새장'은 새의 자유를 억압하는 공간임과 동시에, 새가 스스로 자유를 포기하도록 만드는 일상적이며 안온한 삶의 공간으로 볼 수 있다.
④ 새장 속의 삶에 익숙해져 자유를 외면하고 살아가는 새의 모습은 일상의 안온함에 길들어 현실에 안주하며 자유를 외면하는 현대인을 빗댄 것으로 볼 수 있다.

[정답 설명]

③ 제시문은 어떤 행동을 할 때와 하지 않을 때 모두 손해가 발생하는 경우 행동을 하지 않는 쪽을 선택한다는 부작위 편향에 대해서 설명하고 있다. 이때 2문단에서 관료 사회의 문제점을 예로 들어 작은 손해를 감수함으로써 사회 전체의 이익을 얻을 수 있을 경우에는 행동하는 것이 더 바람직하다는 것을 염두해야 한다고 주장하고 있으므로 글의 주장으로 가장 적절한 것은 ③이다.

[오답 분석]

① 1문단 1~4번째 줄을 통해 대부분의 사람들이 곤경을 처한 사람을 봤을 때 그냥 지나치며, 이러한 행동은 죄책감을 느끼게 할 수 있음을 알 수 있다. 하지만 이는 부작위 편향을 설명하기 위해 제시한 사례일 뿐이므로 제시문 전체를 포괄하는 주장으로 보기는 어렵다.

    [관련 부분] 한 실험에 의하면 대다수의 사람들이 쓰러진 사람을 보고도 모른 척 지나갔다. ~ 그냥 지나가면 죄책감을 느끼겠지만 ~

② 제시문에서 확인할 수 없는 내용이다.

④ 2문단 1~3번째 줄을 통해 관료 사회의 무사안일한 태도가 부작위 편향과 관련이 있음을 알 수 있으나, 제시문 전체의 내용을 아우르는 주장으로 보기는 어렵다.

    [관련 부분] 관료 사회의 문제점으로 꼽는 정부, 공공 기관의 복지부동(伏地不動)과 무사안일(無事安逸) 분위기 역시 부작위 편향과 관련 있다.

[정답 설명]

① ㉠의 '귀농에 대한 관심 증가'는 'Ⅰ. 도시 농업 소개 및 도시 농업의 현황'과는 관련이 없는 내용이므로 적절하지 않으며, '도시 농업의 정의' 등으로 수정하는 것이 적절하다.

[정답 설명]

④ 제시문은 ○○군 농산물 협동조합이 온라인 판매 사업을 통해 부진한 실적을 극복하고 좋은 성과를 거두었다는 내용으로, 이러한 상황을 가장 적절하게 표현한 한자 성어는 ④ '刮目相對(괄목상대)'이다.

- 刮目相對(괄목상대): 눈을 비비고 상대편을 본다는 뜻으로, 남의 학식이나 재주가 놀랄 만큼 부쩍 늚을 이르는 말

[오답 분석]

① 自繩自縛(자승자박): 자기의 줄로 자기 몸을 옭아 묶는다는 뜻으로, 자기가 한 말과 행동에 자기 자신이 옭혀 곤란하게 됨을 비유적으로 이르는 말

② 守株待兔(수주대토): 한 가지 일에만 얽매여 발전을 모르는 어리석은 사람을 비유적으로 이르는 말

③ 漁夫之利(어부지리): 두 사람이 이해관계로 서로 싸우는 사이에 엉뚱한 사람이 애쓰지 않고 가로챈 이익을 이르는 말

[정답 설명]

③ 1문단 2~3번째 줄과 3문단 끝에서 1~4번째 줄을 통해 아나키즘이 국가 권력을 부정하며, 아나키스트들이 정치 제도로서의 국가가 인간 사회에 악영향을 끼친다고 생각한다는 것을 확인할 수 있다. 또한, 정치 제도나 체제를 무능력한 것으로 여긴다는 내용은 제시문에서 확인할 수 없다. 따라서 ③은 적절하지 않은 추론이다.

[오답 분석]

① 2문단 끝에서 3~4번째 줄을 통해 윌리엄 고드윈은 아나키즘 사상의 선구자임을 알 수 있다. 또한 3문단 1~3번째 줄을 통해 아나키즘은 근본적으로 정치를 악(惡)으로, 인간을 선(善)으로 생각하며 정치가 선한 인간을 나쁘게 만든다고 본다는 것을 알 수 있다. 이를 통해 윌리엄 고드윈은 정치의 본성이 인간의 본성에 반한다고 생각했음을 추론할 수 있다.

② 2문단 2~5번째 줄을 통해 아나키즘이 국가 권력에 대립하는 이유가 개인이 타인이나 집단에 복종할 의무가 없다는 진리를 우선시하기 때문임을 알 수 있다. 또한 4문단 끝에서 1~3번째 줄을 통해 아나키즘이 궁극적으로 지향하는 것이 개인의 절대 자유임을 알 수 있다. 이를 통해 아나키즘은 개인의 자유를 무엇보다 중요시하며 그것을 억압하는 국가는 용인하지 않을 것임을 추론할 수 있다.

④ 4문단 끝에서 1~3번째 줄을 통해 아나키즘은 궁극적으로 개인의 자유를 지향한다는 것을 알 수 있다. 또한 1문단 1~3번째 줄에서 아나키즘은 근본적으로 국가의 권력을 부정함을 알 수 있다. 이를 통해 아나키즘은 개인의 절대적 자유를 위해 국가 권력의 강제성을 부정한다는 것을 추론할 수 있다.

[정답 설명]

③ 이르었다(×) → 이르렀다(○): '이르다[至]'는 '르'로 끝나는 어간이 어미 '-어'와 결합할 때 어미 '-어'가 '-러'로 바뀌는 '러' 불규칙 용언이다. 따라서 '이르- + -었다 → 이르렀다'와 같이 활용한다.

[오답 분석]

① 퍼서(○): '푸다'는 모음 'ㅜ'로 끝나는 어간 뒤에 모음 어미가 결합할 때 어간의 끝소리 'ㅜ'가 탈락하는 '우' 불규칙 용언이므로 '푸- + -어서 → 퍼서'와 같이 활용한다. 참고로, '우' 불규칙 활용을 하는 것은 '푸다' 뿐이다.

② 하얘졌다(○): '하얗다'는 'ㅎ'으로 끝나는 어간과 모음 어미가 결합할 때 어간 받침 'ㅎ'이 탈락하고 어미도 형태가 바뀌는 'ㅎ' 불규칙 용언이므로 '하얗- + -아지었다 → 하얘졌다'와 같이 활용한다.

④ 푸르러(○): '푸르다'는 '르'로 끝나는 어간이 어미 '-어'와 결합할 때 어미 '-어'가 '-러'로 바뀌는 '러' 불규칙 용언이므로 '푸르- + -어 → 푸르러'와 같이 활용한다.

이것도 알면 합격!

동음이의어 '이르다'의 활용

이르다¹	'이르다'가 '어떤 장소나 시간에 닿다' 또는 '어떤 정도나 범위에 미치다'를 뜻할 때는 '러' 불규칙 활용을 함 예 약속 장소에 이르렀다.
이르다²	'이르다'가 '무엇이라고 말하다' 등을 뜻할 때는 '르' 불규칙 활용을 함 예 주의할 점은 미리 일러 주었다.
이르다³	'이르다'가 '대중이나 기준을 잡은 때보다 앞서거나 빠르다'를 뜻할 때는 '르' 불규칙 활용을 함 예 아직 방심하기엔 일러.

---

11 어휘 | 고유어와 한자어의 대응 · 난이도 중 ●●○

정답 설명

② 회사를 <u>나와</u>: 이때 '나오다'는 '소속된 단체나 직장 등에서 물러나다'를 뜻하므로 '맡은 직무를 내놓고 물러남'을 뜻하는 '辭職(사직: 말씀 사, 직분 직)'과 바꿔 쓸 수 있다.

오답 분석

① 물건이 가방에서 <u>나왔다</u>: 이때 '나오다'는 '어떠한 물건이 발견되다'를 뜻하므로 '出市(출시)'가 아닌 '發見(발견)'으로 바꿔 쓰는 것이 적절하다.

- 出市(출시: 날 출, 저자 시): 상품이 시중에 나옴. 또는 상품을 시중에 내보냄

③ 이 제품은 <u>나오자마자</u>: 이때 '나오다'는 '새 상품이 시장에 나타나다'를 뜻하므로 '發見(발견)'이 아닌 '出市(출시)'로 바꿔 쓰는 것이 적절하다.

- 發見(발견: 필 발, 볼 견): 미처 찾아내지 못하였거나 아직 알려지지 않은 사물이나 현상, 사실 등을 찾아냄

④ 대학원을 <u>나온 뒤에도</u>: 이때 '나오다'는 '교육 기관의 일정한 과정을 끝내고 졸업하다'를 뜻하므로 '産出(산출)'이 아닌 '卒業(졸업)'으로 바꿔 쓰는 것이 적절하다.

- 産出(산출: 낳을 산, 날 출): 물건을 생산하여 내거나 인물·사상 등을 냄

---

12 비문학 | 올바른 문장 표현, 작문 (고쳐쓰기) · 난이도 중 ●●○

정답 설명

② ㉡ '밝혀지다'는 어간 '밝-'에 사동 접미사 '-히-'와 피동 표현 '-어지다'가 결합한 것으로 피동 표현이 두 번 사용된 이중 피동 표현에 해당하지 않으므로 어법에 어긋나지 않는다. 따라서 '밝혀졌다'를 '밝혔다'로 수정하는 것은 적절하지 않다.

오답 분석

① ㉠은 소셜 미디어에는 긍정적인 기능만 존재하지 않는다는 새로운 화제를 제시하고 있다. 이때 ㉠ 뒤에는 소셜 미디어를 이용하는 사람이 많다는 조사 결과와 소셜 미디어의 장점이 언급되어 있으므로, 문맥상 소셜 미디어로 인해 발생하는 문제점을 설명하는 두 번째 문단의 첫 번째 문장 앞으로 이동하는 것이 적절하다.

---

③ ㉢의 앞에는 소셜 미디어를 이용하는 목적이 제시되어 있고, ㉢ 뒤에는 앞에서 열거한 이용 목적이 의미하는 바가 요약적으로 제시되어 있다. 따라서 ㉢은 요약 및 환언의 기능을 수행하는 접속 표현 '다시 말해'로 수정하는 것이 적절하다.

④ ㉣의 뒤에는 자기도 모르는 사이에 일상생활이 불가능할 만큼 소셜 미디어에 집착이나 의존이 생겨 버렸다는 내용이 제시되어 있으므로 ㉣은 뒤에 이어진 '어느 틈에 벌써'를 뜻하는 '어느새'와 의미가 유사한 속담 '가랑비에 옷 젖는 줄 모르듯'으로 수정해야 한다.

- 가랑비에 옷 젖는 줄 모른다: 가늘게 내리는 비는 조금씩 젖어 들기 때문에 여간해서도 옷이 젖는 줄을 깨닫지 못한다는 뜻으로, 아무리 사소한 것이라도 그것이 거듭되면 무시하지 못할 정도로 크게 됨을 비유적으로 이르는 말
- 가랑잎으로 눈 가리기: 1. 자기의 존재나 허물을 숨기려고 미련하게 애쓰는 경우를 비유적으로 이르는 말 2. 미련하여 아무리 애써도 제대로 일 처리를 하지 못함을 비유적으로 이르는 말

---

13 문학 | 작품의 내용 파악 · 난이도 중 ●●○

정답 설명

③ ㉢에서 '상부(喪夫)'란 남편이 죽음을 당한다는 의미로, 장끼는 상부가 잦은 까투리 가문에 자신이 장가를 가서 죽음을 맞게 되었다며, 죽음에 대한 책임을 까투리에게 전가하고 있다. 따라서 ㉢이 장끼가 자신이 죽은 후 홀로 남겨질 까투리에 대해 염려하는 모습이라는 설명은 적절하지 않다.

오답 분석

① ㉠의 '박랑사중(博浪沙中)'은 중국 하남성에 있는 땅으로, 장량이 진시황을 죽이고자 저격했으나 맞지 못하고 그다음 수레를 맞혀 실패했다는 고사에서 비롯된 표현이다. 따라서 ㉠은 장끼가 콩을 먹으러 들어갔다가 덫에 걸렸음을 비유적으로 표현한 부분임을 알 수 있다.

② ㉡에서 남자가 여자 말을 듣지 않아 망신(亡身)했다는 것은 까투리의 만류(여자의 말)에도 불구하고 콩을 먹으려 했다가 죽게 된 장끼의 처지를 빗댄 것이다.

④ ㉣에서 장끼가 까투리에게 수절을 요구하며 정렬부인이 되라고 말하는 것은 평생 한 지아비만 섬겨야 한다는 당시의 유교 의식이 반영된 부분이다.

---

14 비문학 | 내용 추론 · 난이도 중 ●●○

정답 설명

④ 1문단 3~4번째 줄을 통해 예의는 여러 사람이 하나의 사회를 구성하여 살아가는 데 반드시 필요한 가치임을 알 수 있다. 이를 통해 예의범절을 지키기 위해 노력하지 않는 사회는 공동체를 유지하는 것에 어려움을 겪을 것이라는 추론이 가능하므로 ④는 제시문을 읽은 후의 반응으로 적절하다.

오답 분석

① 예의에 어긋나는 행동에 대한 내용은 제시문을 통해 확인할 수 없다.

② 2문단 2~4번째 줄을 통해 자신의 평소 행동이 에티켓 규칙에 위반되지 않는지에 대해 생각하는 것은 형식에 치우친 태도로, 부차적인 것에 해당함을 알 수 있다.

③ 2문단 끝에서 1~3번째 줄을 통해 에티켓에서 가장 중요한 것은 예의를 저버리지 않으려 노력하는 마음가짐임을 알 수 있다.

정답 설명

③ 자청비는 문 도령에게 여자라는 정체가 들통날 위기를 모면하기 위해 이야기를 꾸며 문도령이 잠을 잘 때에도 은젓가락, 놋젓가락에만 관심이 쏠리도록 꾀를 내었다. 이를 통해 자청비는 임기응변을 통해 문 도령을 자신이 의도한 대로 이끌었음을 알 수 있다. 따라서 ③은 글에 대한 이해로 적절하다.

오답 분석

①② 제시된 작품에서 실제 역사적 사건이 제시된 부분이나 문 도령이 열등감으로 자청비에게 적개심을 갖는 부분은 찾아볼 수 없다.

④ 2~7번째 줄에서 자청비는 문 도령과 함께 글공부를 하기 위해 자기와 닮은 남동생이 있다고 말한 뒤, 여자임을 속이고 남자 행세를 하여 문 도령과 글공부를 하게 된다. 이를 통해 남자 의복은 여성으로서 글공부를 하기 어려웠던 한계를 극복하기 위한 수단이며, 평민으로서의 한계를 극복하기 위한 수단은 아님을 알 수 있다.

🖋 이것도 알면 합격!

작자 미상, 『세경본풀이』의 주제와 특징
1. 주제: 농경신으로 좌정하는 자청비의 고난과 성취
2. 특징
   • 농경과 다산을 상징하는 무조신의 일대기가 나타나 있음
   • 여성 영웅 서사 구조를 따름
   • 남장 화소가 드러남

정답 설명

③ 들릴V듯V말V듯(○): 이때 '듯'은 '그런 것 같기도 하고 그러지 않은 것 같기도 함'을 나타내는 의존 명사이므로 앞말과 띄어 쓴다.

오답 분석

① 힘들V지라도(×) → 힘들지라도(○): 이때 '-ㄹ지라도'는 앞 절의 사실을 인정하면서 그에 구애받지 않는 사실을 이어 말할 때에 쓰는 연결 어미이므로 앞말과 붙여 써야 한다.

② 매일V같이(×) → 매일같이(○): 이때 '같이'는 앞말이 나타내는 그때를 강조하는 조사이므로 앞말과 붙여 써야 한다.

③ 온라인V상(×) → 온라인상(○): 이때 '-상'은 '추상적인 공간에서의 한 위치'의 뜻을 더하는 접미사이므로 앞말과 붙여 써야 한다.

정답 설명

④ 마지막 문단에서 '나'가 다니는 매동학교가 문안에 위치해 있음을 알 수 있으나, 2~3번째 줄에서 '나'와 식구들이 서울로 이사 간 집이 문밖에 위치해 있음을 알 수 있으므로 ④의 설명은 적절하지 않다. 참고로 마지막 문단 끝에서 4~6번째 줄에서 '나'를 문안의 학교로 보내기 위해 엄마가 한 행동은 '나'에게 거짓말을 시킨 것과, 친척의 주소를 빌린 것 등임을 알 수 있다.

오답 분석

① 마지막 문단 2~5번째 줄에서 '나'는 문안의 학교를 다녔기 때문에 문밖에 위치한 이사 간 동네에서는 따돌림을 받았다. 따라서 '나'는 문밖에 친구가 없었음을 알 수 있다.

② 마지막 문단 끝에서 3~4번째 줄에서 '나'가 학교 가는 길에 문둥이가 득실대는 등성이를 지나야 하는 위험이 있었음을 알 수 있다. 따라서 '나'가 학교 다니는 길이 순탄하지 않음을 알 수 있다.

③ 마지막 문단 1~2번째 줄에서 '나'는 새로 이사 간 집을 꾸미기 위해서 마당에 분꽃씨, 채송화씨, 봉숭아씨를 뿌렸음을 알 수 있다.

정답 설명

① ㄴ - ㄱ - ㄷ - ㅁ - ㄹ의 순서가 가장 자연스럽다.

순서	중심 내용	순서 판단의 단서와 근거
ㄴ	'희소하다'는 상태에 대한 잘못된 통념	지시어나 접속어로 시작하지 않으면서 '희소성'이라는 중심 화제를 제시함
ㄱ	'희소하다'의 사전적 정의가 오해를 일으킴	키워드 '탓인 듯하다': ㄴ에서 언급한 잘못된 통념이 생긴 원인을 제시함
ㄷ	경제학에서는 절대적 양이 아닌 상대적인 의미의 희소성이 중요함	키워드 '경제학에서는': ㄱ과 ㄴ에서 언급한 통념과는 다른 경제학에서의 '희소하다'의 의미를 제시함
ㅁ	경제학에서 '희소하다'는 상태는 재화의 수량이 사람들의 욕망을 충족하기에 부족한 상태임	키워드 '경제학에서는': ㄷ과 마찬가지로 경제학의 입장에서 '희소하다'의 의미를 부연 설명함
ㄹ	경제학에서 '희소하지 않다'는 상태는 사람들이 재화를 원하지 않는 상태임	접속 표현 '반대로': ㅁ에서 설명한 '희소하다'의 의미와 상반되는 '희소하지 않다'의 의미를 설명함

정답 설명

② 2문단 1~2번째 줄에서 고대인들이 멈춤각이 72도인 바벨탑을 설계했음을 알 수 있다. 또한 2문단 2~4번째 줄에서 창조주가 설계한 멈춤각으로 탑을 쌓았다면 창조주일지라도 탑을 무너뜨리지 못했을 것이라고 설명했으므로 이미 무너진 바벨탑의 멈춤각과 창조주가 설계한 자연의 성질인 멈춤각은 서로 달랐음을 추론할 수 있다. 따라서 ②의 추론은 적절하다.

오답 분석

① 1문단 끝에서 5~6번째 줄을 통해 멈춤각이 모래의 특성에 따라 일정한 값을 가짐을 알 수 있으며, 1문단 끝에서 1~3번째 줄을 통해 흙은 30~45도, 자갈은 45도, 모래를 섞은 자갈은 35~48도임을 알 수 있다. 이때 모래의 입자 크기에 따른 멈춤각 크기 차이의 정확한 비교가 불가능하므로 ①의 추론은 적절하지 않다.

③ 1문단 끝에서 1~3번째 줄을 통해 젖은 모래와 자갈의 멈춤각이 45도로 동일함을 알 수 있으며, 1문단 끝에서 5~6번째 줄을 통해 모래의 특성에 따라 멈춤각이 정해짐을 알 수 있다. 그러나 멈춤각이 같다고 해서 두 모래의 특성이 유사한지는 추론할 수 없으므로 ③의 추론은 적절하지 않다.

④ 1문단 7~11번째 줄을 통해 일정한 속도로 모래를 계속 부으면 모래의 양이 평균적인 균형을 이루며 모래 더미가 일정한 각도를 이루게 됨은 알 수 있다. 그러나 모래를 붓는 속도와 멈춤각 크기의 상관관계는 제시문에서 확인할 수 없으므로 ④의 추론은 적절하지 않다.

정답 설명

④ 행위의 주체가 같은 것은 ⓒ, ⓑ이다.

- ⓒ: ⓒ의 앞 문장에서 '견우는 또 어떠한가'와 같은 서술자적 논평을 통해 아내와 생이별을 해야 하는 행위의 주체가 '견우'임을 알 수 있다.
- ⓑ: ⓑ이 포함된 문장은 견우가 하늘로 끌려간 아내(직녀)를 쫓아가다가 마주한 상황이므로 고개를 들어 올려다본 행위의 주체가 '견우'임을 알 수 있다.

오답 분석

- ㉠: ㉠이 포함된 문장은 견우와 직녀가 부부가 되어 산다는 소식이 천제와 서왕모의 귀에 들어갔다는 내용이므로, 귀에 들어가게 된 행위의 주체는 '소식'임을 알 수 있다.
- ㉡: ㉡이 포함된 문장을 통해 동정을 살핀 행위 주체는 '서왕모'임을 알 수 있다.
- ㉣: ㉣이 포함된 문장을 통해 하늘나라에 끌려간 행위의 주체는 '직녀'임을 알 수 있다.
- ㉤: ㉤이 포함된 문장을 통해 자취도 없이 사라져 버린 행위의 주체는 '은하'임을 알 수 있다.

영어

01 어휘 | reticent = reluctant   난이도 중 ●●○

해석

판매원들은 그들 제품의 결점이나 다른 불리한 면들을 밝히는 것을 <u>삼갈</u> 수도 있어서, 세부 사항을 문의하고 계속 요구하는 것이 중요하다.

① 꺼리는   ② 간절히 바라는
③ 산만한   ④ 열렬한

정답 ①

어휘

salespeople 판매원   reticent 삼가는, 말을 하지 않는
disclose 밝히다, 드러내다   flaw 결점   downside 불리한 면
press for 계속 요구하다   reluctant 꺼리는   eager 간절히 바라는, 열망하는
discursive 산만한   ardent 열렬한

🖋️ **이것도 알면 합격!**

reticent(삼가는)의 유의어
= reserved, uncommunicative, tight-lipped

02 어휘 | belligerent = aggressive   난이도 하 ●○○

해석

비록 불곰이 사람을 피하고 야생에서 마주쳤을 때 일반적으로 공격하지 않지만, 위협을 느끼면 그들은 극도로 <u>공격적</u>이다.

① 지루한   ② 모욕적인
③ 조심스러운   ④ 공격적인

정답 ④

어휘

encounter 마주치다   belligerent 공격적인, 호전적인   tedious 지루한
offensive 모욕적인, 극도로 불쾌한   cautious 조심스러운, 신중한
aggressive 공격적인, 적대적인

🖋️ **이것도 알면 합격!**

belligerent(공격적인)의 유의어
= hostile, combative, bellicose, violent

03 어휘 | from top to bottom = completely   난이도 하 ●○○

해석

그 건축가는 새 사무실 건물을 <u>철저하게</u> 설계했기 때문에 그것에 대한 질문에 상세한 답변을 제공할 수 있었다.

① 논쟁적으로   ② 철저하게
③ 효과적으로   ④ 소극적으로

정답 ②

어휘

architect 건축가   from top to bottom 철저하게, 완전히
contentiously 논쟁적으로   completely 철저하게, 완전히
effortlessly 소극적으로, 노력하지 않고

🖋️ **이것도 알면 합격!**

from top to bottom(철저하게)와 유사한 의미의 표현
= thoroughly, extensively, in full detail, from start to finish

04 어휘 | do justice to = embody   난이도 상 ●●●

해석

그 영화는 일반적으로 좋은 평가를 받았지만, 원작의 팬들은 그것이 바탕이 된 책을 <u>제대로 다루지</u> 못했다고 느꼈다.

① 칭찬하다   ② 구현하다
③ 꾸미다   ④ 연출하다

정답 ②

어휘

regard 평가하다   source material 원작, 원자료
do justice to 제대로 다루다, 공정하게 대하다   praise 칭찬하다
embody 구현하다   embellish 꾸미다, 미화하다   direct 연출하다, 감독하다

🖋️ **이것도 알면 합격!**

do justice to(제대로 다루다)와 유사한 의미의 표현
= justly portray, properly reflect, show in a good light

05 문법 | 어순   난이도 하 ●○○

정답 설명

① **의문문의 어순** 전치사 by의 목적어 자리에 명사 역할을 하는 간접 의문문이 왔고, 의문문이 다른 문장 안에 포함된 간접 의문문은 '의문사(how much salt) + 주어(it) + 동사(holds)'의 어순이 되어야 하므로 how much salt it holds가 올바르게 쓰였다.

정답 ①

오답 분석

② **지시대명사** 대명사가 지시하는 명사가 단수 명사 The cost(비용)이므로 복수 지시대명사 those를 단수 지시대명사 that으로 고쳐야 한다.

③ **정관사 the** 문맥상 '죄가 있는 사람들은 책임을 져야 한다'라는 의미가 되어야 자연스럽고, '죄가 있는 사람들'은 'the + 형용사(~한 사람들)'를 사용하여 나타낼 수 있으므로 명사 guilt(유죄)를 형용사 guilty(죄가 있는)로 고쳐야 한다.

④ **현재 시제** 시간을 나타내는 부사절(when ~ next spring)에서는 미래를 나타내기 위해 미래 시제 대신 현재 시제를 사용하므로 미래진행 시제 will be visiting을 현재 시제 visit으로 고쳐야 한다. 참고로, 현재진행 시제 am visiting으로 고쳐도 맞다.

해석

① 물의 농도는 그것이 얼마나 많은 소금을 가지고 있는지에 의해 결정된다.
② 사업체를 운영하는 비용은 일반적으로 그것을 시작하는 비용보다 적다.
③ 죄가 있는 사람들은 그들의 행동에 대해 책임을 져야 하고 그에 따른 처벌을 받아야 한다.
④ 나는 다음 봄에 그리스를 방문할 때 너에게 엽서를 보낼 것이다.

어휘

density 농도, 밀도   determine 결정하다
hold accountable for ~에게 -의 책임을 묻다   punish 처벌하다
accordingly 그에 따라

✎ 이것도 알면 합격!

'the + 형용사'는 '~한 사람들'이라는 뜻으로 복수 명사 역할을 하며 뒤에 복수 동사가 온다.

> **The ambitious** have a strong drive to achieve their goals and succeed.
> 야심 있는 사람들은 자신들의 목표를 달성하고 성공하려는 강한 추진력을 가지고 있다.

06 문법 | 조동사   난이도 하 ●○○

정답 설명

④ **조동사 should의 생략** 요청을 나타내는 동사 demand가 주절에 오면 종속절에는 '(should +) 동사원형'이 와야 하므로, 종속절에 동사원형 be가 올바르게 쓰였다.

정답 ④

오답 분석

① **수동태로 쓸 수 없는 동사** 동사 arrive는 '도달하다'라는 의미로 쓰일 때 목적어를 갖지 않는 자동사이고 수동태로 쓰일 수 없으므로 수동태 is often arrived를 능동태 often arrives로 고쳐야 한다.

② **시제 일치** 주절의 시제가 과거 시제(saw)이고, 종속절에 과거 시제와 자주 함께 쓰이는 시간 표현 'last + 시간 표현'(last year)이 왔으므로, 미래 시제 will win을 과거 시제 won으로 고쳐야 한다.

③ **능동태·수동태 구별** 주어(numerous forms)와 동사가 '양식이 채워지다'라는 의미의 수동 관계이므로 능동태 have filled out을 수동태 have been filled out으로 고쳐야 한다.

어휘

artificial intelligence 인공 지능   official 공무원   inform 알리다
numerous 수많은

✎ 이것도 알면 합격!

타동사로 혼동하기 쉬운 자동사

> remain ~인 채로 남아 있다	> arise 발생하다
> emerge 나타나다	> occur 일어나다
> consist 이루어져 있다	> wait 기다리다

07 문법 | 동명사   난이도 중 ●●○

정답 설명

② **동명사의 형태** 동명사(uncovering)의 의미상 주어인 the artifact와 동명사가 '그 유물이 발견되다'라는 의미의 수동 관계이므로 동명사의 능동형 uncovering을 동명사의 수동형 being uncovered로 고쳐야 한다.

정답 ②

오답 분석

① **to 부정사 관련 표현** '그녀가 발표를 하기로 되어 있었다'는 to 부정사 관련 표현 'be supposed + to 부정사'(~하기로 되어 있다)를 사용하여 나타낼 수 있으므로 was supposed to give가 올바르게 쓰였다.

③ **가짜 주어 구문** to 부정사구(to see ~ a championship)와 같이 긴 주어가 오면 가주어 it이 진주어인 to 부정사구 대신 주어 자리에 쓰이므로 진짜 주어 자리에 to see ~ a championship이 올바르게 쓰였다.

④ **재귀대명사** 동사 taught의 목적어가 지칭하는 대상이 주어(the violinist)와 동일하므로, 동사 taught의 목적어 자리에 재귀대명사 himself가 올바르게 쓰였다.

어휘

conference 학회   debris 잔해   artifact 유물   uncover 발견하다   dig 발굴
championship 결승전, 선수권 대회   teach oneself 독학하다, 자습하다

목적어와 주어가 같은 사람이나 사물을 지칭할 때 목적어 자리에 재귀대명사를 쓰며, 이때 재귀대명사는 생략할 수 없다.

> The athlete pushed **herself** to her limits during the competition.
> 그 선수는 경기하는 동안 그녀 자신을 한계까지 밀어붙였다.

---

08 생활영어 | I can show you how to do it. 난이도 하 ●○○

정답 설명

①번에서 A는 책 쓰는 것을 막 끝냈다고 말하고 있으므로, 어떻게 그것을 해야 할지 보여줄 수 있다는 B의 대답 '① I can show you how to do it(저는 그것을 어떻게 해야 할지 당신에게 보여줄 수 있어요)'은 어울리지 않는다.

정답 ①

해석

① A: 저는 책 쓰는 것을 막 끝냈어요.
   B: 저는 그것을 어떻게 해야 할지 당신에게 보여줄 수 있어요.
② A: 예약하는 것을 성공하셨습니까?
   B: 오늘 저녁 8시예요.
③ A: 토마토소스를 어디에서 찾을 수 있을까요?
   B: 8번 통로에 있어요.
④ A: 몇 가지를 잠깐 도와주실 수 있으신가요?
   B: 네, 제 생각엔 시간을 낼 수 있을 것 같아요.

어휘

manage 성공하다, 해내다 **aisle** 통로 **spare** (시간·돈 등을) 내다, 할애하다

마트에서 물건을 찾을 때 쓸 수 있는 다양한 표현

> I'm looking for liquid detergent. Could you tell me where it is?
> 저는 액체 세제를 찾고 있어요. 어디 있는지 알려주시겠어요?
> Could you help me find the fruit section?
> 과일 코너 찾는 것 좀 도와주시겠어요?
> Sure. It's located in aisle 3, about halfway down your left.
> 물론이죠. 왼쪽으로 반쯤 내려가시면 3번 통로에 있습니다.
> It's in the meat department, next to the chicken.
> 그것은 닭고기 (코너) 옆에 있는 고기 코너에 있어요.
> Those are in the bulk food section, on the top shelf.
> 그것들은 선반 맨 위에 있는 대량 식품 코너에 있어요.

---

09 독해 | 전체 내용 파악 (요지 파악) 난이도 중 ●●○

정답 설명

지문 전반에 걸쳐 사람들은 자주 그들이 선택하는 행동의 과정에서 다른 사람들의 조언을 주요한 결정 요인으로 받아들이는데, 조언을 구하는 사람과 조언을 주는 사람은 본질적으로 서로 다른 두 사람들이라는 것을 명심해야 한다고 설명하고 있다. 따라서 '④ 우리는 조언을 구할 때 개인적인 차이와 목표를 고려해야 한다'가 이 글의 요지이다.

정답 ④

해석

조언과 추가적인 의견 혹은 관점들을 구하는 것은 항상 이로울 수 있다. 하지만 너무 자주, 사람들은 그들이 선택하는 행동의 과정에서 다른 사람들의 조언을 주요한 결정 요인으로 받아들인다. 흔히 조언을 구하는 사람은 조언을 따르지 않을 경우에 그것을 제공하는 사람이 그들(조언을 구하는 사람)의 행동을 부정적으로 판단할 것이라고 항상 틀리지만은 않게 가정하기 때문에 이러한 일이 발생한다. 이러한 상황에서 양쪽 사람들이 명심해야 하는 것은 그들이 두 명의 근본적으로 서로 다른 사람들이라는 것이다. 결과적으로, 그들은 서로 다른 사고 과정을 가지고 있고, 더 중요한 것은, 서로 다른 욕구와 우선순위를 가지고 있다는 것이다. 다른 사람들의 의견을 고려할 때, 몇 가지를 염두에 두는 것이 중요한데, 1. 그들은 왜 그러한 결정을 내릴 것인가, 2. 그 결정을 통해 그들이 성취하기를 바라는 것은 무엇인가, 3. 당신의 목표와 이상은 동일한가와 같은 것들이다. 이러한 측면들을 염두에 둠으로써, 우리는 다른 사람들의 조언으로부터 관련된 정보를 더 구체적으로 겨냥하거나 더 유용한 조언을 얻기 위한 더 집중적인 질문을 할 수 있다.

① 우리는 보통 우리 행동이 스스로에게 미치는 영향만을 고려한다.
② 우리는 효과적인 조언에 대해 제대로 생각하지 않고 자주 그것을 무시한다.
③ 우리는 조언을 제공할 때 다른 사람들에 대한 영향에 대해서 생각하지 않는다.
④ 우리는 조언을 구할 때 개인적인 차이와 목표를 고려해야 한다.

어휘

additional 추가적인 **input** 의견 **perspective** 관점 **principal** 주요한
determinant 결정 요인 **assume** 가정하다, 추정하다
keep in mind 명심하다, 염두에 두다 **fundamentally** 근본적으로
priority 우선순위 **facet** 측면 **specifically** 구체적으로
target 겨냥하다, 목표로 하다 **relevant** 관련된 **obtain** 얻다 **impact** 영향
disregard 무시하다

구문분석

[6행] (생략) because / the people offering it / will judge / their actions negatively / should they not follow it.
: 이처럼 가정법 문장의 If가 생략되면, 조동사(should)가 주어(they)보다 앞에 오며, '만약 ~하다면, -할 텐데'라고 해석한다.

정답 설명

주어진 문장의 the site(그 현장)를 통해 주어진 문장 앞에 발굴이 일어난 구체적인 장소에 대한 내용이 나올 것임을 예상할 수 있는데, ④번 앞 문장에서 몇 명의 동굴 탐험가가 발견한 화석들이 '디날레디 방'의 '떠오르는 별 동굴' 바닥에 있었다고 했고, ④번 뒷문장에서 복원된 뼈가 새로운 종의 발견을 나타낸다고 했으므로, ④번 자리에 주어진 문장이 들어가야 글의 흐름이 자연스럽게 연결된다.

정답 ④

해석

지난 10년간 인간의 진화적 발달에 대한 우리의 이해를 채우는 데 도움이 되는 한 가지 중요한 발견이 이루어졌다. 2013년에, 남아프리카의 '인류의 요람 동굴'을 탐험하는 몇 명의 동굴 탐험가들은 일련의 특이한 화석들을 발견했다. 그들은 그 뼈들의 사진을 찍고 위트와테르스란트 대학교의 고인류학자들에게 그것들을 보여주었다. 그들이 발견한 화석들은 '디날레디 방'의 '떠오르는 별 동굴' 바닥에 있었는데, 그 지역은 그 동굴 탐험가들 이전에 단 한 번밖에 방문되지 않았던 곳이었다. ④ 인류학자들은 빠르게 팀을 모아 그 현장을 발굴했고, 해부학적으로 가장 완전한 선사시대 영장류의 발견 중 하나인 737개의 해골을 포함한 1,550개 이상의 뼛조각을 가져왔다. 복원된 뼈들은 호모족이나 오스트랄로피테쿠스족 어느 쪽에도 적합하지 않은데, 이는 종들 사이의 연결 고리로 이론화된 것을 보여준다. 결과적으로, 이 발굴은 호모사피엔스보다 먼저 발생하여 함께 존재했던 새로운 종의 발견을 나타낸다.

어휘

anthropologist 인류학자 assemble 모으다 excavate 발굴하다
anatomy 해골, 해부적 구조 prehistoric 선사시대의 primate 영장류
significant 중요한 evolutionary 진화적인 caver 동굴 탐험가 cradle 요람
fossil 화석 paleoanthropologist 고인류학자 chamber 방
Australopithecus 오스트랄로피테쿠스 theorize 이론화하다
pre-date 먼저 발생하다

정답 설명

지문 처음에서 인공 지능이 창의적인 일에 있어 점점 더 유능해지고 있지만 미술품을 만들어내는 능력은 수많은 의문들을 제기하고 있으며 더 복잡한 문제는 공로를 인정하는 것과 누가 그 예술 작품을 만들었는지 확인하는 것이라고 한 뒤, 지문 전반에 걸쳐 훈련된 인공 지능이 미술품을 만들었을 때 그 저자는 누구인지에 관한 문제는 논란의 여지가 있다고 설명하고 있으므로, '③ 우리가 인공 지능이 만들어낸 미술품에 대해 우려해야 하는 것은 무엇인가?'가 이 글의 제목이다.

정답 ③

해석

인공 지능(AI)은 창의적인 일에 있어 점점 더 유능해지고 있고, 미술품을 만들어내는 인공 지능 모델의 능력은 수많은 의문들을 제기하고 있다. 어떤 사람들은 인공 지능이 예술가들의 기술에 더 쉽게 접근할 수 있게 함으로써 그들(예술가들)의 가치를 낮출 수도 있다고 생각한다. 하지만, 더 복잡한 문제는 공로를 인정하는 것과 누가 그 예술 작품을 만들었는지 확인하는 것에 대한 것이다. 지난 5년 동안 놀라운 이윤에 팔리거나 미술 전시회에서 상을 받는 미술품을 만들어내는 인공 지능에 관한 기사의 수가 점점 늘어났다. 하지만 이러한 위업을 수행할 수 있는 인공 지능 시스템은 한 명 혹은 여러 명의 사람들에 의해 고안되고 프로그래밍이 된 다음, 개인들에 의해 창작된 수십만 개의 미술 작품들을 이용하여 훈련된다. 그런 다음 그 시스템에 프롬프트나 명령어가 주어지는데, 그것(시스템)은 이전에 훈련된 데이터 세트에서 미술품을 만들어 내기 위해 이를 사용한다. 이런 경우에, 그 내용물의 저자가 누구인지에 관한 문제는 논란의 여지가 있다. 확실하게, 프로그램 그 자체는 관련되어 있으며, 더 나아가 그 프로그램을 만든 사람들도 관련되어 있다. 프로그램이 그 미술품을 만들어 내기 위해 필요한 프롬프트를 제공한 미술가는 필수적인 입력을 제공한 것이고, 그 프로그램이 그 창작품의 기반으로 활용한 작품들의 미술가들 또한 그러하다.

① 우리는 인공 지능 알고리즘을 통해 무엇을 개선해야 하는가?
② 우리는 어떻게 해야 효과적인 인공 지능 시스템 명령을 만들 수 있는가?
③ 우리가 인공 지능이 만들어낸 미술품에 대해 우려해야 하는 것은 무엇인가?
④ 우리는 어떻게 인공 지능이 만들어낸 미술품을 통해 가장 많은 이윤을 얻을 수 있는가?

어휘

pursuit 일, 추구 generate 만들어내다, 생산하다 numerous 수많은
accessible 접근하기 쉬운 give credit 공로를 인정하다, 공을 돌리다
identify 확인하다, 알아보다 story 기사 incredible 놀라운 profit 이윤
feat 위업, 공적 prompt 프롬프트(컴퓨터 시스템이 사용자에 대하여 다음에 어떠한 조작을 행해야 하는지 지시하기 위한 지시 메시지) dataset 데이터 세트
debatable 논란의 여지가 있는 by extension 더 나아가 algorithm 알고리즘

정답 설명

주어진 문장에서 척추 손상이나 신경계 혹은 인접 조직들의 다른 손상은 치료하기 어려웠고 그것들에 고통받는 많은 사람들을 마비되게 했다고 하고, (B)에서 한 스위스의 연구진이 이 끈질긴 문제(this persistent problem)를 해결하는 것을 목표로 하는 이식할 수 있는 장치를 개발했다고 설명하고 있다. 이어서 (A)에서 그들의 해결책(Their solution)은 척수에 이식되어, (척수) 내부에 포함된 신경 다발에 접근할 수 있는 작은 전자 장치를 포함하고 있다고 한 후, (C)에서 그 이식물(the implant)은 외부 장치의 도움을 받아 뇌에서 나오는 신호들을 다리와 팔의 근육들로 전달할 수 있다고 설명하고 있다. 따라서 ② (B) – (A) – (C)가 정답이다.

정답 ②

해석

척추 손상과 신경계 혹은 인접 조직들의 다른 손상은 치료하기가 악명 높게 어려웠고, 그것들에 고통받는 많은 사람들을 회복할 수 없을 정도로 마비되게 했다.

(B) 그러나 오늘날, 한 스위스 연구진은 이 끈질긴 문제를 해결하는 것을 목표로 하는 이식할 수 있는 장치를 개발했다.

(A) 그들의 해결책은 척수에 이식되는 작은 전자 장치를 포함하는데, 그것은 (척수) 내부에 포함된 신경 다발에 접근할 수 있다.

(C) 그곳에서, 그 이식물은 이용자에 의해 운반된 외부 장치의 도움을 받아, 뇌에서 나오는 신호들을 해석하고 그것들을 척수의 손상 부위를 우회하여 다리나 팔의 근육들로 전달할 수 있다.

어휘

spinal column 척추   nervous system 신경계   adjacent 인접한, 가까운
tissue 조직   notoriously 악명 높게   irreparably 회복할 수 없을 정도로
paralyze 마비시키다   implant 이식하다   spinal cord 척수   nerve 신경
bundle 다발, 무리   implantable 이식할 수 있는   persistent 끈질긴, 계속되는
assistance 도움   external 외부의   interpret 해석하다
bypass 우회하다, 건너뛰다

정답 설명

지문 마지막에서 유기 농법에 사용된 재료의 가격은 전통적인 농장의 합성 재료의 가격을 훨씬 초과하며, 인증과 마케팅 비용 또한 가격에 더하는데 이것이 슈퍼마켓에서 더 높은 가격의 형태로 소비자들에게 전달된다고 했으므로 '④ 고객들은 식료품점에서 유기농 제품을 합리적인 가격에 구매할 수 있다'는 지문의 내용과 일치하지 않는다.

정답 ④

해석

유기 농법은 합성 농약의 사용 없이 작물을 생산하기 위해 천연 비료, 생물학적 해충 방제, 그리고 윤작을 이용하는 농업 방식이다. 유기 농법은 천연 비료가 토양 구조와 비옥도를 향상시켜 침식에 더 회복력 있고 물을 더 잘 보존할 수 있게 하기 때문에 토양 건강에 긍정적인 영향을 미친다. 유기농 농산물은 또한 소비자들, 특히 특정 화학물질에 민감한 사람들의 건강에 더 좋은데, 그들 중 일부는 암, 신경 질환, 그리고 어린이들의 발달 문제와 관련이 있었다. 그러나 유기 농법의 문제점 중 하나는 생산성 격차이다. 캘리포니아에서 실시된 100개 이상의 농업 연구는 유기농 농장이 기존 농장보다 20퍼센트 적은 수확량을 생산한 것을 알아냈다. 이것은 천연 비료가 영양분을 천천히 방출하고, 농작물이 자라는데 필요한 모든 영양분을 받지 못할 수도 있기 때문에 발생한다. 유기 농법의 또 다른 단점은 그것의 높은 비용이다. 유기 농법에 사용된 재료의 가격은 전통적인 농장의 합성 재료의 가격을 훨씬 초과한다. 인증과 마케팅 비용 또한 가격에 더하는데, 이것은 슈퍼마켓에서 더 높은 가격의 형태로 소비자들에게 전달된다.

① 유기 농법은 물을 저장하는 능력을 증가시킴으로써 토양의 건강을 증진시킨다.
② 유기 농법은 전통적인 농업에 비해 5분의 1 더 적은 양의 농작물을 생산한다.
③ 천연 농자재의 가격은 합성 자재의 가격보다 더 높다.
④ 고객들은 식료품점에서 유기농 제품을 합리적인 가격에 구매할 수 있다.

어휘

organic farming 유기 농법   agriculture 농업   fertilizer 비료   pest 해충
crop rotation 윤작(같은 땅에 여러 가지 농작물을 해마다 바꾸어 심는 일)
synthetic 합성의   pesticides 농약   fertility 비옥도   resilient 회복력 있는
erosion 침식   retain 보존하다   neurological disorder 신경 질환
yields 수확량   conventional 전통적인   release 방출하다   exceed 초과하다
certification 인증   enhance 증가시키다   reasonable 합리적인

정답 설명

컴퓨터를 업그레이드하려고 하는데 뭘 하고 있는지도 모르겠다는 B의 말에 A가 그건 컴퓨터로 무엇을 하고 싶은지에 달렸다고 하고, 빈칸 뒤에서 워드 프로세서와 스프레드시트 같이 사무실에서 주로 사용하는 응용 프로그램들을 언급하고 있으므로, 빈칸에는 '② What do you recommend for office use(사무용으로는 무엇을 추천하니)'가 들어가야 자연스럽다.

정답 ②

해석

A: 너는 결심하는 것에 어려움을 겪고 있는 것으로 보여. 내가 도와줄 수 있는 문제가 있을까?

B: 글쎄, 내 컴퓨터를 업그레이드하려고 하는데, 내가 뭘 하고 있는지도 모르겠어.

A: 그건 네가 그것으로 무엇을 하고 싶은지에 달렸어.

B: 사무용으로는 무엇을 추천하니?

A: 워드 프로세서와 스프레드시트 같은 응용 프로그램에는 좋은 그래픽 카드가 필요하지 않아. 대신 더 빠른 프로세서를 사는 것이 나아.

B: 그것이 예산에 어떻게 영향을 미칠까?

A: 가격은 크게 달라지지 않을 거야.

B: 그러면, 나는 네 추천을 받아들일게.

① 내가 매년 업그레이드를 할 필요가 있니
② 사무용으로는 무엇을 추천하니
③ 그게 네가 제안하는 최고의 가격이니
④ 훌륭한 그래픽을 위해서는 무엇이 가장 좋을까

어휘

make up one's mind 결심하다 application 응용 프로그램 budget 예산

✏️ **이것도 알면 합격!**

어떤 것을 추천할 때 쓸 수 있는 다양한 표현
> You should definitely try the new sushi place downtown.
  시내에 새로 생긴 초밥집은 꼭 가보세요.
> Have you considered taking a yoga class?
  요가 수업을 듣는 것을 고려해본 적이 있나요?
> You can't go wrong with a classic black dress.
  클래식한 검정 드레스는 항상 옳아요.
> My personal favorite is the pistachio ice cream.
  제가 개인적으로 가장 좋아하는 건 피스타치오 아이스크림이에요.

정답 설명

(A) 빈칸 앞부분은 수업에 기술을 포함하는 것을 옹호하는 사람들이 생각하는 그것의 이점에 대한 내용이고, 빈칸 뒤 문장은 비평가들이 수업에 기술을 포함하는 것을 부정적으로 생각한다는 대조적인 내용이다. 따라서 대조를 나타내는 연결어인 However(그러나)가 들어가야 적절하다. (B) 빈칸 앞 문장은 컴퓨터가 정답을 평가하는 방법에는 엄청난 한계가 있다는 내용이고, 빈칸 뒤 문장은 문제를 고안할 때 가능성 있는 정답이 좁게 정의되어야 한다는 결과적인 내용이다. 따라서 인과를 나타내는 연결어인 Owing to this(이것 때문에)가 들어가야 적절하다. 따라서 ①번이 정답이다.

정답 ①

해석

기술은 우리 삶의 거의 모든 측면에 깊게 얽혀 들고 있지만, 교실에 그것(기술)을 포함시키는 것은 논란의 여지가 있다. 옹호자들은 기술을 강의와 수업에 통합시키는 것이 상당한 이점을 가져온다고 주장한다. 가장 주목할 만한 점은, 그것이 학생들이 훨씬 더 효과적으로 자료에 관심을 갖고 참여하도록 하는 수단을 제공한다는 것이다. 이 동일한 과정이 동기부여에도 작용할 수 있는데, 이는 계속 노력하고 공부하려는 학생들의 욕구를 급격하게 향상시킨다. 참여상에 게임의 요소를 적용하기와 같은 체계는 학생들이 자료를 통해 앞으로 나아가게 할 수 있다. (A) 그러나, 비평가들은 교실이 메시지를 전달하거나 이해력을 평가하는 주된 수단으로 기술에 의존하는 것에는 너무 많은 부정적인 면이 존재한다고 주장한다. 가장 큰 문제는, 표준화된 시험과 마찬가지로, 학업 환경에서의 기술의 포함은 아이들이 비판적으로 사고하고 구체적으로 규정되지 않은 방식으로 문제를 해결하는 능력을 제한한다는 것이다. 컴퓨터가 정답을 평가하는 방법에는 엄청난 한계가 있다. (B) 이것 때문에, 문제를 고안할 때 가능성 있는 정답이 좁게 정의되어야 하며, 이는 학생들이 발휘할 수 있는 자유와 창의성에 제한을 초래한다.

(A)	(B)
① 그러나	이것 때문에
② 그러므로	관계없이
③ 그러나	그와 대조적으로
④ 그러므로	유사하게

어휘

intertwine 얽히게 하다 inclusion 포함, 포함된 것 advocate 옹호자, 지지자
integrate 통합시키다 substantial 상당한 engage in ~에 참여하다
motivation 동기부여 dramatically 급격하게
gamification 게임의 요소를 적용하기, 게임화 maintain 주장하다
downside 부정적인 면 standardized 표준화된 specifically 구체적으로
prescribe 규정하다, 지시하다 immense 엄청난 evaluate 평가하다

정답 설명

지문 처음에서 전 세계의 출산율이 현재 세대에 들어서 감소하고 있는데, 이러한 감소는 이전의 감소들과는 다르다고 설명하고 있다. 이어서 지문 전반에 걸쳐 Y세대와 Z세대의 출산율 감소의 이유와 밀레니얼 세대가 아이를 갖지 않기로 한 이유에 대해 설명하고 있으므로 '② 아이를 갖는 것에 있어서 세대 간의 변화'가 이 글의 주제이다.

정답 ②

해석

전 세계의 출산율은 현재 세대에 들어서 감소하고 있다. 지금까지 경험해 온 이전의 감소들과는 대조적으로, 이 감소는 이전 세대들에 의해 야기된 경제 상황과 직접적으로 연관이 있고, 따라서 Y세대와 Z세대에 더 강한 영향을 미친다는 것이다. 최근의 연구들은 밀레니얼 세대의 약 60퍼센트가 아이를 갖는 것을 피하기로 한 그들의 결정에 대한 기여 요인으로 경제적 고려 사항을 언급했고, 그중 38퍼센트는 주된 이유로서 비용을 주장했다는 것을 보여주었다. 늘어나고 있는 자녀 양육비는 지속적으로 정체된 임금과 결합되어 대다수의 현재 세대가 아이를 기르고 그들에게 좋은 집을 제공하는 것에 도움이 되지 않는 경제 상황을 만들어냈다.

① 현재 세대의 임금 범위
② 아이를 갖는 것에 있어서 세대 간의 변화
③ 아이를 양육하는 것에 대한 기대
④ 밀레니얼 세대들에게 선호되는 직업

어휘

generation 세대   indicate 보여주다, 나타내다   consideration 고려 사항
contributing factor 기여 요인   avoid 피하다   child-rearing 자녀 양육
combine 결합하다   consistently 지속적으로   stagnant 정체된
conducive to ~에 도움이 되는   generational 세대 간의

정답 설명

지문 처음에서 고생물학자들이 티라노사우루스 렉스의 짧고 불필요해 보이는 앞다리에 관해 오랫동안 숙고해 왔으며 연구원들이 2022년에 이 오래된 질문에 대한 답을 찾은 것 같았다고 언급하고 있다. 이어서 ①, ③, ④번에서 UC버클리 대학교의 한 통합 생물학 교수가 어떻게 이 짧은 앞다리가 발달하게 되었는지에 대한 개요를 설명하는 논문을 발표했으며, 연구원들은 티라노사우루스 렉스의 짧은 앞다리는 무리를 지어 먹이를 먹을 때 발생할 수 있는 뜻하지 않은 절단을 피하기 위한 진화적 적응이었다는 결론을 내렸다고 설명하고 있다. 그러나 ②번은 티라노사우루스의 앞다리 화석과 골격 구조가 놀라울 정도로 잘 보존되어 있다는 내용으로, 티라노사우루스 렉스의 앞다리가 짧은 이유에 대한 지문 전반의 내용과 관련이 없다.

정답 ②

해석

고생물학자들은 티라노사우루스 렉스의 짧고 불필요해 보이는 앞다리에 관해 오랫동안 숙고해 왔다. 다양한 시점에서 수많은 이론들이 제기되어 왔지만, 그것들은 모두 틀렸음이 입증되었거나 논리적으로 결함이 있었는데, 이는 더 긴 앞다리에 의해 동일한 생물학적 목적이 더 잘 수행될 수 있었기 때문이다. 그러나, 연구원들은 2022년에 이 오래된 질문에 대한 답을 찾은 것만 같았다. ① UC 버클리 대학교의 한 통합 생물학 교수는 어떻게 이 짧은 앞다리가 발달하게 되었는지에 대한 개요를 설명하는 논문을 발표했다. ② 티라노사우루스의 앞다리 화석과 골격 구조는 놀라울 정도로 잘 보존되어 있다. ③ 연구원들은 수많은 관련 종들에 걸쳐 시간에 따른 앞다리의 수축을 조사했고, 이것이 집단으로 먹이를 먹는 동안 상처 입는 것을 최소화하기 위한 진화적 적응이었다는 결론을 내렸다. ④ 이 거대한 육식동물이 때때로 무리를 지어 먹이를 먹었을 것이라는 점은 잘 알려져 있고, 그것들의 비교적 큰 머리와 턱을 고려하면, 악어나 코모도왕도마뱀 무리에서 보이는 것과 같은, 뜻하지 않은 절단의 위험이 높았을 것이다. 그 결과, 연구원들은 더 짧은 팔이 부상이나 죽음을 예방하는 신체 일부의 최대치가 된 것이라고 시사한다.

어휘

paleontologist 고생물학자   puzzle over ~에 관해 숙고하다
disprove 틀렸음을 입증하다   logically 논리적으로   flawed 결함이 있는
biological 생물학적인   integrative biology 통합 생물학
outline 개요를 설명하다   skeletal structure 골격 구조   preserve 보존하다
evolutionary 진화적인   adaptation 적응   minimize 최소화하다
carnivore 육식동물   in packs 무리를 지어, 떼지어
accidental 뜻하지 않은, 우발적인   amputation 절단   local (신체의) 일부의
maximum 최대치

정답 설명

지문 마지막 부분에서 플리머스는 수프리에르 산의 폭발 이후 완전히 비워졌지만, 법적 수도로 남게 되었고, 이러한 특별함을 가진 유일한 유령도시가 되었다고 했으므로, '② 플리머스는 화산 활동으로 인해 비워졌다가 1997년부터 다시 사람이 살게 되었다'는 지문의 내용과 일치하지 않는다.

정답 ②

해석

몬트세라트 섬의 유령도시인 플리머스는 비범한 특징을 낳게 된 놀라울 정도로 유명한 역사를 가지고 있다. 몬트세라트는 중앙아메리카 연안의 영국령으로, 크기가 100제곱킬로미터에 불과한 작은 섬이다. 그 풍경과 인구 밀도는 1990년대 초의 일련의 자연재해들로 인해 급격하게 바뀌었다. 몬트세라트 섬의 수도인 플리머스는 적어도 1632년부터 사람이 거주했으며, 1994년에는 약 만 명의 추정 인구가 있었다. 허리케인과 지진들을 겪은 이후, 그 섬은 1550년 이후로 활동을 중단했던 성층 화산인 수프리에르 산이 갑자기 일련의 폭발을 시작했을 때 가장 험난한 도전에 직면했다. 1997년이 되었을 때, 그 도시는 완전히 비워졌고 대부분이 화산재와 식은 용암에 파묻혔다. 그러나, 그것은 그 영토의 법적 수도로 남아있으며, 이러한 특별함을 가진 유일한 유령도시이다.

어휘

incredibly 놀라울 정도로 storied 유명한 population density 인구 밀도
dramatically 급격하게 alter 바꾸다 capital 수도 inhabit 거주하다, 살다
estimated 추정의 arduous 험난한, 몹시 힘든 stratovolcano 성층 화산
dormant 활동을 중단한, 휴면기의 eruption 폭발 evacuate 비우다, 떠나다
bury 파묻다 distinction 특별함

---

19 독해 | 추론 (빈칸 완성 – 단어)   난이도 상 ●●●

정답 설명

(A) 빈칸이 있는 문장에서 지구에서는 산소가 풍부한 대기가 모든 소리 주파수의 이동을 위한 조밀한 매개체를 제공한다고 하였고, 이어서 지문의 후반에서 화성은 탄소가 풍부한 대기를 가지고 있는데, 온도가 이산화탄소의 분자를 덜 빽빽하게 들어차게 만들기 때문에 이산화탄소는 소리를 전달하는 데 덜 효과적이라고 하였다. 따라서 빈칸에는 산소가 풍부한 대기는 '밀도가 높다(dense)'는 내용이 들어가야 한다. (B) 빈칸이 있는 문장에서 온도가 이산화탄소 분자들을 덜 빽빽하게 들어차게 만든다고 했으므로, 빈칸에는 분자를 '확산시킨다(spreading)'는 내용이 들어가야 한다.

정답 ②

해석

퍼서비어런스 로버의 화성 착륙은 다량의 유용한 정보, 특히 그 붉은 행성의 특성과 관련된 정보를 가져왔다. 이러한 모든 데이터로부터의 한 가지 발견물은 그 행성에서의 소리의 독특한 특징에 관한 것이다. 지구에서, 소리는 이동할 때 시속 1,234킬로미터의 속도로 움직이며, 산소가 풍부한 대기는 (A) 밀도가 높아, 모든 소리 주파수의 이동을 위한 조밀한 매개체를 제공한다. 대조적으로, 화성은 음파 빈도수에 따라 두 개의 서로 다른 소리의 속도를 가지고 있다. 240헤르츠 아래의 낮은 소리들은 대략 시속 864킬로미터의 속도로 이동한다. 반면에, 240헤르츠 이상의 높은 소리들은 시속 899킬로미터의 속도로 이동한다. 이것은 탄소가 풍부한 대기와 온도 때문에 발생한다. 이산화탄소는 소리를 전달하는 데 덜 효과적인데, 이것은 분자를 (B) 확산시키는 온도에 의해 악화되어, 그것들을 덜 빽빽하게 들어차게 만든다. 이 모든 것이 높은 주파수의 소리가 8미터를 넘어선 거리에서는 들리지 않게 한다.

	(A)	(B)
①	꽉 찬	압축하는
②	밀도가 높은	확산시키는
③	무정형의	압축하는
④	불침투성의	확산시키는

어휘

yield 가져오다, 생산하다 particularly 특히 property 특성
oxygen-rich 산소가 풍부한 atmosphere 대기 compact 조밀한, 촘촘한
medium 매개체 transmission 이동 frequency 주파수
low-pitched 낮은, 저조의 high-pitched 높은, 고조의
carbon-rich 탄소가 풍부한 carbon dioxide 이산화탄소
conduct 전달하다, 전도하다 exacerbate 악화시키다 molecule 분자
tightly 빽빽하게 inaudible 들리지 않는, 들을 수 없는 serried 꽉 찬
compress 압축하다 amorphous 무정형의
impermeable 불침투성의, 통과시키지 않는

---

20 독해 | 추론 (빈칸 완성 – 구)   난이도 상 ●●●

정답 설명

빈칸 앞부분에서 길들여진 개들이 빈번하게 '짖는 소리'라고 불리는 넓은 범위의 소리를 내보이는 반면, 야생 개들에게서는 이 소리가 나타나지 않는다고 했고, 빈칸 뒷부분에서 짖는 경향이 인간과의 상호작용의 직접적인 결과라고 했다. 따라서 빈칸에는 '④ 여러 세대에 걸친 가축화'가 이 특별한 행동의 결과를 낳았다는 내용이 들어가야 적절하다.

정답 ④

해석

연구원들에 따르면, 의사소통 수단으로써의 개의 짖는 소리는 전적으로 그것들이 인간과의 상호작용을 위해 발달시킨 능력이다. 길들여진 개들이 빈번하게 '짖는 소리'라고 불리는 넓은 범위의 소리를 내보이는 반면, 야생 개들에게서는 이 소리가 나타나지 않는데, 이 야생 동물들이 그것(짖는 소리)을 내는 데 필요한 성대와 근육계를 가지고 있음에도 그렇다. 개의 여러 세대에 걸친 가축화는 짖지 않는 초기 개들이 포식동물들에게 죽임을 당하는 것을 통해 의도치 않게 수행되거나, 양을 몰기 위해 짖는 것과 같은 일들을 할 수 있는 능력을 갖추도록 길러진 개를 통해 의도적으로 수행된 이 독특한 행동의 결과를 낳았고, 따라서 개들의 짖는 경향은 인간과의 상호작용의 직접적인 결과이다. 인간도 이것과 함께 발달하였는데, 반복된 연구들은 사람들이 서로 다른 개들의 짖는 소리를 분간할 수는 없지만, 거의 보편적으로 경고를 위한 짖는 소리나 쾌활한 짖는 소리와 같이 서로 다른 유형의 짖는 소리는 구분할 수 있음을 보여줘 왔다.

① 야생 무리의 서열
② 오락의 필요성
③ 소리의 과잉
④ 여러 세대에 걸친 가축화

어휘

bark 짖는 소리; 짖다 exclusively 전적으로
domesticate 길들이다, 가축화하다 frequently 빈번하게 display 내보이다
label ~라고 부르다, 라벨을 붙이다 present 나타나다 canid 개, 개과의 동물
vocal cord 성대 requisite 필요한 musculature 근육계
unintentionally 의도치 않게 predator 포식동물 intentionally 의도적으로
breed 기르다, 사육하다 herd 몰다 propensity 경향
distinguish 분간하다, 구별하다 universally 보편적으로, 일반적으로
hierarchy 서열, 계층 pack 무리, 떼 superfluousness 과잉, 여분

한국사

01 근대 | 최익현　　　　　난이도 중 ●●○

자료 분석
호는 '면암' + 을사늑약이 체결되자 임병찬 등과 의병을 일으킴 + 대마도에서 굶어 죽음 → (가) 최익현

정답 설명
③ 최익현은 일본이 서양과 다를 바 없다는 왜양 일체론을 주장하며 개항 반대 운동을 전개하였다.

오답 분석
① 박규수: 대동강으로 침입한 제너럴셔먼호를 불태운 인물은 박규수이다. 당시 평안도 관찰사였던 박규수는 평양 군민들과 함께 화공 작전으로 제너럴셔먼호를 불태웠다.
② 장지연: 민족 의식을 고취하는 '시일야방성대곡'을 발표한 인물은 장지연이다. 을사늑약이 체결되자 장지연은 '시일야방성대곡'이라는 논설을 황성신문에 게재하여 일제를 규탄하였다.
④ 이항로: 『화서아언』에서 프랑스와의 통상을 반대한 인물은 이항로이다.

02 선사 시대 | 선사 시대의 유물과 사회 모습　　　난이도 하 ●○○

정답 설명
① 옳은 것을 모두 고르면 ㉠, ㉡이다.
㉠ 이른 민무늬 토기를 사용한 신석기 시대에는 가락바퀴나 뼈바늘을 이용하여 옷이나 그물을 만들었다.
㉡ 슴베찌르개를 사용한 구석기 시대에는 채집과 사냥을 하며 이동 생활을 하였기 때문에 주로 동굴이나 바위 그늘, 강가의 막집에 거주하였다.

오답 분석
㉢ 검은 간 토기가 사용된 시기는 청동기 시대부터 초기 철기 시대이고, 아직 지배와 피지배 관계가 발생하지 않은 평등 사회는 구석기 시대와 신석기 시대이다.
㉣ 반달 돌칼이 사용된 시기는 청동기 시대로, 청동제 농기구가 아닌 석제 농기구나 나무로 제작한 농기구를 사용하였다.

03 조선 후기 | 훈련도감　　　　　난이도 중 ●●○

자료 분석
삼수미를 거두어 병사들의 식량으로 삼음 → (가) 훈련도감

정답 설명
① 훈련도감은 임진왜란 중인 1593년에 유성룡의 건의로 설치되었으며, 포수(조총)·살수(창·검)·사수(활)의 삼수병으로 조직되었다.

오답 분석
② 별기군: 일본인 교관을 초빙하여 군사 훈련을 받은 부대는 신식 군대인 별기군이다.
③ 금위영: 5군영 중에 가장 마지막에 설치된 부대는 금위영이다. 숙종 때 국왕 호위와 수도 방위를 위해 금위영이 설치되면서 조선 후기 5군영 체제가 완성되었다.
④ 장용영: 국왕의 친위 부대로 수원 화성에 외영을 두었던 부대는 정조 때 조직된 장용영이다.

04 고대 | 삼국 시대의 주요 사건　　　　난이도 하 ●○○

정답 설명
② 시기순으로 바르게 나열하면 ㉢ 고구려의 서안평 점령(311) → ㉣ 신라와 백제의 결혼 동맹 체결(493) → ㉡ 백제의 사비 천도(538) → ㉠ 대가야 멸망(562)이다.
㉢ 고구려의 서안평 점령: 고구려 미천왕은 중국이 5호 16국 시대로 인해 혼란스러운 틈을 타 서안평을 점령(311)하였다.
㉣ 신라와 백제의 결혼 동맹 체결: 신라 소지 마립간과 백제 동성왕은 결혼 동맹을 체결(493)하여 나·제 동맹을 강화하였다.
㉡ 백제의 사비 천도: 백제 성왕은 웅진(공주)에서 대외 진출에 유리한 사비(부여)로 천도(538)하였다.
㉠ 대가야 멸망: 신라 진흥왕은 이사부 등을 파견하여 고령 지역의 대가야를 멸망(562)시켰다.

05 일제 강점기 | 물산 장려 운동과 민립 대학 설립 운동　난이도 중 ●●○

자료 분석
(가) 조선 사람은 조선 사람이 지은 것을 사 쓰고 + 일용품은 조선인 제품으로 대용할 수 있는 것은 이를 사용할 것 → 물산 장려 운동
(나) 유능한 인물을 양성하려면 최고 학부의 존재가 가장 필요함 → 민립 대학 설립 운동

정답 설명
④ 민립 대학 설립 운동은 일제의 식민지 차별 교육에 대항하여 우리 민족의 힘으로 대학을 설립하고자 이상재 등을 중심으로 '한민족 1천만이 한 사람이 1원씩'이라는 구호 아래 모금 운동을 전개한 운동이다.

오답 분석
① 국채 보상 운동: 대구에서 시작되어 전국적으로 확산된 운동은 국채 보상 운동이다. 한편, 물산 장려 운동은 평양에서 시작되었다.
② 민립 대학 설립 운동이 시작된 것은 1920년대 초로, 사립 학교령 공포(1908)와 관련이 없다.
③ 물산 장려 운동은 조만식 등의 민족주의 세력을 중심으로 전개되었다.

06 고대 | 경주 지역의 문화유산   난이도 하 ●○○

정답 설명

④ 세계 최고(最古)의 목판 인쇄물인 『무구정광대다라니경』은 불국사 다보탑이 아닌 불국사 석가탑(불국사 3층 석탑)에서 발견되었다.

오답 분석

① 백률사 석당은 신라의 불교 공인을 위해 법흥왕 때 순교한 이차돈을 추모하며 헌덕왕 때 건립된 비석이다.

② 천마총은 경주 역사 유적 지구 중 대릉원 지구에 속하며, 말의 안장 꾸미개에 천마가 그려진 천마도가 발견되었다.

③ 석굴암은 인공으로 축조한 석굴 사원으로, 1995년 유네스코 세계 문화유산에 등재되었다.

07 고려 시대 | 최승로와 이제현   난이도 상 ●●●

자료 분석

(가) 5대 조정에서 본받을 만하고 경계할 만한 것을 조목별로 아뢰고자 함 → 5조 정적평 → 최승로
(나) 『역옹패설』 → 이제현

정답 설명

④ 이제현은 공민왕 때 고려 태조에서 숙종 때까지 역대 임금의 치적을 정리한 『사략』을 저술하였다.

오답 분석

① 최충: '해동공자'라 불렸으며 9재 학당을 설립하여 인재를 양성한 인물은 최충이다.

② 안향: 원나라에 다녀온 뒤 충렬왕 때 성리학을 우리나라에 처음 소개한 인물은 안향이다.

③ 임춘: 술을 의인화하여 당시의 정치 현실을 풍자한 『국순전』을 저술한 인물은 임춘이다.

08 조선 후기 | 대동법   난이도 하 ●○○

자료 분석

이원익의 건의 + 토지에서 미곡을 거둠 + 먼저 경기에서 시작 → 대동법

정답 설명

③ 재정 감소분을 결작, 선무군관포 등으로 보충한 것은 대동법이 아닌 영조 때 시행한 균역법이다.

오답 분석

모두 대동법에 대한 설명이다.

① 대동법은 중앙 관청의 서리나 상인들이 공물을 대신 내고 그 대가를 많이 챙기는 방납의 폐단을 개선하기 위해 실시되었다.

② 대동법을 관리하는 기관으로 선혜청이 설치되었다.

④ 대동법은 관청에 물품을 조달하는 공인이 등장하는 계기가 되었다. 공인의 활동이 활발해지면서 지방의 장시와 상품 화폐 경제가 발달하게 되었다.

09 고대 | 발해 무왕   난이도 중 ●●○

자료 분석

대조영의 아들 + 연호를 '인안(仁安)'으로 고침 → (가) 발해 무왕

정답 설명

① 옳은 것을 모두 고르면 ㉠, ㉡이다.

㉠ 발해 무왕은 당과 흑수말갈이 연합하려는 움직임을 보이자 장문휴를 보내 당의 산둥(산동) 반도를 공격하게 하였다.

㉡ 발해 무왕은 당과 신라를 견제하기 위해 일본에 사신을 처음 파견하여 국교를 맺었다.

오답 분석

㉢ 발해 성왕: 발해의 수도를 동경 용원부에서 상경 용천부로 옮긴 왕은 발해 성왕이다.

㉣ 발해 문왕: 불교의 이상적인 군주인 전륜성왕이라 자처한 왕은 발해 문왕이다.

10 현대 | 1960년대에 일어난 사건   난이도 중 ●●○

정답 설명

③ 1·21 사태와 푸에블로호 사건을 계기로 향토 방위 체제를 확립하기 위해 1968년에 향토 예비군이 창설되었다.

오답 분석

① 1970년대: 명동 성당에서 긴급 조치 철폐, 구속된 민주 인사와 학생들의 석방 등을 요구하는 3·1 민주 구국 선언이 발표(1976)된 것은 1970년대의 사실이다.

② 1980년대: 학생 운동을 전개하던 박종철이 남영동 대공분실에서 경찰의 고문으로 사망(1987)한 것은 1980년대의 사실이다.

④ 1950년대: 제3대 정·부통령 선거에서 대통령에 자유당의 이승만, 부통령에 민주당의 장면이 당선(1956)된 것은 1950년대의 사실이다.

11 일제 강점기 | 2·8 독립 선언 발표와 정우회 선언 발표 사이의 사실   난이도 중 ●●○

자료 분석

2·8 독립 선언 발표(1919) → (가) → 정우회 선언 발표(1926)

정답 설명

③ (가) 시기인 1920년에 홍범도의 대한 독립군, 최진동의 군무 도독부군, 안무의 국민회군 등의 독립군 연합 부대가 봉오동 전투에서 일본군에 승리하였다.

① **(가) 이후:** 여성 운동 단체인 근우회가 조직된 것은 1927년으로, (가) 시기 이후의 사실이다.

② **(가) 이후:** 한인 애국단 단원인 이봉창이 도쿄에서 일왕 히로히토에게 폭탄을 투척한 것은 1932년으로, (가) 시기 이후의 사실이다.

④ **(가) 이전:** 하와이에서 군사 양성 기관인 대조선 국민 군단이 창설된 것은 1914년으로, (가) 시기 이전의 사실이다.

---

12 고려 시대 | 고려 시대의 토지 제도 난이도 중 ●●○

자료 분석

(가) 태조 23년에 역분전 제도 설정 → 역분전
(나) 목종 원년에 양반 및 군인들의 전시과 개정 → 개정 전시과
(다) 문종 30년에 양반 전시과를 다시 고침 → 경정 전시과

정답 설명

② 실직이 없는 관리인 산관이 토지의 지급 대상에서 제외되었으며 한외과가 소멸된 것은 개정 전시과가 아닌 경정 전시과이다.

오답 분석

① 역분전은 후삼국 통일 과정에서 공을 세운 공신에게 논공행상의 성격으로 지급되었다.

③ 개정 전시과는 인품을 배제하고 관직만을 고려하여 전지와 시지를 지급하였다.

④ 경정 전시과는 이전에 비해 거란과의 항쟁 과정에서 공을 세웠던 무반과 일반 군인의 대우가 전반적으로 향상되었다.

---

13 시대 통합 | 이상설 난이도 중 ●●○

자료 분석

이준이 헤이그 평화 회의에 참석할 것을 상의하자 그 뜻을 따름 + 성명회를 조직함 → 이상설

정답 설명

② 이상설은 북간도 용정에 민족 교육 기관인 서전서숙을 설립하였다.

오답 분석

① **이회영, 이상룡 등:** 서간도에서 독립 운동 단체인 경학사를 조직한 인물은 이회영, 이상룡 등이다.

③ **이동휘:** 하바로프스크에서 우리나라 최초의 사회주의 정당인 한인 사회당을 결성한 인물은 이동휘이다.

④ **유길준:** 서양 근대 문물을 소개한 『서유견문』을 저술한 인물은 유길준이다. 유길준은 미국 유학에서 돌아온 이후 『서유견문』을 저술하여 서양의 정치·경제·법률·문화 등을 소개하였다.

---

14 근대 | 근대 문물의 수용 난이도 중 ●●○

자료 분석

(가) 거문도 사건 발발(1885) ~ 아관 파천(1896)
(나) 아관 파천(1896) ~ 을사늑약 체결(1905)

정답 설명

② (나) 시기인 1898년에 고딕 양식 건축물인 명동 성당이 완공되었다.

오답 분석

① **(나) 시기:** 서대문에서 청량리 사이의 전차 운행이 시작된 것은 1899년으로, (나) 시기의 사실이다.

③ **(가) 이전:** 우리나라 최초의 근대식 무기 제조 공장인 기기창이 설립된 것은 1883년으로, (가) 시기 이전의 사실이다.

④ **(나) 이후:** 우리나라 최초의 서양식 극장인 원각사가 건립된 것은 1908년으로, (나) 시기 이후의 사실이다.

이것도 알면 합격!

근대 문물 수용

전등	경복궁 건청궁에 처음 가설(1887)
전차	서대문에서 청량리 사이의 전차 운행 시작(1899)
철도	• 서울과 인천을 연결하는 경인선 개통(1899) • 서울과 부산을 연결하는 경부선 개통(1905) • 서울과 신의주를 연결하는 경의선 개통(1906)
건축	• 독립문 완공(1897) • 고딕 양식의 건축물인 명동 성당 완공(1898) • 우리나라 최초의 서양식 극장인 원각사 건립(1908) • 덕수궁 석조전 완공(1910)
시설	• 근대식 무기를 제조하는 기기창 설립(1883) • 화폐를 주조하는 전환국 설립(1883) • 출판 사무를 담당하는 박문국 설립(1883)

---

15 조선 전기 | 성종 난이도 하 ●○○

자료 분석

『동문선』이라고 이름을 내림 → 성종

정답 설명

④ 성종은 조선의 기본 법전으로 「이전」·「호전」·「예전」·「병전」·「형전」·「공전」의 6전 체제로 구성된 『경국대전』을 완성·반포하였다.

오답 분석

① **세조:** 6조 직계제를 부활시켜 왕권을 강화한 왕은 세조이다. 한편, 6조 직계제는 6조에서 의정부를 거치지 않고 직접 왕에게 업무를 보고하는 제도이다.

② **세종:** 압록강 지역에 최윤덕을, 두만강 지역에 김종서를 파견하여 여진족을 몰아내고 4군 6진을 설치한 왕은 세종이다.

③ **태종:** 주자소를 설치하고 구리로 계미자를 주조한 왕은 태종이다.

16 조선 후기 | 조선 후기의 문화   난이도 중 ●●○

자료 분석

양반이란 것은 결국 한 푼 값어치도 못 됨 → 「양반전」 → 조선 후기

정답 설명

④ 서거정이 민간에 떠도는 한담을 모은 『필원잡기』를 편찬한 것은 성종 때인 1487년으로, 조선 전기의 사실이다.

오답 분석

① 조선 후기에는 중인층이 시사를 조직하고, 자신들의 시를 모은 시집을 편찬하는 등 활발한 문학 활동을 전개하였다.

② 조선 후기에는 형식에 구애 받지 않고 남녀 간의 사랑이나 현실에 대한 비판 등 평민의 감정을 솔직하게 표현한 사설시조가 유행하였다.

③ 조선 후기에는 화엄사 각황전, 법주사 팔상전 등의 건축물이 건립되었다.

17 고려 시대 | 강동성 전투 이후의 사실   난이도 하 ●○○

자료 분석

조충과 김취려 등이 강동성을 포위하니 적(거란군)이 항복함 → 강동성 전투(1218~1219)

정답 설명

③ 동북 지역에 설치한 9개의 성을 여진에 돌려준 것은 1109년으로, 강동성 전투 이전의 사실이다.

오답 분석

모두 강동성 전투 이후에 전개된 사실이다.

① 최우 집권기인 1234년에 『상정고금예문』이 금속 활자로 인쇄되었다.

② 박위는 창왕 때인 1389년에 왜구의 소굴인 쓰시마 섬(대마도)을 공격하였다.

④ 몽골에 저항하던 고려 정부는 원종 때인 1270년에 개경으로 환도하였다.

18 근대 | 을사늑약   난이도 중 ●●○

자료 분석

우리(대한 제국)의 외교권을 빼앗음 → 을사늑약(1905)

정답 설명

① 옳은 것을 모두 고르면 ㉠, ㉡이다.

㉠ 을사늑약은 덕수궁 중명전에서 고종의 비준 없이 강제로 체결되었다.

㉡ 을사늑약은 통감부가 설치되는 결과를 가져왔다. 한편, 통감부는 일제가 설치한 통치 기구로 1906년부터 1910년 8월까지 우리나라를 지배하였다.

오답 분석

㉢ 을사늑약은 서재필이 1896년에 독립신문을 창간하는 배경과 관련이 없다. 한편, 독립신문은 개화 자강의 필요성을 대중에게 계몽하고, 외국인에게 국내 사정을 알리는 역할을 담당하였다.

㉣ 제1차 한·일 협약: 메가타를 대한 제국의 재정 고문으로 초빙하는 계기가 된 것은 제1차 한·일 협약(1904. 8.)이다.

이것도 알면 합격!

을사늑약

체결	일본이 덕수궁 중명전에서 고종의 비준 없이 체결함
내용	• 대한 제국의 외교권 박탈 • 통감부를 설치하여 통감 정치 시행
저항	• 항일 순국: 민영환, 조병세 등이 자결 • 5적 암살단 조직: 나철과 오기호는 을사 5적(박제순, 이지용, 이근택, 이완용, 권중현)의 처단을 시도 • 항일 언론: 장지연은 '시일야방성대곡'이라는 논설을 황성신문에 게재하여 일제 규탄 • 을사의병 전개: 민종식, 최익현 등이 활약

19 조선 전기 | 향교   난이도 중 ●●○

정답 설명

③ 지방의 군현에 있던 유일한 관학인 향교는 군현의 규모와 인구에 비례하여 90명~30명으로 차등을 두어 정원을 배정하였다.

오답 분석

① 서원: 흥선 대원군에 의해 대부분 철폐된 것은 서원이다.

② 향교에는 양인의 자제만 입학이 허용되었으며, 천민은 입학할 수 없었다.

④ 성균관: 성적 우수자에게 문과의 초시가 면제되었던 것은 성균관이다.

20 현대 | 노태우 정부 시기의 사실   난이도 중 ●●○

자료 분석

대한민국과 중화 인민 공화국(중국)은 외교 관계를 수립하기로 합의 → 노태우 정부(1988~1993)

정답 설명

② 노태우 정부 때인 1991년에 고위급 회담을 통해 남북이 화해 및 상호 불가침, 교류·협력 확대 등을 합의한 남북 기본 합의서가 채택되었다.

오답 분석

① 장면 내각: 혁신계 인사들을 중심으로 통일 추진을 위한 민족 자주 통일 중앙 협의회가 조직된 것은 1961년으로, 장면 내각 시기의 사실이다.

③ 박정희 정부: YH 무역 노동자들이 부당한 폐업 조치에 저항하며 야당인 신민당사에서 농성을 전개한 것은 1979년으로, 박정희 정부 시기의 사실이다.

④ 전두환 정부: 국민들의 대통령 직선제 요구를 거부하고 기존의 대통령 간선제를 유지하겠다는 4·13 호헌 조치가 발표된 것은 1987년으로, 전두환 정부 시기의 사실이다.

MEMO

시험일: _____ 년 _____ 월 _____ 일

공무원 9급 공개경쟁채용 필기시험

제6회
공통과목 통합 모의고사

응시번호

성명

문제책형

가

※ 국어·영어·한국사 문제를 제한 시간 53분 동안, 실제 시험처럼 한 번에 풀어 보세요. 각 과목의 제한 시간은 시험지 왼쪽 상단에 표기되어 있습니다.
   (*실제 시험에서는 국어·영어·한국사·전문 과목 2과목을 100분 동안 한 번에 풀어야 합니다.)

제1과목	국어	제2과목	영어	제3과목	한국사
제4과목	행정법총론	제5과목	행정학개론		

응시자 주의사항

1. **시험시작 전 시험문제를 열람하는 행위나 시험종료 후 답안을 작성하는 행위를 한 사람**은 「공무원 임용시험령」 제51조에 의거 **부정행위자**로 처리됩니다.

2. **답안지 책형 표기는 시험시작 전** 감독관의 지시에 따라 **문제책 앞면에 인쇄된 문제책형을 확인**한 후, **답안지 책형란에 해당 책형(1개)을 '●'로 표기**하여야 합니다.

3. **답안은 문제책 표지의 과목 순서에 따라 답안지에 인쇄된 순서에 맞추어 표기**해야 하며, 과목 순서를 바꾸어 표기한 경우에도 **문제책 표지의 과목 순서대로 채점**되므로 유의하시기 바랍니다.

4. 시험이 시작되면 문제를 주의 깊게 읽은 후, **문항의 취지에 가장 적합한 하나의 정답만을 고르며**, 문제내용에 관한 질문은 할 수 없습니다.

5. **답안을 잘못 표기하였을 경우**에는 답안지를 교체하여 작성하거나 **수정할 수 있으며**, 표기한 답안을 수정할 때는 **응시자 본인이 가져온 수정테이프만을 사용**하여 해당 부분을 완전히 지우고 부착된 수정테이프가 떨어지지 않도록 손으로 눌러주어야 합니다. **(수정액 또는 수정스티커 등은 사용 불가)**

6. **시험시간 관리의 책임은 응시자 본인에게 있습니다.**
   ※ 문제책은 시험종료 후 가지고 갈 수 있습니다.

ℹ️
정답공개 및
이의제기 안내

1. 정답공개 일시 : 정답 가안 ▶ 시험 당일 13:00 / 최종 정답 ▶ 필기시험일 9일 후(월) 18:00

2. 정답공개 방법 : 사이버국가고시센터(www.gosi.kr) ▶ [시험문제/정답 → 문제/정답 안내]

3. 이의제기 기간 : 시험 당일 18:00 ~ 필기시험일 3일 후 18:00

4. 이의제기 방법
   · 사이버국가고시센터(www.gosi.kr) ▶ [시험문제/정답 → 정답 이의제기]
   · 구체적인 이의제기 방법은 정답 가안 공개 시 공지

🏛 해커스공무원

국 어

제한 시간: 17분 | 시작 ___시 ___분 ~ 종료 ___시 ___분

문 1. 다음 중 의미 중복이 없는 문장은?

① 모두 자리에 착석하여 주시기 바랍니다.
② 가까운 근방에 내가 잘 아는 맛집이 있다.
③ 자격증 시험을 혼자 독학하여 준비하였다.
④ 참석자의 과반수가 동의하여 안건이 통과되었다.

문 2. 다음 글에서 토의 참여자의 말하기 방식에 대한 이해로 적절하지 않은 것은?

> 사회자: 오늘은 '해외의 현충 시설 관리 체계의 개선 방안은 무엇인가?'라는 주제로 토의를 진행하려고 합니다. 먼저 정부의 담당자인 민△△ 과장님, 국외 현충 시설이 얼마나 되나요?
> 민 과장: 이 그래프를 봅시다. 해외의 현충 시설은 대부분 독립운동이나 6.25 전쟁 참전에 관한 것으로, 현재 관리 대상인 독립운동 관련 현충 시설이 905곳, 6.25 전쟁 참전 관련 시설이 302곳임을 알 수 있습니다.
> 사회자: 네, 생각보다 많네요. 현충 시설이 이렇게 많으면 관리도 어려울 텐데요. 박□□ 교수님께서 말씀해 주시죠.
> 박 교수: 네. 그리 간단한 문제는 아닙니다. 왜냐하면 현충 시설 관리는 기본적으로 해당 국가의 지방 정부 혹은 민간단체, 지역 대학 등이 주관하고 있습니다. 국가 보훈처와 국내 관련 단체는 단지 협조를 할 뿐입니다.
> 사회자: 우리 정부가 직접 관리하지 못한다는 점이 문제가 되겠군요. 그런데 직접 관리하지 않아도 만약 그 나라가 관리만 철저하게 한다면 문제를 막을 수 있지 않을까요?
> 민 과장: 아닙니다. 현충 시설의 소유권은 대부분 해당 국가의 소유이기 때문에 외교 관계가 나빠질 경우, 우리 정부가 시설 관리에 영향력을 행사하기 어려워집니다. 몇 년 전 우리의 현충 시설을 관리하던 한 나라와 외교 관계가 악화된 적이 있었는데 당시 그 나라에서는 우리 정부의 시설 관리 요원을 추방한 적도 있습니다.
> 사회자: 외교적 상황이 악화되면 해외의 현충 시설이 제대로 관리되기 어렵다는 것이군요. 이 문제를 해결할 방법은 없을까요?

① 민 과장: 실제 사례를 제시하여 자신의 의견을 보충하고 있다.
② 사회자: 토의 참여자가 인용한 자료에 대해 주관적인 해석을 하고 있다.
③ 사회자: 토의 참여자의 발언을 요약 및 정리하면서 토의를 진행하고 있다.
④ 박 교수: 당면한 문제점을 밝히면서 문제에 대한 해결책을 촉구하고 있다.

문 3. '아파트 주차난으로 인한 문제와 해결 방안'에 대한 글을 작성하고자 한다. 글의 내용으로 포함하기에 적절하지 않은 것은?

① 차량 번호 끝자리 수에 따라 주차를 제한하는 차량 5부제를 실시하여 주차난을 해결한 공공 기관의 사례를 제시한다.
② 주차 공간 부족으로 인해 불편을 겪는 입주민들의 민원이 지속적으로 제기되고 있음을 언급하며 문제의 심각성을 강조한다.
③ 세대당 한 대까지만 주차를 허용하고 추가로 차량을 주차할 경우 별도의 요금을 부과하는 규정을 신설하는 것이 해결 방안이 될 수 있음을 설명한다.
④ 인근 부지에 입주민들이 이용할 수 있는 공용 주차장을 건립하여 주차난을 해소한 ○○아파트의 사례를 들어 추가적인 주차 공간 확보가 필요함을 강조한다.

문 4. 밑줄 친 단어의 쓰임이 옳은 것은?

① 출국하기 전 도착지로 짐을 <u>붙여</u> 두었다.
② 모든 비용은 <u>일절</u> 회사에서 부담하기로 했다.
③ 밥솥에 밥을 <u>앉히고</u> 냉장고에서 재료를 꺼내 놓았다.
④ <u>올해로써</u> 개관 20주년을 맞이한 시립미술관에서 특별 전시를 개최합니다.

문 5. 다음 시에 대한 감상으로 적절하지 않은 것은?

> 새는 새장 밖으로 나가지 못한다.
> 매번 머리를 부딪치고 날개를 상하고 나야 보이는,
> 창살 사이의 간격보다 큰, 몸뚱어리.
> 하늘과 산이 보이고 울음 실은 공기가 자유로이 드나드는
> 그러나 살랑거리며 날개를 굳게 다리에 매달아 놓는,
> 그 적당한 간격은 슬프다.
> 그 창살의 간격보다 넓은 몸은 슬프다.
> 넓게, 힘차게 뻗을 날개가 있고
> 날개를 힘껏 떠받쳐 줄 공기가 있지만
> 새는 다만 네 발 달린 짐승처럼 걷는다.
> 부지런히 걸어 다리가 굵어지고 튼튼해져서
> 닭처럼 날개가 귀찮아질 때까지 걷는다.
> 새장 문을 활짝 열어 놓아도 날지 않고
> 닭처럼 모이를 향해 달려갈 수 있을 때까지 걷는다.
> 걸으면서, 가끔, 창살 사이를 채우고 있는 바람을
> 부리로 쪼아 본다, 아직도 벽이 아니고
> 공기라는 걸 증명하려는 듯.
> 유리보다도 더 환하고 선명하게 전망이 보이고
> 울음소리 숨 내음 자유롭게 움직이도록 고안된 공기,
> 그 최첨단 신소재의 부드러운 질감을 음미하려는 듯.
>
> － 김기택, 『새』 －

① 단정적 어조로 비판적인 시각을 드러내고 있다.
② 새장은 새가 안온함을 느끼는 일상적인 삶의 공간이다.
③ 반복법을 통해 자유를 갈망하는 새의 모습을 강조한다.
④ 새는 현실에 안주하며 살아가는 현대인을 비유한 대상이다.

문 6. 다음 글의 주장으로 가장 적절한 것은?

만약 길에서 쓰러진 사람을 발견했다면 어떻게 할 것인가? 한 실험에 의하면 대다수의 사람이 쓰러진 사람을 보고도 모른 척 지나갔다. 길을 가다 곤경에 처한 사람을 봤을 때 그냥 지나친다면 죄책감은 느끼겠지만, 처벌을 받지는 않는다. 도리어 도움을 줌으로써 추가로 발생할 손실을 감수해야 한다는 생각에 선뜻 나서지 못하게 된다. 이처럼 어떤 행동을 할 때와 하지 않을 때 모두 손실이 생기는 상황에서 사람들은 그 둘을 비교하여 결국 가만히 있는 쪽을 택하곤 한다. 이러한 경향을 부작위 편향이라고 하는데, 간단히 말해 '긁어 부스럼'을 만들지 않으려는 심리이다.

관료 사회의 문제점으로 꼽히는 정부, 공공 기관의 복지부동 (伏地不動)과 무사안일(無事安逸) 분위기 역시 부작위 편향과 관련 있다. 어떤 정책이나 사업의 추진 여부를 결정할 때 그것이 실패할 경우 발생하게 될 금전적 손해나 비판 여론만 고려하여 아무것도 하지 않고 조용히 있으려는 것이다. 그러나 작은 손해를 감수함으로써 그 정책을 통해 사회 전체적으로 더 큰 이익이 발생한다면 추진하는 것이 더 바람직한 일이 될 수 있음을 염두에 두어야 한다.

① 곤경에 처한 이들을 외면해서는 안 된다.

② 남에게 책임을 전가하는 태도는 바람직하지 않다.

③ 행동하지 않는 것이 언제나 더 나은 선택이라고 할 수는 없다.

④ 관료 사회의 무사안일적인 태도는 부작위 편향으로부터 비롯된 것이다.

문 7. ㉠~㉢에 들어갈 말로 적절하지 않은 것은?

제목: ○○시 도시 농업 활성화 방안
Ⅰ. 도시 농업 소개 및 도시 농업의 현황
　1. ┌───────┐ ㉠
　2. 도시 농업 활동의 부진
Ⅱ. ┌───────┐ ㉡
　1. 도시 농업에 필요한 경작 공간의 부족
　2. ┌───────┐ ㉢
　3. 도시 농업의 제도적 기반 미흡
Ⅲ. 개선 방안
　1. 빌딩 옥상 텃밭 조성 및 텃밭 분양 확대
　2. 농업 관련 종사자 경력직 채용을 통한 인력 충원
　3. ┌───────┐ ㉣

① ㉠: 귀농에 대한 관심 증가

② ㉡: 도시 농업의 문제점

③ ㉢: 도시 농업 담당 전문 인력 부족

④ ㉣: 도시 농장 운영을 위한 재정 지원 확대

문 8. 다음에 서술된 상황을 가장 적절하게 표현한 한자 성어는?

○○군 농산물 협동조합은 지난해부터 온라인 중심의 전국적인 유통망을 갖추고 농산물 판매 사업을 시작하였다. 이로 인해 최근 몇 년간의 부진했던 실적을 극복하였을 뿐만 아니라 농림부의 사업 안정성 평가에서도 전국 3위에 올랐다.

① 自繩自縛　　　　　　② 守株待兔

③ 漁夫之利　　　　　　④ 刮目相對

문 9. 다음 글에서 추론한 내용으로 적절하지 않은 것은?

국가 권력은 그 속성상 통치와 지배에 순응하는 개인(국민)을 원한다. 하지만 아나키즘은 근본적으로 국가 권력을 부정하고, 그에 불복종한다. "불복종은 인간의 원초적 덕목이다. 진보가 이뤄져 온 것은 바로 불복종을 통해서다. 그렇다. 불복종과 반란을 통해서다." 오스카 와일드의 이 말은 아나키즘의 성질을 정확하게 짚어내고 있다.

아나키즘은 왜 이렇게 국가 권력에 대해 예민하게 반응하고, 대립각을 세울까? 그 이유는, 어떤 경우에도 어떤 한 인간이 지상의 다른 어떤 인간, 또는 어떤 인간의 한패에 복종할 의무는 없기 때문이다. 아무리 위대한 사상이나 체제라 할지라도 이보다 더 단순한 진리는 있을 수 없다. 아나키즘 사상의 선구자인 윌리엄 고드윈은 말한다. "정치는 최선의 상태에서도 악이 되기에 우리는 그것을 인간 사회의 일반적인 평화가 허락하는 한 최대한 적게 갖는 것을 주요 목적으로 삼아야 한다."

이처럼 아나키즘은 본질적으로 정치(=국가)를 악(惡)으로 본다. 인간은 본래 선(善)한 존재인데, 정치가 인간을 나쁘게 만든다는 것이 그들이 가진 기본 시각이다. 따라서 아나키스트들에게는 정치 제도로서 국가는 착한 존재인 인간의 자유를 구속·억압하는 나쁜 존재로서 최소화되거나 폐지되어야 할 대상으로 간주된다.

이렇게 보면, 아나키즘은 그저 국가를 부정하고, 그에 맞서 저항하고 싸우는 사상인 것처럼 보인다. 그러나 아나키즘이 궁극적으로 지향하는 것은 국가의 폐지 혹은 절멸이 아니다. 아나키즘은 정치 제도 혹은 체제로서 '국가 그 자체'가 아니라 '그 너머'에 있는 개인의 절대 자유를 지향한다.

① 윌리엄 고드윈은 정치가 인간의 본성에 반하는 성질을 가지고 있다고 볼 것이다.

② 아나키스트는 국익을 위해 자신의 자유가 억압당하는 상황을 용인하지 않을 것이다.

③ 아나키스트는 정치 제도가 사회에 어떤 영향도 끼치지 못하기 때문에 그것을 무능력한 것으로 여길 것이다.

④ 개인의 절대적 자유를 위해 국가 권력의 강제성을 소거하는 것이 아나키즘이 추구하는 진정한 가치일 것이다.

문 10. 밑줄 친 부분의 활용형이 옳지 않은 것은?

① 국을 퍼서 국그릇에 담아라.

② 눈이 쌓이자 온 세상이 하얘졌다.

③ 길고 긴 논의 끝에 합의점에 이르었다.

④ 비 온 뒤의 하늘은 한층 더 푸르러 보인다.

문 11. 밑줄 친 단어와 바꿔 쓸 수 있는 한자어로 가장 적절한 것은?

① 잃어버린 물건이 가방에서 나왔다. → 出市되었다

② 그는 회사에서 나와 사업을 시작했다. → 辭職하여

③ 이 제품은 나오자마자 인기를 끌었다. → 發見하자마자

④ 대학원을 나온 뒤에도 연구를 계속하고 있다. → 産出한

문 12. 다음 글의 ㉠~㉣에 대한 고쳐쓰기 방안으로 적절하지 않은 것은?

> ㉠ 소셜 미디어에는 과연 긍정적인 기능만 존재할까? 2021년 한국인터넷진흥원의 인터넷 이용 실태 조사에 따르면, 20대, 30대의 소셜 미디어 이용률이 각각 93.2%, 88.9%에 이르는 것으로 ㉡ 밝혀졌다. 소셜 미디어를 이용하는 이유 중 가장 큰 비중을 차지하는 것은 '친교 및 교제 목적'이었으며 '타인이 게시한 콘텐츠 살피기', '취미 등 개인적 관심사나 정보, 지식 공유하기'가 그 뒤를 이었다. ㉢ 가령 소셜 미디어는 나와 타인을 연결해 주는 통로이자 타인과 관계를 맺고 서로의 삶을 공유하며 관계의 욕구를 충족시켜 주는 유용한 도구인 것이다.
>
> 사실 최근 들어 소셜 미디어 이용자 중 포모 증후군을 호소하는 사람이 늘고 있다. 포모 증후군에서 '포모(FOMO)'는 'Fear Of Missing Out'의 약자로, 자신만 유행에서 뒤처지는 것 같다고 느끼거나 세상으로부터 고립되었다고 느끼는 공포감을 의미한다. 짧은 시간에 타인과 소통하기 위해 시작했던 소셜 미디어가 ㉣ 가랑잎으로 눈 가리듯 어느새 집착과 의존을 유발해 일상생활에 지장을 주는 것이다. 이를 극복하기 위해서는 소셜 미디어 사용 시간을 줄여야 한다. 소셜 미디어를 이용하는 시간을 통제할 수 있을 때, 비로소 이용자가 주체가 되는 건강한 소셜 미디어 이용이 가능해질 것이다.

① ㉠은 맥락상 어울리지 않는 문장이므로 두 번째 문단의 첫 번째 문장 앞으로 이동한다.

② 피동 표현이 두 번 사용되었으므로 ㉡을 '밝혔다'로 수정한다.

③ 앞 문장과의 연결이 자연스럽지 않으므로 ㉢은 '다시 말해'로 수정한다.

④ 문맥상 적절하지 않으므로 ㉣은 '가랑비에 옷 젖는 줄 모르듯'으로 수정한다.

문 13. ㉠~㉣에 대한 설명으로 적절하지 않은 것은?

> 까투리 홀로 경황없이 물러서니, 장끼란 놈 거동 보소. 콩 먹으러 들어갈 제 열두 장목 펼쳐 들고 꾸벅꾸벅 고개 조아 조츰조츰 들어가서 반달 같은 혀뿌리로 들입다 꽉 찍으니 ㉠ 두 고패 둥 그레지며 머리 위에 치는 소리 박랑사중(博浪沙中)에 저격시황(狙擊始皇)하다가 버금 수레 마치는 듯 와지끈 뚝딱 푸드득 변통 없이 치었구나.
>
> 까투리 하는 말이,
>
> "저런 광경 당할 줄 몰랐던가, ㉡ 남자라고 여자의 말 잘 들어도 패가(敗家)하고, 계집의 말 안 들어도 망신(亡身)하네."
>
> … (중략) …
>
> 한참 통곡하니 장끼란 놈 반눈 뜨고,
>
> "자네 너무 설워 마소. ㉢ 상부(喪夫) 잦은 네 가문에 장가 가기 내 실수라. 이 말 저 말 마라. 사자(死者)는 불가부생(不可復生)이라 다시 보기 어려우니 나를 굳이 보려거든 명일 조반 일찍 먹고 차위 임자 따라가면 김천(金泉)장에 걸렸거나 그렇지 아니하면 감영도(監營道)나 병영도(兵營道)나 수령도(守令都)의 관청고에 걸린든지 봉물(封物) 집에 앉았든지 사또 밥상 오르든지 그렇지 아니하면 혼인집 폐백 건치(乾雉) 되리로다. ㉣ 내 얼굴 못 보아 설워 말고 자네 몸 수절하여 정렬부인(貞烈夫人) 되옵소서. 불쌍하다 이내 신세, 우지 마라 우지 마라, 내 까투리 우지 마라. 장부 간장 다 녹는다. 네 아무리 설워하나 죽는 나만 불쌍하다."

① ㉠은 장끼가 덫에 걸렸음을 나타내는 표현이다.

② ㉡은 장끼가 까투리의 말을 듣지 않아 죽음을 맞게 되었음을 드러낸다.

③ ㉢은 장끼가 자신이 죽은 후 홀로 남겨질 까투리에 대해 염려하는 모습이다.

④ ㉣은 여성에게 수절을 강요하는 유교 의식이 반영된 부분이다.

문 14. 다음 글을 읽은 후의 반응으로 가장 적절한 것은?

> 시대가 변천하면 예의범절 역시 조금씩 바뀌어 간다. 전쟁과 정치 변혁 뒤에 사회가 급변하는 경우, 예의는 격변의 양상을 띤다. 그러나 다수의 사람이 한 사회를 구성하여 공동 생활을 영위해 나가는 데 꼭 요구되는 예의가 자취를 감추는 일은 없다. 시대와 사회 체제는 달라도 에티켓은 서로 잘 살아 나가기 위한 생활의 지혜로서, 또 사회 생활에 불가결한 활력소로서 기능한다.
>
> 에티켓은 이미 만들어진 규칙을 그대로 실행하기만 하면 되는 것도 아니다. 그리고 평소 자기가 취하고 있는 행동이 에티켓 규칙에 위반되지 않는가 등으로 형식에만 치우치면 오히려 더 곤란해진다. … (중략) … 중요한 것은 부단한 노력이다. 가령, 친절하게 대하든, 공손히 대하든, 혹은 또 싸움을 하든, 예의를 저버리지 않는 마음가짐이 필요하다.

① 누군가와 갈등을 경험하는 것은 예의에 어긋나는 행동이군.

② 평소의 행동이 에티켓 규칙을 어기지는 않았는지 성찰해 봐야겠군.

③ 에티켓에서 가장 중요한 것은 통용되는 예의범절을 잘 아는 것이겠군.

④ 예의범절을 지키기 위해 노력하지 않는 사회는 공동체 유지에 있어 어려움을 겪겠군.

문 15. 다음 글에 대한 이해로 가장 적절한 것은?

> "도련님은 어딜 가시는 행차입니까?" / "나는 아래쪽의 거무 선생에게 글공부 가는 길입니다." / "도련님아, 우리 집에도 꼭 나 같은 남동생이 있는데, 우리 동생도 거무 선생에게 글공부 가려고 하지만 같이 갈 선비가 없어 오늘까지 있으니 함께 가는 것이 어떨까요?"
>
> 부모님의 허락을 받고, 자기 방에 들어가서 여자 의복을 벗어 두고 남자 방에 들어가서 남자 의복으로 갈아입는다. … (중략) …
>
> 문 도령 눈치에 자청비가 여자의 몸이라는 것을 알 듯해 가니, 하루는 자청비가 꾀를 내어 은대야에 물을 떠다 옆에 두고 은젓가락 놋젓가락을 걸쳐 놓고 잠을 자니, 문 도령이 그걸 보고 말을 하되,
>
> "너는 어떤 일로 은대야에 물을 떠다 놓고 은젓가락 놋젓가락을 걸쳐 놓고 잠을 자느냐?"
>
> "그런 것이 아니라, 아버님이 글공부 올 때 하신 말씀이 '밤에 잠을 잘 때 은대야에다 물을 떠다 옆에 놓고 은젓가락 놋젓가락 걸쳐 두고 잠을 자되, 은젓가락 놋젓가락이 떨어지게 잠을 자면 글이 둔하다.'라고 하더라."
>
> 그 말 들은 문 도령은, / "그러면 나도 그렇게 해 보겠다."
>
> 문 도령도 은대야에 물을 떠다 은젓가락 놋젓가락 걸쳐 놓고 옆에 놓아 잠을 자는데, 젓가락이 떨어질까 근심을 하는 것이 잠은 못 자고, 다음 날 아침 삼천 서당에 가면 글공부할 생각은 없고 앉아서 졸기만 해 간다. ─ 작자 미상, 『세경본풀이』 ─

① 실제 역사적 사건을 제시하여 서사의 신빙성을 더한다.

② 문 도령은 열등감으로 인해 자청비에게 적개심을 갖는다.

③ 자청비는 임기응변을 통해 상대방을 자신이 의도한 대로 이끈다.

④ 남자 의복은 자청비가 평민으로서의 한계를 극복하기 위한 수단이다.

문 16. 밑줄 친 부분의 띄어쓰기가 옳은 것은?

① 삶이 힘들 지라도 절대 포기하지 말자.
② 이제는 그가 매일 같이 나를 찾아오는 것도 지겹다.
③ 긴장한 그는 나지막한 소리로 들릴 듯 말 듯 중얼거렸다.
④ 온라인 상에서 거래를 할 때는 특히 주의해야 한다.

문 17. 다음 글의 공간에 대한 설명으로 적절하지 않은 것은?

이사 간 날, 첫날 밤 세 식구가 나란히 누운 자리에서 엄마는 감개무량한 듯 말했다. / "기어코 서울에도 말뚝을 박았구나, 비록 문밖이긴 하지만……."
비록 여섯 칸짜리 집이지만 없는 게 없었다. 안방·마루·건넛방·부엌·아랫방·대문간 이렇게 여섯 개의 방이 공평하게 한 칸씩이었다. 마당도 있었다. 마당이 네모나지 않고 삼각형인 게 흠이었다. 엄마는 이런 마당을 '우리 괴불 마당'이란 애칭으로 불렀다. 새 집은 셋집처럼 대문 밖이 낭떠러지가 아니고 보통 골목인 대신 직사각형 마당의 가장 변이 긴 쪽이 남의 집 뒤쪽으로 난 담인데 그 밑이 어마어마하게 높은 축대였다. … (중략) …
나는 괴불 마당에 분꽃씨도 뿌리고 채송화씨도 뿌리고 봉숭아씨도 뿌렸다. 그리고 이사 가고 나서 나의 외톨이 신세는 좀 더 심해졌다. 땜장이 딸하고도 자연히 멀어졌고 나 혼자 매동학교를 다녔기 때문에 그 동네 학교를 다니는 아이들한테는 의식적인 따돌림을 받았다. 엄마는 되레 그걸 바란 것처럼 좋아하는 눈치였다. 문밖에서 살면서 일편단심 문안에 연연한 엄마는 내가 그 동네 아이들과는 격이 다른 문안 애가 되길 바랐다. 딸에게 가장 나쁜 거라고 가르친 거짓말까지 시키게 해 가며, 또 친척의 주소를 빌리는 번거로움과 치사함을 참아 가면서 심지어는 문둥이가 득실댄다는 등성이를 매일 지나다녀야 하는 위험을 무릅쓰게 하고까지 굳이 문안 학교에 보내지 못해 한 엄마의 뜻은 처음부터 그런 데 있었으니까.   - 박완서, 『엄마의 말뚝 1』 -

① 문밖에는 '나'의 친구가 없었다.
② '나'가 학교 가는 길은 순탄치 않은 길이다.
③ '나'는 새로 산 집을 꾸미기 위해 꽃씨를 뿌렸다.
④ 엄마는 '나'를 문안의 학교에 보내기 위해서 문안의 집으로 이사를 갔다.

문 18. 다음 글의 전개 순서로 가장 자연스러운 것은?

ㄱ. 아마도 국어사전에서 '희소하다'를 '찾아보기 힘들 정도로 드문 것을 뜻함'이라고 정의하고 있는 탓인 듯하다.
ㄴ. 흔히 사람들은 자원이나 물건, 돈 따위가 드물고 적은 상태를 '희소하다'라고 이야기하는데, 잘못된 생각이다.
ㄷ. 경제학에서는 절대적인 양에 의해서가 아니라 상대적인 의미에서 희소성이 중요하다.
ㄹ. 반대로 재화의 수량이 아무리 적더라도 사람들이 그 재화를 원하지 않는다면 그 재화를 '희소하지 않다'고 이야기한다.
ㅁ. 어떤 재화가 아무리 많더라도 사람들의 욕망을 충족시키기에 부족하다면 경제학에서는 그 재화를 '희소하다'고 한다.

① ㄴ-ㄱ-ㄷ-ㅁ-ㄹ
② ㄴ-ㄷ-ㄱ-ㄹ-ㅁ
③ ㄷ-ㄹ-ㄱ-ㄴ-ㅁ
④ ㄷ-ㅁ-ㄱ-ㄴ-ㄹ

문 19. 다음 글을 통해 추론할 수 있는 것은?

모래로 탑을 쌓는다고 하더라도 무너지지 않게 탑을 쌓을 수 있다. 모래를 담은 상자 안에 돌멩이를 넣고 흔들면 무거운 돌멩이는 떠오르고 가벼운 모래는 가라앉아 마치 중력 법칙을 무시하는 듯한 결과가 나타난다. 이런 현상은 고체와 액체에서 볼 수 없었던 알갱이의 특이한 현상으로 '알갱이 역학'이라고 한다. '알갱이 역학' 중에서 '멈춤각(angle of repose)'이라는 각이 있다. 일정한 속도로 모래를 계속 부어 주면 쏟아지는 모래와 밑으로 굴러 떨어지는 모래의 양이 평균적으로 균형을 이루면서 모래 더미가 일정한 각도의 더미를 이루게 된다. 이때 만들어진 각도를 멈춤각이라 부르는데, 신기하게도 이 각은 모래의 특성에 따라 모래 더미의 크기와는 상관없이 항상 일정한 값을 가진다. 정확히 말하면, 모래 더미는 스스로 일정한 각도의 모래 더미를 계속 유지하려고 한다. 멈춤각은 마른 모래의 경우 34도, 젖은 모래의 경우 45도, 흙의 경우 30~45도, 자갈의 경우 45도, 모래를 섞은 자갈의 경우 35~48도라고 한다.
만약 고대인들이 바벨탑을 세울 때, 이 각도를 알고 있었다면 멈춤각이 72도인 황금 삼각형 탑을 쌓지는 않았을 것이다. 멈춤각은 창조주가 설계한 자연의 성질이므로 아무리 창조주라고 하더라도 멈춤각을 지켜서 쌓은 탑을 무너트리지는 못했을 것이다.

① 입자가 고운 모래일수록 멈춤각이 더 작을 것이다.
② 고대인들이 쌓은 바벨탑의 멈춤각과 창조주가 설계한 멈춤각은 다르다.
③ 멈춤각의 크기가 동일하게 45도인 젖은 모래와 자갈은 그 특성도 매우 유사할 것이다.
④ 모래를 빠르게 부은 모래 더미보다 모래를 천천히 부은 모래 더미의 멈춤각이 더 작을 것이다.

문 20. 밑줄 친 부분에서 행위의 주체가 같은 것으로만 묶은 것은?

그러나 그 누가 알았으랴. 뜻하지 않게 지상의 견우가 하늘나라의 직녀와 함께 부부가 되어 산다는 소식은 천제(天帝)와 서왕모(西王母)의 귀에까지 ㉠들어가게 된 것이다. 천제와 서왕모는 몹시 진노하였다. 즉시 천신(天神)을 보내 죄를 추궁하기 위해 직녀를 하늘나라로 잡아들이도록 엄명을 내렸다. 서왕모는 혹시나 천신이 일을 제대로 수행하지 못할까 두려운 나머지 그녀 자신이 직접 내려와 ㉡동정을 낱낱이 살폈다.
직녀는 사랑하는 남편과 아이들을 지상에 남겨 두고 찢어지는 듯한 아픔을 이기지 못한 채 천신에게 이끌려 하늘나라로 붙잡혀 가야만 했다. 견우는 또 어떠한가. 사랑하는 아내와 느닷없이 ㉢생이별을 해야 하는 비통함을 그 어디에다 비길 수 있을까. 그는 즉시 두 어린 아들과 딸을 바구니에 담고 밤새도록 아내가 사라진 쪽을 향해 달렸다. 이제 그의 앞에는 그지없이 맑고 야트막한 은하가 있을 뿐이었다. 이 은하를 건너기만 하면 사랑하는 직녀가 ㉣끌려간 하늘나라에 당도할 것이었다. 그런데 이건 또 어찌된 일인가. 지상과 하늘나라 사이에 가로놓여 있던 은하가 눈 깜짝할 사이에 ㉤자취도 없이 사라져 버린 것이다. ㉥고개를 들어 올려다보니 은하는 어느새 파란 창공(蒼空)에 높이 걸려 있는 것이 아닌가.

① ㉠, ㉡
② ㉡, ㉤
③ ㉢, ㉣
④ ㉣, ㉥

※ 쉬는 시간 없이, 실제 시험처럼 곧바로 영어 문제를 풀어 보세요.

제6회 공통과목 통합 모의고사

영 어

제한 시간: **26분** | 시작 ___시 ___분 ~ 종료 ___시 ___분

※ 밑줄 친 부분의 의미와 가장 가까운 것을 고르시오. [문 1. ~ 문 4.]

문 1.
> Salespeople might be <u>reticent</u> to disclose flaws or other downsides in their products, so it's important to ask and press for details.

① reluctant
② eager
③ discursive
④ ardent

문 2.
> Although brown bears avoid humans and generally do not attack when encountered in the wild, they are extremely <u>belligerent</u> if they feel threatened.

① tedious
② offensive
③ cautious
④ aggressive

문 3.
> The architect was able to provide detailed answers to the questions about the new office building because she had designed it <u>from top to bottom</u>.

① contentiously
② completely
③ effectively
④ effortlessly

문 4.
> While the movie was generally well regarded, fans of the source material felt that it did not <u>do justice to</u> the book it was based on.

① praise
② embody
③ embellish
④ direct

문 5. 어법상 옳은 것은?

① The density of water is determined by how much salt it holds.
② The cost of running a business is generally lower than those of starting one.
③ The guilt should be held accountable for their actions and punished accordingly.
④ I'll send you a postcard when I'll be visiting Greece next spring.

문 6. 우리말을 영어로 가장 잘 옮긴 것은?

① 인공 지능은 종종 프로그래머들에 의해 예측되지 않았던 결론에 도달한다.
→ Artificial intelligence is often arrived at conclusions that were unexpected by programmers.
② 그는 작년에 아카데미 시상식에서 최우수 작품상을 받았던 그 영화를 보았다.
→ He saw the movie that will win Best Picture at the Oscars last year.
③ 그 공무원은 수많은 양식이 잘못 채워졌다고 내게 알려주었다.
→ The official informed me that numerous forms have filled out incorrectly.
④ 고객들은 예정된 일정보다 앞서 프로젝트를 완료하기를 요구할지도 모른다.
→ Clients may demand that projects be completed ahead of schedule.

문 7. 우리말을 영어로 잘못 옮긴 것은?

① 그녀는 오늘 아침에 그녀가 학회에서 발표를 하기로 되어 있었다는 것을 깨달았다.
→ She realized that she was supposed to give a presentation at the conference this morning.
② 잔해들의 더미가 발굴 중에 그 유물이 발견되는 것을 막았다.
→ A pile of debris prevented the artifact from uncovering during the dig.
③ 내가 가장 좋아하는 팀이 실제로 결승전에서 이기는 것을 보는 것은 놀라운 일이었다.
→ It was surprising to see my favorite team actually win a championship.
④ 사람들은 그 바이올리니스트가 연주하는 법을 독학했다는 것에 놀랐다.
→ People were surprised that the violinist had taught himself to play.

문 8. 두 사람의 대화 중 가장 어색한 것은?

① A: I just finished writing a book.
   B: I can show you how to do it.
② A: Did you manage to make a reservation?
   B: It's tonight at 8:00.
③ A: Where can I find the tomato sauce?
   B: There's some in aisle eight.
④ A: Can you help me with some things real quick?
   B: Yeah, I think I can spare the time.

문 9. 다음 글의 요지로 가장 적절한 것은?

Seeking advice and additional input or perspectives can always be beneficial. But too often, people take the advice of other people as the principal determinant in the course of action they select. Often, this happens because the people seeking the advice assume, not always incorrectly, that the people offering it will judge their actions negatively should they not follow it. What both people in these situations need to keep in mind is that they are two fundamentally different people. As a result, they have different thought processes, and more importantly, different needs and priorities. When considering the opinions of others, it is important to keep a number of things in mind: 1. Why they would make that decision; 2. What they hope to achieve with that decision; 3. Whether your goals and ideals are the same. By keeping these facets in mind, we can more specifically target the relevant information from the advice of others or ask more focused questions to obtain more useful advice.

① We usually only consider the impact our actions have on ourselves.
② We frequently disregard effective advice without properly thinking about it.
③ We do not think about the effects on others when offering advice.
④ We should consider personal differences and goals when seeking advice.

문 10. 주어진 문장이 들어갈 위치로 가장 적절한 것은?

The anthropologists quickly assembled a team and excavated the site, bringing back more than 1,550 pieces of bone covering 737 pieces of anatomy in one of the most anatomically complete discoveries of prehistoric primates.

A significant discovery was made in the last decade, one that helps to fill out our understanding of the evolutionary development of humans. (①) In 2013, a couple of cavers exploring the caves of South Africa's the Cradle of Humankind noticed a series of unusual fossils. (②) They took photos of the bones and showed them to paleoanthropologists at the University of Witwatersrand. (③) The fossils they discovered were at the bottom of the Rising Star Cave system in the Dinaledi Chamber, an area that had only been entered once prior to the cavers' trip. (④) The bones recovered do not easily fit into either the Homo or Australopithecus groups, presenting what is theorized to be a link between species. Consequently, this excavation represents the discovery of a new species that both pre-dated and existed alongside Homo Sapiens.

문 11. 다음 글의 제목으로 가장 적절한 것은?

Artificial intelligence(AI) is becoming increasingly capable in creative pursuits, and the ability of AI models to generate art is raising numerous questions. Some people think that AI might reduce the value of artists by making their skills more accessible. However, a more complex issue is about giving credit and identifying who created the artwork. Over the last five years, there have been an increasing number of stories about AI generating art that sells for incredible profits or wins awards at art shows. But the AI systems that are capable of such feats were designed and programmed by one or multiple people, then trained using hundreds of thousands of pieces of art that had been created by individuals. The system is then given a prompt or command, which it uses to generate the art from the dataset it had been trained on. In such cases, the issue of who the author of the content is debatable. Certainly, the program itself was involved, and by extension, those who created the program were as well. The artist who provided the prompt for the program to generate the art was providing a necessary input, as were the artists whose work the program based its creation on.

① What Should We Improve with AI Algorithms?
② How Can We Create Effective AI-System Commands?
③ What Should We Worry about with AI-Generated Art?
④ How Can We Profit Most from AI-Generated Artwork?

문 12. 주어진 글 다음에 이어질 글의 순서로 가장 적절한 것은?

Spinal column damage and other injuries to the nervous system or adjacent tissues have been notoriously difficult to treat, leading many who suffer from them irreparably paralyzed.

(A) Their solution involves a small, electronic device that is implanted into the spinal cord, where it has access to the nerve bundles contained within.
(B) Now, however, a team of Swiss researchers has developed an implantable device that aims to address this persistent problem.
(C) From there, the implant is able, with the assistance of an external device carried by the user, to interpret signals from the brain and send them to muscles in the legs or arms, bypassing the injured portion of the cord.

① (A)－(C)－(B)　　　　② (B)－(A)－(C)
③ (C)－(A)－(B)　　　　④ (C)－(B)－(A)

문 13. 다음 글의 내용과 일치하지 않는 것은?

Organic farming is a method of agriculture that uses natural fertilizers, biological pest control, and crop rotation to produce crops without the use of synthetic pesticides. Organic farming has a positive impact on soil health, as natural fertilizers improve soil structure and fertility, making it more resilient to erosion and better able to retain water. Organic produce is also healthier for consumers, particularly for people who are sensitive to certain chemicals, some of which have been linked to cancer, neurological disorders, and developmental problems in children. However, one of the challenges of organic farming is the productivity gap. An analysis of over 100 agricultural studies conducted in California found that organic farms produced 20 percent less yields than conventional farms. This occurs because natural fertilizers release nutrients slowly, and crops may not receive all the nutrients they need to grow. Another disadvantage of organic farming is its high costs. The prices of materials used in organic farming far exceed the prices of synthetic materials on traditional farms. Certification and marketing costs also add to the expenses, which are passed on to consumers in the form of higher prices at the supermarkets.

① Organic farming enhances soil health by increasing its ability to hold water.

② Organic farming generates one-fifth less crops compared to traditional farming.

③ The costs of natural farming materials are higher than those of synthetic materials.

④ Customers can purchase organic products for reasonable prices at grocery stores.

문 14. 밑줄 친 부분에 들어갈 말로 가장 적절한 것은?

A: You seem like you're having some trouble making up your mind. Do you have any questions I can help you out with?
B: Well, I'm looking to upgrade my computer, but I have no idea what I'm doing.
A: It depends on what you want to do with it.
B: _____?
A: Applications like word processors and spreadsheets don't need a good graphics card. It's better to get a faster processor instead.
B: How will that affect the budget?
A: The price won't change much.
B: In that case, I'll take your recommendation.

① Do I need to upgrade every year

② What do you recommend for office use

③ Are these the best prices you offer

④ What would be best for great graphics

문 15. 밑줄 친 (A), (B)에 들어갈 말로 가장 적절한 것은?

Technology is becoming deeply intertwined in nearly all aspects of our lives, but its inclusion in the classroom is controversial. Advocates argue that integrating technology into lectures and courses yields substantial benefits. Most notably, it provides a means of keeping students interested and engaged in the material much more effectively. This same process can also work for motivation, dramatically improving students' desire to continue working and studying. Systems like the gamification of participation awards can carry students forward through the material. ___(A)___, critics maintain that there are far too many downsides for classrooms to rely on technology as the primary means of delivering messages or evaluating comprehension. The biggest problem is that, much like standardized testing, the inclusion of technology in an academic setting limits the ability for children to think critically and solve problems in ways that weren't specifically prescribed. There are immense limitations in how computers evaluate answers. ___(B)___, the possible correct responses when designing questions must be narrowly defined, which results in limits on the freedom and creativity that students can exercise.

	(A)	(B)
①	However	Owing to this
②	Therefore	Regardless
③	However	In contrast to that
④	Therefore	Similarly

문 16. 다음 글의 주제로 가장 적절한 것은?

Birth rates around the world are declining with the current generation. Contrary to previous declines that have been experienced, this decrease is directly tied to the economic situation created by previous generations, and thus is more impactful on Generations Y and Z. Recent studies have indicated that nearly 60 percent of Millennials have cited economic considerations as a contributing factor in their decision to avoid having children, with 38 percent claiming cost as the primary reason. The increasing cost of child-rearing, combined with consistently stagnant wages, has created an economic climate that is not conducive to raising children and providing them with a good home for the majority of the current generation.

① salary ranges for the current generation

② generational changes in having kids

③ expectations about raising children

④ preferred careers for the Millennial generation

문 17. 다음 글의 흐름상 가장 어색한 문장은?

Paleontologists have long puzzled over the short and seemingly useless arms of the Tyrannosaurus Rex. Numerous theories have been proposed at various points, but they were all disproved or logically flawed, as the same biological purpose could be better served by longer arms. However, researchers in 2022 may have found the answer to this long-standing question. ① A professor of integrative biology at the University of California, Berkley has published a paper outlining how these short arms developed. ② Fossils of Tyrannosaurs' arms and skeletal structure are remarkably well preserved. ③ Researchers examined the shortening of arms over time across numerous related species, concluding that these were an evolutionary adaptation to minimize injury during group feeding sessions. ④ It is well known that the massive carnivores would feed in packs at times, and given their relatively large heads and jaws, the risk of an accidental amputation—such as those seen in groups of alligators or Komodo dragons—was high. As a result, researchers suggest that the shorter arms became a local maximum that prevented injury or death.

문 18. 다음 글의 내용과 일치하지 않는 것은?

Plymouth, a ghost town in Montserrat, has an incredibly storied history resulting in unusual characteristics. Montserrat is a British territory off the coast of Central America, a small island only around 100 square kilometers in size. The landscape and population density were dramatically altered by a series of natural disasters in the early 1990s. Plymouth, the capital of Montserrat, had been inhabited since at least 1632, with an estimated population of around 10,000 in 1994. After dealing with hurricanes and earthquakes, the island faced its most arduous challenge when the Soufrière Hills, a stratovolcano that had been dormant since 1550, suddenly began a chain of eruptions. By 1997, the town was completely evacuated and mostly buried in ash and cooled magma. However, it remains the legal capital of the territory, the only ghost town with this distinction.

① 몬트세라트 섬은 영국령의 작은 섬이다.
② 플리머스는 화산 활동으로 인해 비워졌다가 1997년부터 다시 사람이 살게 되었다.
③ 플리머스의 풍경은 1990년대에 여러 자연재해들로 인해 바뀌었다.
④ 몬트세라트 섬은 지구상에서 완전히 비워진 수도가 남아있는 유일한 장소이다.

문 19. 밑줄 친 (A), (B)에 들어갈 말로 가장 적절한 것은?

The landing of the Perseverance rover on Mars has yielded a large amount of useful information, particularly related to the properties of the Red Planet. One finding from all of this data has concerned the unique characteristics of sound on the planet. On Earth, sound moves at 1,234 km/hr as it travels, with the oxygen-rich atmosphere being ____(A)____, providing a compact medium for the transmission of sounds of all frequencies. In contrast, Mars has two different speeds of sound, depending on the sound wave's frequency. Low-pitched sounds, those that are below 240 hertz, travel at a speed of roughly 864 km/hr. On the other side, high-pitched sounds, anything above 240 hertz, travel at a speed of 899 km/hr. This happens on account of the carbon-rich atmosphere and the temperature. Carbon dioxide is less effective at conducting sound, which is exacerbated by the temperatures ____(B)____ the molecules, making them less tightly packed. All of this results in high-frequency sounds being inaudible at ranges beyond about eight meters.

	(A)	(B)
①	serried	compressing
②	dense	spreading
③	amorphous	compressing
④	impermeable	spreading

문 20. 밑줄 친 부분에 들어갈 말로 가장 적절한 것은?

According to researchers, dogs' barking as a means of communication is an ability that they developed exclusively for interaction with humans. While domesticated dogs frequently display a wide range of sounds labeled "barks," these sounds are not present in wild canids, despite the wild animals having the vocal cords and requisite musculature to produce them. The _____ for dogs resulted in this unique behavior being performed, whether unintentionally, through early dogs that did not bark being killed by predators, or intentionally, through dogs being bred for their ability to do things like bark to herd sheep; dogs' propensity to bark is a direct result of interactions with humans. Humans have developed alongside this, as repeated studies have shown that while people are unable to distinguish the barks of different dogs, humans are almost universally able to distinguish different types of barks, such as an alarm bark or a playful bark.

① hierarchy of wild packs
② necessity of recreation
③ superfluousness of sound
④ generations of domestication

※ 쉬는 시간 없이, 실제 시험처럼 곧바로 한국사 문제를 풀어 보세요.

한 국 사

제한 시간: 10분 | 시작 ___시 ___분 ~ 종료 ___시 ___분

문 1. (가) 인물에 대한 설명으로 옳은 것은?

> ┌─────────────────────────────────────┐
> │ (가) 의 호는 '면암'으로, 을사늑약이 체결되자 임병찬 등과
> │ 함께 의병을 일으켰다. …… 적들은 매우 두려운 마음에 많은 군
> │ 대를 파견하여 돌격하니 탄환이 빗발쳤다. (가) 은/는 임병찬
> │ 등 수십 명과 함께 붙잡혀 대마도로 보내졌는데, 일본인이 준 음
> │ 식을 거부하며 먹지 않다가 굶어 죽었다.
> └─────────────────────────────────────┘

① 대동강으로 침입한 제너럴셔먼호를 불태웠다.
② 민족 의식을 고취하는 '시일야방성대곡'을 발표하였다.
③ 왜양 일체론을 주장하며 개항 반대 운동을 전개하였다.
④ 『화서아언』에서 프랑스와의 통상을 반대하였다.

문 2. 다음 유물이 주로 사용된 시대에 대한 설명으로 옳은 것을 모두 고른 것은?

> ┌─────────────────────────────────────┐
> │ ㉠ 이른 민무늬 토기 – 가락바퀴나 뼈바늘을 이용하여 옷이나 그
> │   물을 만들었다.
> │ ㉡ 슴베찌르개 – 주로 동굴이나 바위 그늘, 강가의 막집에 거주
> │   하였다.
> │ ㉢ 검은 간 토기 – 아직 지배와 피지배 관계가 발생하지 않은 평
> │   등 사회였다.
> │ ㉣ 반달 돌칼 – 청동제 농기구를 사용하여 농업 생산력이 증대
> │   되었다.
> └─────────────────────────────────────┘

① ㉠, ㉡   ② ㉠, ㉢
③ ㉡, ㉣   ④ ㉢, ㉣

문 3. (가) 부대에 대한 설명으로 옳은 것은?

> ┌─────────────────────────────────────┐
> │ (가) 을/를 설치하고 삼남·해서·관동의 5도에서 삼수미를 거
> │ 두어 병사들의 식량으로 삼았다. 삼남은 토지 1결에 쌀 1두 2승을
> │ 거두고, 해서와 관동은 쌀 2두 2승을 거두어 호조에 소속시켰다.
> └─────────────────────────────────────┘

① 포수, 사수, 살수로 조직되었다.
② 일본인 교관을 초빙하여 군사 훈련을 받았다.
③ 5군영 중에 가장 마지막에 설치되었다.
④ 국왕의 친위 부대로 수원 화성에 외영을 두었다.

문 4. 다음 사건을 시기순으로 바르게 나열한 것은?

> ┌─────────────────────────────────────┐
> │ ㉠ 대가야 멸망
> │ ㉡ 백제의 사비 천도
> │ ㉢ 고구려의 서안평 점령
> │ ㉣ 신라와 백제의 결혼 동맹 체결
> └─────────────────────────────────────┘

① ㉢ - ㉡ - ㉣ - ㉠
② ㉢ - ㉣ - ㉡ - ㉠
③ ㉣ - ㉠ - ㉢ - ㉡
④ ㉣ - ㉢ - ㉠ - ㉡

문 5. (가), (나) 운동에 대한 설명으로 옳은 것은?

> ┌─────────────────────────────────────┐
> │ (가) 조선 사람은 조선 사람이 지은 것을 사 쓰고, 조선 사람은 단
> │   결하여 그 쓰는 물건을 스스로 제작하여 공급하는 것을 목
> │   적으로 한다. …… 일용품은 조선인 제품으로 대용할 수 있
> │   는 것은 이를 사용할 것.
> │ (나) 민중의 보편적 지식은 보통 교육으로 능히 수여할 수 있으
> │   나 깊은 지식과 학리는 고등 교육에 기대하지 아니하면 불
> │   가할 것은 설명할 필요도 없거니와 사회 최고의 비판을 구
> │   하며 유능한 인물을 양성하려면 최고 학부의 존재가 가장
> │   필요하도다.
> └─────────────────────────────────────┘

① (가) – 대구에서 시작되어 전국적으로 확산되었다.
② (나) – 사립 학교령을 공포하는 계기가 되었다.
③ (가) – 사회주의 성향의 운동 세력이 주도하였다.
④ (나) – 이상재 등을 중심으로 모금 운동을 전개하였다.

문 6. 경주 지역의 문화유산에 대한 설명으로 옳지 않은 것은?

① 백률사 석당은 불교 공인을 위해 순교한 이차돈을 추모하여 건립된 비석이다.
② 천마총은 경주 역사 유적 지구 중 대릉원 지구에 속하며, 천마도가 발견되었다.
③ 석굴암은 인공으로 축조한 석굴 사원으로, 유네스코 세계 문화유산에 등재되었다.
④ 불국사 다보탑에서는 세계 최고(最古)의 목판 인쇄물인 『무구정광대다라니경』이 발견되었다.

문 7. (가), (나) 인물에 대한 설명으로 옳은 것은?

> (가) 당시 왕이 신하의 의견을 구하자 상서(上書)하여 이르기를, "우리 태조께서 개국한 이래로 신이 알고 있는 바는 모두 저의 마음속에 기억하고 있습니다. 이제 5대 조정에서 정치와 교화가 잘되었거나 잘못된 사적을 기록하여 본받을 만하고 경계할 만한 것을 조목별로 아뢰고자 합니다."
>
> (나) 벗들 사이에 오고 간 편지 조각들을 이어 붙인 다음, 기억나는 대로 그 종이 뒤에다 적고서 그 끝에다 『역옹패설』이라고 쓴다. 내가 벼슬아치가 된 뒤 스스로 벼슬에서 물러나 어리석은 본성을 지키기 위해 호를 '역옹'이라 하였다. 어려서는 글을 조금 읽을 줄 알았으나 이제는 늙어 버렸다. 너저분한 글을 즐겨 써놓았지만, 내용이 없고 비천하기만 하였다. 그래서 그 기록한 것을 이름하여 패설(稗說)이라고 하였다.

① (가) - '해동공자'라 불렸으며 9재 학당을 설립하여 인재를 양성하였다.

② (나) - 원나라에 다녀온 뒤 성리학을 우리나라에 처음 소개하였다.

③ (가) - 술을 의인화하여 현실을 풍자한 『국순전』을 저술하였다.

④ (나) - 태조에서 숙종 때까지 역대 임금의 치적을 정리한 『사략』을 저술하였다.

문 8. 밑줄 친 '이 법'에 대한 설명으로 옳지 않은 것은?

> 좌의정 이원익의 건의로 이 법을 비로소 시행하여 백성의 토지에서 미곡을 거두어 서울로 옮기게 했는데, 먼저 경기에서 시작하고 …… 우의정 김육의 건의로 충청도에도 시행하게 되었으며, 황해도 관찰사 이언경의 상소로 황해도에도 시행하게 되었다.

① 방납의 폐단을 개선하기 위해 실시되었다.

② 이를 관리하는 기관으로 선혜청이 설치되었다.

③ 재정 감소분을 결작, 선무군관포 등으로 보충하였다.

④ 관청에 물품을 조달하는 공인이 등장하는 계기가 되었다.

문 9. (가) 왕에 대한 설명으로 옳은 것을 모두 고른 것은?

> 대조영이 죽으니, 그 나라에서 사사로이 시호를 올려 고왕(高王)이라 하였다. 아들인 ⃞(가)⃞ 이/가 왕위에 올라 영토를 크게 개척하니, 동북의 모든 오랑캐들이 겁을 먹고 ⃞(가)⃞ 을/를 섬겼으며, 또 사사로이 연호를 '인안(仁安)'으로 고쳤다.
>
> ㉠ 장문휴를 보내 당의 산둥 반도를 공격하게 하였다.
> ㉡ 일본에 사신을 처음 파견하여 국교를 맺었다.
> ㉢ 수도를 동경 용원부에서 상경 용천부로 옮겼다.
> ㉣ 불교의 이상적인 군주인 전륜성왕이라 자처하였다.

① ㉠, ㉡　　　　　　　　　② ㉠, ㉣

③ ㉡, ㉢　　　　　　　　　④ ㉢, ㉣

문 10. 다음 중 1960년대에 일어난 사건으로 옳은 것은?

① 명동 성당에서 3·1 민주 구국 선언이 발표되었다.

② 박종철이 남영동 대공분실에서 고문으로 사망하였다.

③ 향토 방위 체제를 확립하기 위해 향토 예비군이 창설되었다.

④ 제3대 정·부통령 선거에서 대통령에 이승만, 부통령에 장면이 당선되었다.

문 11. (가) 시기에 발생한 사실로 옳은 것은?

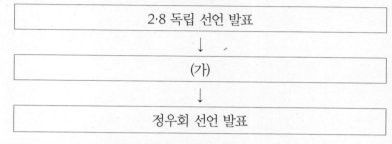

2·8 독립 선언 발표
↓
(가)
↓
정우회 선언 발표

① 여성 운동 단체인 근우회가 조직되었다.

② 이봉창이 일왕 히로히토에게 폭탄을 투척하였다.

③ 독립군 연합 부대가 봉오동 전투에서 승리하였다.

④ 군사 양성 기관인 대조선 국민 군단이 창설되었다.

문 12. (가)~(다) 토지 제도에 대한 설명으로 옳지 않은 것은?

> (가) 태조 23년에 처음으로 역분전 제도를 설정하였다.
> (나) 목종 원년에 양반 및 군인들의 전시과를 개정하였다.
> (다) 문종 30년에 양반 전시과를 다시 고쳤다.

① (가) - 후삼국 통일 과정에서 공을 세운 공신에게 지급하였다.

② (나) - 산관이 지급 대상에서 제외되었으며 한외과가 소멸되었다.

③ (나) - 인품을 배제하고 관직만을 고려하여 전지와 시지를 지급하였다.

④ (다) - 이전에 비해 무반과 일반 군인의 대우가 전반적으로 향상되었다.

문 13. 밑줄 친 '그'에 대한 설명으로 옳은 것은?

> 이준이 국내에서 광무 황제의 비밀 칙령을 가지고 와서 직접 헤이그 평화 회의에 참석할 것을 상의하자 그는 의기가 북받쳐 분하고 슬픈 마음으로 그 뜻을 따랐다. 이에 바로 이준과 시베리아를 거쳐 러시아 수도에 도착하였고, 이위종을 만나 일의 진행을 자세히 상의하였다. …… 합방 조약 소식이 밖에서 들려왔다. 그는 유인석, 김학만 등과 성명회를 조직하였는데, 단체의 이름은 저들의 죄를 소리치고 우리의 원통함은 울린다는 의미였다.

① 독립 운동 단체인 경학사를 조직하였다.

② 민족 교육 기관인 서전서숙을 설립하였다.

③ 하바로프스크에서 한인 사회당을 결성하였다.

④ 서양 근대 문물을 소개한 『서유견문』을 저술하였다.

문 14. (가), (나) 시기에 있었던 사실로 옳은 것은?

	(가)		(나)	
거문도 사건 발발		아관 파천		을사늑약 체결

① (가) - 서대문에서 청량리 사이의 전차 운행이 시작되었다.
② (나) - 고딕 양식 건축물인 명동 성당이 완공되었다.
③ (가) - 근대식 무기 제조 공장인 기기창이 설립되었다.
④ (나) - 우리나라 최초의 서양식 극장인 원각사가 건립되었다.

문 15. 밑줄 친 '왕'에 대한 설명으로 옳은 것은?

> 신 서거정 등이 삼국 시대부터 지금에 이르기까지 사(辭), 부(賦), 시(詩), 문(文) 등 여러 문체를 수집하여 이 중 문장과 이치가 바르거나 교화에 도움이 되는 것을 취하고 분류하여 130권으로 정리하여 올리자, 왕께서는 『동문선』이라고 이름을 내리셨습니다.

① 6조 직계제를 부활시켜 왕권을 강화하였다.
② 압록강과 두만강 지역에 4군 6진을 설치하였다.
③ 주자소를 설치하고 구리로 계미자를 주조하였다.
④ 조선의 기본 법전인 『경국대전』을 완성·반포하였다.

문 16. 다음 소설이 쓰여진 시기의 문화에 대한 설명으로 옳지 않은 것은?

> 정선 고을에 한 양반이 살고 있었다. 그러나 그 양반은 워낙 집이 가난해서 해마다 나라에서 관리하는 양곡을 꾸어다 먹었는데 그렇게 여러 해를 지내다 보니 어느덧 관가에서 빌려 먹은 양곡이 1,000석이 다 되었다. …… 관찰사가 양곡을 갚지 못한 양반을 옥에 가두라고 하자 양반의 아내는 이렇게 푸념을 늘어놓기까지 했다. "당신은 평생 글을 읽기만 좋아하고 꾸다 먹은 양곡을 갚을 방법을 생각하지 않으니 참으로 딱한 노릇입니다. 항상 '양반 양반'만 찾아 대더니 그 양반이란 것은 결국 한 푼 값어치도 못 되는 것이 아니겠어요?"

① 중인층이 시사를 조직하여 문학 활동을 전개하였다.
② 평민의 감정을 솔직하게 표현한 사설시조가 유행하였다.
③ 화엄사 각황전, 법주사 팔상전 등의 건축물이 건립되었다.
④ 민간에 떠도는 한담을 모은 『필원잡기』가 편찬되었다.

문 17. 다음 사건 이후에 전개된 사실로 옳지 않은 것은?

> 몽골의 장수 합진과 찰랄이 군사를 거느리고 …… 거란군을 토벌하겠다고 말하면서 화주, 맹주, 순주, 덕주의 4개 성을 공격하여 격파하고 곧바로 강동성으로 향하였다. …… 조충과 김취려가 합진, 완안자연 등과 함께 병사를 합하여 강동성을 포위하니 적들이 성문을 열고 나와 항복하였다.

① 『상정고금예문』이 금속 활자로 인쇄되었다.
② 박위가 왜구의 소굴인 쓰시마 섬을 공격하였다.
③ 동북 지역에 설치한 9개의 성을 여진에 돌려주었다.
④ 몽골에 저항하던 고려 정부가 개경으로 환도하였다.

문 18. 밑줄 친 '이 조약'에 대한 설명으로 옳은 것을 모두 고른 것은?

> 지금 너희 대사와 공사가 병력을 이끌고 와 대궐을 포위하여 참정대신을 감금하고 외부대신을 협박해서, 법도와 절차도 갖추지 않고 강제로 이 조약을 체결하게 하여 우리의 외교권을 빼앗았으니, 이것은 공법을 어기어 약속을 지키려 하지 않는 것이다.

㉠ 덕수궁 중명전에서 체결되었다.
㉡ 통감부가 설치되는 결과를 가져왔다.
㉢ 서재필이 독립신문을 창간하는 배경이 되었다.
㉣ 메가타를 재정 고문으로 초빙하는 계기가 되었다.

① ㉠, ㉡　　　　　　　② ㉠, ㉣
③ ㉡, ㉢　　　　　　　④ ㉢, ㉣

문 19. 조선 시대의 향교에 대한 설명으로 옳은 것은?

① 흥선 대원군에 의해 대부분 철폐되었다.
② 양인뿐만 아니라 천민도 입학할 수 있었다.
③ 군현의 규모와 인구 비례로 정원을 배정하였다.
④ 성적 우수자에게는 문과의 초시를 면제해 주었다.

문 20. 다음 담화문을 발표한 정부 시기의 사실로 옳은 것은?

> 친애하는 국민 여러분! 저는 오늘 한반도의 평화와 통일, 나아가서 동아시아의 안정과 공영에 커다란 진전이 이루어졌음을 국민 여러분에게 알려드리려 합니다. 대한민국과 중화 인민 공화국은 오늘을 기해 오랜 비정상적 관계를 청산하고 외교 관계를 수립하기로 합의하였습니다. 두 나라는 상호 불가침, 상호 내정 간섭, 평등과 호혜, 그리고 평화 공존의 원칙에 입각하여 우호 협력 관계를 발전시켜 나갈 것입니다.

① 민족 자주 통일 중앙 협의회가 조직되었다.
② 고위급 회담을 통해 남북 기본 합의서가 채택되었다.
③ YH 무역 노동자들이 야당 당사에서 농성을 전개하였다.
④ 대통령 직선제 요구를 거부한 4·13 호헌 조치가 발표되었다.

시험일: _____ 년 _____ 월 _____ 일

공무원 9급 공개경쟁채용 필기시험

제2회
공통과목 통합 모의고사

응시번호

성명

문제책형

가

※ 국어·영어·한국사 문제를 제한 시간 55분 동안, 실제 시험처럼 한 번에 풀어 보세요. 각 과목의 제한 시간은 시험지 왼쪽 상단에 표기되어 있습니다.
  (*실제 시험에서는 국어·영어·한국사·전문 과목 2과목을 100분 동안 한 번에 풀어야 합니다.)

제1과목	국어	제2과목	영어	제3과목	한국사
제4과목	행정법총론	제5과목	행정학개론		

응시자 주의사항

1. **시험시작 전 시험문제를 열람하는 행위나 시험종료 후 답안을 작성하는 행위를 한 사람**은 「공무원 임용시험령」 제51조에 의거 **부정행위자**로 처리됩니다.

2. **답안지 책형 표기는 시험시작 전** 감독관의 지시에 따라 **문제책 앞면에 인쇄된 문제책형을 확인**한 후, 답안지 책형란에 해당 책형(1개)을 '●'로 표기하여야 합니다.

3. **답안은 문제책 표지의 과목 순서에 따라 답안지에 인쇄된 순서에 맞추어 표기**해야 하며, 과목 순서를 바꾸어 표기한 경우에도 **문제책 표지의 과목 순서대로 채점**되므로 유의하시기 바랍니다.

4. 시험이 시작되면 문제를 주의 깊게 읽은 후, **문항의 취지에 가장 적합한 하나의 정답만을 고르며**, 문제내용에 관한 질문은 할 수 없습니다.

5. **답안을 잘못 표기하였을 경우에는 답안지를 교체하여 작성하거나 수정할 수 있으며**, 표기한 답안을 수정할 때는 **응시자 본인이 가져온 수정테이프만을 사용**하여 해당 부분을 완전히 지우고 부착된 수정테이프가 떨어지지 않도록 손으로 눌러주어야 합니다. **(수정액 또는 수정스티커 등은 사용 불가)**

6. **시험시간 관리의 책임은 응시자 본인에게 있습니다.**
   ※ 문제책은 시험종료 후 가지고 갈 수 있습니다.

정답공개 및
이의제기 안내

1. 정답공개 일시 : 정답 가안 ▶ 시험 당일 13:00 / 최종 정답 ▶ 필기시험일 9일 후(월) 18:00

2. 정답공개 방법 : 사이버국가고시센터(www.gosi.kr) ▶ [시험문제/정답 → 문제/정답 안내]

3. 이의제기 기간 : 시험 당일 18:00 ~ 필기시험일 3일 후 18:00

4. 이의제기 방법
   · 사이버국가고시센터(www.gosi.kr) ▶ [시험문제/정답 → 정답 이의제기]
   · 구체적인 이의제기 방법은 정답 가안 공개 시 공지

해커스공무원

국 어

제한 시간: 15분 | 시작 ___시 ___분 ~ 종료 ___시 ___분

문 1. 밑줄 친 부분이 바르게 쓰이지 않은 것은?

① 찌개를 졸이니 국물이 많이 짜다.
② 시험 전날에 밤을 새워 공부했다.
③ 그는 허우대는 멀쩡한데 실력은 영 시원찮다.
④ 겉잡아서 얼마가 필요할지 예산안을 짜 보아라.

문 2. 밑줄 친 조사의 쓰임이 옳은 것은?

① 흙이 말라 있을 때는 화분에게 물을 주어야 한다.
② 우리나라 축구 대표팀은 일본에 친선 경기를 요청했다.
③ 특별 전시관은 별도로 티켓을 구매한 관람객에 개방 중입니다.
④ 앞으로 3년간 A사에게 로열티를 지급하는 계약을 체결했습니다.

문 3. 밑줄 친 부분과 바꿔 쓸 수 있는 관용 표현으로 적절하지 않은 것은?

① 딸의 소식을 기다리느라 애가 탄다. - 간장이 녹는다
② 도와주지는 못할망정 훼방을 놓기만 한다. - 난장을 친다
③ 친척 집과 왕래를 안 한 지가 꽤 오래되었다. - 발을 끊은 지가
④ 그 누구도 그곳에서 있었던 일에 대해 말을 하려고 하지 않았다. - 입 밖에 내려고

문 4. (가)에 들어갈 한자 성어로 적절한 것은?

> "못 알아들으셔도 좋습니다. 아무튼 저는 남을 찍어 누르고 억울하게 만들고 우뚝 선 자보다는 억울하게 짓눌리고 소외된 자의 편이 될 수밖에 없는, 양심이랄까 정의감을 타고 났고, 거기 대해 자부심을 느끼고 있습니다. 여북해야 나보다 출세하고 돈도 더 잘 버는 친구들 사이에서도 기가 죽기는커녕 자신을 　　　　(가)　　　　처럼 느낄 적이 있는걸요. 그런 정의감이 사회적으로 좌절됐다고 해서 내 가정 속에서 내 식구 사랑 속에 구현시키려는 노력까지 그만둘 수는 없지 않겠습니까. … (중략) … 비록 독불장군으로나마 내 가정 안에서라도 옳다고 생각하는 대로 살고 식구들에게 영향을 끼치면 결국에 가선 이 세상을 변화시킬 수 있는 작은 힘이 되지 않겠습니까?"

① 군계일학(群鷄一鶴)
② 마부작침(磨斧作針)
③ 화이부동(和而不同)
④ 초동급부(樵童汲婦)

문 5. ㉠~㉣에 대한 설명으로 옳지 않은 것은?

> 사경이 당하매 인적이 고요하고 다만 중문 밖에 두 군사가 지키거늘 문으로 못 가고 담장 밑에 배회하더니, 창난한 달빛 속으로 두루 살펴보니 중중한 담장 안에 나갈 길이 없었다. 다만 물 가는 수챗구멍이 보이거늘 충렬의 옷을 잡고 그 구멍에 머리를 넣고 복지(伏地)하여 나올 제, 겹겹이 쌓인 담장 수채로 다 지나 중문 밖에 나서니 충렬이며 부인의 몸이 모진 돌에 긁히어서 ㉠백옥 같은 몸에 유혈이 낭자하고 월색같이 고운 얼굴 진흙빛이 되었으니, ㉡불쌍하고 가련함은 천지도 슬퍼하고 강산도 비감한다.
> 충렬을 앞에 안고 사잇길로 나오며 남천을 바라보고 가없이 도망할새, 한곳에 다다르니 옆에 큰 뫼가 있으되 높기는 만장이나 하고 봉우리에 오색구름이 사면에 어리었거늘 자세히 보니 이 뫼는 천제하던 남악 형산이라. ㉢전일 보던 얼굴이 부인을 보고 반기는 듯, 뚜렷한 천제당이 완연히 뵈이거늘, 부인이 비회(悲懷)를 금치 못하여 충렬을 붙들고 방성통곡(放聲痛哭)하는 말이,
> "너 이 뫼를 아느냐? 칠 년 전에 이 산에 와서 산제하고 너를 낳았더니 이 지경이 되었으니 너의 부친은 어데 가고 이런 변을 모르는고. 이 산을 보니 네 부친 본 듯하다. ㉣통곡하고 싶은 마음 어찌 다 측량하리."
> － 작자 미상, 『유충렬전』 －

① ㉠: 도망치는 부인의 모습을 비유와 대조를 통해 묘사하고 있다.
② ㉡: 자연물을 통해 서술자의 감정을 간접적으로 드러내고 있다.
③ ㉢: 감정 이입을 통해 남악 형산과 천제당의 위압감을 강조하고 있다.
④ ㉣: 부인의 슬픈 심경을 직접적으로 서술하고 있다.

문 6. 다음 글의 결론으로 가장 적절한 것은?

> 초창기의 세그웨이, 온라인 슈퍼마켓 웹벤 등 많은 기업이 혁신을 시도하였다가 실패를 맛보았다. 실패를 겪은 기업들은 실패의 원인을 분석하고 그 원인이 기술적 열등함이나 경쟁 열위 등에 있다고 해석하는 경우가 많다. 하지만 의외로 실패의 원인은 혁신 그 자체가 아니라 소비자의 마음에서 찾을 수 있다. 인간은 보통 정신적으로나 육체적으로나 현재의 편안한 상태를 변함없이 유지하기를 원한다. 따라서 필연적으로 변화를 수반하는 혁신에 대해 거부감을 느낄 수밖에 없다. 이렇게 혁신을 거부하는 소비자의 태도를 '혁신저항'이라고 한다. 혁신저항은 혁신이 소비자에게 더 큰 효용을 제공한다고 하더라도 나타날 수 있으며, 소비자가 현재 제품을 사용하고 있는 방식이나 습관을 많이 바꿔야 할수록, 혁신이 주는 가치가 크지 않을수록, 그리고 잠재적 리스크가 클수록 강하게 나타난다. 기술이 점차 고도화되고 있는 오늘날 소비자가 어떠한 기술을 효과적으로 활용하기 위해서는 과거보다 더 높은 수준의 학습이 필요하다. 이는 곧 소비자들이 새로운 기술을 채택할 때 느껴야 할 심리적 부담감이 커진다는 것을 의미한다.

① 시장에 새로운 변화를 가져오려는 시도는 실패할 확률이 높다.
② 소비자의 심리에 대한 이해가 선행되어야 혁신저항을 최소화할 수 있다.
③ 혁신이 수용될 가능성을 높이기 위해서는 기술적 우위를 점하는 것이 중요하다.
④ 혁신저항은 혁신을 수용하는 과정에서 소비자가 겪게 되는 자연스러운 상태이다.

문 7. 다음 글의 내용과 부합하지 않는 것은?

> 이렇게 비 내리는 날이면 원구의 마음은 감당할 수 없도록 무거워지는 것이었다. 그것은 동욱 남매의 음산한 생활 풍경이 그의 뇌리를 영사막처럼 흘러가기 때문이었다. 그들의 어두운 방과 쓰러져 가는 목조 건물이 비의 장막 저편에 우울하게 떠오르는 것이었다. 비록 맑은 날일지라도 동욱 오뉘의 생활을 생각하면, 원구의 귀에는 빗소리가 설레고 그 마음 구석에는 빗물이 스며 흐르는 것 같았다. 원구의 머릿속에 떠오르는 동욱과 동옥은 그 모양으로 언제나 비에 젖어 있는 인생들이었다.
>
> 동욱의 거처를 왕방하기 전에 원구는 어느 날 거리에서 동욱을 만나 저녁을 같이한 일이 있었다. … (중략) …
>
> 그동안 무얼 하며 지냈느냐는 원구의 물음에 동욱은 끼고 온 보자기를 끄르고 스크랩북을 펴 보이는 것이었다. 몇 장 벌컥벌컥 뒤지는데 보니, 서양 여자랑 아이들의 초상화가 드문드문 붙어 있었다. 그 견본을 가지고 미군 부대를 찾아다니며, 초상화의 주문을 맡는다는 것이었다. 대학에서 영문과를 전공한 것이 아주 헛일은 아니었다고 하며 동욱은 닝글닝글 웃었다. 동욱의 그 닝글닝글한 웃음을 원구는 이전부터 몹시 꺼렸다. 상대방을 조롱하는 것 같은, 그러면서도 자조적이요, 어쩐지 친애감조차 느껴지는 그 닝글닝글한 웃음은, 원구에게 어떤 운명적인 중압을 암시하여 감당할 수 없이 마음이 무거워지는 것이었다.
>
> - 손창섭, 『비 오는 날』 -

① '동욱'의 웃음에는 자기의 삶에 대한 자조적인 감정이 담겨 있다.

② '동욱'은 미군을 대상으로 초상화 주문을 받으며 생계를 이어 가고 있다.

③ '원구'는 '동욱'을 도와야 한다는 마음과 외면하고 싶은 마음 사이에서 갈등한다.

④ '원구'는 '동욱'과 '동옥' 남매를 떠올리며 비 오는 날과 같은 우울함과 무기력함을 느낀다.

문 8. 다음 대화에 대한 설명으로 적절한 것은?

> A: 우리 회사는 ○○시로 공장을 확장 이전해서 지역 주민들과의 상생을 도모하려고 합니다. 공장을 이전하게 되면 10% 정도의 추가 인력이 필요한데, 이를 지역 주민만으로 충원하면 경제적인 면에서도 지역에 이득이 되지 않을까요?
>
> B: 네, 일자리가 늘긴 하겠지만 제안해 주신 인원만으로는 지역 주민 다수가 공장 이전의 경제적 효과를 체감하기엔 부족할 듯합니다. 채용 예정 인원을 세 배 늘려 주십시오.
>
> A: 그러려면 공장 이전과 동시에 전체 직원 수를 대폭 늘려야 하는데, 그건 곤란합니다. 대신 매년 채용 인원을 점진적으로 늘려 5년 후에는 지금보다 두 배 이상의 인원을 뽑도록 하겠습니다.
>
> B: 알겠습니다. 말씀하신 방안을 수용하겠습니다. 대신 가공식품 원료로 우리 지역의 농산물을 사용해서 지역 경제를 살리는 데 동참해 주십시오.
>
> A: 네, 그 부분도 긍정적으로 검토해 보겠습니다.

① A는 상대방이 제안한 조건을 수정하여 대안을 제시한다.

② A와 B는 질문을 통해 자신의 의견에 대한 동의를 구한다.

③ A는 공장의 채용 예정 인원을 늘리는 데 동의하지 않는다.

④ B는 공장 이전으로 인해 창출되는 경제적 효과를 부정한다.

문 9. 글쓴이의 질문에 대한 답으로 가장 적절한 것은?

> 일반적으로 태도가 성과에 영향을 미친다는 인식이 있지만, 우리는 어떤 일에서 좋은 성과를 거두게 되면 그 일에 대한 호의적인 태도를 갖게 되는 경우를 자주 볼 수 있다. 이는 태도가 성과를 결정짓는 것이 아니라 성과가 태도에 선행한다는 점을 뒷받침한다. 예를 들어, 만약 당신이 직장에서 프로젝트를 성공적으로 수행했다면 앞으로 맡게 될 일도 잘 해낼 수 있으리라는 기대감을 갖게 될 것이고, 그것을 바탕으로 업무에 대한 긍정적인 태도를 형성할 것이다.
>
> 하지만 긍정적인 태도가 반드시 좋은 성과를 보장하는 것은 아니다. 근무 환경과 같은 업무 외적인 요인으로 인해 형성된 긍정적 태도라면 그것이 업무 성과를 결정하는 요인은 될 수 없기 때문이다. 그렇다면 고용주의 입장에서 직원들의 사기 진작과 더불어 업무 효율성이라는 두 마리 토끼를 잡기 위해서는 어떻게 하는 것이 좋을까?

① 사내 소모임을 권장하여 직원들 간의 유대 관계를 높일 수 있도록 해야겠군.

② 다양한 복리후생 제도를 운용하여 회사에 대한 긍정적인 인식을 심어 줘야겠군.

③ 멘토링 제도를 적극적으로 활용해서 신입사원이 업무에 빨리 적응할 수 있도록 도와야겠군.

④ 직원들에게 업무별로 달성해야 할 목표를 분명하게 제시하고 목표 달성 시 그에 상응하는 확실한 보상을 제공해야겠군.

문 10. (가)와 (나)에 대한 설명으로 적절하지 않은 것은?

> (가) 어져 내 일이야 그릴 줄을 모로두냐
> 　　이시라 ᄒᆞ더면 가랴마ᄂᆞᆫ 제 구틔야
> 　　보내고 그리는 정(情)은 나도 몰라 ᄒᆞ노라
>
> (나) 물로 사흘 배 사흘 / 먼 삼천 리
> 　　더더구나 걸어 넘는 먼 삼천 리
> 　　삭주 구성은 산을 넘은 육천 리요
>
> 　　물 맞아 함빡이 젖은 제비도
> 　　가다가 비에 걸려 오노랍니다
> 　　저녁에는 높은 산 / 밤에 높은 산
>
> 　　삭주 구성은 산 넘어 / 먼 육천 리
> 　　가끔가끔 꿈에는 사오천 리
> 　　가다오다 돌아오는 길이겠지요
>
> 　　서로 떠난 몸이길래 몸이 그리워
> 　　님을 둔 곳이길래 곳이 그리워
> 　　못 보았소 새들도 집이 그리워
> 　　남북으로 오며가며 아니합디까
>
> 　　들 끝에 날아가는 나는 구름은
> 　　밤쯤은 어디 바로 가 있을 텐고
> 　　삭주 구성은 산 넘어 / 먼 육천 리

① (가)는 행간 걸침을 통해 화자의 회한을 드러내고 있다.

② (나)는 자연물인 '새'와 '구름'을 서로 대비하여 화자의 비애감을 강조하고 있다.

③ (가)와 (나) 모두 일정한 음보에 의해 운율을 형성하고 있다.

④ (가)는 임을 떠나보낸 상황이며 (나)는 임을 떠나온 상황이다.

문 11. 단어의 뜻풀이가 옳지 않은 것은?

① 만무방: 염치가 없이 막된 사람
② 마수손님: 맨 처음으로 물건을 산 손님
③ 뚱딴지: 완고하고 우둔하며 무뚝뚝한 사람
④ 대갈마치: 성품이 막되어 예의와 염치를 모르는 사람

문 12. 다음 글의 밑줄 친 부분 중 성격이 다른 하나는?

> 불테두리를 뚫고 나오지 못한 노루는 산골짜기에서 뱅뱅 돌아 결국 불벼락을 맞은 것이다. 물론 그것을 얻을 때는 불도 거의 탄 새벽이었으나, 외로운 짐승이 몹시 가엾었다. / 그러나 이미 죽은 후의 고기라 중실은 그것을 짊어지고 산으로 돌아갔다. 사람을 살리자는 신의 뜻이라고 비웃좋게 생각하면 그만이었다. 여러 날 동안의 흐뭇한 양식이 되었다. 다만 한 가지 그리운 것이 있었다. 짠맛 - 소금이었다. 사람은 그립지 않으나 ㉠ 소금이 그리웠다. …
> (중략) … 거리의 살림은 전과 다름없이 어수선하고 지지부레하였다. 더 나아진 것도 없으려니와 못해진 것도 없다. / 술집 골방에서 왁자지껄하고 싸우는 것도 전과 다름없다. / 이상스러운 것은 ㉡ 거리의 살림살이가 도무지 마음을 당기지 않는 것이다. ㉢ 앙상한 사람들의 얼굴이 그다지 그리운 것이 아니었다. / 무슨 까닭으로 산이 이렇게도 그리울까. ㉣ 편벽된 마음을 의심도 하여 보았다. 그러나 별로 이치도 없었다. 덮어놓고 양지쪽이 좋고 자작나무가 눈에 들고 떡갈잎이 마음을 끄는 것이다. 평생 산에서 살도록 태어났는지도 모른다.　　　　- 이효석, 『산』 -

① ㉠　　　　　　　　　　② ㉡
③ ㉢　　　　　　　　　　④ ㉣

문 13. 다음 글을 잘못 이해한 것은?

> 형사: 이 남자가 선생 회사에 취직했다는데요.
> 사장: 천만에! 대체 누굽니까? 이 사내는. 난 생면부지올시다.
> 청년: 아닙니다. 사장 그런 말씀이 어디 있습니까. 제가 금방 눈물을 흘리며 고마워하지 않았어요? 전 여기 사원이에요. 사장님.
> 형사: (뺨을 갈기며) 인마! 아직도 거짓말이야!
> 청년: 아니에요. 나으리는 몰라요, 나으리! 아씨! 회계 과장! 증인이 있습니다. 아씨! 아씨가 아십니다. 회계 과장이 한 달 월급을 선불해 주시고 양복을 사 입으라고 달러 지폐를 주셨어요!
> 형사: 인마 떠들지 말어. 글쎄 이 미련한 친구가 누굴 속여 보겠다고 백 달러짜리 지폐를 위조해 가지고 백주에 서울 네거리를 횡행합니다그려, 헛헛……. 그러고는 월급을 받았다? (머리를 갈기며) 인마, 뭐 양복을 짓겠다고? 가짜 돈을 찍으려면 남이 봐도 그럴듯하게 만들어. 진짜 백 달러짜린 구경두 못했을 자식이. 가자 인마, 실례 많았습니다.
> 사장: 온, 천만예요. … (중략) …
> 사원 D: 그이에게 무슨 죄가 있길래!
> 사장: 그럼 어떡하란 말이야.
> 사원 A: 자백하란 말이냐? 우리가 대신 감옥엘 가란 말야?
> 　　　　　　　　　　- 오영진, 『정직한 사기한』 -

① 사장은 남을 속여서 이득을 취하는 부정적 인물이다.
② 사원 D는 청년이 잡혀간 것에 대해 양심의 가책을 느낀다.
③ 청년은 자신이 사기에 당했다는 사실을 파악하지 못하고 있다.
④ 형사는 청년이 범죄를 저지르지 않았음을 알면서도 그를 범인으로 몰아가고 있다.

문 14. 다음 글의 내용과 부합하지 않는 것은?

> 최근 '스마트폰(Smartphone)'과 움직이는 시체를 의미하는 '좀비(Zombie)'를 합성한 용어인 '스몸비(Smombie)'가 사회적 문제로 대두되고 있다. 스몸비는 스마트폰 화면을 들여다보느라 길거리에서 고개를 숙인 채 걷는 사람들로, 스마트폰에 몰입해 주변 환경을 인지하지 못하는 탓에 안전사고가 발생할 위험이 크다. 스마트폰을 사용하며 걸으면 전방을 주시하며 걸을 때보다 시야 폭이 56% 감소하고, 보행 속도도 느려져 신호 변경, 달리는 차량 등에 대한 자각과 대응이 늦어 사고 발생률이 높아진다. 한 전문가는 미국의 보행자 사고 10건 중 1건은 주변을 살피지 않고 스마트폰을 보며 걷다가 생긴 것이라 추정하기도 하였다.
> 이렇듯 스몸비가 스마트폰 보급이 활발한 국가라면 한 번쯤 검토해야 할 문제가 되면서 각국이 적극적인 대책 마련에 나서고 있다. 홍콩은 도로에 휴대폰을 보며 걷지 말라는 지시문을 설치하였으며, 하와이의 경우 스마트폰을 보며 걸으면 벌금을 부과하는 '전자기기 보행자 안전법안'이 통과되기도 하였다. 우리나라에서도 서울시와 경찰청이 시민이 많이 오가는 지역의 번화가에 '스마트폰을 보면서 걷는 것은 위험하다'는 내용을 담은 안내 표지판을 설치하였다.
> 한편 스몸비 발생을 예방하는 것뿐만 아니라 이들의 안전을 보장하기 위한 아이디어도 강구되고 있다. 영국 런던은 가로등을 패딩으로 감싸 스몸비가 기둥에 부딪혀도 다치지 않도록 했으며, 미국 샌프란시스코와 중국 충칭은 스마트폰 사용자 전용 도로를 냈다.

① 스몸비는 대상에 대한 자각과 대응 속도가 늦다.
② 스몸비는 다른 보행자에 비해 교통사고 사망률이 높다.
③ 스몸비는 스마트폰 보급률이 높아지면서 새롭게 생겨난 사회 문제이다.
④ 우리나라에서는 스마트폰을 보며 걷는 보행자들을 위한 안내 표지판을 설치했다.

문 15. 다음 글에 대한 이해로 적절한 것은?

> 이슬람교에서는 자신들의 율법에서 허용하는 것과 그렇지 않은 것을 따로 구분하고 있다. 전자를 일컬어 할랄이라고 하고 후자의 것을 하람이라고 하며, 이는 식품, 관광, 행동, 규율 등 다양한 분야에 적용된다. 특히 무슬림은 식생활에 있어 이슬람교의 경전인 코란에서 규정하고 있는 음식만을 섭취하도록 따르고 있는데, 이를 할랄 푸드라고 한다.
> 대표적인 할랄 푸드로는 소, 양, 염소 등의 고기와 민물고기를 제외한 생선, 신선한 채소와 과일 등이 있다. 이때 동물은 신의 창조물이자 영혼을 가지고 있기 때문에 신의 허락이 있어야만 죽일 수 있다. 따라서 짐승의 머리는 이슬람교의 창시자 마호메트가 태어난 장소인 메카를 향해야 하며, 도축자가 기도를 한 후 날카로운 도구를 사용하여 단숨에 죽이는 '다비하'에 따라 도축된 동물만 섭취 가능하다.
> 반대로 돼지고기, 동물의 피, 알코올, 파충류, 그리고 이슬람 법에 따라 도축되지 않은 모든 육류 등은 하람 푸드로 분류된다. 하지만 금지된 음식이더라도 이를 인지하지 않고 섭취하였거나 생명이 위급할 때는 먹는 것을 허용하기도 한다.

① '다비하' 방식으로 도축된 돼지고기는 할랄 푸드이다.
② 할랄은 이슬람 교인들에게 허락된 음식을 일컫는 말이다.
③ 하람에 속하는 음식을 모르고 먹었을 경우 기도를 올려야 한다.
④ 할랄 푸드는 음식의 종류뿐 아니라 도축 방식까지 엄격하게 규정되어 있다.

문 16. (가) ~ (라)에 들어갈 말로 가장 적절한 것은?

> 　조선 시대의 회화는 유교적인 실용성과 예술성을 기반으로 발전하여, 조선 시대는 우리나라 미술 역사에서 회화가 가장 발달한 시기로 꼽힌다. 귀족 중심의 화려했던 고려 시대와 달리 조선 시대의 회화는 실용적이면서 소박한 성격이 주를 이루었다. 　(가)　 회화의 주제도 불교 중심에서 산수화, 풍속화, 민화 등으로 다양해졌다. 　(나)　 이 시기에는 그림 그리는 일을 담당하던 관청인 도화서(圖畵署)의 직업 화가, 왕족이나 사대부 출신의 화가 등 여러 화가가 활발히 활동하였다. … (중략) …
> 　조선 말기로 갈수록 진경산수화, 풍속화는 쇠퇴하였다. 그 대신에 김정희와 그의 제자들에 의해 중국 회화의 전통을 반영한 남종화(南宗畵)가 본격적으로 성장하기 시작했다. 　(다)　 19세기 후반 국내외의 정치적인 격동으로 인해 전반적으로 화단(畵壇)이 침체되는 현상이 나타났으며, 　(라)　 자연스럽게 회화는 위축되었고 그 수준도 저하될 수밖에 없었다.

	(가)	(나)	(다)	(라)
①	또한	특히	그러나	이로 인해
②	게다가	반면	더구나	그럼에도
③	그런데	그래서	게다가	이에 따라
④	그러나	그리고	또한	그 대신에

문 17. (가) ~ (라)의 고쳐 쓰기 방안으로 적절하지 않은 것은?

> (가) 동생은 내가 대학교 3학년이 되는 해에 유학을 다녀왔다.
> (나) 객실 안에서 장시간 통화나 대화는 삼가 주시기 바랍니다.
> (다) ○○은행은 이번 달에 0.25% 인상시킨 기준 금리를 발표했다.
> (라) 동물 복지에 대한 높은 관심은 대체육 식품 시장의 성장 가능성을 반증하는 근거가 된다.

① (가): '되는'은 서술어 '다녀왔다'의 시제와 일치하도록 '되던'으로 고쳐 쓴다.

② (나): '삼가'의 기본형은 '삼가하다'이므로 '삼가해 주시기'로 고쳐 쓴다.

③ (다): '인상시킨'은 불필요한 사동 표현이 사용되었으므로 '인상한'으로 고쳐 쓴다.

④ (라): '반증'을 주변의 상황을 밝힘으로써 간접적으로 증명에 도움을 준다는 의미인 '방증'으로 고쳐 쓴다.

문 18. 글의 통일성을 고려할 때 (가)에 들어갈 말로 가장 적절한 것은?

> 　이글루 안은 밖보다 온도가 높다. 그 이유 중 하나는 이글루가 단위 면적당 태양 에너지를 지면보다 많이 받기 때문이다. 이것은 적도 지방이 극지방보다 태양 빛을 더 많이 받는 것과 같은 이치이다. 다른 이유로 일부 과학자들은 온실 효과를 든다. 지구에 들어오는 태양 복사 에너지의 대부분은 자외선, 가시광선 영역의 단파이지만, 지구가 열을 외부로 방출하는 복사 에너지는 적외선 영역의 장파이다. 단파는 지구의 대기를 통과하지만, 복사파인 장파는 지구의 대기에 의해 흡수된다. 이 때문에 지구의 온도가 일정하게 유지된다. 이를 온실 효과라고 하는데, 온실 유리가 복사파를 차단하는 것과 같다는 데서 유래되었다. 즉 　(가)　 이글루 안이 따뜻한 것이다.

① 이글루 바닥에 뿌린 물이 얼면서 열을 방출하여

② 햇빛을 받을 때마다 얼음이 녹으면서 이글루 벽의 빈틈을 메워

③ 이글루 벽을 통과한 장파가 이글루 내부의 온도를 천천히 상승시켜

④ 이글루도 내부에서 외부로 나가는 장파인 복사파가 얼음에 의해 차단되어

문 19. 다음 글의 내용과 부합하는 것은?

> 　심리학자 마고 가드너와 로렌스 스타인버그는 또래 집단이 청소년에게 미치는 영향을 알아보기 위한 실험을 설계했다. 참가자들은 컴퓨터 운전 게임에서 신호등의 노란 불이 켜졌을 때 앞으로 갈지 멈출지를 결정해야 하는데, 위험을 감수하고 계속 달리면 점수를 얻지만 사고가 나는 순간 점수를 잃는 게임이었다. 연구진은 참가자들을 14세 이하 청소년, 19세 이하 청소년, 성인의 세 그룹으로 나누고 두 가지 상황의 게임에 참여하도록 했다.
> 　먼저 아무도 지켜보지 않는 상황에서 혼자 게임을 수행한 경우, 노란 불 신호를 무시하고 앞으로 나아가는 행위, 다시 말해 위험을 감수하고 계속 주행을 하는 비율이 세 그룹 모두 비슷했다. 반면, 비슷한 연령대의 다른 참가자들과 함께 게임에 참여하는 경우, 위험을 감수하는 정도가 14세 이하의 청소년 그룹은 2배 이상, 19세 이하 청소년 그룹은 1.5배 이상 더 높아졌다. 그러나 성인 그룹의 경우 혼자 게임에 참여할 때와 다른 참가자들과 함께 참여할 때, 위험을 감수하는 정도에는 큰 차이가 없었다.

① 또래 집단의 영향력은 나이가 들어감에 따라 감소한다.

② 청소년 그룹은 성인 그룹보다 위험을 감수하는 정도가 높다.

③ 혼자 있을 때는 다른 사람과 함께 있을 때보다 과감한 의사 결정을 내릴 가능성이 높다.

④ 청소년 그룹은 또래와 함께 있는 환경에서, 성인 그룹은 혼자 있는 환경에서 위험을 감수하는 정도가 높아진다.

문 20. 다음 글에서 추론할 수 있는 것은?

> 　침팬지의 사냥에 대해서는 아직 확실히 밝혀지지 않은 사항이 있다. 어떤 학자는 침팬지가 동물성 단백질을 섭취하기 위해서가 아니라 자신의 힘을 과시하거나 사회적 유대를 강화하기 위해 사냥을 한다고 주장한다. 사냥의 목적이 어떻든 침팬지가 인간을 제외한 모든 원숭이 가운데 가장 뛰어난 사냥꾼이고, 육식을 가장 많이 하는 것은 명확하다. 그렇다면 침팬지가 먹는 음식 가운데 육식의 비율은 얼마나 될까? 침팬지는 식물성 음식을 약 96퍼센트 먹는 데 반해 동물성 음식은 약 4퍼센트를 먹는다.
> 　인간도 처음에는 침팬지가 먹는 정도로 동물성 음식을 섭취했을 것이다. 이 시기에 살았던 인간 화석의 구강 구조가 초식을 주로 하는 동물의 것이라는 사실이 이를 입증한다. 그렇지만 인간은 진화하면서 점차 육식의 비중을 높여왔다. 약 300만 년 전 인류가 살고 있던 아프리카의 환경이 급격하게 바뀌기 시작했다. 사막화가 진행되면서 숲이 줄어들었고, 식물성 먹거리를 구하기가 힘들어졌다. 인류는 살아남기 위해 다른 먹거리를 찾기 시작했고, 그때 대안으로 등장한 것이 다른 동물이 사냥해서 먹고 버린 '사체 찌꺼기'였다. … (중략) …
> 　인류는 사냥감의 사체에서 골수와 뇌를 꺼내 먹으면서 두 가지 측면에서 진화했다. 먼저 뼈에서 뇌와 살을 발라내려면 도구를 정교하게 만들어야 했다. 약 300만 년 전 호모 하빌리스가 최초로 도구를 만든 이유다. 둘째, 다른 동물의 뇌나 살을 먹으면서 단백질 섭취가 늘어났고, 그 결과 뇌가 커졌다. 인류는 점차 몸집도 커졌고, 호모 에렉투스 단계에 오면 성인 남성이 170센티미터나 되었다. 이 단계에서 인류는 협동하여 사냥하는 기술을 발전시켰고, 그 후 줄곧 고기를 먹는 존재로 살아왔다.

① 오늘날 인간은 침팬지에 비해 동물성 음식을 적게 섭취한다.

② 육식의 비중이 높아지면서 인간은 더 큰 몸집으로 진화하였다.

③ 호모 에렉투스 단계의 인간은 구강 구조가 초식 동물의 것과 비슷했을 것이다.

④ 인간은 육식을 시작한 초기에 동물을 사냥한 뒤 단백질이 풍부한 뇌와 골수 부분을 먼저 섭취하였을 것이다.

※ 쉬는 시간 없이, 실제 시험처럼 곧바로 영어 문제를 풀어 보세요.

영 어

제한 시간: **27분** | 시작 ___시 ___분 ~ 종료 ___시 ___분

※ 밑줄 친 부분의 의미와 가장 가까운 것을 고르시오. [문 1. ~ 문 3.]

문 1.
The company has decided to <u>furnish</u> all salespeople with mobile phones that they can use to make work calls.

① restrict
② supply
③ entrust
④ decorate

문 2.
Despite hiring the best engineers and architects, the efforts to save the building proved <u>futile</u>.

① useful
② necessary
③ solid
④ ineffective

문 3.
The startup company <u>missed the boat</u> when it didn't adjust its strategy in response to the pandemic, and now it's struggling to survive in a rapidly changing market.

① became very quiet
② was too careful
③ was too late
④ became very upset

※ 밑줄 친 부분에 들어갈 말로 가장 적절한 것을 고르시오.
[문 4. ~ 문 5.]

문 4.
The flipper in marine mammals and the wing in birds are _____ of the human hand: although they look vastly different, they contain the same basic bone structures, which have evolved to suit the specific needs of the different animals.

① miniatures
② clones
③ adaptations
④ parallels

문 5.
Everyone plans to _____ Mark's birthday present.

① come down with
② take back
③ burn out
④ chip in for

문 6. 어법상 옳은 것은?
① The author has awarded several major prizes for her debut novel.
② While scrutinizing the account, the auditor found several charges entered incorrect.
③ My phone battery died just as calling my mother to pick me up.
④ The car's oil should be changed every 7,000 kilometers or whenever its oil-change light comes on.

문 7. 다음 글의 내용과 일치하지 않는 것은?

Born in 1799, Mary Anning was a fossil collector who unearthed some of the most significant paleontological finds of the era. Growing up in Lyme Regis, England, Anning was taught to uncover and clean fossils by her father, an amateur collector and cabinet maker who struggled to make ends meet. When he died in 1810, Anning continued this hobby, selling her finds to pay off her family's debt. Among her discoveries were the first Ichthyosaurus, Plesiosaurus, and Pterodactyl skeletons. Although scientists of the day failed to credit Anning for her contributions to paleontology and often questioned the veracity of the fossils, her discoveries were put on display, increasing public interest in the study of ancient life.

① Anning's family struggled financially.
② Anning continued collecting fossils after her father died.
③ Anning was recognized for her contributions to paleontology.
④ Anning's discoveries were displayed publicly.

문 8. 밑줄 친 부분 중 어법상 옳지 않은 것은?

America experienced several banking crises following the Civil War, one of ① which was the Panic of 1873. At the time, the government was laying railroad tracks nationwide, and this effort, which involved a number of expensive, risky, and dangerous elements, ② were dependent on financial backing. A large and powerful bank heavily ③ invested in the railroad construction was Jay Cooke & Company. When it went bankrupt in September 1873, people had ④ such fear that the same could happen to their banks that they began withdrawing all their money. This was disastrous for the economy.

문 9. 다음 글의 제목으로 가장 적절한 것은?

As the Sun begins to rise, roosters leave their nightly roosts and begin to crow in order to alert other roosters to their presence and reinforce their territories. It was once thought that roosters knew it was time to crow because of changes in the light at daybreak, as they could be induced to crow by artificially changing light patterns, but experiments showed that this is unlikely. By isolating roosters from light changes and monitoring their crowing, it was found that they still crowed at daybreak, proving that they were relying on an internal clock to determine when to crow. This innate ability to tell time is called a circadian clock, and it naturally tracks the passing of the 24-hour cycle of the day.

① How Do Roosters Protect Territories?
② When Are Roosters Most Active?
③ What Prompts Roosters to Crow?
④ How Does Crowing Benefit Roosters?

문 10. 다음 글의 흐름상 가장 어색한 문장은?

Consumers often look for coffee certified as "Fair Trade," thinking they're supporting the farmers who produce it, but experts say this certification may be having a negative effect on the industry as a whole. ① As fair-trade coffees are considered a specialty product, farmers can sell lower quality beans at a premium if they are certified as fair trade, bringing down the overall quality of such coffee. ② Receiving lower quality "fair-trade" beans limits how much consumers are willing to spend, driving prices down. ③ Specialty coffees account for 8 percent of the 18-billion-dollar U.S. coffee market. ④ The certification process also leads to bureaucracy that burdens the farmers themselves. With lower quality and prices as well as burdensome paperwork, it appears that the "fair trade" certification may be causing more problems than it solves.

※ 밑줄 친 부분에 들어갈 말로 가장 적절한 것을 고르시오.
[문 11. ~ 문 12.]

문 11.

A: This is a great party. I'm having such a good time.
B: I agree. I'm really enjoying myself, too.
A: I wasn't expecting there to be so many people.
B: Yes. It's a good opportunity to network.
A: _____?
B: I used to work with her a few years ago. We obviously still keep in touch, though.

① How do you know the host
② What do you do for work
③ What are you doing later
④ How did you plan something like this

문 12.

A: Are you all ready for our long weekend at the campground?
B: I think so. I packed everything I could think of.
A: Great. What time do you want to leave tomorrow?
B: Well, it's going to take two hours to drive there, and check-in time is between 7 a.m. and 10 a.m.
A: _____.
B: Neither do I. If we leave at 6 a.m., we can avoid rush hour.
A: That's pretty early, but OK.

① The area has some great hiking trails
② I don't want to get stuck in traffic
③ We should go out for breakfast first
④ I don't have time to make a reservation

※ 우리말을 영어로 잘못 옮긴 것을 고르시오. [문 13. ~ 문 14.]

문 13. ① 히페리온이라는 이름이 붙은 붉은 삼목은 세계 다른 어떤 나무들보다 키가 크다.
→ A redwood named Hyperion is taller of any other tree in the world.

② 나는 문 위의 쪽지가 무엇을 의미하는지 이해하지 못했다.
→ I did not understand what the note on my door meant.

③ 그 우주 왕복선이 화성의 표면에 도달하는 데는 7개월이 걸릴 것이다.
→ It will take seven months for the shuttle to reach the surface of Mars.

④ 우리는 경치 좋은 길로 가서 그 경치를 즐기는 편이 더 낫겠다.
→ We might as well take the scenic route and enjoy the view.

문 14. ① 내 모든 일을 끝내서, 나는 일찍 퇴근했다.
→ Having finished all my work, I left the office early.

② 당신의 생각을 미리 정리해서 쓰는 것은 그 일을 더 쉽게 만들 수 있다.
→ Writing with your thoughts organizing beforehand can make the task easier.

③ 광석이 고갈되자, 그 광업 회사는 새로운 지역으로 이전했다.
→ The ore depleted, the mining company moved to a new location.

④ 몸이 안 좋아서, 그녀는 집에서 쉬기로 했다.
→ Feeling sick, she decided to rest at home.

문 15. 밑줄 친 (A), (B)에 들어갈 말로 가장 적절한 것은?

Many cultures have customs surrounding a child's first haircut. In some cultures, the event involves the entire family. In Mongolia, for instance, family members take turns snipping off locks of the child's hair as they offer well-wishes and gifts. _____(A)_____, in the Cook Islands, a boy's first haircut is not only a time to celebrate the child but an occasion for the community and extended family to come together. Other cultures view a first haircut as a sacred event. Orthodox Jewish families base a boy's first haircut on a verse in the Torah stating that a man is like a tree and that the fruits of a tree cannot be harvested until after the first three years of its life. _____(B)_____, parents wait until a boy's third birthday to partake in a haircutting ceremony.

	(A)	(B)
①	Nevertheless	Meanwhile
②	Furthermore	Rather
③	Similarly	Consequently
④	However	Specifically

문 16. 밑줄 친 부분에 들어갈 말로 가장 적절한 것은?

The megadrought that has affected the American Southwest for the last two decades is part of an enduring cycle of wetter and drier weather patterns. However, although the occurrence is natural, recent research suggests that the severity and duration may be the result of human activity. While climate models predict that the area would be experiencing a relatively dry period regardless, the effects would likely be much less severe than they are now. This is because our actions and the related environmental changes have resulted in a 42 percent reduction in soil moisture over the last 20 years. The higher temperatures caused by anthropogenic processes cause more evaporation, which further dries out both the soil and vegetation. Scientists now believe that the _____ effects of our actions have resulted in a situation that may be worse than any other drought in the history of the region.

① mystifying

② diminishing

③ mollifying

④ intensifying

문 17. 다음 글의 제목으로 가장 적절한 것은?

Dream travel destinations have a way of building themselves up in our heads so much that our expectations do not always live up to reality. One famous example of this is Paris, a city that has been romanticized throughout the decades by films depicting it as a place of high culture, romance, and intelligent conversation. While Paris is certainly a magical place for many, it is still a modern city that deals with problems all densely populated urban areas experience, including graffiti, pickpockets, trash, and rats. It has also been rated the rudest city in Europe. For tourists not expecting to encounter these things in the City of Light, the culture shock manifests itself in a phenomenon known as Paris Syndrome, a condition that can result in depression, irritability, paranoia, and nausea.

① Unrealistic Depictions of Paris in Film
② Negative Impacts of Tourism in Paris
③ Disillusionment Resulting from Travel Expectations
④ The Phenomenon of Extreme Culture Shock

문 18. 주어진 문장이 들어갈 위치로 가장 적절한 곳은?

The inflammatory response occurs as a result, triggering what, for many people, is a host of symptoms.

Thought to be caused by a combination of genetics and the environment, allergies are one of the most common types of health conditions in the world. When you are allergic to a substance, your immune system, whose purpose is to identify harmful microorganisms and defend itself, responds by producing antibodies called immunoglobulin E. (①) These antibodies latch onto the allergen, whatever it may be, releasing chemicals like histamine into the blood. (②) Histamine, part of your body's defense system, starts the process of getting the allergens out of your body or off your skin by increasing blood flow in the area of your body that the allergen affected. (③) Sneezing, tearing up, and itchy skin are common reactions, and most of the time, they can be controlled by taking an antihistamine. However, in the most severe cases of allergic reaction, a life-threatening condition called anaphylaxis may occur, and this requires immediate medical intervention. (④)

문 19. 다음 글의 요지로 가장 적절한 것은?

The ability to get things done often relies on one thing: making a decision and moving forward with it, never looking back. In most cases, if a choice is difficult and will affect your life in a significant way, you will go over all the pros and cons of each respective option, visualize yourself in each potential scenario, and think thoroughly about the consequences of whatever actions are available to you. You may have to tell yourself some hard truths like, "If I choose A, then I will lose B forever." This is a difficult but necessary step in the decision-making process and should not be taken lightly. Once you have decided, you may worry about having made the wrong choice and want to reconsider your options, but this gets you nowhere. Choose what you believe will have the best outcome after careful and rational deliberation, and then close the door in your mind on all the other options.

① Seek advice before making important decisions.
② Have a backup plan for bad decisions.
③ Make a decision and stand by it.
④ Give yourself a deadline to make a decision.

문 20. 주어진 글 다음에 이어질 글의 순서로 가장 적절한 것은?

Decades after her death, Ayn Rand remains a controversial figure due to her adovocacy of objectivism, a philosophy that goes against liberal progressive notions that it is morally right to protect the interests of the poor and oppressed.

(A) Essentially, she thought that anyone who was not entitled to the fruits of their labor was little more than a slave forced into living for the happiness of others.

(B) This freedom she craved from government oversight meant that she was opposed to the idea of the rich and successful being taxed in order to help the poor.

(C) Her opposition to this idea was based on her belief that the highest moral purpose was achieving one's own happiness and material success. To this end, she advocated for laissez-faire capitalism, saying that people should be free to prosper in a capitalist system with little government involvement.

① (A) − (C) − (B)
② (B) − (A) − (C)
③ (C) − (B) − (A)
④ (C) − (A) − (B)

※ 쉬는 시간 없이, 실제 시험처럼 곧바로 한국사 문제를 풀어 보세요.

한 국 사

제한 시간: 13분 | 시작 ___시 ___분 ~ 종료 ___시 ___분

문 1. 신석기 시대에 대한 설명으로 옳은 것은?

① 권력을 가진 지배자가 등장하였다.
② 기원전 약 70만 년 전부터 시작되었다.
③ 대표적 유적지로 창원 다호리 등이 있다.
④ 농경이 시작되어 조와 기장 등을 경작하였다.

문 2. (가) 인물에 대한 설명으로 옳은 것은?

> 왕이 전교하기를, "군국기무처(軍國機務處) 회의 총재는 영의정인 ＿(가)＿ 이/가 맡고, 내무 독판 박정양, 강화 유수 김윤식, 외무 참의 유길준, 공조 참의 이응익 등은 모두 회의원으로 임명하니 크고 작은 사무를 협의하여 시행하도록 하라."고 하였다.

① 철종의 사위로 갑신정변에 참여하였다.
② 초대 주미 공사로 임명되어 미국에 파견되었다.
③ 열강이 보장하는 한반도 중립화론을 주장하였다.
④ 황준헌이 저술한 『조선책략』을 국내에 소개하였다.

문 3. ㉠이 집권한 시기의 사실로 옳은 것은?

> 정중부 → 경대승 → (㉠) → 최충헌 → 최우

① 명학소가 충순현으로 승격되었다.
② 김사미와 효심의 난이 발생하였다.
③ 만적이 개경에서 반란을 모의하였다.
④ 이연년 형제가 백제 부흥을 목표로 봉기하였다.

문 4. 다음 사건이 발생한 시기를 연표에서 옳게 고른 것은?

> 보온병과 도시락으로 위장한 폭탄을 몸에 지닌 윤봉길은 일본 군경의 삼엄한 경계망을 뚫고 기념식장에 들어가 군중 속에 섞여 있다가 폭탄 투척의 기회를 노렸다. 적의 수뇌부들이 모두 사령대에 모여 군중을 향해 연설할 때 윤봉길은 사령대를 향해 힘껏 폭탄을 투척하였다. 거대한 폭발음을 내며 폭탄이 터지면서 사령대 위에 있던 적의 수뇌부들이 죽거나 부상을 당하였다.

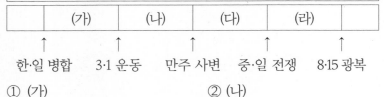

	(가)	(나)	(다)	(라)	
↑	↑	↑	↑	↑	
한·일 병합	3·1 운동	만주 사변	중·일 전쟁	8·15 광복	

① (가)
② (나)
③ (다)
④ (라)

문 5. 다음 자료에 해당하는 민주화 운동에 대한 설명으로 옳은 것은?

> 공수 부대는 처음에 몽둥이로, 다음은 대검과 총으로 우리 시민을 무차별 살해하였다. 또한, 도망간 사람까지 모두 잡아 그 즉시 살해하였고, 구경만 하던 어린이, 할머니까지 무차별 살해해서 우리 시민들은 좋지 못한 일인지 알면서도 공수 부대에 맞서기 위해 무기고를 털어 총으로 대전해 물리쳤다.

① 한·일 국교 정상화에 반대하여 일어났다.
② 이승만 대통령이 하야하는 계기가 되었다.
③ 직선제 개헌을 약속한 6·29 선언을 이끌어냈다.
④ 관련 기록물이 유네스코 세계 기록유산으로 등재되었다.

문 6. 밑줄 친 '왕'이 추진한 정책으로 옳은 것을 모두 고른 것은?

> 이인좌 등이 장례를 치른다고 거짓으로 꾸며 상여에 병기를 싣고 청주성 안으로 몰래 들어왔다. …… 왕이 교서를 내려 "착하지 못한 무리들이 세력을 합쳐 감히 오랫동안 병란이 없었던 시기를 틈타 일어나도록 하였으니, 자칫 한번 잘못했으면 전복될 뻔하였다." …… 역적 이인좌, 정희량 등을 능치처사하도록 명하였다.

> ㉠ 압슬형, 낙형 등의 가혹한 형벌을 폐지하였다.
> ㉡ 인재를 양성하기 위한 초계문신제를 시행하였다.
> ㉢ 『동국문헌비고』를 편찬하여 문물과 제도를 정비하였다.
> ㉣ 당파의 옳고 그름을 명백히 가리는 준론 탕평을 실시하였다.

① ㉠, ㉡
② ㉠, ㉢
③ ㉡, ㉣
④ ㉢, ㉣

문 7. 다음 조약에 대한 설명으로 옳은 것은?

> 일본국 정부는 특명전권리대신 육군 중장 겸 참의개척장관 구로다 기요타카와 특명부전권리대신 의관 이노우에 가오루를 조선국 강화부에 이르도록 하고, 조선국 정부는 판중추부사 신헌과 부총관 윤자승을 뽑아 각자 받든 유지에 따라 의결한 조관을 아래에 열거한다.
>
> 제1관　조선국은 자주국이며 일본국과 평등한 권리를 보유한다.
> 제4관　조선 정부는 부산 외에 2개 항구를 개항하고 일본인이 와서 통상하는 것을 허가한다.

① 일본 공사관의 경비병 주둔을 허용하였다.
② 조선 해안의 자유로운 측량권을 인정하였다.
③ 일본 수출입 상품에 대한 관세가 규정되었다.
④ 거중조정과 최혜국 대우의 규정을 명시하였다.

문 8. (가) 시기에 발생한 사실로 옳지 않은 것은?

> 고려군이 공산에서 후백제군을 맞아 큰 전투를 벌였으나 전세가 불리하였다. …… 신숭겸과 김락이 힘껏 싸우다가 전사하였다.

↓

> (가)

↓

> 고려군과 후백제군이 일리천을 사이에 두고 대치하였다. …… 후백제의 장군들이 고려 군사의 형세가 큰 것을 보고, 갑옷과 무기를 버리고 항복하였다.

① 신라의 경순왕이 왕건에게 항복하였다.
② 후백제의 신검이 견훤을 금산사에 유폐시켰다.
③ 고려군이 고창 전투에서 후백제군을 격퇴하였다.
④ 발해가 거란 야율아보기의 침략을 받아 멸망하였다.

문 9. 다음 자료가 기록된 역사서에 대한 설명으로 옳은 것은?

> 곰과 호랑이가 찾아와 사람이 되기를 원하므로 환웅이 그들에게 쑥과 마늘을 주면서 "이것을 먹고 100일 동안 햇빛을 보지 않으면 사람이 될 것이다."라고 하였다. 곰은 이를 지켜 여자의 몸이 되었으나 호랑이는 이를 참지 못하고 뛰쳐나가 사람이 되지 못하였다. 여인이 된 웅녀는 혼인할 상대가 없었는데, 아기 갖기를 빌므로 환웅이 잠시 사람으로 변신하여 웅녀와 결혼하고 아들을 낳으니 단군왕검이라고 하였다.

① 시문집인 『동국이상국집』에 수록되어 전한다.
② 유교적 합리주의 사관에 기초하여 기전체로 서술되었다.
③ 「왕력」, 「기이」, 「흥법」, 「탑상」 등으로 구성되었다.
④ 진흥왕의 명을 받아 거칠부가 편찬하였다.

문 10. 다음 글을 작성한 인물이 속한 부대에 대한 설명으로 옳은 것은?

> 드디어 3개월간의 제1기생 50명의 OSS 특수 공작 훈련이 끝났다. 나는 무전 기술 등의 시험에서 괜찮은 성적을 받았고 국내로 침투하여 모든 공작을 훌륭하게 수행할 수 있는 자신을 얻었다. …… 제1기생 훈련이 성공적으로 끝나자 우리는 말할 것도 없고 미군도 대만족하여 즉각 국내로 침투시킬 계획을 작성하였다.

① 양세봉을 중심으로 남만주 지역에서 활동하였다.
② 초기에는 중국 군사 위원회의 지휘와 간섭을 받았다.
③ 쌍성보 전투, 대전자령 전투 등에서 일본군을 물리쳤다.
④ 조선 민족 전선 연맹이 중국 국민당의 지원을 받아 창설하였다.

문 11. 다음 담화문을 발표한 정부 시기의 사실로 옳은 것은?

> 드디어 우리는 금융 실명제를 실시합니다. 이 시간 이후 모든 금융 거래는 실명으로만 이루어집니다. 금융 실명제가 실시되지 않고는 이 땅의 부정부패를 원천적으로 봉쇄할 수가 없습니다. 정치와 경제의 검은 유착을 근원적으로 단절할 수가 없습니다. …… 금융 실명제는 '신한국'의 건설을 위해서, 그 어느 것보다도 중요한 제도 개혁입니다.

① 지방 자치제가 전면적으로 실시되었다.
② 거대 여당인 민주 자유당이 창당되었다.
③ 민주 헌법 쟁취 국민 운동 본부가 결성되었다.
④ 근로 조건 개선을 요구하며 전태일이 분신 자살하였다.

문 12. (가) 인물에 대한 설명으로 옳은 것은?

> (가) 이/가 왕에게 태극도, 서명도, 소학도, 대학도, 백록동규도, 심통성정도, 인설도, 심학도, 경재잠도, 숙흥야매잠도로 구성된 『성학십도』를 올렸다. 왕은 그것이 학문하는 데 매우 필요하고 절실한 것이라 하여 그것을 병풍으로 만들라고 명하여 이를 보면서 반성하였다. 그때 (가) 은/는 돌아갈 뜻을 이미 결정했기 때문에 이 도(圖)를 만들어 올리며 '제가 나라에 보답할 것은 이 도뿐입니다.' 하였다.

① 일본의 성리학 발전에 크게 영향을 끼쳤다.
② 『격몽요결』, 『동호문답』 등을 저술하였다.
③ 노장 사상을 포용하고 학문의 실천성을 강조하였다.
④ 우주를 무한하고 영원한 기로 보는 태허설을 제기하였다.

문 13. 발해에 대한 설명으로 옳은 것을 모두 고른 것은?

> ㉠ 상경성은 당나라의 수도인 장안을 본떠 건설하였다.
> ㉡ 중앙군인 10위가 왕궁과 수도의 경비를 담당하였다.
> ㉢ 유학 교육 기관인 주자감을 설치하여 인재를 양성하였다.
> ㉣ 주민 중 다수는 말갈인으로, 이들은 지배층에 편입되지 못하였다.

① ㉠, ㉡   ② ㉢, ㉣
③ ㉠, ㉡, ㉢   ④ ㉠, ㉡, ㉢, ㉣

문 14. 밑줄 친 '왕'에 대한 설명으로 옳은 것은?

> 왕이 국학에 섬학전을 설치하였다. 과거에 안향이 학교 교육이 크게 무너지고 유학이 날로 쇠퇴하는 것을 우려하여 양부와 의논하기를, "재상의 직책은 인재를 양성하는 것보다 더 급한 것이 없는데, 이제 양현고가 탕진되어 교육에 쓸 자금이 없으니, 청컨대, 6품 이상은 각기 은 한 근씩을 내고 7품 이하는 등급에 따라 베를 내게 하여 양현고에 귀속시켜서 본전은 그대로 두고 이식을 받아서 영구히 교육 자금으로 만들자." 하니, 양부에서 이를 좇았다. 그 사실이 보고되니, 왕이 돈과 양곡을 내어 보조하였다.

① 기철을 제거하고 정동행성 이문소를 혁파하였다.
② 편민조례추변도감을 설치하여 개혁을 시도하였다.
③ 도병마사를 도평의사사로 개편하여 국정을 총괄하게 하였다.
④ 왕명의 출납과 문서를 작성하는 관청인 사림원을 설치하였다.

문 15. 다음 그림들을 제작된 순서대로 바르게 나열한 것은?

> ㉠ 혜허의 양류관음도
> ㉡ 정선의 인왕제색도
> ㉢ 강희안의 고사관수도
> ㉣ 장승업의 삼인문년도

① ㉠ - ㉢ - ㉡ - ㉣
② ㉠ - ㉢ - ㉣ - ㉡
③ ㉢ - ㉠ - ㉡ - ㉣
④ ㉢ - ㉠ - ㉣ - ㉡

문 16. (가), (나) 사이에 있었던 사실로 옳은 것은?

> (가) 일본 장교는 군사의 대오를 정렬하여 문을 에워싸고 지키도록 명령하여 흉악한 일본 자객들이 왕후를 수색하는 것을 도왔다. …… 자객들은 마침내 깊은 방 안에서 왕후를 찾아내고 칼로 범하였다.
> (나) 여러 신하들과 백성들이 한 목소리로 대궐에 호소하면서 수십 차례나 상소를 올려 황제의 칭호를 올리려고 하였는데, 짐이 누차 사양하다가 끝내 사양할 수 없어서 황제의 자리에 올랐다. 국호를 '대한'으로 정하였다.

① 장인환이 외교 고문인 스티븐스를 사살하였다.
② 개혁 추진 기구인 교정청이 설치되었다.
③ 고종이 러시아 공사관으로 거처를 옮겼다.
④ 근대적 개혁안인 홍범 14조가 발표되었다.

문 17. (가) 종교에 대한 설명으로 옳은 것을 모두 고른 것은?

> 몇 달 전부터 서울에서는 　(가)　 교도들에 대한 이야기밖에 없습니다. …… 사흘 전 이들의 대표 21명이 궁궐 문 앞에 모여 엎드려 절하고 상소를 올렸으나 국왕은 상소 접수를 거부하였습니다. 교도들은 처형된 교조 최제우를 복권하고 　(가)　을/를 인정해 줄 것을 정부에 청원하였습니다. …… 그러나 이는 조선 국왕이 들어줄 수 없는 사안들이었습니다.

> ㉠ 시천주와 인내천 사상을 강조하였다.
> ㉡ 조상에 대한 제사 의식을 거부하였다.
> ㉢ 중광단을 조직하여 무장 투쟁을 전개하였다.
> ㉣ 교리를 정리한 『동경대전』을 경전으로 삼았다.

① ㉠, ㉡　　　　　　　　② ㉠, ㉣
③ ㉡, ㉢　　　　　　　　④ ㉡, ㉣

문 18. (가) 국가의 통치 체제로 옳은 것은?

> 　(가)　 의 시조는 성(姓)이 박씨이고 이름은 혁거세이다. 고허촌장 소벌공이 나정 근처의 숲속에서 말이 울고 있어서 가서 보니 문득 말은 보이지 않고 단지 큰 알만 있었다. 이를 쪼개니 어린아이가 나와서 거둬 길렀다. 나이가 10여 세에 이르자 영리하고 지혜로우며 어른스러웠다. 사람들은 출생이 신비하고 기이하여 그를 받들어 존경하였는데, 이때에 이르러 그를 임금으로 세웠다.

① 수도는 5부, 지방은 5방으로 정비하였다.
② 형 계열과 사자 계열로 관등을 구분하였다.
③ 소경(小京)이라는 특수 행정 구역을 설치하였다.
④ 정당성을 관장하는 대내상이 국정을 총괄하였다.

문 19. 밑줄 친 '그'에 대한 설명으로 옳은 것은?

> 그는 일찍이 승려가 되어 백현원에 살았는데 몽골군이 오자 처인성으로 난을 피하였다. 몽골군이 처인성을 공격하자 그는 몽골 장수인 살리타를 활로 쏴 죽였다. 왕이 그 공을 가상히 여겨 상장군을 제수하였으나, 그는 공을 다른 사람에게 양보하며 말하기를, "싸울 때를 당하여 나는 활과 화살이 없었는데 어찌 감히 헛되이 무거운 상을 받으리오." 하고 굳이 사양하고 받지 않았다.

① 몽골군의 침입에 맞서 귀주성에서 항전하였다.
② 삼별초를 지휘하며 제주도로 근거지를 옮겼다.
③ 왕에게 군사 조직인 별무반의 창설을 건의하였다.
④ 충주성 방호별감으로 충주 전투에서 몽골군을 격퇴하였다.

문 20. 밑줄 친 '탑'에 대한 설명으로 옳은 것은?

> 자장은 당나라 황제가 준 불경과 불상 등을 가지고 귀국해서 탑을 세울 일을 왕에게 아뢰었다. 왕이 여러 신하들과 의논하였는데, 신하들이 말하였다. "백제에 장인들을 청한 이후에야 일을 이룰 수 있을 것입니다." 그래서 보물과 비단을 가지고 백제에 가서 장인을 부탁하였다. 아비지라는 공장이 명을 받고 와 탑을 건축하고, 용춘이 주관하여 장인들을 통솔하였다.

① 돌을 벽돌 모양으로 다듬어 쌓았다.
② 고려 시대에 몽골의 침입으로 소실되었다.
③ 우리나라의 중앙부에 위치하여 중앙탑이라고도 불린다.
④ 탑을 보수하는 과정에서 금제 사리 봉안기가 발견되었다.

제2회 정답·해설 _ 해설집 p.22
※ OMR 답안지의 QR코드를 스캔하여 <모바일 자동 채점 + 성적 분석 서비스>를 활용해 보세요.

시험일: _____ 년 _____ 월 _____ 일

공무원 9급 공개경쟁채용 필기시험

제4회
공통과목 통합 모의고사

응시번호

성명

문제책형

가

※ 국어·영어·한국사 문제를 제한 시간 61분 동안, 실제 시험처럼 한 번에 풀어 보세요. 각 과목의 제한 시간은 시험지 왼쪽 상단에 표기되어 있습니다.
　(*실제 시험에서는 국어·영어·한국사·전문 과목 2과목을 100분 동안 한 번에 풀어야 합니다.)

제1과목	국어	제2과목	영어	제3과목	한국사
제4과목	행정법총론	제5과목	행정학개론		

응시자 주의사항

1. **시험시작 전 시험문제를 열람하는 행위나 시험종료 후 답안을 작성하는 행위를 한 사람**은 「공무원 임용시험령」 제51조에 의거 **부정행위자**로 처리됩니다.

2. **답안지 책형 표기는 시험시작 전 감독관의 지시에 따라 문제책 앞면에 인쇄된 문제책형을 확인**한 후, **답안지 책형란에 해당 책형(1개)을 '●'로 표기**하여야 합니다.

3. **답안은 문제책 표지의 과목 순서에 따라 답안지에 인쇄된 순서에 맞추어 표기**해야 하며, 과목 순서를 바꾸어 표기한 경우에도 **문제책 표지의 과목 순서대로 채점**되므로 유의하시기 바랍니다.

4. 시험이 시작되면 문제를 주의 깊게 읽은 후, **문항의 취지에 가장 적합한 하나의 정답만을 고르며**, 문제내용에 관한 질문은 할 수 없습니다.

5. **답안을 잘못 표기하였을 경우에는 답안지를 교체하여 작성하거나 수정할 수 있으며**, 표기한 답안을 수정할 때는 **응시자 본인이 가져온 수정테이프만을 사용**하여 해당 부분을 완전히 지우고 부착된 수정테이프가 떨어지지 않도록 손으로 눌러주어야 합니다. **(수정액 또는 수정스티커 등은 사용 불가)**

6. **시험시간 관리의 책임은 응시자 본인에게 있습니다.**
　※ 문제책은 시험종료 후 가지고 갈 수 있습니다.

ⓘ 정답공개 및 이의제기 안내

1. 정답공개 일시 : 정답 가안 ▶ 시험 당일 13:00 / 최종 정답 ▶ 필기시험일 9일 후(월) 18:00

2. 정답공개 방법 : 사이버국가고시센터(www.gosi.kr) ▶ [시험문제/정답 → 문제/정답 안내]

3. 이의제기 기간 : 시험 당일 18:00 ~ 필기시험일 3일 후 18:00

4. 이의제기 방법
　· 사이버국가고시센터(www.gosi.kr) ▶ [시험문제/정답 → 정답 이의제기]
　· 구체적인 이의제기 방법은 정답 가안 공개 시 공지

🏛 해커스공무원

국 어

제한 시간: 19분 | 시작 ___시 ___분 ~ 종료 ___시 ___분

문 1. 언어 예절로 가장 적절한 것은?

① (편지 봉투 수신인에) 한현기 과장님 귀하
② (손위 시누이의 남편에게) 매형, 점심은 드셨어요?
③ (방송 인터뷰에서) 저희 나라가 꼭 월드컵 우승했으면 좋겠어요.
④ (공공 기관 직원이 손님에게) 선생님, 작성하신 서류 이쪽으로 주시면 됩니다.

문 2. 밑줄 친 말의 쓰임이 올바른 것은?

① 한 달 전에 있었던 일을 뚜렷히 기억하다.
② 아버지는 모든 말씀을 마치시고 고히 눈을 감으셨다.
③ 경아는 입이 너무 간지러워서 도저이 참을 수가 없었다.
④ 나도 말이 없는 편인데 더욱이 동료들도 말 한마디 하지 않았다.

문 3. 띄어쓰기가 옳은 것은?

① 그중에 옛 책 하나를 나에게 전해 주었다.
② 그는 비상시를 대비하여 안전 훈련에 신경쓰고 있다.
③ 여기저기 떠돌아 다니던 우리는 정착을 바라마지 않았다.
④ 지난 주 나는 살아 생전 낚시를 좋아하셨던 아버지를 떠올리며 배를 타고 외딴섬으로 향했다.

문 4. 다음 글의 주된 설명 방식이 적용된 것으로 가장 적절한 것은?

> 많은 과학자들이 조류가 시조새에서 진화했다고 확신한다. 그러나 모든 과학자들이 이에 동의하는 것은 아니며, 이들은 조류가 공룡으로부터 진화했다고 주장한다. 전자의 과학자들은 시조새가 깃털에 싸여 있고 날개가 있으며 어느 정도의 비행 능력을 갖고 있어 현재의 새들과 동일한 혈족이라고 주장하지만, 후자는 중국에서 발견된 공룡 화석에 조류와 같이 깃털로 덮여 있었다는 흔적이 있음을 근거로 조류는 수각류 공룡이 진화한 것이라고 주장하고 있다.

① 사카린은 치약이나 구강 청정제, 무설탕 껌에 인공 감미료로 사용된다. 게다가 시중에 판매 중인 다이어트 음식에도 많이 사용되고 있다.
② 케네디 대통령은 의회와 대중을 다룰 때, 자신의 큰 권력보다 작은 권력을 사용했다. 반대로 존슨 대통령은 언제나 자신이 갖고 있는 권력보다 조금 더 많은 권력을 사용했다.
③ 그가 눈을 떴을 때는 황당하기 그지없었다. 한눈에 보기에도 많은 인원이 같은 옷을 입고 앉아 있었기 때문이다. 그때 그의 눈에 들어온 한 소녀는 아주 말랐고 입술에 핏기가 없었으며 미세하게 온몸을 떨고 있었다.
④ 정부에서 통화 정책을 펼쳐 통화량을 증가시키면 물가가 상승한다. 물가가 상승하면 화폐의 가치는 떨어지며 수출이 감소하고 동시에 달러 유입이 감소가 된다. 이 현상은 환율 상승으로 이어진다.

문 5. 다음 시에 대한 이해로 가장 적절하지 않은 것은?

> 들길은 마을에 들자 붉어지고
> 마을 골목은 들로 내려서자 푸르러졌다
> 바람은 넘실 천 이랑 만 이랑
> 이랑 이랑 햇빛이 갈라지고
> 보리도 허리통이 부끄럽게 드러났다
> 꾀꼬리는 여태 혼자 날아 볼 줄 모르나니
> 암컷이라 쫓길 뿐
> 수놈이라 쫓을 뿐
> 황금 빛난 길이 어지럴 뿐
> 얇은 단장하고 아양 가득 차 있는
> 산봉우리야 오늘 밤 너 어디로 가 버리련?
>
> - 김영랑, 『오월』 -

① 시적 대상에 화자의 감정을 이입하고 있다.
② 시선의 이동에 따라 시상이 전개되고 있다.
③ 자연물을 의인화하여 화자의 정서를 드러내고 있다.
④ 색채 대비를 통해 봄의 경치를 선명하게 드러내고 있다.

문 6. 다음 글에 대한 설명으로 적절한 것은?

> 경제학에서는 증거에 근거한 정책 논의를 위해 사건의 효과를 평가해야 할 경우가 많다. 어떤 사건의 효과를 평가한다는 것은 사건 후의 결과와 사건이 없었을 경우에 나타났을 결과를 비교하는 일이다. 그런데 가상의 결과는 관측할 수 없으므로 실제로는 사건을 경험한 표본들로 구성된 시행집단의 결과와, 사건을 경험하지 않은 표본들로 구성된 비교집단의 결과를 비교하여 사건의 효과를 평가한다. 따라서 이 작업의 관건은 그 사건 외에는 결과에 차이가 날 이유가 없는 두 집단을 구성하는 일이다. 가령 어떤 사건이 임금에 미친 효과를 평가할 때, 그 사건이 없었다면 시행집단과 비교집단의 평균 임금이 같을 수밖에 없도록 두 집단을 구성하는 것이다. 이를 위해서는 두 집단에 표본이 임의로 배정되도록 사건을 설계하는 실험적 방법이 이상적이다. 그러나 사람을 표본으로 하거나 사회 문제를 다룰 때에는 이 방법을 적용할 수 없는 경우가 많다.
>
> 이중차분법은 시행집단에서 일어난 변화에서 비교집단에서 일어난 변화를 뺀 값을 사건의 효과라고 평가하는 방법이다. 이는 사건이 없었더라도 비교집단에서 일어난 변화와 같은 크기의 변화가 시행집단에서도 일어났을 것이라는 평행 추세 가정에 근거해 사건의 효과를 평가한 것이다. 이 가정이 충족되면 사건 전의 상태가 평균적으로 같도록 두 집단을 구성하지 않아도 된다.
>
> 이중차분법은 1854년에 스노가 처음 사용했다고 알려져 있다. 그는 두 수도 회사로부터 물을 공급받는 런던의 동일 지역 주민들에 주목했다. 같은 수원을 사용하던 두 회사 중 한 회사만 수원을 바꿨는데 주민들은 자신의 수원을 몰랐다. 스노는 수원이 바뀐 주민들과 바뀌지 않은 주민들의 수원 교체 전후 콜레라로 인한 사망률의 변화들을 비교함으로써 콜레라가 공기가 아닌 물을 통해 전염된다는 결론을 내렸다. 경제학에서는 1910년대에 최저임금제 도입 효과를 파악하는 데 이 방법이 처음 이용되었다.

① 사건의 효과를 평가하는 실험적 방법은 사회 문제를 다룰 때 가장 적합하다.
② 스노는 최저임금제 도입 효과를 파악하기 위해 이중차분법을 가장 먼저 사용하였다.
③ 스노가 이중차분법으로 평가한 사건의 효과는 런던 내 동일 지역 주민들의 콜레라로 인한 사망률의 변화이다.
④ 스노는 런던에서 실험을 진행할 때 평행 추세 가정이 충족되지 않아 시행집단과 비교집단의 사건 전 상태에 조작을 가했다.

문 7. 다음 글에 대한 감상으로 적절하지 않은 것은?

> 윤 직원 영감은 시방 종학이가 사회주의를 한다는 그 한 가지 사실이 진실로 옛날의 드세던 부랑당패가 백 길 천 길로 침노하는 그것보다도 더 분하고, 물론 무서웠던 것입니다.
>
> 진(秦)나라를 망할 자 호(胡)라는 예언을 듣고서, 변방을 막으려 만리장성을 쌓던 진시황, 그는, 진나라를 망한 자 호가 아니요, 그의 자식 호해(胡亥)임을 눈으로 보지 못하고 죽었으니, 오히려 행복이라 하겠습니다. … (중략) …
>
> "……그런 쳐 죽일 놈이, 깎어 죽여두 아깝잖을 놈이! 그놈이 경찰서장 허라닝개루 생판 사회주의 허다가 뎁다 경찰서으 잡혀? 으응?…… 오사육시를 헐 놈이, 그놈이 그게 어디 당헌 것이라구 지가 사회주의를 히여? 부자 놈의 자식이 무엇이 대껴서 부랑당패에 들어?……"
>
> 아무도 숨도 크게 쉬지 못하고, 고개를 떨어뜨리고 섰기 아니면 앉았을 뿐, 윤 직원 영감이 잠깐 말을 끊자 방 안은 물을 친 듯이 조용합니다.
>
> "……오죽이나 좋은 세상이여? 오죽이나……."
>
> 윤 직원 영감은 팔을 부르걷은 주먹으로 방바닥을 땅 치면서 성난 황소가 영각을 하듯 고함을 지릅니다.
>
> "화적패가 있너냐아? 부랑당 같은 수령(守令)들이 있너냐?…… 재산이 있대야 도적놈의 것이요, 목숨은 파리 목숨 같던 말세넌 다 지내가고오……. 자 부아라, 거리거리 순사요, 골골마다 공명헌 정사(政事), 오죽이나 좋은 세상이여……. 남은 수십만 명 동병(動兵)을 히여서, 우리 조선 놈 보호히여 주니, 오죽이나 고마운 세상이여?…… 으응?…… 제 것을 지니고 앉아서 편안허게 살 태평 세상, 이것을 태평천하라구 허는 것이여, 태평천하!……"
>
> - 채만식, 『태평천하』-

① 윤 직원은 종학이 경찰서장이 되기를 바랐다.
② 윤 직원은 사회주의에 대해 적대감과 두려움을 느끼고 있다.
③ 윤 직원은 민족이 처한 상황과 상반되게 현실을 평가하고 있다.
④ 윤 직원은 종학을 꾀어 부추긴 사회주의 집단에 대한 분노를 쏟아 내고 있다.

문 8. 다음 글에 대한 이해로 적절하지 않은 것은?

> 지난 100년간 지구의 표면 온도는 0.74도 상승했다. 1도가 채 되지 않는 온도 상승이지만, 이로 인해 지구에는 수많은 이상 징후가 나타났다. 기온 상승으로 빙하가 녹아내리면서 극지방에 사는 북극곰, 바다표범, 물개 등의 개체 수가 현저히 줄었으며, 해수면이 높아져 남태평양의 섬들은 물에 잠기고 있다. 지구에서 일어나는 이러한 기후 변화는 경제 발전과 밀접한 관련이 있다. 세계 각국이 경제 발전을 위해 화석 연료를 사용하고 삼림을 개발하면서 대기 중에 이산화탄소를 배출하였고, 이렇게 배출된 엄청난 양의 이산화탄소가 지구의 자정 능력으로는 해결되지 않아 지구 온난화가 발생한 것이기 때문이다. 이에 국제 사회는 이산화탄소 배출량 규제를 통해 지구 온난화에 대응하고자 기후 변화 협약을 추진하였다. 하지만 전체 이산화탄소 배출량의 상당 부분을 차지하는 몇몇 국가들이 자국의 경제에 미칠 악영향을 우려해 기후 변화 협약에서 규정한 이산화탄소 배출 할당량을 지키지 않아 문제가 되고 있다.

① 화석 연료 사용으로 인해 해수면이 상승했다.
② 지구의 자정 능력 상실로 지구 표면 온도가 상승했다.
③ 지구 온난화에 대응하기 위한 국제적인 움직임이 있었다.
④ 경제적 가치와 환경적 가치의 충돌로 협약이 제대로 지켜지지 않고 있다.

문 9. 다음 글의 전개 순서로 가장 자연스러운 것은?

> (가) 매너리즘은 성숙기 르네상스 고전주의의 쇠퇴 혹은 고전주의에 대한 반동으로 여겨지기도 하며, 성숙기 르네상스 고전주의와 바로크를 이어주는 역할을 의미하기도 한다. 다만, 명칭 자체가 스타일과 양식을 의미하는 이탈리아어 마니에라(Maniera)에서 유래되었기 때문에 개성 있고 독특한 양식을 의미하기보다는 모방 및 아류와 같은 의미를 뜻한다.
>
> (나) 하지만 20세기 초에 매너리즘 시대의 예술에 대한 관심이 부상하며 독일의 비평가 및 역사가들은 매너리즘에 대해 미학적 왜곡과 정신적 격렬함이 무분별하고 기묘하게 반영된 것이라고 평하였다. 실제로 미술에서의 매너리즘은 왜곡되고 구불거리는 형상, 불명확한 구도, 양식적인 속임수 등을 띠고 있는데, 열광적 감정, 긴장과 부조화의 느낌, 신경 불안의 감각을 전달한다. 내용보다는 양식 자체를 강조한다는 측면에서 기존의 르네상스 양식을 파괴하는 탈고전주의적 성향이 강하다고 할 수 있다.
>
> (다) 흔히 틀에 박힌 방식이나 태도를 취하는 것을 일컬어 매너리즘에 빠졌다는 말을 쓴다. 본래 매너리즘은 1520년경부터 1600년대 초까지 대개 회화를 중심으로 발생한 유럽의 미술 양식으로, 예술 창작 및 발상 측면에서 독창성을 잃고 평범한 경향으로 표현 수단이 고정된 것을 의미한다.
>
> (라) 이로 인해 한 때 매너리즘은 퇴보에 도달한 전통주의라고 여겨지거나 정신적인 위기의 시대에 두각을 나타낸 죽어가는 양식의 마지막 표현이라고 비판받기도 했다.

① (가) - (나) - (라) - (다)　　② (가) - (다) - (나) - (라)
③ (다) - (가) - (라) - (나)　　④ (다) - (라) - (가) - (나)

문 10. 다음 대화 상황에서 의사소통에 장애가 일어났다고 한다면, 그 이유로 가장 적절하지 않은 것은?

> 딸: 엄마, 저 3만 원만 주세요.
> 엄마: 3만 원은 어디에다 쓰게?
> 딸: 선아한테 줄 생선 사야 해요.
> 아빠: 생선은 왜 사니? 그게 선아한테 왜 필요해?
> 아들: 아빠, 생선은 생일 선물을 말하는 거예요.
> 아빠: 넌 가서 방이나 치워. 방이 이게 뭐냐? 쓰레기장도 아니고.
> 아들: 저는 이게 엄청 깨끗한 상태라고 생각하는데요?
> 엄마: 넌 도대체 뭐가 되려고 그러니?

① 아들은 방 상태와 정반대되는 말을 하며 아빠의 말에 대한 반항심을 표현하고 있다.
② 엄마는 상대를 비난하는 공격적인 말을 하며 상대방의 기분을 배려하고 있지 않고 있다.
③ 딸은 대화의 상대방을 고려하지 않고 신조어를 사용하여 의사소통에 장애를 유발하고 있다.
④ 아빠는 상대방이 말하는 내용을 경청하고 있지 않아 대화의 흐름에 맞게 대답하고 있지 않다.

문 11. 한자어의 뜻을 잘못 풀이한 것은?

① 廉義 - 염치와 의리
② 惠澤 - 은혜와 덕택
③ 褒貶 - 가치를 깎아내림
④ 割賦 - 돈을 수차례 나누어 냄

문 12. 다음 글의 주제로 가장 적절한 것은?

> 우리는 사람들이 직접적으로 적대감을 드러내지 않는 시대에 살고 있다. 교전 수칙이 변경되었으니, 적에 대한 관념도 바뀌어야 한다. 이는 사회, 정치, 군사적 측면 모두에 해당한다. 노골적인 적은 드문 세상이므로 그런 적을 만난다는 것은 축복에 가깝다. 사람들은 당신을 파괴하려는 욕망과 의도를 드러내 놓고 공격하지는 않는다. 그 대신 정치적이고 우회적인 방식을 택한다. 세계는 그 어느 때보다 경쟁이 치열해졌지만 외향적 공격은 환영받지 못하는 추세이기 때문에, 모두가 지하로 숨어들어 예측 불가능하고 교묘하게 공격하는 법을 익히게 되었다. 많은 사람들이 우정이라는 가면을 쓰고 공격적 욕망을 숨긴다. 그들은 가까이 다가와서 더 많은 해를 끼치려 한다(친구는 당신을 다치게 하는 방법을 가장 잘 아는 존재다). 친구까지는 아니지만 도움과 협조를 제공하는 이들도 있다. 당장은 같은 편처럼 보일지 몰라도 언젠가는 당신의 희생을 담보로 자신의 이득을 챙길 자들이다. 도덕성을 이용하는 전쟁을 완벽하게 아는 이들도 있다. 이들은 희생양을 가지고 놀며, 당신이 저지른 일을 딱 꼬집어 말하지 않으면서도 죄책감을 느끼게 만든다. 전쟁터는 이런 전사들, 요리조리 잘 빠져나가고, 종잡을 수 없고, 머리 회전이 빠른 전사로 가득하다.

① 과거의 방식으로 싸우지 마라.
② 전쟁에서 선제공격으로 기선을 잡아라.
③ 믿는 도끼에도 발등을 찍힐 수 있으니 조심해라.
④ 적이 오지 않기를 바라지 말고, 적이 오기를 기대하며 대비하라.

문 13. 다음 글에 대한 설명으로 가장 적절한 것은?

> 한 마리 매미 있어 그물에 걸리니 그 소리 너무 슬펐다. 내 차마 못 들어 풀어 날려 보냈다. 곁에 있던 사람이 힐난(詰難)하여 말했다.
> "이 둘은 똑같이 작은 벌레다. 그런데 거미가 그대에게 무슨 손해를 끼쳤으며 매미는 또 그대에게 무슨 이익을 더했는가? 매미가 살면 거미는 굶는다. 한쪽은 그대를 덕스럽게 생각하겠지만 다른 한쪽은 반드시 원통해할지니, 누가 그대를 지혜롭다고 하겠는가? 어찌하여 그대는 매미를 풀어 주었는가?"
> 나는 처음에 이맛살을 찌푸리고 대답하지 않으려 했다. 그러다가 잠깐 뒤에 다음과 같은 한 마디 말로써 그가 의심하는 바를 풀어 주었다.
> "거미는 성품이 탐욕스럽고, 매미는 자질이 청백하다. 배부름을 꾀하는 거미의 뜻은 끝이 없지만, 이슬이나 먹는 매미의 창자야 달리 무슨 꾀할 일이 있겠는가? 탐오(貪汚)로써 청렴을 핍박하니 내 정으로는 이를 참을 수 없었던 것이다.
> 거미는 어찌하여 그토록 가는 실을 토해 내는가? 비록 이루(離婁)라도 보지 못할 것이다. 하물며 이 아둔한 매미가 어찌 능히 살필 수 있겠는가? 날아 지나려다 갑자기 걸리니, 날개를 퍼덕일수록 더욱 얽힐 뿐이다.
> 저 번잡한 파리 떼 어지러이 날아 썩은 내에 비린내 쫓다가, 경망스러운 나비 떼 꽃을 탐하여 바람 따라 쉼 없이 오르내리다가, 비록 그물에 걸려 환(患)을 만난다 한들 누구를 탓하겠는가?"
> ─ 이규보, 『방선부』 ─

① '나'는 거미줄에 걸린 파리 떼와 나비 떼를 가여워하고 있다.
② '나'는 매미와 거미가 비슷한 속성을 가지고 있다고 생각한다.
③ '곁에 있던 사람'은 거미의 이로움을 언급하며 거미의 편을 들고 있다.
④ '나'는 거미의 탐욕스러움을 비판하며 청렴한 삶의 태도를 강조하고 있다.

문 14. 다음 글에 대한 이해로 적절하지 않은 것은?

> 교통은 여러 기능을 가지고 있다(Bamford and Robinson, 1978). 경제적으로 교통은 시장을 확대시키며, 분업을 가능하게 하고, 생산 단위들의 입지를 최적화시키는 것을 돕는다. 교통은 생산자가 시장을 확대하는 수단으로 쓰인다. 생산자는 교통이 있으므로 판매되는 재화의 양과 다양성을 늘리고, 판매 지역의 범위를 넓힐 수 있게 된다. 경제가 성장하는 데에는 자급자족하기보다는 분업(分業)이 더 효과적이며, 분업은 결국 한 장소가 어떤 활동으로 특화(特化. 또는 전문화)되는 지역 특화를 낳는다. 지역 특화란 지역 간 교류가 더 심화되는 것을 의미하는데, 지역 간 교류는 교통에 의해 비로소 가능해진다. 교통은 공간적으로 떨어져 있는 여러 생산 단위를 연결해 주므로, 생산 단위들의 입지를 최적화하여 생산비를 줄이도록 도우며, 결과적으로 교통은 규모의 경제를 구현하도록 이끈다.
> 교통은 서비스의 발달도 촉진시킨다. 대부분의 서비스는 그것이 이루어지는 장소에서 바로 소멸되는 속성이 있다. 따라서 소비자는 서비스가 이루어지는 곳까지 이동하거나 또는 서비스가 소비자에게로 이동되어야 하며, 교통이 여기에 다리 구실을 하게 되는 것이다. 서비스가 전문화되고 규모가 커지려면 서비스 지역의 범위도 넓어져야 하는데, 교통이 이를 가능하도록 만든다.
> 교통은 사회적 기능도 가지고 있다. 현대인의 생활 모습에서 가장 중요한 특징 가운데 하나는 직주분리(職住分離), 곧 일터와 사는 곳이 서로 떨어져 있다는 점이다. 과거 경제 활동이 덜 분화되었던 시절에는 사는 곳이 일터였으나, 산업혁명 이후 분업이 보편화되면서 일터와 사는 장소가 점점 더 멀리 떨어지게 되었다. 교통이 사람들로 하여금 일터 부근에서 벗어나 더 나은 환경을 갖춘 곳에서 살 수 있도록 돕는 동시에, 일터에까지 손쉽게 갈 수 있도록 만들어 주었던 것이다.

① 교통의 발달은 주거 환경의 질을 향상시켰다.
② 교통의 발달은 생산 비용을 절약하여 규모의 경제를 형성한다.
③ 교통의 발달은 분업으로 인한 지역 특화 상황에서 지역 간의 교류를 활성화한다.
④ 교통의 발달은 이루어지는 장소에서 바로 소멸되는 서비스의 한계를 소멸시켰다.

문 15. ㉠ ~ ㉣에 대한 이해로 적절하지 않은 것은?

雪色白於紙	㉠ 눈빛이 종이보다 더욱 희길래
擧鞭書姓字	㉡ 채찍 들어 내 이름을 그 위에 썼지.
莫敎風掃地	㉢ 바람아 불어서 땅 쓸지 마라
好待主人至	주인이 올 때까지 ㉣ 기다려 주렴.
	─ 이규보, 『설중방우인불우』 ─

① ㉠: 색채 이미지를 사용하여 대상을 회화적으로 표현하고 있다.
② ㉡: 화자의 이름을 쓰는 도구이면서 자기 성찰의 매개체이다.
③ ㉢: 대상에게 말을 건네는 방식을 통해 화자의 정서를 표현하고 있다.
④ ㉣: 친구를 그리워하는 마음을 함축적으로 제시하고 있다.

문 16. 밑줄 친 부분의 한자 표기가 옳지 않은 것은?

① 법을 <u>자의적(自意的)</u>으로 해석하면 안 된다.
② 소비가 증가하면 <u>부수적(附隨的)</u>으로 쓰레기도 증가한다.
③ 기업의 회계 정보는 <u>체계적(體系的)</u>으로 모아 놓아야 한다.
④ <u>염세적(厭世的)</u>인 경향이 강한 사람은 우울증에 빠지기 쉽다.

문 17. 밑줄 친 부분에 어울리는 한자 성어로 가장 적절한 것은?

> 　요즘 세상에는 수많은 선택지가 존재한다. 그 때문에 결정을 하는 데 꽤 많은 에너지와 시간이 소모된다. 어떤 것을 선택해야 가장 좋은 선택일까를 생각하다가는 속절없이 시간은 지나가고, 시간이 흐름에 따라 또 가장 좋은 답안은 변하기 마련이다. 이럴 때일수록 머뭇거리지 않고 결정하는 자세가 필요하다.

① 優柔不斷　　　　　② 一刀兩斷
③ 朝變夕改　　　　　④ 泣斬馬謖

문 18. 다음 글에서 추론한 내용으로 가장 적절한 것은?

> 　지식에 대한 상대주의자들은 한 문화에서 유래한 어떤 사고방식이 있을 때, 다른 문화가 그 사고방식을 수용하게 만들 만큼 논리적으로 위력적인 증거나 논증은 있을 수 없다고 주장한다. 왜냐하면 문화마다 사고방식의 수용 가능성에 대한 서로 다른 기준을 가지고 있기 때문이다. 이를 바탕으로 그들은 서로 다른 문화권의 과학자들이 이론적 합의에 합리적으로 이를 수 없다고 주장한다. 이러한 주장은 한 문화의 기준과 그 문화에서 수용되는 사고방식이 함께 진화하여 분리 불가능한 하나의 덩어리를 형성한다고 믿기 때문에 나타난다. 예를 들어 아래와 같이 문화적 차이가 큰 A와 B의 두 과학자 그룹이 있다고 하자.
>
> > A 그룹: 수학적으로 엄밀하고 놀라운 예측에 성공하는 이론만을 수용
> > B 그룹: 실제적 문제에 즉시 응용 가능한 이론만을 수용
>
> 　그렇다면 각 그룹은 어떤 이론을 만들 때, 자신들의 기준을 만족할 수 있는 이론만을 만들 것이다. 그 결과 A 그룹에서 만든 이론은 엄밀하고 놀라운 예측을 제공하겠지만, 응용 가능성의 기준에서 보면 B 그룹에서 만든 이론보다 못할 것이다. 즉 A 그룹이 만든 이론은 A 그룹만이 수용할 것이고, B 그룹이 만든 이론은 B 그룹만이 수용할 것이다. 이처럼 문화마다 다른 기준은 자신의 문화에서 만들어진 이론만 수용하도록 만들 것이다. 이것이 상대주의자의 주장이다.

① 같은 그룹에 속한 과학자들끼리도 이론적 합의에 합리적으로 이르지 못할 수 있다.
② A 그룹과 B 그룹이 서로 문화적 차이와 다양성을 인정한다면 각 이론을 절충한 이론을 만들 수 있을 것이다.
③ A 그룹과 B 그룹이 제시한 이론 중 무엇이 더 합리적인지는 그것을 판단하는 사람이 속한 문화에 따라 달라질 것이다.
④ 다른 문화가 수용하기에 효용 가치가 있는 사고방식은 해당 문화를 설득할 수 있는 논리적 증거나 논증을 제시할 수 있다.

문 19. 글의 통일성을 고려할 때, 삭제하는 것이 바람직한 문장은?

> 　인간이 더 이상 신에 의지하지 않고 자신의 이성에 의지하게 되는 것을 근대의 계몽주의는 인간의 해방으로서 환영했다. ㉠ 신을 제외한 만물에게서 인간이 해방됨은 근대 계몽주의에서 인간이 한 걸음 나아감을 보여 준다. ㉡ 니체 역시 근대 계몽주의와 마찬가지로 인간이 초감성적인 신이나 이념 등에 의지하지 않고 제 발로 서기를 바란다. ㉢ 그러나 인간이 이렇게 진정한 의미에서 독립 자존의 존재가 되기 위해서는 니체는 우선 철저한 절망을 통과하지 않으면 안 된다고 보고 있다. ㉣ 이러한 절망이란 단순한 절망이 아니라 전통적인 신뿐 아니라 근대 계몽주의가 내세운 그 모든 종류의 초감성적이고 이념적인 권위에로의 도피도 이제는 금해져 있다는 사실에 대한 절망이다.

① ㉠　　　　　② ㉡
③ ㉢　　　　　④ ㉣

문 20. 다음 글에서 추론할 수 있는 것만을 <보기>에서 모두 고르면?

> 　나이가 들면 시간이 흘러가는 것이 젊었을 때와 다르게 느껴진다. 나이가 든 사람과 젊은 사람은 물리적 시간의 경과를 다르게 느낀다고 하는데 그 이유는 무엇일까?
> 　연구자 A는 이 질문과 관련하여 새로운 설명을 제시하였다. A는 시간을 두 종류로 구분하였다. 하나는 객관적으로 측정할 수 있는 물리적 시간인 '시계 시간'이고 다른 하나는 마음으로 그 경과를 지각하는 '마음 시간'이다. 마음 시간은 뇌 속에서 일어나는 이미지 전환에 의해 지각된다. 이 이미지들은 감각 기관의 자극을 통해 만들어지고 뇌 속에서 처리되어 저장된다. 그런데 나이가 들어 신경망의 크기와 복잡성이 커지면 신호를 전달하는 경로가 더 길어질 뿐 아니라 신호 전달 경로도 활력이 떨어져 신호의 흐름이 둔해지게 된다. 결과적으로 신체가 노화하면 뇌가 이미지를 습득하고 처리하는 속도가 느려져 마음 시간도 느려진다. 따라서 똑같은 물리적 시간에 나이든 사람이 처리하는 이미지 수는 젊은 사람보다 적게 된다. 가령, 젊어서 1시간 동안 N개의 이미지를 처리하고 저장하는 사람은 N개의 이미지의 연쇄에 의해 저장된 사건들이 1시간 동안 일어난 것으로 인지하게 된다. 그런데 나이가 들어서 1시간 동안 N/2개의 이미지만을 처리할 수 있게 되면, 2시간 동안 벌어진 사건들을 N개의 이미지로 저장하게 되어, 이 N개의 이미지의 연쇄를 1시간의 경과로 인식하게 된다.

> 보기
> ㄱ. 시계 시간의 빠르기는 신체의 노화에 따라 결정된다.
> ㄴ. 뇌 속의 신경망의 크기와 복잡성이 커지면 시계 시간이 이전보다 짧아졌다고 느낀다.
> ㄷ. 인간의 마음은 자신이 인지한 이미지가 바뀌는 것을 기준으로 시간의 경과를 인식한다.

① ㄱ　　　　　② ㄱ, ㄴ
③ ㄴ, ㄷ　　　　④ ㄷ

※ 쉬는 시간 없이, 실제 시험처럼 곧바로 영어 문제를 풀어 보세요.

영　어

제한 시간: 29분 | 시작 ___시 ___분 ~ 종료 ___시 ___분

※ 밑줄 친 부분의 의미와 가장 가까운 것을 고르시오. [문 1. ~ 문 3.]

문 1.

> The notorious gangster was known to be in league with a group of wealthy businessmen who funded his criminal activities.

① in collusion with　　② in keeping with
③ in opposition to　　④ in addition to

문 2.

> When faced with a potentially difficult problem, the engineer managed to find an ingenious solution for the issue.

① acceptable　　② preventative
③ arduous　　④ imaginative

문 3.

> The flower store is filled with assorted flowers, their vibrant hues almost overwhelming as you walk in.

① harmonious　　② hackneyed
③ diverse　　④ prospective

문 4. 밑줄 친 부분에 들어갈 말로 가장 적절한 것은?

> The lawyer asked a number of questions in an attempt to _____ the reasons for the decision.

① delve into　　② pay off
③ turn down　　④ mingle with

문 5. 어법상 옳은 것은?

① Despite practicing every day, I haven't mastered the skill yet.
② It's not impossible that they won't be able to finish the project on time, isn't it?
③ The clerk I spoke to wasn't sure where could I find the items I needed.
④ The roller coaster was so thrilled that I screamed at the top of my lungs the entire ride.

문 6. 다음 글의 내용과 일치하는 것은?

> One of the most audacious wartime deceptions occurred during World War I. Bombers during the war lacked radar, relying instead on the pilot's aerial view, so the French government hatched a plan to build a replica of Paris outside the city limits. Construction began in 1917, three years after the start of the war, using wood, plastic, cloth, and special paints to create "buildings" that looked good enough from overhead. The illusion was completed with moving train replicas and lights that mimicked the look of covered lights, to make it look like the city was failing at suppressing its light, while the real Paris blacked out its lights at night. The Paris facsimile never had the opportunity to be used, as the war ended before construction was complete.

① World War I bombers used radar to navigate environments.
② The French government started building a false city at the beginning of the war.
③ The fake Paris was meant to mislead pilots with its lights while the other was dark.
④ The deception averted a number of attacks during the end of the war.

문 7. 다음 글의 제목으로 가장 적절한 것은?

> One of the effects of climate change that is too frequently overlooked is the direct impact it has on human diseases. Most notably, the incidence rate of malaria is increasing dramatically due to the effects of climate change. More than a quarter of a billion people are affected by malaria, mostly in Africa, but its reach used to be significantly further. The disease was endemic in the UK and other parts of Europe until 1975, when advancements in infrastructure and irrigation wiped out the disease-carrying forms of mosquitoes. However, climate change has raised temperatures, pushing these mosquitoes further north and back into territories previously clear of them. It has also accelerated the reproduction and development of the parasites they carry that are responsible for malaria. Experts at the WHO have noted that the rate of diagnosis will continue to accelerate unless climate change is addressed.

① Incidence Rates of Malaria across Europe
② The Impact of Climate Change on Malaria
③ Links between Irrigation and Malaria Rates
④ Expectations about Future Malaria Diagnosis Rates

문 8. 밑줄 친 부분 중 어법상 옳지 않은 것은?

An increasing portion of the agriculture industry is moving toward the production of organic foods. This is unfortunate; with the smaller yields of organic crops, more and more farmland is being turned ① inefficient. In spite of ② which most have been led to believe, organic foods may be less beneficial, serving more as a marketing ploy than anything else. The benefits of modified foods are starting to ③ be accepted, though, particularly as the world has become more concerned with climate change. While buying locally sourced foods is beneficial, experts recommend ④ avoiding corporate "organic" food labels, or at least treating them skeptically.

※ 밑줄 친 부분에 들어갈 말로 가장 적절한 것을 고르시오.

[문 9. ~ 문 10.]

문 9.

A: Did you serve a couple and their kids last night?
B: Yes, at around 8:00, toward the end of my shift.
A: Well, they called to complain. They said that it took forever to get their food, their orders were wrong, and they were charged twice.
B: I was a little distracted with everything I had going on.
A: If we don't keep our customers happy, we'll be out of business.
B: Sorry about that. _____

① Did they specify what they were upset about?
② The chef will start cooking the correct order for you.
③ I'll try to keep my mind on the job in the future.
④ My shift ends at just after 8:30 p.m. tonight.

문 10.

A: You look pretty tired today. Is everything OK?
B: I haven't been able to sleep through the night for weeks.
A: Have you tried taking any medications to help?
B: _____
A: You really should try some. There are medications designed solely for improving sleep.
B: Maybe I should give it a try. Thanks for the recommendation.

① Yes. But, I didn't really see them have an impact on sleep.
② No. I didn't want to take medicine for an illness I don't have.
③ Yes. They seem to be helping, but I'm not sure they're safe.
④ No. They would react poorly with a medical condition I have.

문 11. 주어진 문장이 들어갈 위치로 가장 적절한 것은?

In contrast, there is no requirement for a president to be a member of the same party that controls the legislature.

In democratic countries, citizens play a direct role in selecting the leadership of the government through elections. This is achieved in a variety of ways, with the two most common being the parliamentary and presidential systems. (①) In the parliamentary system, which originated in the United Kingdom, voters are only able to select a regional representative to serve in parliament. They never vote directly for the person who will lead their country's government. (②) This is because the head of the party that controls the most parliamentary seats is automatically appointed prime minister. (③) Under the presidential system, separate elections are held to choose the president and the legislative members. (④) These almost always take place at different times; for example, in the United States, congressional elections occur every two years while presidential ones happen every four years. As a result, the presidential system tends to be characterized by conflict between the executive and legislative branches of government.

※ parliamentary: 의회의
※ executive branch: 행정부

문 12. 다음 글의 흐름상 가장 어색한 문장은?

Everyone experiences anxiety at one point or another. ① The feeling is characterized by a sense of dread or worry about future events, usually in a manner that is above and beyond what is warranted by the situation. However, for some people, the occurrence of this feeling can be chronic. This occurs due to one of a set of conditions known as "anxiety disorders." ② Social settings and interactions are a common trigger for anxiety disorders, in a class known as "social anxiety." Anxiety disorders can be a tremendous burden for sufferers, affecting numerous aspects of daily life that most people take for granted. ③ Treatment is ordinarily handled via therapy or lifestyle changes, or more commonly, medication. ④ The most common forms of medication prescribed work by inhibiting the absorption of serotonin and norepinephrine, two neurotransmitters involved in mood regulation. The conditions may be lifelong, or they may disappear, but they are very manageable, and more common than most realize, with around 20 percent of the population suffering from them in any given year.

문 13. 다음 글의 내용과 일치하지 않는 것은?

Montane ecosystems are those found on the slopes of mountains, and they contain a number of unique characteristics that set them apart from other ecosystems. Most notably, the change in temperature and oxygen levels that occurs as one progresses up the mountain affects the plants and animals that can inhabit each zone. This creates a uniquely stratified environment, with different zones that each support different life forms evolved to survive in those specific climates, setting the ecosystem apart from the relative homogeneity of other environments. While the specific elevations at which zones transition from one to the next vary by latitude, general consistencies are found, with the progression of zones being similar. At the lowest elevation, montane forests are found. This zone contains a wide variety of trees and animals, according to its region. The next zone encountered is the subalpine zone, found immediately below the tree line on mountains with sufficient elevation. Trees become more and more crooked throughout the subalpine zone, as adaptations are needed by them in order to reach water and light. Above that, alpine grasslands and tundra are encountered. These zones are known for an incredibly limited number of trees, with the majority of plant life staying close to the ground, with a wider surface area.

① Montane ecosystems are divided into distinct zones.
② A mountainous ecosystem is uniquely homogenous.
③ Subalpine zones contain trees that are less straight.
④ The alpine zone has few plants of great height.

※ 우리말을 영어로 가장 잘 옮긴 것을 고르시오. [문 14. ~ 문 15.]
문 14. ① 통제할 수 없는 사건들에 대해 걱정하는 것은 소용없다.
→ It's no use worry about events that you have no control over.
② 직원들은 주말에 무보수로 초과 근무하는 것에 반대했다.
→ The employees objected to work unpaid overtime on the weekend.
③ Jerome은 곧바로 집안일을 하기 시작했고, 그의 남동생도 역시 그랬다.
→ Jerome started doing his chores immediately, and so did his brother.
④ 가능하다면, 주방 식탁 위에 식료품들을 놓아주세요.
→ If you could, please lie the groceries on the kitchen table.

문 15. ① 축제가 너무 시끄러워서 주변 업체들이 항의했다.
→ It was such a loud festival that surrounding businesses complained.
② 그 경찰관의 신속한 행동은 지진이 일어나는 동안 많은 사람들이 당황하는 것을 막았다.
→ The police officer's quick action stopped many people from panic during the earthquake.
③ 나의 성공은 이 주문들이 제 시간에 도착하는지 아닌지에 달려 있다.
→ My success depends on if or not these orders arrive on time.
④ 당신이 똑똑할지라도, 일어나는 모든 일을 예측하는 것은 불가능하다.
→ Intelligent as if you are, it's not possible to predict everything that happens.

※ 밑줄 친 부분에 들어갈 말로 가장 적절한 것을 고르시오.
[문 16. ~ 문 17.]

문 16.
People have long turned to reviews when evaluating products or places to spend their money. With the recent rise in online feedback from regular customers, however, there is a growing distrust of professional critics. Statistically, however, studies indicate that user reviews are substantially less reliable than those by professional critics. There are a number of reasons for this, but largely, it stems from the varying standards and priorities for each reviewer. Additionally, those reviews tend to be heavily weighted to one of the extremes. Only about 1.5 percent of users actually leave a review, and this percentage tends to correlate with intense feelings. As a result, reviews tend to all be biased toward the extremes, as customers are only reviewing products _____. Finally, a significant portion of people leaving reviews have limited experience with comparable products, so their reviews can't evaluate the relative worth of a given item. All of these factors contribute toward the lack of reliability in peer reviews, making the opinions of professional critics more valuable than ever.

① that are reviewed positively
② they feel strongly about
③ that critics disapproved of
④ they are qualified to review

문 17.
The last decade has seen increased interest in behavioral economics, with experts incorporating its theories into mainstream New Keynesian economic discussion. Behavioral economics focuses on the reality of human decision making, integrating _____ biases and heuristic reasoning into microeconomic theory. For example, customers' expectation of and willingness to pay the increased prices at a name-brand coffee shop, despite being the same product as the parent company's generic equivalent, is a clear example of the anchoring bias (a psychological bias in which people base decisions on reference points). Behavioral economics applies such principles to consumer decisions, recognizing that decisions do not exist in a vacuum and are influenced by more than economic considerations when evaluating purchases. In this way, the field is a much more practical and useful predictor of the reactions of a given market.

① cognitive
② pecuniary
③ financial
④ determinate

문 18. 주어진 글 다음에 이어질 글의 순서로 가장 적절한 것은?

Desemanticalization, or semantic bleaching, occurs when the meaning of a word is stripped away or de-emphasized, leaving only its grammatical function, which dramatically alters the use of the word.

(A) However, such a change in meaning can be frustrating for prescriptive grammarians, as the word essentially becomes a contranym.

(B) Relying on this remaining functionality, the words take on a new meaning, a broader interpretation based on the grammatical role it served in its original context.

(C) For instance, "literally" lost the contextual meaning of "in actuality," but the way it was used in such sentences remained in contexts to which it didn't apply, giving it the new meaning of "figuratively."

① (A) − (B) − (C)
② (B) − (A) − (C)
③ (B) − (C) − (A)
④ (C) − (B) − (A)

문 19. 다음 글의 주제로 가장 적절한 것은?

One of the most important and routinely taken-for-granted inventions is the common nail. This single item has existed in some form since at least as far back as Ancient Egypt, but still enables a tremendous amount of construction to this day. Originally, nails were hand-forged, a process that was both laborious and time-consuming. While wrought-iron nails eventually gave way to cut nails, both forms continued to be handmade until the early 19th century, when automated processes for manufacturing cut nails were introduced. These processes made nails cheaper, causing cut nails to completely displace hand-wrought nails and remain the standard until the late 19th and early 20th centuries, when fully automated manufacturing of wire nails became common. Wire nails are made of metal wires pulled through dies to reach certain sizes, then cut into a point. By 1913, these nails accounted for 90 percent of nails produced.

① Uses in manufacturing for the common nail
② The history and development of the nail
③ The decline in the use of wrought-iron nails
④ The wire nail's improvements over cut nails

문 20. 다음 글에 나타난 Tom의 심경으로 가장 적절한 것은?

The match had lasted for more than a day, both participants evenly matched. Tom had worked hard to make it here. It was his rookie year, and the tennis world had not been kind or withheld their judgments. But he had persisted, certain that he would be able to prove the critics wrong. Even now, in a championship match with the world's most dominant player, there were those who doubted him. The heat was unbearable in the humidity, and sweat dripped down his brow, threatening his vision. But he never took his eyes off his opponent, waiting patiently for the serve. Tom was sure that if he could connect solidly with it, he could return it in a manner that would end it all. Squaring up with the incoming ball he had been waiting for, the world seemed to stop as the ball cracked off the center of his racket.

① depressed and apathetic
② determined and excited
③ insecure and concerned
④ exuberant and carefree

※ 쉬는 시간 없이, 실제 시험처럼 곧바로 한국사 문제를 풀어 보세요.

한 국 사

제한 시간: 13분 | 시작 ___시 ___분 ~ 종료 ___시 ___분

문 1. 다음 설명에 해당하는 문화유산은?

> 이 건물은 처마를 받치기 위한 공포를 기둥 위에만 올린 주심포 양식의 고려 시대 건축물로, 지붕의 형태는 팔작 지붕이다. 배흘림 기둥 양식으로 세워졌으며, 건물 내부에는 통일 신라의 전통 양식을 계승한 소조 아미타여래 좌상이 있다.

① 안동 봉정사 극락전
② 예산 수덕사 대웅전
③ 영주 부석사 무량수전
④ 사리원 성불사 응진전

문 2. (가), (나) 국가에 대한 설명으로 옳은 것은?

> (가) 의복은 흰색을 숭상하며 흰 베로 만든 큰 소매 달린 도포와 바지를 입고 가죽신을 신는다. …… 옛 풍속에 가뭄이나 장마가 계속되어 오곡이 익지 않으면 그 허물을 왕에게 돌려 '왕을 바꿔야 한다'거나 '죽여야 한다'라고 하였다.
> (나) 나라마다 각각 장수가 있어서, 세력이 강대한 사람은 스스로 신지라 하고, 그 다음은 읍차라고 하였다. 항상 5월이면 씨 뿌리기를 마치고 귀신에게 제사를 지낸다. 떼를 지어 모여서 노래와 춤을 즐기며 술 마시고 노는 데 밤낮을 가리지 않는다. …… 10월에 농사일을 마친 후에도 이렇게 한다.

① (가) - 죄를 지은 사람이 소도에 들어가면 잡아가지 못하였다.
② (나) - 신랑이 처가에 지은 서옥에 머무르는 혼인 풍습이 있었다.
③ (가) - 가축의 이름을 딴 마가, 우가, 저가, 구가 등이 있었다.
④ (나) - 사람이 죽으면 옛집을 버리고 다시 새집을 지어 살았다.

문 3. 밑줄 친 '왕' 재위 시기의 사실로 옳은 것은?

> 왕이 관산성을 공격하였다. 각간 우덕과 이찬 탐지 등이 맞서 싸웠으나 전세가 불리하였다. 신주의 김무력이 주의 군사를 이끌고 나가서 교전하였는데, 비장인 삼년산군의 고간 도도가 급히 쳐서 왕을 죽였다.

① 도읍을 금강 유역의 웅진으로 옮겼다.
② 노리사치계가 왜에 불상과 불경을 전하였다.
③ 탐라국을 복속하고 중국의 남제와 수교하였다.
④ 지방에 22개의 담로를 두고 왕족을 파견하였다.

문 4. (가) 단체에 대한 설명으로 옳은 것은?

> 풍기 광복단과 조선 국권 회복단의 일부 인사가 연합하여 박상진, 채기중 등을 중심으로 대구에서 (가) 이/가 조직되었다. (가) 은/는 군대식 조직을 갖추고 군자금을 모아 만주에 무관 학교를 설립하려고 하였으며, 행형부를 조직하여 일본인 고위 관리와 한인 반역자를 처단하였다.

① 공화제 국가 수립을 지향하였다.
② 고종의 비밀 지령을 받아 조직되었다.
③ 비밀 행정 조직으로 연통제를 운영하였다.
④ 「조선혁명선언」을 활동 지침으로 삼았다.

문 5. (가)~(라)에 대한 설명으로 옳지 않은 것은?

> (가) 『일성록』   (나) 『승정원일기』
> (다) 『의궤』   (라) 『조선왕조실록』

① (가) - 정조가 세손 시절부터 쓴 일기에서 유래하였다.
② (나) - 왕의 비서 기관에서 취급한 문서와 왕의 일과 등이 기록되었다.
③ (다) - 이두와 차자 및 우리의 고유한 한자어 연구에 귀중한 자료이다.
④ (라) - 왕은 국정을 추진하는 데 참고하기 위해 자유롭게 열람할 수 있었다.

문 6. (가), (나)에 들어갈 이름을 바르게 연결한 것은?

> (가) 은/는 길모어 등과 육영 공원에서 학생들을 가르쳤으며, 세계 지리서인 『사민필지』를 저술하였다. 또한 고종에게 네덜란드 헤이그에서 열리는 제2차 만국 평화 회의에 특사를 파견할 것을 건의하였다. 한편, (나) 은/는 영국 데일리메일의 특파원으로 내한하여 양기탁과 함께 대한매일신보를 창간하였으며 이후 을사늑약 체결의 부당함을 알리는 등의 항일 언론 활동을 전개하였다.

	(가)	(나)
①	헐버트	베델
②	헐버트	알렌
③	아펜젤러	알렌
④	아펜젤러	베델

문 7. 조선 후기 과학 기술의 발달에 대한 설명으로 옳지 않은 것은?

① 김육 등의 건의로 서양식 역법인 시헌력이 채택되었다.
② 지석영은 제너의 종두법을 우리나라에 처음 소개하였다.
③ 최한기는 『지구전요』에서 지구의 자전과 공전을 주장하였다.
④ 박연은 훈련도감에 소속되어 서양식 대포의 제조법을 가르쳤다.

문 8. (가), (나) 사이의 시기에 있었던 사실로 옳은 것을 모두 고른 것은?

> (가) 손인사, 유인원과 김법민은 육군을 거느리고 나아가고, 유인
> 궤와 부여융은 수군과 군량을 실은 배를 거느리고, 백강으
> 로 가서 육군과 합세하여 주류성으로 갔다. 백강 어귀에서
> 왜국 병사를 만나 네 번 싸워서 모두 이기고 그들의 배 4백
> 척을 불살랐다.
>
> (나) 당의 이근행이 군사 20만 명을 거느리고 매소성에 주둔하였
> 다. 우리 군사가 공격하여 쫓아 버리고 말 3만여 필과 병장
> 기를 노획하였다.

> ㉠ 당이 웅진 도독부를 설치하였다.
> ㉡ 부여융과 문무왕이 취리산에서 회맹을 맺었다.
> ㉢ 신라가 안승을 보덕국의 왕으로 책봉하였다.
> ㉣ 신라가 기벌포에서 당군을 크게 물리쳤다.

① ㉠, ㉡   ② ㉠, ㉣
③ ㉡, ㉢   ④ ㉢, ㉣

문 9. 밑줄 친 '왕'의 재위 시기의 사실로 옳은 것은?

> ○ 왕 원년에 연호를 '광덕'이라고 정하였다.
> ○ 왕 11년에 평농서사 권신이 준홍과 왕동 등이 반역을 꾀했다
> 고 참소하자 이들을 유배 보냈다.

① 최승로가 건의한 시무 28조를 수용하였다.
② 광군을 조직하여 거란의 침입에 대비하였다.
③ 빈민을 구제하기 위한 기구로 흑창을 설치하였다.
④ 호족 세력을 약화시키기 위해 노비안검법을 실시하였다.

문 10. 다음 취지서를 발표한 단체에 대한 설명으로 옳은 것은?

> 지금 우리나라는 삼천리 영토가 흠이 없고 2000만 민족이 스스
> 로 살고 있으니, 만약 자강을 위해 분발하여 서로 협력하면 부강
> 하게 되어 국권을 회복할 수 있을 것이다. 백성을 깨우치고 국력
> 을 양성할 방법은 오직 교육과 산업의 발달이지 않겠는가? ……
> 전국의 뜻있는 사람이라면 국권을 회복하고자 하는 마음이 북
> 받치지 않겠는가. 주저하지 말고 이 열정에 함께 하여 속히 자강
> 과 국권 회복을 위해 분발하면 대한 독립의 기초가 이로부터 시
> 작될 것이니 어찌 온 나라의 행복이 아니겠는가.

① 태극 서관을 설립하여 서적을 출판하였다.
② 송수만, 심상진 등을 중심으로 결성되었다.
③ 전국 각지에 지회를 설치하고 월보를 간행하였다.
④ 만민 공동회를 열어 러시아의 이권 침탈을 비판하였다.

문 11. 임진왜란의 주요 전투를 시기순으로 나열한 것은?

> ㉠ 송상현이 동래성 전투에서 항전하였다.
> ㉡ 김시민이 왜군에 맞서 진주성을 지켜냈다.
> ㉢ 원균이 이끄는 조선 수군이 칠천량에서 패배하였다.
> ㉣ 이순신이 한산도 앞바다에서 왜의 수군을 격퇴하였다.

① ㉠ - ㉡ - ㉢ - ㉣
② ㉠ - ㉣ - ㉡ - ㉢
③ ㉡ - ㉠ - ㉣ - ㉢
④ ㉡ - ㉢ - ㉠ - ㉣

문 12. (가) 인물에 대한 설명으로 옳은 것은?

> (가) 은/는 서경의 승려이다. (가) 와/과 백수한이 왕에
> 게 아뢰기를 "개경의 지세가 쇠퇴하였으므로 하늘이 재앙을 내
> 려 궁궐이 모두 타 버렸으니 자주 서경으로 행차하여 재앙을 물
> 리치고 복을 맞이하여 무궁한 큰 업적을 이룩하소서!"라고 하였
> 다. …… 국호를 '대위'라 하고 연호는 '천개'라 하였으며 그 군대
> 를 '천견충의군'이라 하였다.

① 척준경과 함께 난을 일으켰다.
② 칭제 건원과 금나라 정벌을 주장하였다.
③ 왕에게 봉사 10조의 개혁안을 제시하였다.
④ 왕명에 따라 『해동고승전』을 편찬하였다.

문 13. (가) 시기에 있었던 사실로 옳은 것은?

> 유엔 총회에서 인구 비례에 따른 남북한 총선거를 실시할 것을
> 결정하였다.
>
> ↓
>
> (가)
>
> ↓
>
> 제헌 국회에서 대한민국의 헌법이 제정되었다.

① 반민족 행위 특별 조사 위원회가 설치되었다.
② 귀속 재산 처리를 위한 귀속 재산 처리법이 제정되었다.
③ 이승만이 정읍에서 남한의 단독 정부 수립을 주장하였다.
④ 김구의 '삼천만 동포에게 읍고함'이라는 글이 발표되었다.

문 14. 다음 법령이 제정된 이후 일제의 정책으로 옳은 것은?

> 제1조 본 법에서 국가 총동원이란 전시에 국방 목적 달성을 위
> 해 국가의 전력을 가장 유효하게 발휘하도록 인적·물적
> 자원을 통제 운용하는 것을 가리킨다.
> 제5조 정부는 전시에 국가 총동원상 필요한 경우에는 칙령이
> 정하는 바에 따라 제국 신민 및 제국 법인, 기타 단체가
> 국가, 지방 공공 단체 또는 정부가 지정하는 자가 행하
> 는 총동원 업무에 협력하게 할 수 있다.

① 서당 규칙을 발표하여 개량 서당을 탄압하였다.
② 국내로 들어오는 일본 상품의 관세를 철폐하였다.
③ 초등 교육 기관의 명칭을 국민학교로 변경하였다.
④ 소작 문제를 해결하기 위해 조선 농지령을 제정하였다.

문 15. (가)~(라) 시기에 발생한 사실로 옳은 것은?

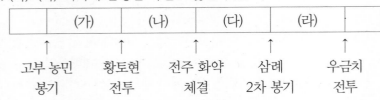

① (가) - 전봉준의 남접과 손병희의 북접이 논산에 집결하였다.
② (나) - 백산에서 농민군이 4대 강령을 발표하였다.
③ (다) - 일본이 군대를 동원하여 경복궁을 점령하였다.
④ (라) - 황룡촌 전투에서 농민군이 관군에 승리하였다.

문 16. 1920년대의 사회·문화에 대한 설명으로 옳은 것은?

① 이광수가 매일신보에 「무정」을 연재하였다.
② 신경향파 문인들이 카프(KAPF)를 결성하였다.
③ 손기정 선수가 올림픽에서 마라톤 금메달을 획득하였다.
④ 서민의 주택난을 해결하기 위해 영단 주택이 등장하였다.

문 17. 다음 협정에 대한 설명으로 옳지 않은 것은?

국제 연합군 총사령관을 한쪽 편으로 하고 조선 인민군 최고 사령관 및 중국 인민 지원군 사령원을 다른 쪽으로 하는 아래의 서명자들은 쌍방에 막대한 고통과 유혈을 초래한 한국 충돌을 정지시키기 위하여, 최후적인 평화적 해결이 달성될 때까지 한국에서의 적대 행위와 일체 무장 행동의 완전한 정지를 보장하는 정전을 확립할 목적으로 하기 조항에 기재된 정전 조건과 규정을 접수하며 또 그 제약과 통제를 받는데 각자 공동 상호 동의한다.

① 개성, 판문점 등에서 진행된 회담을 통해 체결되었다.
② 소련을 제외한 4개국 중립국 감시 위원회의 구성에 합의하였다.
③ 한국을 미국의 극동 방위선에서 제외한 애치슨 선언에 영향을 주었다.
④ 협상 과정에서 공산군 측은 38도선을 경계로 휴전할 것을 요구하였다.

문 18. 다음 사건 이후에 전개된 사실로 옳지 않은 것은?

왕에게 이괄 부자가 역적의 우두머리라고 고해바친 자가 있었다. 왕은 "반역하지 않을 것이다."라고 하면서도, 이괄의 아들인 이전을 잡아오라고 명하였다. 이에 이괄이 군영에 있는 장수들을 위협하여 난을 일으켰다.

① 척화론자인 삼학사가 청나라에 끌려가 죽임을 당하였다.
② 서인과 남인이 두 차례에 걸쳐 예송 논쟁을 전개하였다.
③ 명나라의 요청에 따라 강홍립이 이끄는 부대가 파병되었다.
④ 민간의 광산 개발 참여를 허용하는 설점수세제가 처음 실시되었다.

문 19. 밑줄 친 '그'에 대한 설명으로 옳은 것은?

백제가 대야성을 함락하자 그의 딸인 고타소랑이 남편 김품석을 따라 죽었다. 그는 이를 한스러워하며 고구려의 군사를 청하여 백제에 대한 원한을 갚고자 하였으며, 왕이 이를 허락하였다. …… 고구려에 군사를 요청하였으나 이루지 못하였던 그는 태화 원년에 마침내 당에 들어가 군사를 요청하였다.

① 화랑이 지켜야 할 세속 오계를 제시하였다.
② 진골 출신으로는 최초로 신라의 왕이 되었다.
③ 회역사, 견당매물사 등의 교역 사절을 파견하였다.
④ 금관가야 왕족의 후손으로 황산벌에서 백제군을 물리쳤다.

문 20. 다음 자료에 해당하는 정치 기구에 대한 설명으로 옳은 것은?

정치를 논하여 바르게 이끌고, 관리를 감찰하고, 풍속을 교정하고, 원통하고 억울한 것을 풀어주고, 외람되고 거짓된 것을 금하는 등의 일을 관장한다. …… 집의 1명, 장령 2명, 지평 2명, 감찰 24명을 둔다.
- 『경국대전』

① 장(長)은 정3품의 대사간이었다.
② 은대·대언사라고 불리기도 하였다.
③ 재상들이 모여 국정을 총괄한 합의 기구였다.
④ 발해의 중정대와 비슷한 기능을 수행하였다.

시험일: ____ 년 ____ 월 ____ 일

공무원 9급 공개경쟁채용 필기시험

제5회
공통과목 통합 모의고사

응시번호

성명

※ 국어·영어·한국사 문제를 제한 시간 53분 동안, 실제 시험처럼 한 번에 풀어 보세요. 각 과목의 제한 시간은 시험지 왼쪽 상단에 표기되어 있습니다.
  (*실제 시험에서는 국어·영어·한국사·전문 과목 2과목을 100분 동안 한 번에 풀어야 합니다.)

제1과목	국어	제2과목	영어	제3과목	한국사
제4과목	행정법총론	제5과목	행정학개론		

응시자 주의사항

1. **시험시작 전 시험문제를 열람하는 행위나 시험종료 후 답안을 작성하는 행위를 한 사람**은 「공무원 임용시험령」 제51조에 의거 **부정행위자로** 처리됩니다.

2. 답안지 책형 표기는 시험시작 전 감독관의 지시에 따라 **문제책 앞면에 인쇄된 문제책형을 확인**한 후, 답안지 책형란에 해당 책형(1개)을 '●'로 표기하여야 합니다.

3. 답안은 문제책 표지의 과목 순서에 따라 답안지에 인쇄된 순서에 맞추어 표기해야 하며, 과목 순서를 바꾸어 표기한 경우에도 문제책 표지의 과목 순서대로 채점되므로 유의하시기 바랍니다.

4. 시험이 시작되면 문제를 주의 깊게 읽은 후, **문항의 취지에 가장 적합한 하나의 정답만을 고르며**, 문제내용에 관한 질문은 할 수 없습니다.

5. **답안을 잘못 표기하였을 경우에는 답안지를 교체하여 작성**하거나 **수정할 수 있으며**, 표기한 답안을 수정할 때는 **응시자 본인이 가져온 수정테이프만을 사용**하여 해당 부분을 완전히 지우고 부착된 수정테이프가 떨어지지 않도록 손으로 눌러주어야 합니다. (**수정액 또는 수정스티커 등은 사용 불가**)

6. **시험시간 관리의 책임은 응시자 본인에게 있습니다.**
   ※ 문제책은 시험종료 후 가지고 갈 수 있습니다.

정답공개 및 이의제기 안내

1. 정답공개 일시 : 정답 가안 ▶ 시험 당일 13:00 / 최종 정답 ▶ 필기시험일 9일 후(월) 18:00

2. 정답공개 방법 : 사이버국가고시센터(www.gosi.kr) ▶ [시험문제/정답 → 문제/정답 안내]

3. 이의제기 기간 : 시험 당일 18:00 ~ 필기시험일 3일 후 18:00

4. 이의제기 방법
   · 사이버국가고시센터(www.gosi.kr) ▶ [시험문제/정답 → 정답 이의제기]
   · 구체적인 이의제기 방법은 정답 가안 공개 시 공지

[제] 해커스공무원

국 어

제한 시간: **17분** | 시작 ___시 ___분 ~ 종료 ___시 ___분

문 1. ㉠~㉢에 대한 설명으로 적절하지 않은 것은?

> ○ 철수야, ㉠우리 운동하러 가지 않을래?
> ○ 네, ㉡저희는 지금 도서관에 가고 있습니다.
> ○ 그들은 저를 설득하러 왔지만 ㉢저희가 아무리 뭐라 해도 제 마음은 흔들리지 않습니다.

① ㉠과 ㉡은 모두 화자를 포함하고 있다.
② ㉠과 ㉡은 일인칭, ㉢은 삼인칭 대명사이다.
③ ㉡은 화자가 자기보다 높은 사람을 상대할 때 사용하는 말이다.
④ ㉡과 ㉢은 모두 청자를 포함하고 있다.

문 2. ㉠~㉣의 한자 병기가 옳지 않은 것은?

> 엄청난 투지를 ㉠발휘(發揮)해 경기에서 승리한 국가 대표 팀은 우리 국민들에게 ㉡강렬(強劣)한 인상을 남겼습니다. 사상 첫 준결승 진출이라는 ㉢업적(業績)을 이룬 대표 팀은 다음 주 대망의 결승 진출에 ㉣도전(挑戰)합니다.

① ㉠　　② ㉡　　③ ㉢　　④ ㉣

문 3. 글의 통일성을 고려할 때 (가)에 들어갈 말로 가장 적절한 것은?

> 누구나 영화를 볼 때 타인이 고통을 당하는 장면을 보면서 자기도 모르게 얼굴을 찡그린 경험이 있을 것이다. 이러한 현상은 '거울 뉴런'과 관련이 있다. 거울 뉴런은 다른 행위자가 행한 행동을 관찰하기만 해도 자신이 그 행위를 직접 할 때와 똑같은 활성을 내는 신경 세포이다. 다시 말해, 우리는 거울 뉴런계를 통해 타인의 행동을 관찰하는 것만으로도 그의 행동을 온몸으로 이해할 수 있다는 것이다. 또한 이는 공감 능력의 바탕이 된다. 신경심리학자 콜(J. Cole)은 신체적으로 타인의 표정을 따라 하지 못하는 사람일수록 타인의 감정을 잘 읽지 못한다는 사실을 밝혔는데, 이는 운동 영역인 거울 뉴런계가 타인의 감정을 이해하는 데에도 중요한 역할을 하고 있음을 말해 준다. 결과적으로, [　　　　(가)　　　　].

① 관찰력이 부족하면 거울 뉴런의 발달이 더디다고 할 수 있다
② 운동 능력이 뛰어나면 거울 뉴런의 발달도 빠르다고 할 수 있다
③ 타인의 감정이나 고통을 이해하지 못하는 사람의 경우 거울 뉴런에 이상이 있거나 발달이 더디다고 할 수 있다
④ 어린 시절 부모와의 유대가 얼마나 잘 형성되었는지에 따라 거울 뉴런의 발달 정도가 달라진다고 할 수 있다

문 4. 밑줄 친 어휘 중 잘못 쓰인 것으로만 묶은 것은?

> 시험이 끝난 후 우리는 서로의 답안을 ㉠맞혀 보기로 하였지만 친구가 정해진 시간에 ㉡맞춰 오지 않아서 혼자 채점을 했다. 20개 중에 10개만 ㉢맞춰 우울했다. 교문을 나서니 침울한 내 기분처럼 비가 추적추적 내리기 시작했다. 어제 밖에 널어놓은 빨래들에 비를 ㉣맞춘다고 생각하니 기분이 더욱 가라앉았다. 속상해서 바닥에 굴러다니는 깡통을 찼는데, 지나가는 어르신을 ㉤맞혀 혼까지 나고 말았다.

① ㉠, ㉡, ㉢　　② ㉠, ㉢, ㉣
③ ㉡, ㉢, ㉤　　④ ㉢, ㉣, ㉤

문 5. ㉠~㉣에 대한 설명으로 옳지 않은 것은?

> 낭군의 편지를 받아든 옥영은 기뻐 어쩔 줄을 몰랐다. 얼굴이 화끈 달아오르고 가슴이 두근거려 가만히 서 있을 수가 없었으나 애써 마음을 가라앉히고 답장을 써서는 춘생에게 주며 전하라 하였다.
>
> 저는 왜란 중에 이리저리 떠돌다 남쪽 땅에 이르러 친척에게 몸을 의탁하고 있는 처지입니다. 부친께서는 일찍 돌아가셔서 어머니와 단둘이 살지만 저는 규방(閨房)에서 생장하였으므로 여자로서 갖추어야 할 행실을 제대로 익혔습니다.
>
> ㉠여기서 지내면서 몸은 비록 편안하다고는 하나 마음은 늘 얼어붙은 호수나 매한가지랍니다. 혼기가 되었으나 지아비로 모셔야 할 분을 아직 만나지 못하고 있어 늘 불안한데 ㉡하루아침에 전쟁터로 변해 버린 세상에서 포악한 무리들에게 짓밟혀 붉은 구슬이 깨어지지나 않을까 노심초사(勞心焦思)하려니 여간 어려운 일이 아닙니다. … (중략) …
>
> 이날 왜적들은 연곡사로 가득히 쳐들어가 아무것도 남기지 않고 다 약탈해 갔다. 최척 일행은 길이 막혀 사흘 동안이나 오도 가도 못하고 숨어 있었다. 왜적들이 물러가기를 기다렸다가 ㉢간신히 연곡사로 들어가 보니, 시체가 절에 가득히 쌓여 있고 피가 흘러 내를 이루고 있었다. 그런데 이때 숲 속에서 신음소리가 은은히 들려왔다. 최척이 달려가 찾아보니, 노인 몇 사람이 온몸에 상처를 입고 신음하고 있었다. 노인들은 최척을 보자 통곡하며 말했다.
>
> "㉣적병이 산에 들어와서 사흘 동안 재물을 약탈하고 인민들을 베어 죽였으며, 아이들과 여자들은 모두 끌고 어제 겨우 섬진강으로 물러갔네. 가족들을 찾고 싶으면 물가에 가서 물어보게나."
> 　　　　　　　　　　　　　　　　　- 조위한, 『최척전』 -

① ㉠: 비유적인 표현을 통해 옥영의 정서를 효과적으로 드러내고 있다.
② ㉡: 한자 성어를 사용해 왜적으로부터 고통 받을 자신의 처지에 대한 걱정을 드러내고 있다.
③ ㉢: 장면의 묘사를 통해 전쟁의 참혹함을 생생하게 드러내고 있다.
④ ㉣: 인물의 말을 빌려 사건 전개 과정을 인과적으로 제시하고 있다.

문 6. 다음 대화에 대한 설명으로 적절하지 않은 것은?

> A: 우리 이제 성과 보고회가 얼마 남지 않았는데, 우리끼리 프레젠테이션 연습을 조금 더 해야 할 것 같아요.
> B: 아무래도 그렇겠지요? 그럼 내일 퇴근 후 회의실에서 연습해 보는 것은 어떨까요? 오늘은 제가 선약이 있어서요.
> A: (미간을 찡그리며) 네, 괜찮습니다. 오늘은 저 혼자서 연습해도 충분해요.
> B: 아, 아닙니다. 약속을 미루는 것이 낫겠어요. 이번 성과 보고회는 정말 중요하니까요.
> A: 다행이네요. 괜히 저 때문에 중요한 약속을 미루시는 것이 아닌지…. 그럼 오늘 퇴근 후 19시에 회의실에서 뵙는 것으로 할까요?
> B: 네, 그럼 이따가 퇴근 후 19시에 회의실에서 뵙겠습니다.

① B는 질문의 방식을 통해 A의 제안에 대한 승낙의 의미를 드러내고 있다.
② A는 비언어적인 표현과 언어적 표현을 일치시켜 B의 말에 수긍하고 있다.
③ B는 A의 말을 재진술하여 A의 말을 정확하게 이해하였음을 표현하고 있다.
④ A는 B에게 제안을 하는 이유를 명확하게 설명하며 프레젠테이션 연습을 제안하고 있다.

문 7. 다음 글의 내용과 부합하지 않는 것은?

> 한국 전통 건축, 곧 한옥에서 창과 문은 그 크기와 형태가 비슷해서 구별하지 않는 경우가 많다. 그리하여 창과 문을 합쳐서 창호(窓戶)라고 부른다. 이것은 창호가 창과 문의 기능과 미를 공유하고 있다는 것을 의미한다.
>
> 공간의 가변성을 특징으로 하는 한옥에서 창호는 핵심적인 역할을 한다. 여러 짝으로 된 큰 창호가 한쪽 벽면 전체를 대체하기도 하는데, 이때 외부에 면한 창호뿐만 아니라 방과 방 사이에 있는 창호를 열면 별개의 공간이 합쳐지면서 넓은 새로운 공간을 형성하게 된다. 창호의 개폐에 의해 안과 밖의 공간이 연결되거나 분리되고 실내 공간의 구획이 변화되기도 하는 것이다. 이처럼 창호는 한옥의 공간 구성에서 빠트릴 수 없는 중요한 위치를 차지한다.
>
> 한편, 한옥에서 창호는 건축의 심미성이 잘 드러나는 독특한 요소이다. 창호가 열려 있을 때 바깥에 나무나 꽃과 같은 자연물이 있을 경우 방 안에서 창호와 일정 거리 떨어져 밖을 내다보면 창호를 감싸는 바깥 둘레 안으로 한 폭의 풍경화를 감상하게 된다. 방 안의 사람이 방 밖의 자연과 완전한 소통을 하여 인공의 미가 아닌 자연의 미를 직접 받아들임으로써 한옥의 실내 공간은 자연과 하나 된 심미적인 공간으로 탈바꿈한다. 열린 창호가 안과 밖, 사람과 자연 사이의 경계를 없앤 것이다.

① 한옥의 창과 문은 구별이 쉽지 않아 하나의 명칭으로 불린다.
② 창호는 한옥 내부의 공간을 분리하거나 연결하여 구조를 변화시킨다.
③ 창호를 일정한 거리를 두고 바라보면 그 자체의 심미적 효과가 극대화 된다.
④ 창호는 인간과 자연을 매개하는 기능을 하며 인간과 자연의 소통을 가능하게 한다.

문 8. 다음 글을 잘못 이해한 것은?

> 도념: (홀연히) 스님, 전 세상에 가서 살구 싶어요.
> 주지: 닥디려. 무얼 잘했다구 또 그런 소리를 하구 있니?
> 도념: 절더러 거짓말한다구만 마시구, 저한테 어머니 계신 데를 가르쳐 주십쇼.
> 주지: 네 어미란 대죄를 지은 자야. 너에겐 에미라기보다 대천지 원수라는 게 마땅하겠다. 파계를 한 네 에미 죄의 피가 그 피를 받은 네 심줄에 가득 차 있으니까, 너는 남이 한 번 헤일 염주면 두 번 헤어야 한다.
> 도념: 왜 밤낮 어머니 욕만 하십니까? 아름다운 관세음보살님은 그 얼굴처럼 마음두 인자하시다구 하시지 않으셨어요? 절에 오는 사람마다 모두 우리 엄마는 이뻤을 것이라구 허는 걸 보면 스님 말씀 같은 그런 무서운 죄를 지으셨을 리가 없어요. … (중략) …
> 주지: 네 아비의 죄가 네 어미에게두 옮아서 그러니라.
> 도념: 옳다니요?
> 주지: 네 아비는 사냥꾼이거든, 하루에두 산 짐승을 수십 마리씩 잡어, 부처님의 가슴을 서늘하시게 한 대악무도한 자야. 빨리 법당으루 들어가자. 냉수에 목욕하구, 내가 부처님께 네가 저지른 죄를 모다 깨끗이 씻어 주시도록 기도해 주마.
> 도념: 싫어요, 싫어요. 하루 종일 향불 냄새를 쐬면 골치가 어찔어찔해요.
>   - 함세덕, 『동승』 -

① 주지는 도념의 어머니에 대한 적개심을 가지고 있다.
② 도념은 자기를 절에 두고 간 어머니를 그리워하고 있다.
③ 주지는 도념에게 자신의 신념을 일방적으로 강요하고 있다.
④ 도념은 주지와의 대화를 통해 자기가 저지른 잘못을 깨닫고 있다.

문 9. 다음 글의 내용을 가장 잘 이해한 사람은?

> 가면 증후군은 스스로를 무능한 존재로 생각하여 자신이 이뤄 낸 업적이 나의 능력이 아닌 운 또는 타인의 도움에 의한 것이라 여기고 이를 다른 사람에게 들킬까 두려워하는 심리이다. 가면 증후군은 사회적 지위가 높은 사람들에게서 쉽게 발견되며, 그중에서도 특히 여성들에게 더 많이 나타난다. 가면 증후군을 겪는 사람들은 자신의 무능함을 들키지 않고 더 많은 성취와 인정을 얻고자 과하게 성실히 일하려고 하는 경향이 있다. 또한, 자신감을 보이면 다른 사람들이 자신을 돕지 않을 것이라는 잘못된 생각에 자신감을 내보이지 않으려 한다. 가면 증후군이 발생하는 이유는 자신을 보호하려는 일종의 방어 기제가 작용했기 때문으로 분석된다. 어떠한 업적에 있어서 자신의 기여도를 과소평가함으로써, 새로운 것에 도전했다가 실패하였을 때 받을 정신적인 충격을 완화하고자 하는 것이다. 가면 증후군은 정신 장애로 분류되지 않으며, 일반인들도 70% 정도는 살면서 한 번쯤 겪는 흔한 심리 현상이므로 가면 증후군에 대해 크게 걱정하지 않아도 된다. 하지만 가면 증후군 증상이 지나칠 경우 신경과민이나 에너지 소진 등의 부작용을 겪게 될 수 있으므로 적절한 대처가 필요하다. 가장 중요한 것은 자존감을 키우는 일이다. 과거에 자신이 이룬 성과를 되짚어 보며 운이 아닌 실력과 노력을 통해 성취한 것임을 깨달아야 한다. 그리고 실패를 경험했다고 하더라도 이에 대해 좌절하지 않고 앞으로 어떻게 개선할 수 있을지를 생각하는 것이 가면 증후군을 해결하는 데 도움이 된다.

① 영석: 습관적으로 타인의 업적을 인정하지 않고 폄하하려는 사람은 가면 증후군을 겪을 가능성이 크겠군.
② 용호: 직장 내에서 성실한 사람이라고 인정받은 사원은 자존 감이 높아 가면 증후군 증상이 나타날 확률이 적겠군.
③ 정훈: 새로운 경험을 즐기는 사람이라도 실패를 지속적으로 경험하게 되면 가면 증후군 증상이 나타날 가능성이 커지겠군.
④ 성민: 자신이 이뤄 낸 업무 결과에 비해 과하게 자신감 없는 태도를 보이는 사람은 가면 증후군을 겪을 가능성이 크겠군.

문 10. 문장 성분의 호응이 가장 자연스러운 것은?

① 네가 한 가지 기억해야 할 것은 훌륭한 지도자의 성공은 성실함에 있었다.
② 정부는 국가 안보 강화와 국가 경제를 성장시키기 위해 투자를 아끼지 않았다.
③ 그는 스스로 창안한 이론을 더욱 발전해 사회 문제의 해결에 기여하고자 하였다.
④ 참관인의 자격으로 회의에 참석한 두 사람은 눈짓을 주고받은 후에 회의장을 빠져나갔다.

문 11. 다음 시조의 내용으로 가장 적절한 것은?

> 흔 잔(盞) 먹새 그려. 또 흔 잔(盞) 먹새 그려. 곳 것거 산(算) 노코 무진무진(無盡無盡) 먹새 그려.
> 이 몸 주근 후면 지게 우히 거적 더퍼 주리혀 먹여 가나, 유소보장(流蘇寶帳)의 만인이 우러 녜나, 어욱새 속새 덥가나무 백양(白楊) 수페 가기곳 가면, 누른 히 흰 둘 ᄀᆞᄂᆞ 비 굴근 눈 쇼쇼리ᄇᆞ람 불 제, 뉘 흔 잔 먹쟈 홀고
> 흐믈며 무덤 우히 진나비 ᄑᆞ람 불 제 뉘우친 ᄃᆞᆯ 엇더리.

① 事君以忠
② 草露人生
③ 利用厚生
④ 先憂後樂

문 12. (가)와 (나)에 대한 설명으로 적절하지 않은 것은?

> (가) 백설(白雪)이 ᄌᆞ자진 골에 구루미 머흐레라.
> 　　　반가온 매화(梅花)는 어ᄂᆞ 곳에 픠엿ᄂᆞᆫ고.
> 　　　석양(夕陽)에 홀로 셔 이셔 갈 곳 몰라 ᄒᆞ노라.
>
> (나) 붉은 이마에 싸늘한 달이 서리어
> 　　　아우의 얼굴은 슬픈 그림이다.
>
> 　　　발걸음을 멈추어 / 살그머니 앳된 손을 잡으며
> 　　　"늬는 자라 무엇이 되려니" / "사람이 되지"
> 　　　아우의 설은 진정코 설은 대답이다.
>
> 　　　슬며시 잡았던 손을 놓고
> 　　　아우의 얼굴을 다시 들여다본다.
>
> 　　　싸늘한 달이 붉은 이마에 젖어
> 　　　아우의 얼굴은 슬픈 그림이다.

① (가)는 '백설'과 '구름'의 대조를 통해 혼란스러운 현실 상황을 나타내고 있다.
② (나)는 비유적인 표현을 통해 암울한 현실을 드러내고 있다.
③ (가)는 정해진 율격에 맞춰, (나)는 수미 상관 구조로 구성되어 있다.
④ (가)와 (나)는 모두 문답의 방식을 통해 대상에 대한 안타까움의 정서를 드러내고 있다.

문 13. 밑줄 친 부분이 바르게 쓰이지 않은 것은?

① 그는 일찍이 모든 만물의 이치를 <u>깨쳤다</u>.
② 나는 손이 <u>조그마한</u> 탓에 물건을 자주 놓치곤 한다.
③ 그가 사건의 본질을 <u>호도하는</u> 바람에 결론이 나지 않았다.
④ 그에게 <u>어쭙잖은</u> 실력으로 덤벼들었다가는 당하기 십상이었다.

문 14. 다음 글의 내용과 부합하는 것은?

　범주화(categorization)는 사람들의 전형적인 행위 유형과 행위적 변화에 관한 정보를 제공하면서 사람과 세계에 관한 일반적 지식을 제공한다. 빌링(Billing, 1987)은 우리가 범주화한다는 점을 부정하지 않지만 또한 우리가 특유화(particularization)한다는 점도 부정하지 않는다. 범주화는 자극(stimulus)이 일반적 범주로 분류되는 과정인 반면 특유화는 자극이 한 범주의 구성원들로부터 차별화되는 과정이다. 즉 사람들의 행위 중 독특한 점들이 기술된다. 범주화와 특유화는 서로 밀접하게 관련되어 있으며 범주화는 특유화를 전제로 한다.
　범주화는 생각할 토대를 제공하지 않는다. 범주의 자동적 적용은 그것이 분별없는 과정이라는 점에서 생각의 부정을 의미한다. 낯선 이들과 커뮤니케이션할 때 우리는 범주화와 특유화 모두를 이용한다. 그러나 범주화가 더 많이 이용된다. 범주화 과정을 이용할 때 우리는 낯선 이들을 개인으로 인정하지 않고 우리의 고정 관념(머릿속에 있는 그들에 관한 그림)과 그들이 속한 집단에 대한 태도를 토대로 그들과 커뮤니케이션한다.

① 범주화와 특유화는 상호 독립적이고 배타적인 관계에 있다.
② 범주화는 대상을 집단에 일반화하는 과정이며 특유화는 대상을 집단으로부터 차별화하는 과정이다.
③ 범주화는 타인에 대해 생각할 여지를 제공하지 않기 때문에 커뮤니케이션에 부정적인 영향을 미친다.
④ 낯선 이와 커뮤니케이션할 때는 범주화, 친숙한 사람과 커뮤니케이션할 때는 특유화의 방식을 사용하는 것이 합리적이다.

문 15. 다음 글의 결론으로 가장 적절한 것은?

　최근 고용노동부가 배달 애플리케이션의 배달 기사에 대한 근로자 지위를 인정했다. 고용노동부 측은 배달 기사의 근무 시간과 장소를 회사에서 직접 지정하는 것뿐만 아니라 배달 기사가 자신의 출퇴근 시간을 회사에 보고해야 한다는 점을 고려하여 내린 판단이라고 밝혔다.
　고용노동부의 이와 같은 판단은 그동안 활발하게 논의되지 않았던 플랫폼 노동자의 노동 문제를 사회적 화두로 끌어올리는 계기가 되었다. 지금까지 플랫폼에 소속된 수행원들은 노동자가 아닌 개인 사업자로 분류되는 것이 일반적인 행태였다.
　그러나 플랫폼 노동자가 개인 사업자로 분류될 경우, 근로자로서 마땅히 누려야 할 최저 임금, 퇴직금, 고용 보험과 같은 보호 장치나 권리가 배제된다는 문제점이 있다. 예를 들어 플랫폼 노동자는 건당 수수료를 받기 때문에 1건을 처리하기까지 걸린 대기 시간을 보상받지 못한다. 또한, 플랫폼 노동자가 자신이 원하는 시간만큼 자유롭게 일할 수 있다고 알려진 것과 달리 근무 시간과 장소에 대한 회사의 구체적인 규율이 있는 경우가 대다수로, 임금 노동자와 다를 바 없는 것이 실상이다.
　현행법상 플랫폼 노동자에 대한 구체적인 기준이 없어 뜨거운 논란이 이어지고 있는 가운데, 새로운 형태의 산업이 발전한 것에 비해 해당 산업에 종사하는 노동자에 대한 법안은 제자리라는 비판이 제기되고 있다.

① 배달 노동자들은 근무 형태를 고려하여 근로자의 지위를 인정받아야 마땅하다.
② 자신들의 근무 형태를 악용해 부당한 이득을 취하는 플랫폼 노동자들은 처벌받아야 한다.
③ 새로운 형태의 산업 발전에 따라 관련 법안을 개정하여 플랫폼 노동자와 고용주 간의 갈등을 완화해야 한다.
④ 플랫폼 노동자를 정의하는 정확한 기준을 마련하고 관련 종사자들을 보호하기 위한 법적 장치가 마련되어야 한다.

문 16. 다음 글에 대한 이해로 적절한 것은?

　읽기 요소들 중 어휘력 발달에 관한 연구들에서는, 학년이 올라감에 따라 어휘력이 높은 학생들과 어휘력이 낮은 학생들 간의 어휘력 격차가 점점 더 커짐이 보고되었다. 여기서 어휘력 격차는 읽기의 양과 관련된다. 즉 어휘력이 높으면 이를 바탕으로 점점 더 많이 읽게 되고, 많이 읽을수록 글 속의 어휘를 습득할 기회가 많아지며, 이것이 다시 어휘력을 높인다는 것이다. 반대로, 어휘력이 부족하면 읽는 양도 적어지고 어휘 습득의 기회도 줄어 다시 어휘력이 상대적으로 부족하게 됨으로써, 나중에는 커져 버린 격차를 극복하는 데에 많은 노력이 필요하게 된다.
　이렇게 읽기 요소를 잘 갖춘 독자는 점점 더 잘 읽게 되어 그렇지 않은 독자와의 차이가 갈수록 커지게 되는데, 이를 매튜 효과로 설명하기도 한다. 매튜 효과란 사회적 명성이나 물질적 자산이 많을수록 그로 인해 더 많이 가지게 되고, 그 결과 그렇지 않은 사람과의 차이가 점점 커지는 현상을 일컫는다. 이는 주로 사회학에서 사용되었으나 읽기에도 적용된다.

① 어휘력의 격차는 연령이 증가함에 따라 점차적으로 줄어든다.
② 매튜 효과에 의하면 읽기 요소를 갖출수록 인지 능력이 뛰어난 학습자이다.
③ 어휘력과 독서량은 상관관계에 있으며 독서량이 많을수록 어휘력도 향상된다.
④ 독서 능력의 차이는 부모의 사회적 명성 또는 물질적 자산 보유량과 관련이 있다.

문 17. 다음 글의 내용과 부합하지 않는 것은?

> 김 군! 세월은 우리를 위하여 여름을 항상 주지는 않았다.
> 서풍이 불고 서리가 내리기 시작하였다. 찬 기운은 벗은 우리를 위협하였다. 가을부터 나는 대구어(大口魚) 장사를 하였다. 삼 원을 주고 대구 열 마리를 사서 등에 지고 산골로 다니면서 콩[大豆]과 바꾸었다. 그러나 대구 열 마리는 등에 질 수 있었으나 대구 열 마리를 주고받은 콩 열 말은 질 수 없었다. 나는 하는 수 없이 삼사십 리나 되는 곳에서 두 말씩 두 말씩 사흘 동안이나 져왔다. 우리는 열 말 되는 콩을 자본 삼아 두부 장사를 시작하였다. 아내와 나는 진종일 맷돌질을 하였다. 무거운 맷돌을 돌리고 나면 팔이 뚝 떨어지는 듯하였다. 내가 이렇게 괴로울 적에 해산한 지 며칠 안 되는 아내의 괴로움이야 어떠하였으랴? 그는 늘 낯이 부석부석하였다. 그래도 나는 무슨 불평이 있는 때면 아내를 욕하였다. 그러나 욕한 뒤에는 곧 후회하였다. … (중략) …
> 울면서 겨자먹기로 괴로운 대로 또 두부를 하지 않으면 안 된다. 그러나 이번에는 땔나무가 없다. 나는 낫을 들고 떠난다. 내가 낫을 들고 떠나면 산후 여독으로 신음하는 아내도 낫을 들고 말없이 나를 따라나선다. 어머니와 나는 굳이 만류하나 아내는 듣지 않는다. 내 손으로 하는 나무이언만 마음 놓고는 못한다. 산임자에게 들키면 여간한 경을 치지 않는다. 그러므로 우리는 황혼이면 산에 가서 도적 나무를 하여 지고 밤이 깊어서 돌아온다.
> 　　　　　　　　　　　　　　　　　　　- 최서해, 『탈출기』 -

① '나'와 '아내'는 가난에서 벗어나기 위해 필사적으로 노력해 왔다.
② '아내'는 몸이 성하지 않음에도 '나'의 일을 헌신적으로 돕고 있다.
③ '나'의 '어머니'는 자신의 말을 따르지 않는 '아내'를 못마땅하게 여기고 있다.
④ '나'는 가장으로서의 역할을 제대로 수행하지 못하는 것에 자책감을 느끼고 있다.

문 18. 다음 글에 대한 이해로 적절하지 않은 것은?

> 사람들은 그에 대해 말할 것이 하나도 없을 것이다. 그에 대한 충분하고도 만족스런 어떤 자료도 없을 것이다. 그리고 그것은 아무에게도 돌이킬 수 없는 손실은 아닐 것이다. 그의 삶은 흔적 없고 매끄러우며 아무에게도 이해되지 못할 것이며 어쩌면 이해할 것이 없을지도 모른다. 그는 삶의 애호가도 아닐 것이며 그렇다고 염세가도 아닐 것이다. 그는 고함치지 않으며 흥분하지 않고 화내지 않으며 불행해 하지 않고 괴로워하지 않으며 눈물을 보이지 않지만 호들갑스럽게 웃지도 않는……. 그는 살 뿐이며 되도록이면 잘, 살고 있음을 잊을 정도로, 잘, 살려고 할 뿐이다.
> 군악대가 전자북을 두드리기 훨씬 이전부터 그는 눈을 뜨고, 침대 옆으로 늘어진 팔을 남의 것인 양 내버려둔 채 빛이 새어 들어오는 쪽에 빈잠이 덜 깬 동공을 고정시키고 있다. 한 시간 혹은 그보다 훨씬 전부터, 그의 동공을 되비치는 거울이 있다면 그는 그 속에서 사고와 욕구나 몽상, 더 나아가 무서움이나 놀람 같은 것이 제거되어 있는…… 부피도 체적도 감정도 없는, 수많은 선이 가운데 검은 점 주위로 모인, 수정체!라는 말이 주는 느낌만큼이나 요원한 물체의 벽을 느꼈을 것이다. 　- 최윤, 『푸른 기차』 -

① 인물의 의식의 흐름에 따라 내용이 전개되고 있다.
② '그'는 삶의 의미와 정체성을 상실한 현대인을 나타낸다.
③ 부정 표현을 반복하여 인물의 무기력한 생활을 드러낸다.
④ 과거와 현재의 사건을 교차시켜 사회에 적응하지 못하는 인물의 현재 모습을 부각한다.

문 19. (가)~(라)에 들어갈 말로 가장 적절한 것은?

> 최근 많은 회사들이 수평적인 조직 문화 조성, 자유로운 소통 등의 장점을 이유로 개방형 사무실을 도입하고 있다. 실제로 개방형 사무실을 사용한 회사가 다시 폐쇄형 사무실로 되돌아간 사례는 극히 일부에 불과했다. ┌(가)┐ 최근 한 리서치 회사의 보고서에 의하면 개방형 사무실이 폐쇄형 사무실보다 업무 생산성이 더 떨어지는 것으로 밝혀졌다. ┌(나)┐ 개방형 사무실이 폐쇄형 사무실보다 집단 전염병에 걸릴 확률이 훨씬 높은 것으로도 나타났다. ┌(다)┐ 개방형 사무실의 장점으로 여겼던 개방성이 오히려 직원들의 집중력을 저하시키고, 집단 감염에 취약한 환경을 조성한 것이다. ┌(라)┐ 최근에는 업무 생산성 증대 및 직원의 건강 보호를 위해 다시 폐쇄형 사무실로 돌아가야 한다는 사회적 움직임이 나타나고 있다.

	(가)	(나)	(다)	(라)
①	그러나	또한	즉	그래서
②	하지만	그리고	그러므로	다시 말하면
③	한편	가령	예컨대	그러니
④	게다가	요컨대	이를테면	아울러

문 20. 다음 글에서 추론할 수 있는 것은?

> 한국인이 자주 쓰는 "밥 한번 같이 먹자"는 말은 '함께 식사'를 전제한 표현이다. 영어에서는 '커멘셜리티(commensality)'라는 단어가 이런 의미를 담고 있다. 본래 이 단어는 세상을 떠난 망자를 기념하여 식사를 차린 '돌로 만든 식탁'을 가리키는 중세 라틴어 '멘사(mensa)'에서 유래했다. '멘사'는 가톨릭교회의 미사에서 사용하는 '제대(祭臺)'를 가리키는 용어이기도 하다. 그것이 '함께'라는 의미의 'com'과 결합하여 'commensality'가 되었다. 따라서 이 단어에는 '여럿이 함께 식사하기'라는 뜻을 담고 있으며, 다른 말로 '친교'로 번역되기도 한다. … (중략) …
> 이 '커멘셜리티'는 인류가 다른 동물과 구별되는 특징이기도 하다. 인류는 다른 영장 동물류와 마찬가지로 생명을 유지하기 위해서 생물학적 식사를 꼭 해야 한다. 그러나 인류의 식재료 확보와 식사 준비, 그리고 식사 과정은 분명 동물과는 다르다. 남아프리카의 쿵족(부시맨)은 이러한 차이를 가장 잘 인식한 사람들이다. 그들은 혼자 식사를 하는 사람들을 사자나 늑대처럼 여긴다. 그들이 보기에 혼자 식사하는 동물은 사자나 늑대뿐이기 때문이다.
> 인류는 공동체의 구성원들이 서로 협력하여 식재료를 확보하고 요리를 만든다. 당연히 식사도 음식물을 마련하는 데 협력한 공동체가 함께한다. 한국어의 '식구(食口)'라는 말도 '한솥밥을 함께 먹는 사람들'을 일컫는 표현이다. 사회문화적인 시각에서 음식을 연구하는 학자들은 이것을 '생물학적 기능의 초월(transcending biology)'이라고 규정한다. 즉, 인류는 단순히 생명을 유지하기 위한 목적에서 생물학적 기능의 식사를 하는 것이라 아니라, 그것을 뛰어넘는 무엇인가를 실현하기 위해서 식사를 한다는 것이다.

① 다른 사람과 함께 식사를 하지 않는 사람은 공동체에서 도태될 것이다.
② 인류는 집단의 생존에 유리한 방향으로 식사 문화를 진화시켜 왔을 것이다.
③ 인류는 구성원들이 함께 식사하는 행위가 공동체의 유대감을 증진시킨다고 인식했을 것이다.
④ 사회성이 있다고 알려진 동물은 인간과 마찬가지로 구성원 간 협력을 통해 음식을 마련할 수 있을 것이다.

※ 쉬는 시간 없이, 실제 시험처럼 곧바로 영어 문제를 풀어 보세요.

영 어

제한 시간: 26분 | 시작 ___시 ___분 ~ 종료 ___시 ___분

문 1. 밑줄 친 부분에 들어갈 말로 가장 적절한 것은?

> Some physical characteristics, such as eye color and height, are _____, so they are passed down from parents to their offspring.

① obvious　　　　　② preferable

③ contagious　　　　④ hereditary

※ 밑줄 친 부분의 의미와 가장 가까운 것을 고르시오. [문 2. ~ 문 4.]

문 2.
> The journalist worked hard to substantiate the claims that his source had made about corruption in the city.

① verify　　　　　② calibrate

③ manipulate　　　④ enhance

문 3.
> The airline upgraded our seats for free to cancel out our terrible experience previously.

① get around to　　② make up for

③ get away with　　④ break out in

문 4.
> The long-dormant movie franchise was set to be resurrected with the upcoming remake and announced sequel around the corner.

① reminded　　　　② revived

③ inaugurated　　　④ attended

문 5. 어법상 옳은 것은?

① The surfing lesson was extremely exhilarated, and I couldn't believe I caught a wave.

② As you are a very talented painter, you ought to studying art in university.

③ Out of the countless diseases in the world, how much have we really cured?

④ You should swing by the house this weekend, as I'm preparing food for the party on Saturday.

문 6. 밑줄 친 부분의 의미와 가장 가까운 것은?

> Everyone in the room felt uncomfortable as our manager reprimanded us for making a hash of the important project and angering a major client of the company.

① relying upon

② accounting for

③ thoroughly enforcing

④ completely ruining

문 7. 밑줄 친 부분 중 어법상 옳지 않은 것은?

> Sir Rod Stewart, one of the most successful musicians in history, is incredibly devoted to a passion besides music: model trains. In the attic of one of his homes ① are a scale city model that took him 23 years to construct. The city is based loosely on New York and Chicago, with its buildings ② weathered and other facets thoroughly detailed. The model includes 270 meters of track ③ that weave through 1.5 meter-high buildings. He worked on constructing the model throughout his career, even while on tour, ④ requesting an empty room next to his in each hotel he stayed at in which he could work on it.

문 8. 우리말을 영어로 잘못 옮긴 것은?

① 내가 어린 시절에 해외에서 머물렀었다면, 나는 지금 다른 언어를 유창하게 말할 텐데.
　→ If I had stayed abroad in childhood, I would speak another language fluently now.

② 지원 창이 닫힌 이후로, 이력서는 더 이상 접수되지 않았다.
　→ Since the application window had closed, résumés were no longer being accepted.

③ 그는 바쁜 아침에 차의 시동이 걸리지 않았던 지난주에 화를 냈다.
　→ He lost his temper last week when his car wouldn't start on a busy morning.

④ 상금은 가수로서 가장 재능을 발휘하는 사람에게 수여될 것이다.
　→ The prize money will be awarded to whomever demonstrates the most talent as a singer.

문 9. 밑줄 친 (A), (B)에 들어갈 말로 가장 적절한 것은?

Machiavellianism is one of the cornerstones of the so-called "Dark Triad" of personality traits, a collection of traits describing malevolent tendencies in humans. Named for Niccolo Machiavelli, this series of traits results in a high level of self-interest and a willingness to use manipulation to achieve one's goals. ____(A)____, the trait's corresponding counterpart on the "Light Triad" of personality is altruism, or Kantianism. This is the desire to help others, particularly when some form of self-sacrifice or negative personal consequence is involved. It is natural to assume that a person would have strong traits from only one of the two triads. ____(B)____, research has shown that these two groups do not have a negative correlation, meaning that it is possible for the same person to exhibit personality traits from both.

	(A)	(B)
①	Consequently	Therefore
②	Thus	Moreover
③	Furthermore	As a result
④	In contrast	However

문 10. 다음 글의 주제로 가장 적절한 것은?

Programming languages are divided into two main categories, which supersede programming paradigms: low-level and high-level programming languages. Low-level languages are essentially those that machines and computers can understand, such as binary, assembly, and machine code. They stand as the fundamental building blocks that execute the commands. While powerful, these languages are difficult for humans to read, which makes using them difficult. High-level languages, on the other hand, are easily read by humans, and each has different capabilities and toolsets depending on how they're constructed. However, on their own, they're unreadable to computers and machines. Because of this, programmers write code in high-level language then translate it into a low-level language using a compiler. This process results in a language that can be utilized by human programmers but still be understood by computers.

① what programmers look for when selecting a language
② what the different categories of computer language are
③ what development of programming language entails
④ what the uses of different types of programs could be

문 11. 밑줄 친 부분에 들어갈 말로 가장 적절한 것은?

A: How are things going?
B: Pretty well. Check out my new deck!
A: Wow! Did you build it yourself?
B: Yeah. I got the lumber from the hardware store.
A: _____?
B: It was not too hard. It just took some time and patience.
A: I might need to give that a shot.
B: Let me know when you start, and I'll show you how.

① Do you have previous experience
② Is there a better way to construct one
③ Was it difficult to complete
④ Where did you get the supplies

문 12. 우리말을 영어로 잘못 옮긴 것은?

① 고정관념을 깬 그 사업가는 업계에 혁신을 일으켰다.
→ The entrepreneur who thought outside the box revolutionized the industry.

② 그녀의 화필 다루는 솜씨는 그의 솜씨보다 더 나았다.
→ Her skill with a paintbrush was better than his.

③ 나는 내가 가장 좋아하는 가수의 콘서트에 간 것을 절대 잊지 않을 것이다.
→ I wil never forget to go to my favorite singer's concert.

④ 그 학교는 학부모들에게 날씨로 인한 휴교를 알릴 것이다.
→ The school will notify parents of any closures due to weather.

문 13. 두 사람의 대화 중 가장 자연스러운 것은?

① A: Where are you off to now?
B: I'm headed to the grocery store.

② A: Could you give me a lift?
B: It's too heavy for us to pick it up.

③ A: What have you been up to?
B: I think I can reach it.

④ A: Do you happen to have the time?
B: It should take about 30 minutes.

문 14. 다음 글의 제목으로 가장 적절한 것은?

The Pyramid of the Sun is one of the largest structures built in Mesoamerica and the centerpiece of Teotihuacan, the largest city in the Maya civilization. Built in two phases beginning in the year AD 200, the completed structure towered over the surrounding landscape at a height of nearly 65 meters. It was built in the Talud-tablero style of architecture that was common for the time. This style of design was also called "slope-and-panel style" due to its signature panels and platforms jutting out from an otherwise sloped surface. This style spread considerably due to the influence of Teotihuacan and its most famous temple, as other cultures adopted the style in order to associate themselves with the powerful Maya civilization.

① Common Temple Layouts throughout Mesoamerica
② Religions Studied in Mid-Century Teotihuacan
③ The Development of Slope-and-Panel Style Sidewalls
④ The Influence of the Sun Temple's Architecture in Mesoamerica

문 15. 글의 흐름상 가장 어색한 문장은?

While philosophers are generally uninterested in computer science, programmers are immensely concerned with philosophy. ① As computers become more advanced, philosophical issues such as personhood and identity will become less important. ② Since computer science is largely a discipline of problem solving, the logic and rigid structures employed in evaluating arguments and premises are vital. ③ Therefore, programmers frequently spend time studying the construction of logical arguments in philosophy. ④ They use these skills not only to respond to errors in their code and find solutions but also to predict potential problems. This is similar to how philosophers predict counterpoints and counterexamples to mount a defense of their arguments in advance.

문 16. 밑줄 친 부분에 들어갈 말로 가장 적절한 것은?

All people have been taught to accord with culture in some capacity, usually through a need to belong to and avoid contradicting groups we belong to, such as friends and family. These tendencies are generally things that we take for granted, accepting them as _____ without bothering to think about them, despite them being based on fallacious reasoning. This could come in the form of the holidays we celebrate. Or it could be our approaches to problems. It could also be the expectations placed upon us by others, and that we in turn place on them. Learning to evaluate the reasoning behind your thinking and select the most reasonable option is a vital step to making optimal and ethical choices.

① learned behaviors from outsiders
② inherent truths about the world
③ requiring constant evaluation
④ shifting patterns of group dynamics

문 17. 다음 글의 요지로 가장 적절한 것은?

Research suggests that, while the fight-or-flight response is better known, humans also possess the tend-and-befriend mechanism as a stress response. When faced with danger, the body releases higher levels of oxytocin, a hormone associated with social bonding and caregiving, which compels individuals to prioritize their children's needs and seek social support. This response is believed to have emerged from an evolutionary history in which individuals relied on social bonds and cooperation to survive and thrive. For example, in ancestral societies, mothers relied on social support from other females to care for their offspring in times of crisis, while men formed alliances to protect their families and communities from threats.

① The evolutionary development of societal bonds will continue to change.

② Humans have been reacting to stress by providing care and seeking connections.

③ Males and females have different hormonal responses to threats.

④ The tend-and-friend response emerged in modern human societies.

문 18. 주어진 글 다음에 이어질 글의 순서로 가장 적절한 것은?

Bicycles, called velocipedes originally, were invented in the late 1800s. The most popular early model was known as a penny-farthing, on account of their wheels being of different sizes.

(A) When the crank or pedals were turned, because of this direct connection with the enormous front wheel, the rotation of the wheel was disproportionate to that of the pedals, covering a substantially greater distance with the same degree of rotation, providing the vehicle its speed and movement.

(B) This variance was needed in order to power this model and provide sufficient speed. These bicycles were entirely driven by the front wheel, which was directly attached to a crank, typically in the form of pedals.

(C) This was only the dominant form of bike for a short while, as the safety bicycle, the form we know today, which connected the crank to the rear wheel via a chain and series of gears instead, provided advantages in speed, maneuverability, safety, and convenience.

① (A) — (B) — (C)　　② (B) — (A) — (C)
③ (B) — (C) — (A)　　④ (C) — (A) — (B)

문 19. 주어진 문장이 들어갈 위치로 가장 적절한 것은?

For these fans, their loyalty is a learned behavior that psychologists and marketers believe evokes feelings associated with their childhood homes and families.

Sports fans are notably loyal to their teams, and there are a number of reasons behind such loyalty. The primary reasons behind fandom are nostalgia and belonging. (①) Nostalgia comes into play strongly for so-called "legacy fans," who do not have an individual attachment to a location, but follow a team because it was the team supported by their parents or family. (②) The other reason that fans follow a team is to experience a sense of belonging. (③) This feeling is generally associated with fans who follow either the team representing their hometown or their current locality. (④) Association with the team then creates a sense of tribal belonging with other fans or their current place of residence.

문 20. 다음 글의 내용과 일치하지 않는 것은?

One of the most important and underappreciated species, particularly with current effects of climate change, is the beaver. Through the construction of their dams, these animals play a significant role in shaping the ecosystem in areas they inhabit. The dams slow down the waters of rivers and streams, minimizing erosion and preserving the sediment layer. The reduction in erosion allows the water downstream from the dams to be significantly cleaner than it otherwise would be. And most important of all in this era of climate change, beaver dams decrease water temperatures in rivers by an average of 2.5 degrees Celsius. The slower speeds of the water allow it to be absorbed deeper into the surface while surface layers are evaporated in a process known as groundwater recharge. This vital process is a crucial part of the water cycle and maintaining stable aquifers.

① Dams help to maintain and preserve the sediment layer in downstream areas.

② Erosion is minimized in portions of rivers that are near beaver dams.

③ Surface temperatures decrease because the water moves faster due to dams.

④ The groundwater recharge process plays an important role in the water cycle.

※ 쉬는 시간 없이, 실제 시험처럼 곧바로 한국사 문제를 풀어 보세요.

한 국 사

제한 시간: 10분 | 시작 ___시 ___분 ~ 종료 ___시 ___분

문 1. 밑줄 친 '이 왕'에 대한 설명으로 옳은 것은?

> 선왕이 왜병을 진압하고자 감은사를 처음 창건하려 했으나, 끝
> 내지 못하고 죽어 바다의 용이 되었다. 뒤이어 즉위한 이 왕이 공
> 사를 마무리하였다. 금당 돌계단 아래에 동쪽을 향하여 구멍을
> 하나 뚫어 두었으니, 용이 절에 들어와서 돌아다니게 하려고 마
> 련한 것이다. 선왕의 유언에 따라 유골을 간직해 둔 곳은 대왕암
> 이라고 불렀다.

① 당나라를 몰아내고 삼국 통일을 완수하였다.
② 관리에게 지급하는 녹읍을 부활시켰다.
③ 김흠돌의 반란을 진압하고 왕권을 강화하였다.
④ 관리들이 지켜야 할 덕목을 담은 『백관잠』을 지었다.

문 2. (가) 인물에 대한 설명으로 옳은 것은?

> 왕이 전교하기를 " (가) 은/는 세조 때 과거에 합격하였고, 성
> 종 때는 오랫동안 시종의 자리에 있었다. 그러나 지금 (가) 의
> 제자 김일손이 찬수한 사초 내에 부도덕한 말로 선왕조의 일을
> 터무니없이 기록하였으니 대간, 홍문관 등으로 하여금 형을 의논
> 하도록 하였다." …… 정문형 등이 의논하여 (가) 의 말은 극
> 히 도리에 맞지 않으니 마땅히 대역의 죄로 부관참시를 하는 것
> 이 합당하다고 아뢰자 왕이 이에 따랐다.

① 무오사화의 발단이 된 「조의제문」을 지었다.
② 이황과 편지를 통해 4단 7정에 대한 논쟁을 벌였다.
③ 서리망국론을 주장하며 당시 서리의 폐단을 비판하였다.
④ 우리나라 최초의 한문 소설집인 『금오신화』를 저술하였다.

문 3. 시대별 교육 기관에 대한 설명으로 옳은 것을 모두 고른 것은?

> ㉠ 고려의 국자감은 유학부와 기술학부로 구성되었다.
> ㉡ 조선의 성균관은 생원이나 진사만 입학할 수 있었다.
> ㉢ 동문학은 통역관을 양성하는 외국어 교육 기관이다.
> ㉣ 원산 학사는 교육 입국 조서 반포에 따라 설립된 관립 학교
> 이다.

① ㉠, ㉢   ② ㉠, ㉣
③ ㉡, ㉢   ④ ㉡, ㉣

문 4. 다음 사건을 일으킨 단체에 대한 설명으로 옳은 것은?

> 김익상이 일본인 노동자로 행세하며 조선 총독부에 들어가서 2
> 층으로 올라가 비서과와 회계과를 향하여 폭탄을 던지니, 그 소
> 리가 천지를 흔들었다. …… 그는 우리나라 사람이 하는 여관에
> 들어가면 반드시 수색이 있을 것이라고 여겨 일본 요리점으로 갔
> 다. 철공의 옷을 사서 변장하고 열차로 평양으로 가서 며칠을 보
> 낸 다음 다시 북경으로 향하였다.

① 구미 위원부를 설치하여 외교 활동을 전개하였다.
② 침체된 임시 정부에 활력을 불어넣기 위해 조직되었다.
③ 삼원보에 신흥 강습소를 설립하여 독립군을 양성하였다.
④ 단원 일부가 황포 군관 학교에 입학하여 군사 훈련을 받았다.

문 5. 다음과 같이 주장한 인물에 대한 설명으로 옳은 것은?

> 정(定)은 본체이고 혜(慧)는 작용이다. 작용은 본체를 바탕으로
> 해서 있게 되므로 혜가 정을 떠나지 않고, 본체는 작용을 가져오
> 게 하므로 정은 혜를 떠나지 않는다. 정은 곧 혜인 까닭에 허공처
> 럼 텅 비어 고요하면서도 항상 거울처럼 맑아 영묘하게 알고, 혜
> 는 곧 정이므로 영묘하게 알면서도 허공처럼 고요하다.

① 귀법사의 초대 주지로 화엄 사상을 정비하였다.
② 불교계를 개혁하기 위해 수선사 결사를 제창하였다.
③ 원으로부터 선종의 일파인 임제종을 들여와 전파시켰다.
④ 불교 자료를 수집하여 『신편제종교장총록』을 편찬하였다.

문 6. 밑줄 친 '왕' 대의 사실로 옳은 것은?

> 대군이 압록강을 건너서 위화도에 머물렀다. …… 이성계가 여
> 러 장수들에게 말하기를 "내가 글을 올려 군사를 돌이킬 것을
> 청하였으나 왕도 살피지 아니하고, 최영도 늙고 정신이 혼몽하
> 여 듣지 않았다." …… 이성계가 군사를 돌이켰다는 소식을 듣
> 는 다투어 서로 모여 밤낮으로 달려서 이르게 된 사람이 천여 명
> 이나 되었다.

① 동녕부와 탐라총관부가 고려에 반환되었다.
② 신돈을 등용하여 전민변정도감을 운영하였다.
③ 군사 통솔 기관인 삼군도총제부가 설치되었다.
④ 청주 흥덕사에서 『직지심체요절』이 간행되었다.

문 7. 다음을 주장한 인물의 저술로 옳은 것은?

> 무릇 1여의 토지는 1여의 인민이 공동으로 경작하도록 한다. ……
> 여장은 매일 개개인의 노동량을 장부에 기록해 두었다가 가을이
> 되면 오곡의 수확물을 모두 여장의 집에 가져온 다음에 분배한
> 다. 이때, 국가에 바치는 세를 먼저 제하고, 다음에는 여장의 봉
> 급을 제하며, 그 나머지를 가지고 장부에 의거하여 노동 일수에
> 따라 여민에게 분배한다.

① 『곽우록』
② 『반계수록』
③ 『목민심서』
④ 『과농소초』

문 8. 밑줄 친 '개화당'이 발표한 개혁안의 내용으로 옳은 것은?

> 개화당의 실패는 우리에게 매우 애석한 일이다. …… 일류 수재들이 일본인에게 이용당해 그처럼 크나큰 착오를 저질렀으니 참으로 애석한 일이라고 하였다. 어찌 일본인이 진심으로 김옥균을 성공하게 하고, 성의 있게 조선의 운명을 위해 노력하겠는가?

① 7종의 천인 대우를 개선하고 백정이 쓰는 평량갓은 없앤다.
② 총명한 젊은이들을 파견하여 외국의 학술, 기예를 견습시킨다.
③ 국가 재정은 탁지부에서 전담하고 예산과 결산은 인민에게 공포한다.
④ 흥선 대원군을 귀국시키고 종래 청에 행하던 조공의 허례를 폐지한다.

문 9. 다음 원칙이 발표된 시기를 연표에서 옳게 고른 것은?

> 조선의 좌·우 합작은 민주 독립의 단계요, 남북 통일의 관건인 점에서 3천만 민족의 지상 명령이며 국제 민주화의 필연적 요청이었음에도 불구하고 저간의 복잡 다단한 내외 정세로 오랫동안 파란곡절을 거듭해 오던 바, 드디어 …… 좌익의 5원칙과 우익의 8원칙을 절충하여 다음과 같은 7원칙을 결정하였다.

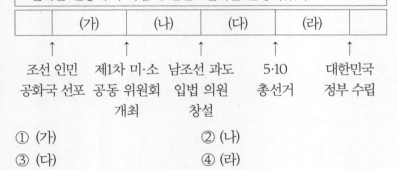

	(가)	(나)	(다)	(라)	

조선 인민 공화국 선포 / 제1차 미·소 공동 위원회 개최 / 남조선 과도 입법 의원 창설 / 5·10 총선거 / 대한민국 정부 수립

① (가)
② (나)
③ (다)
④ (라)

문 10. 조선 전기의 대외 관계에 대한 설명으로 옳지 않은 것은?

① 여진과는 경성과 경원에 무역소를 설치하여 교역하였다.
② 명나라의 선진 문물을 수용하기 위하여 연행사를 파견하였다.
③ 류큐에 불경, 유교 경전 등을 전해주어 문화 발전에 기여하였다.
④ 세종 때 대마도주와 계해약조를 맺어 연간 50척의 세견선을 허용하였다.

문 11. 다음 자료에 나타난 시기의 가족 제도에 대한 설명으로 옳은 것은?

> 직한림 이규보는 돌아가신 장인 대부경 진공의 영전에 제사를 올립니다. 저는 어려서 아버지를 여의고 가르침을 받을 분이 없었습니다. 공에게 오자 친히 가르치고 격려하셨으니 분발해서 사람이 된 것은 공의 도움 덕분이었습니다. …… 아! 장인이시여, 저를 돈독하게 대우하시고 필요한 것을 마련해 주셨는데 저를 두고 돌아가시니 앞으로 누구에게 의지하겠습니까.

① 부모의 재산은 아들과 딸의 구분 없이 골고루 분배되었다.
② 부계 위주의 족보가 편찬되었고 동성 마을을 형성하였다.
③ 여성은 비교적 자유롭게 재가할 수 있었지만 호주가 될 수 없었다.
④ 결혼할 때 여성이 데려온 노비에 대한 소유권은 남편에게 귀속되었다.

문 12. (가) 인물에 대한 설명으로 옳은 것은?

> 수나라의 장수는 평양성이 험하고 견고하여 당장 함락시키기 어렵다고 생각하였다. 그래서 거짓 항복이라도 받은 것을 기회 삼아 돌아가기로 하고 행군하여 살수에 이르렀다. 절반쯤 강을 건넜을 때, ☐(가)☐이/가 군사를 보내 후군을 공격하니 수나라의 군대가 한꺼번에 허물어졌다.

① 천리장성의 축조를 감독하였다.
② 적장 우중문에게 5언시를 보냈다.
③ 정변을 일으켜 보장왕을 옹립하였다.
④ 비담, 염종 등이 일으킨 반란을 진압하였다.

문 13. 다음 사건을 발생한 순서대로 나열한 것은?

> ㉠ 중국군의 공세로 서울을 다시 빼앗겼다.
> ㉡ 맥아더가 유엔군 총사령관직에서 해임되었다.
> ㉢ 유엔군과 국군이 인천 상륙 작전을 전개하였다.
> ㉣ 이승만 정부가 반공 포로 석방 조치를 실행하였다.

① ㉠ - ㉢ - ㉡ - ㉣
② ㉠ - ㉢ - ㉣ - ㉡
③ ㉢ - ㉠ - ㉡ - ㉣
④ ㉢ - ㉠ - ㉣ - ㉡

문 14. (가) 시기에 있었던 사실로 옳은 것은?

	(가)	
『속대전』 편찬		홍경래의 난

① 우리나라 최초의 신부인 김대건이 순교하였다.
② 용골산성에서 정봉수가 의병을 이끌고 항전하였다.
③ 창덕궁에 명나라 신종을 기리는 대보단이 설치되었다.
④ 신해통공으로 육의전을 제외한 시전의 금난전권이 폐지되었다.

문 15. 1910년대에 일제가 실시한 경제 정책으로 옳은 것을 모두 고른 것은?

㉠ 호남선 철도를 개통하여 농산물 반출을 확대하였다.
㉡ 신은행령을 공포하여 은행 설립 및 운영을 제한하였다.
㉢ 조선 임야 조사령을 제정하여 임야를 국유지로 강제로 편입시켰다.
㉣ 소작 쟁의를 조정·억제하기 위해 조선 소작 조정령을 발표하였다.

① ㉠, ㉡
② ㉠, ㉣
③ ㉡, ㉢
④ ㉡, ㉣

문 16. 밑줄 친 '이 나라'의 사회 모습으로 옳은 것은?

이 나라의 관직에는 16품이 있었다. 좌평은 1품, 달솔은 2품, 은솔은 3품, …… 좌군은 14품, 진무는 15품, 극우는 16품이다. 은솔 이하의 관직에는 정원이 없고 각각 부서를 두어 여러 가지 사무를 분담하였다.

① 경당에서 청소년에게 글과 활쏘기를 가르쳤다.
② 화백 회의를 통해 국가의 중대사를 결정하였다.
③ 진대법을 실시하여 빈민에게 곡식을 빌려주었다.
④ 대표적인 귀족의 성으로는 진씨, 해씨 등 8개가 있었다.

문 17. 밑줄 친 '나'에 대한 설명으로 옳은 것은?

내가 이토 히로부미를 죽인 것도 전에 말한 바와 같이 의병 중장의 자격으로 한 것이지 결코 자객으로서 한 것은 아니다. …… 나는 한국의 의병 중장의 자격으로서 그를 제거한 것이다. 내가 잘못하여 범행을 저질렀다고 하지만 그것은 결코 잘못된 일이 아님을 주장하는 바이다.

① 이완용을 습격하여 중상을 입혔다.
② 샌프란시스코에서 흥사단을 조직하였다.
③ 동양 척식 주식회사에 폭탄을 투척하였다.
④ 감옥 안에서 『동양평화론』을 집필하였다.

문 18. 다음 자료에 대한 설명으로 옳지 않은 것은?

서원경 부근 사해점촌을 비롯한 4개 촌락에 대한 문서로 '신라 장적'이라고도 한다. 각 촌락의 인구 수, 토지 면적, 소와 말의 수, 뽕나무의 수 등이 기록되어 있으며 호(戶)는 9등급으로 구분하여 파악하였다.

① 1933년에 일본 도다이사 쇼소인에서 발견되었다.
② 인구는 역에 동원되는 남자의 숫자만 파악하였다.
③ 호구와는 달리 전답 면적의 증감은 기록되어 있지 않다.
④ 촌주가 변동 사항을 매년 조사하여 3년마다 작성하였다.

문 19. 조선 시대의 신분 제도에 대한 설명으로 옳지 않은 것은?

① 천민의 대다수를 차지한 노비는 재산으로 취급되었다.
② 공노비에게 유외잡직이라는 벼슬이 주어지기도 하였다.
③ 양반의 첩에게서 태어난 서얼은 관직에 진출할 수 없었다.
④ 신량역천은 법제상 양인에 속하였지만 천역을 담당하였다.

문 20. (가)에서 전개된 민족 운동으로 옳은 것은?

3·1 운동을 계기로 여러 지역에서 임시 정부가 수립되었다. 여러 임시 정부는 통합을 논의하였고, 1919년 9월 (가) 에서 이승만을 대통령, 이동휘를 국무총리로 하는 대한민국 임시 정부가 수립되었다. 대한민국 임시 정부는 최초로 민주 공화제를 채택하였으며, 삼권 분립의 원칙에 따라 입법 기관인 임시 의정원, 행정 기관인 국무원, 사법 기관인 법원을 구성하였다.

① 국권 회복을 위해 해조신문을 발간하였다.
② 신규식 등의 주도로 동제사가 조직되었다.
③ 독립군 양성 기관인 숭무 학교가 설립되었다.
④ 한인 비행 학교를 설립해 독립군 비행사를 육성하였다.

시험일: _____년_____월_____일

공무원 9급 공개경쟁채용 필기시험

제3회
공통과목 통합 모의고사

응시번호

성명

문제책형
가

※ 국어·영어·한국사 문제를 제한 시간 57분 동안, 실제 시험처럼 한 번에 풀어 보세요. 각 과목의 제한 시간은 시험지 왼쪽 상단에 표기되어 있습니다.
　(*실제 시험에서는 국어·영어·한국사·전문 과목 2과목을 100분 동안 한 번에 풀어야 합니다.)

제1과목	국어	제2과목	영어	제3과목	한국사
제4과목	행정법총론	제5과목	행정학개론		

응시자 주의사항

1. **시험시작 전 시험문제를 열람하는 행위나 시험종료 후 답안을 작성하는 행위를 한 사람**은 「공무원 임용시험령」 제51조에 의거 **부정행위자**로 처리됩니다.

2. **답안지 책형 표기**는 **시험시작 전 감독관의 지시에 따라 문제책 앞면에 인쇄된 문제책형을 확인**한 후, 답안지 책형란에 해당 책형(1개)을 '●'로 표기하여야 합니다.

3. **답안은 문제책 표지의 과목 순서에 따라 답안지에 인쇄된 순서에 맞추어 표기**해야 하며, 과목 순서를 바꾸어 표기한 경우에도 **문제책 표지의 과목 순서대로 채점**되므로 유의하시기 바랍니다.

4. 시험이 시작되면 문제를 주의 깊게 읽은 후, **문항의 취지에 가장 적합한 하나의 정답만을 고르며**, 문제내용에 관한 질문은 할 수 없습니다.

5. 답안을 잘못 표기하였을 경우에는 답안지를 교체하여 작성하거나 수정할 수 있으며, 표기한 답안을 수정할 때는 **응시자 본인이 가져온 수정테이프만을 사용**하여 해당 부분을 완전히 지우고 부착된 수정테이프가 떨어지지 않도록 손으로 눌러주어야 합니다. **(수정액 또는 수정스티커 등은 사용 불가)**

6. **시험시간 관리의 책임은 응시자 본인에게 있습니다.**
　※ 문제책은 시험종료 후 가지고 갈 수 있습니다.

**정답공개 및
이의제기 안내**

1. 정답공개 일시 : 정답 가안 ▶ 시험 당일 13:00 / 최종 정답 ▶ 필기시험일 9일 후(월) 18:00

2. 정답공개 방법 : 사이버국가고시센터(www.gosi.kr) ▶ [시험문제/정답 → 문제/정답 안내]

3. 이의제기 기간 : 시험 당일 18:00 ~ 필기시험일 3일 후 18:00

4. 이의제기 방법
　· 사이버국가고시센터(www.gosi.kr) ▶ [시험문제/정답 → 정답 이의제기]
　· 구체적인 이의제기 방법은 정답 가안 공개 시 공지

해커스공무원

국 어

제한 시간: 15분 | 시작 ___시 ___분 ~ 종료 ___시 ___분

문 1. 다음에 해당하는 사례로 적절하지 않은 것은?

> '자리에 착석(着席)하다', '스스로 자립(自立)하다'는 모두 의미 중복이 나타나는 표현이다. '착석(着席)'과 '자립(自立)'이 각각 '자리'와 '스스로'의 의미를 내포하고 있기 때문이다.

① 우리 팀은 매 경기마다 승리하였다.
② 내가 너에게 바라는 것은 오직 사과뿐이다.
③ 태풍이 북상하는 관계로 인하여 축제가 취소되었다.
④ 그는 외국어는커녕 모국어조차 제대로 구사하지 못한다.

문 2. 다음 대화에서 밑줄 친 표현 효과에 대한 설명으로 적절한 것은?

> 어머니: 오늘 날씨가 춥다던데, 옷을 더 따뜻하게 입고 나가는 게 어때?
> 아　들: 버스에 난방이 잘 돼서 이렇게 입어도 별로 춥지 않아요. 두껍게 입으면 오히려 덥기만 한걸요?
> 어머니: 그래, 네 말대로 버스에서는 더울 수 있지. 하지만 네가 얇게 입고 다니다가 감기에 걸린다면 고생을 많이 하게 될 거야. 차를 탔을 때는 옷을 벗더라도 따뜻하게 입고 나가면 좋겠어.

① 간접적이고 우회적인 표현을 사용한다.
② 화자에게 부담을 되는 표현을 최대화한다.
③ 청자에 대한 비방을 최소화하고 칭찬을 극대화한다.
④ 청자의 말에 동의를 표현한 후 자신의 의견을 제시한다.

문 3. '청소년 수면 부족 문제와 해결 방안'에 대한 글을 작성하고자 한다. 글의 내용으로 포함하기에 적절하지 않은 것은?

① 수면이 육체의 피로를 해소하고 학습 내용을 장기 기억으로 전환하는 등의 긍정적 기능을 수행한다는 논문의 내용을 활용하여 수면의 중요성을 부각한다.
② 일정 밝기 이상의 빛을 쬐면 수면 유도 호르몬인 멜라토닌의 생성이 억제된다는 전문가의 인터뷰를 인용하여 잠들기 전에 전자 기기 사용을 지양할 것을 제안한다.
③ 충분한 신체 활동과 균형 잡힌 영양 섭취를 한 청소년이 우울증을 비롯한 정신 질환을 앓을 확률이 낮다는 연구 자료를 활용하여 규칙적인 식사와 꾸준한 운동을 장려한다.
④ 국제기구에서 발표한 청소년 권장 수면 시간은 8시간 이상이지만 우리나라 청소년의 평균 수면 시간은 7시간 정도에 불과하다는 보도 자료를 제시하여 독자의 문제의식을 제고한다.

문 4. 밑줄 친 단어의 쓰임이 옳은 것은?

① 심호흡을 하며 긴장을 삭혔다.
② 차린 것이래야 밥과 김치가 전부이다.
③ 작렬하는 태양 아래에서 해수욕을 즐겼다.
④ 기타를 연주하다 보니 손에 굳은살이 박혔다.

문 5. 다음 시에 대한 감상으로 적절하지 않은 것은?

> 득음은 못하고 그저 시골장이나 떠돌던
> 소리꾼이 있었다, 신명 한 가락에
> 막걸리 한 사발이면 그만이던 흰 두루마기의 그 사내
> 꿈속에서도 폭포 물줄기로 내리치는
> 한 대목 절창을 찾아 떠돌더니
> 오늘은 왁새 울음 되어 우항산 솔밭을 다 적시고
> 우포늪 둔치, 그 눈부신 봄빛 위에 자운영 꽃불 질러 놓는다
> 살아서는 근본마저 알 길 없던 혈혈단신
> 텁텁한 얼굴에 달빛 같은 슬픔이 엉켜 수염을 흔들곤 했다
> 늙은 고수라도 만나면
> 어깨 들썩 산 하나를 흔들었다
> 필생 동안 그가 찾아 헤맸던 소리가
> 적막한 늪 뒷산 솔바람 맑은 가락 속에 있었던가
> 소목 장재 토평마을 양파들이 시퍼런 물살 몰아칠 때
> 일제히 깃을 치며 동편제 넘어가는
> 저 왁새들
> 완창 한 판 잘 끝냈다고 하늘 선회하는
> 그 소리꾼 영혼의 심연이
> 우포늪 꽃잔치를 자지러지도록 무르익힌다
> 　　　　　　　　　　　- 배한봉, 『우포늪 왁새』 -

① 시각적 이미지를 활용하여 시상을 전개했다.
② '왁새'와 '소리꾼'을 동일시하며 '우포늪'의 생명력을 형상화했다.
③ 토속적인 어휘를 사용하여 전통적이고 향토적인 분위기를 조성했다.
④ 긍정적 공간과 부정적 공간의 대비를 통해 문명에 대한 비판 의식을 드러냈다.

문 6. 밑줄 친 부분의 활용형이 옳지 않은 것은?

① 서둘러서 준비했지만 기차를 놓쳤다.
② 나는 죄송스런 마음에 아무 말도 할 수 없었다.
③ 고사리손으로 농사일을 거드는 모습이 참으로 기특했다.
④ 북받치는 슬픔을 억눌러 보았지만 결국에는 눈물을 흘리고 말았다.

문 7. 다음 글의 전개 순서로 가장 자연스러운 것은?

> ㄱ. 따라서 초기의 배양은 장기에서 떼어 낸 조직의 일부분이 체외에서 죽지 않고 얼마간 생존해 있는 정도에 만족해야 했다.
> ㄴ. 그러나 동물 세포는 미생물과 달라서 체외에서 독립적으로 배양하기 위해서는 매우 까다로운 조건을 충족시켜 줘야 하므로 배양은 좀처럼 실현하기 힘든 일이었다.
> ㄷ. 동물의 조직이 작은 세포로 구성되어 있다는 것을 알고 난 뒤부터 세포를 연구하기 위해서는 체외에서 조직을 배양하는 것이 여러모로 편리했기 때문이다.
> ㄹ. 약 1세기 전부터 과학자들은 동물의 조직 일부를 떼어 내 시험관에서 배양할 수 없을까 하고 생각해 왔다.
> ㅁ. 그러나 조직 그 자체의 배양은 그리 성공적이지 못했는데, 그 이유는 떼어 낸 조직의 안쪽에 위치한 세포들이 원활하지 않은 산소와 영양분의 공급으로 쉽게 사멸했기 때문이다.

① ㄷ-ㄴ-ㄱ-ㄹ-ㅁ　　② ㄷ-ㄹ-ㅁ-ㄴ-ㄱ
③ ㄹ-ㄷ-ㄴ-ㄱ-ㅁ　　④ ㄹ-ㅁ-ㄷ-ㄴ-ㄱ

문 8. 다음 글의 주장으로 가장 적절한 것은?

> 　물은 극성의 성질을 지니고, 기름은 비극성의 성질을 지녔는데, 성질이 다른 두 물질은 서로를 녹일 수 없기 때문에 섞이지 않는 것이다. 그런데, 물과 기름처럼 섞이지 않는 두 물질이 잘 섞이도록 도와주는 물질이 있다. 계면 활성제라 불리는 이 물질은 물로는 잘 제거되지 않는 기름 물질의 표면에 달라붙어 물과 기름 간의 경계를 허무는 역할을 한다. 계면 활성제를 활용한 제품으로는 비누, 샴푸, 합성 세제 등이 대표적이다.
> 　다만, 계면 활성제는 아무리 여러 번 씻어낸다고 하더라도 완전히 씻기지 않는다는 문제가 있다. 이로 인해 피부에 남은 계면 활성제는 염증을 발생시키거나 눈, 뇌, 심장 등에 쌓일 수도 있다. 그렇다고 모든 계면 활성제가 함유된 제품이 몸에 해로운 것은 아니다. 적정량의 계면 활성제를 사용할 경우 우리 몸에 해가 되지 않고도 잘 이용할 수 있으며, 요즘에는 식물에서 추출한 베이킹 소다, 구연산과 같은 천연 계면 활성제를 활용하면 우리 몸의 건강에도 이롭고 환경 오염도 막을 수 있다.

① 인체에 무해한 계면 활성제는 세척 효과가 미흡하다.
② 계면 활성제 활용 제품은 모두 환경 오염을 유발한다.
③ 기름을 제거할 수 있는 계면 활성제를 적절히 활용해야 한다.
④ 샴푸를 사용한 후에는 완전히 계면 활성제를 씻어 내어 피해를 예방해야 한다.

문 9. 밑줄 친 부분의 띄어쓰기가 옳은 것은?

① 네가 하고 싶은 대로 해라.
② 남자는 졸음을 참다참다 결국 책을 덮었다.
③ 그녀는 고국을 떠난 지 꼭 십 년만에 귀국했다.
④ 어찌나 고집이 센 지 우리의 말에 대꾸도 하지 않았다.

문 10. 다음 글의 ㉠~㉣에 대한 고쳐 쓰기 방안으로 적절하지 않은 것은?

> 　당뇨병은 소변에 당분이 많이 ㉠섞어 나오는 병으로, 탄수화물 대사를 조절하는 호르몬 단백질인 인슐린이 부족하여 생기게 된다. 당뇨병에 걸리면 소변량과 소변보는 횟수가 ㉡빈번해지고, 갈증이 나서 물을 많이 마시게 되며, 전신 권태가 따르는 한편 식욕이 좋아지는 특징이 있다. 당뇨병 환자는 혈당 조절에 어려움을 겪기 때문에 더운 날씨에 특히 취약한데, 고온으로 인해 갈증 정도가 심해지면 시원한 음료 혹은 과일을 찾아 혈당 수치가 쉽게 오를 수 있어 주의해야 한다. ㉢그래서 음식 섭취를 소홀히 하면 오히려 건강을 해칠 수 있으므로 평소 지키던 식생활을 잘 지키되 6가지 식품군을 골고루 섭취할 필요가 있다. 따라서 당뇨병 환자라면 당 지수가 높은 과일은 섭취를 자제하는 것이 좋다. ㉣다만, 수박, 참외, 복숭아, 포도와 같은 여름 제철 과일은 무기질과 비타민 흡수에 도움은 되지만 당 지수가 높아 당뇨병 환자에게는 문제가 될 수 있다.

① 문장의 표현이 자연스럽지 않으므로 ㉠을 '섞이어'로 수정한다.
② 문장 성분의 자연스러운 호응을 위해 ㉡을 '잦아지고'로 수정한다.
③ 앞뒤 문장의 맥락을 고려하여 ㉢을 '그렇지만'으로 수정한다.
④ 글의 흐름이 자연스럽지 않으므로 ㉣과 앞 문장의 순서를 바꾼다.

문 11. 다음 글에서 의인화하고 있는 대상은?

> 　국순(麴醇)의 자(字)는 자후(子厚)이다. … (중략) … 순(醇)의 기국(器局)과 도량은 크고 깊었다. 출렁대고 넘실거림이 만경창파(萬頃蒼波)와 같아 맑게 하여도 맑지 않고, 뒤흔들어도 흐리지 않으며, 자못 기운을 사람에게 더해 주었다. 일찍이 섭법사(葉法師)에게 나아가 온종일 담론할 때, 일좌(一座)가 모두 절도(絶倒)하였다.

① 돈　　　　　② 술
③ 국화　　　　④ 지팡이

문 12. 다음 보도 기사별 마무리 표현으로 적절하지 않은 것은?

보도 기사	마무리 표현
가뭄이 심각하다는 소식	㉠
원로 연예인의 부고 소식	㉡
천재지변으로 인한 사고 소식	㉢
피의자였던 사람이 억울한 누명을 벗었다는 소식	㉣

① ㉠: 국민 여러분도 절수에 적극적으로 참여해 주시면 좋겠습니다.
② ㉡: 비보를 접한 팬들의 애도가 이어졌습니다.
③ ㉢: 더 이상의 피해는 없기를 바라겠습니다.
④ ㉣: 참으로 비통한 일이 아닐 수 없습니다.

문 13. 다음 글에 대한 이해로 적절하지 않은 것은?

> 말뚝이: 내가 다름 아니라 우리 댁 샌님, 서방님, 도련님을 모시고 과거를 보러 가는데 산대굿 구경을 하다가 해 가는 줄 모르고 있다가 의막(依幕)을 못 정했다우.
> 쇠뚝이: 염려 마라, 정해 주마. (삼현(三絃)을 청하여 까끼걸음으로 장내를 돌다가 의막을 정하여 놓고서 말뚝이의 얼굴을 탁 친다. 삼현 중지.) 애! 의막을 정해 놓고 왔다. 혹시 그놈들이 담배질을 하더라도 아래윗간은 분명해야 하지 않겠느냐!
> 말뚝이: 영락없지!
> 쇠뚝이: 그래서 말뚝을 뺑뺑 돌려서 박고 띠를 두르고 문은 하늘로 냈다.
> 말뚝이: 그것 고래당 같은 기와집이로구나.
> 쇠뚝이: 영락없지.
> 말뚝이: 그 집을 들어가자면 물구나무를 서야겠구나.
> 쇠뚝이: 영락없지.
> 말뚝이: 애! 너하고 나하고 사귄 것이 불찰이지. 우리 댁 샌님을 들어 모시자.
> 쇠뚝이: 내야 무슨 상관있느냐. 대관절 너는 그 댁에 무어냐?
> 말뚝이: 나는 그 댁에 청직(廳直)일세. … (중략) …
> 쇠뚝이: 옳겠다. 그러면 그 양반들이 어데 있느냐?
> 말뚝이: 저기들 있으니 들어 모시자. (타령조. 까끼걸음으로 샌님 일행을 돼지 몰아넣듯 채찍질을 하면서 "두두." 한다. 삼현 중지.)
> 샌님: 말뚝아!
> 말뚝이: 네-이!
> 샌님: 이 의막을 누가 정했느냐?
> 말뚝이: 아는 친구 쇠뚝이가 정해 주었소. (쇠뚝이 앞이 가서) 애! 우리 댁 샌님이 이 의막을 누가 정했느냐 하기에 네가 정해 주었다고 했다. 그러니 우리 댁 샌님을 한번 뵈어라.
> 쇠뚝이: 내가 그러한 양반을 왜 뵈느냐?
> 말뚝이: 너 그렇지 않다. 이다음 우리 댁 샌님이 벼슬하면, 너 괜찮다! 혹시 청편지(晴片紙) 한 장 쓰더라도 괜찮다.
> 쇠뚝이: 그러면 네 말대로 뵙고 오마. 쳐라!
>
> 　　　　　　　　　　　　　　　- 작자 미상, 『양주 별산대놀이』 -

① 말뚝이와 쇠뚝이는 양반을 돼지처럼 취급하고 있군.
② 말뚝이와 쇠뚝이는 의막을 소재로 양반을 조롱하고 있군.
③ 말뚝이는 샌님 댁의 하인인 반면 쇠뚝이는 샌님 댁의 하인이 아니군.
④ 말뚝이는 제대로 된 의막에 샌님을 모시지 못한 것에 가책을 느끼고 있군.

문 14. 밑줄 친 단어와 바꿔 쓸 수 있는 한자어로 가장 적절한 것은?

　　① 기세가 <u>오른</u> 그들은 막무가내로 행동했다.
　　　　→ 引上한

　　② 빠르게 <u>오르는</u> 금리로 인해 가계가 어려워졌다.
　　　　→ 記載하는

　　③ 우리 집안은 남녀 모두를 족보에 <u>올렸다고</u> 한다.
　　　　→ 極盛했다고

　　④ 기차에 <u>오르기</u> 직전에 그가 사라졌다는 것을 알아챘다.
　　　　→ 搭乘하기

문 15. 다음 글의 배경에 대한 설명으로 적절하지 않은 것은?

> 1945년 8월 15일, 역사적인 날.
> 이날도 신기료장수 방삼복은 종로의 공원 건너편 응달에 앉아서 구두 징을 박으면서 해방의 날을 맞이하였다. 그러나 삼복은 감격한 줄도 기쁜 줄도 모르겠었다. 지나가는 행인이 서로 모르던 사람끼리면서 덥석 서로 껴안고 기뻐하고 눈물을 흘리고 하는 것이 삼복은 속을 모르겠고 차라리 쑥스러 보일 따름이었다. 몰려 닫는 군중이 오히려 성가시고, 만세 소리가 귀가 아파 이맛살이 찌푸려질 지경이었다.
> 몰려다니고 만세를 부르고 하기에 미쳐 날뛰느라고 정신이 없어, 손님이 없어, 손님이 부쩍 줄었다.
> "우랄질! 독립이 배부른가?"
> 이렇게 그는 두런거리면서 반감이 솟았다.
> 이삼 일 지나면서부터야 삼복에게도 삼복에게다운 해방의 혜택이 나누어졌다.
> 십 전이나 십오 전에 박아 주던 징을, 오십 전을 받아도 눈을 부라리는 순사를 볼 수 없었다. … (중략) …
> "옳아. 그렇다면 독립도 할 만한 건가 보다."
> 삼복은 징 열 개를 박아 주고 오 원을 받아 넣으면서 이렇게 속으로 중얼거리기까지 하였다.
> 그러나 며칠이 못 가서 삼복은 다시금 해방을 저주하여야 하였다. 삼복이 저 혼자만 돈을 더 받으며, 더 받아 상관이 없는 것이 아니라, 첫째 도가(都家)들이 제 맘대로 재료값을 올리던 것이었었다. 징, 가죽, 고무, 실 모두가 오 곱 십 곱 비싸졌다. 그러니 신기료장수는 손님한테 아무리 비싸게 받는댔자 재료를 비싼 값으로 사야 하니, 결국 도가만 살찌울 뿐이지 소득은 전과 크게 다를 것이 없었다.
> "이런 엠병헐! 그눔에 경제겐 다 어디루 가 뒈졌어. 독립은 우라 진다구 독립을 헌담."
> 그럭저럭 구월도 열흘이 되고, 서울 거리에는 미국 병정이 꼬마차와 함께 그득히 퍼졌다.
> 그 미국 병정들이, 거리를 구경하면서 혹은 물건을 사려면서, 말이 서로 통하지를 못하여 답답해하는 양을 보고 삼복은 무릎을 탁 쳤다.
>
> 　　　　　　　　　　　　　　- 채만식, 『미스터 방』 -

① 서울에서 일본어보다 영어가 통용되는 시기이다.
② 다수의 사람들이 독립의 기쁨을 누리는 시기이다.
③ 서울에 순사가 사라지고 미군의 숫자가 늘어나는 시기이다.
④ 경제 상황을 통제하는 대상이 사라져 혼란스러운 상황이 지속되는 시기이다.

문 16. 다음에 서술된 상황을 가장 적절하게 표현한 한자 성어는?

> 개인 정보 유출 사고가 발생한 A사가 개인 정보 파일을 암호화하지 않은 채 관리했다는 사실이 알려져 논란이다. 이에 대해 A사는 사고 이후 개인 정보 관리 방침과 네트워크 보안을 강화했다고 입장을 밝혔으나, 가입자들의 대규모 탈퇴 조짐이 감지되는 등 소비자들의 여론은 냉담하기만 하다.

① 亡羊補牢
② 切磋琢磨
③ 殺身成仁
④ 昏定晨省

문 17. 밑줄 친 부분에서 행위의 주체가 같은 것으로만 묶은 것은?

> 천지가 처음 열린 이후로 이곳에는 아직 나라 이름이 없었다. 그리고 또 임금과 신하의 칭호도 없었다. 이때 아도간·여도간·피도간·오도간·유수간·유천간·신천간·오천간·신귀간 등 아홉 간(干)이 있었다. 이 추장들이 ㉠ 백성들을 통솔했으니 모두 100호(戶)로서 7만 5천 명이었다. … (중략) …
>
> 그들이 살고 있는 북쪽 구지(龜旨)에서 무엇을 부르는 이상한 소리가 났다. 백성 2, 3백 명이 여기에 모였는데 사람의 소리 같기는 하지만 그 모양은 숨기고 소리만 내어 말했다.
>
> "여기에 사람이 있느냐" / 아홉 간이 말했다. / "우리들이 있습니다."
>
> 그러자 또 말했다. / "내가 있는 곳이 어디냐" / "구지입니다."
>
> ㉡ 또 말했다.
>
> "하늘이 나에게 명하기를 이곳에 나라를 새로 세우고 ㉢ 임금이 되라고 하였으므로 일부러 여기에 내려온 것이니, 너희들은 모름지기 산봉우리 꼭대기의 흙을 파면서
>
> 거북아 거북아[龜何龜何] / 머리를 내밀어라[首其現也]
>
> 만일 내밀지 않으면[若不現也] / 구워 먹겠다[燔灼而喫也]
>
> 라고 노래 부르면서 뛰며 춤을 추어라. 그러면 곧 대왕을 맞이하여 기뻐 뛰놀게 될 것이다."
>
> 아홉 간은 이 말을 좇아 모두 기뻐하면서 ㉣ 노래하고 춤추다가 얼마 안 되어 우러러 쳐다보니 다만 자줏빛 줄이 하늘에서 드리워져서 ㉤ 땅에 닿아 있었다. 그 줄의 끝을 찾아보니 붉은 보자기에 금으로 만든 상자가 싸여 있으므로 열어 보니 해처럼 둥근 황금 알 여섯 개가 있었다. 여러 사람들이 모두 놀라고 기뻐하여 함께 백배(百拜)하고 얼마 있다가 다시 싸안고 아도간의 집으로 돌아와 책상 위에 놓아두고 ㉥ 각기 흩어졌다.

① ㉠, ㉣
② ㉠, ㉥
③ ㉡, ㉢
④ ㉢, ㉤

문 18. 다음 글에서 추론한 내용으로 적절한 것은?

> 일본에서 시작된 1000원 숍은 우리나라에서도 인기가 매우 높다. 사람들이 1000원 숍을 이용하는 이유는 돈을 절약하기 위해서다. 물건을 사고 가게 문을 나서면 돈을 많이 절약했다는 뿌듯함을 느낀다. 실제로 대개는 절약이 이루어진다. 하지만 항상 그렇지는 않다.
>
> 1000원 숍에는 정말 깜짝 놀랄 만한 물건이 많다. 아무리 봐도 1000원보다는 더 값나가 보이는 물건들이다. 그야말로 '머스트 해브 아이템', '잇템'들이다.
>
> 반면에 그렇지 않은 물건도 많이 있다. 1000원 숍도 당연히 이윤을 추구하는 기업이다. 머스트 해브 아이템만 팔아서는 이윤을 많이 남기기 어렵고 시장에서 오래 버티기 힘들다. 일본에서 이루어진 연구에 의하면 1000원 숍의 이익률이 대형 마트보다 오히려 높다고 한다. 놀랍게도 1000원 숍이 대형 마트보다 이윤이 많이 남는 장사라는 뜻이다.
>
> 이는 이윤이 거의 남지 않는 물건(머스트 해브 아이템)과 이윤이 상당히 남는 물건을 적당히 섞어 놓는 전략 덕분이다. 다른 곳에서는 절대로 1000원에 살 수 없는 물건이 상당히 많지만 다른 곳에서 더 싸게 살 수 있는 물건도 적지 않다.

① 1000원 숍에서 판매되는 물건은 모두 대형 마트보다 저렴할 것이다.

② 1000원 숍은 인간의 소비 욕구를 자극하는 판매 전략을 취한 것이다.

③ 1000원 숍에서 물건을 구매하는 행위가 오히려 비합리적인 소비일 수 있다.

④ 1000원 숍의 이윤의 대부분은 '머스트 해브 아이템'의 판매에서 비롯될 것이다.

문 19. 다음 글의 주장으로 가장 적절한 것은?

> 현재 우리나라에서는 약국이 영업을 하지 않는 시간에 편의점에서 의약품을 구입할 수 있지만, 미국이나 일본에 비하면 그 종류가 다양하지 않은 편이다. 미국은 소비자의 접근성을 고려해 의사 처방전이 필요 없는 모든 일반 의약품을 편의점에서 판매할 수 있도록 하고 있다. 일본 역시 편의점에서 약 2,000개의 의약품을 판매할 수 있으며, 현재 그 수를 1만 개 정도로 늘리는 방안도 검토 중이다. 우리나라에도 당번 약국과 심야 약국이 존재하지만, 사고가 나거나 갑작스럽게 심한 통증을 느낄 경우 이러한 약국을 찾는 일이 결코 쉽지 않다는 점에서 편의점 내 의약품 판매는 좋은 평가를 받고 있다. 그러나 판매 가능한 의약품의 종류가 너무 한정적이기 때문에 불편을 겪는 사람이 많았고, 이 때문에 편의점의 의약품 판매는 실효성이 다소 낮은 실정이다.

① 편의점에서 판매 가능한 의약품의 종류를 늘려야 한다.

② 의사의 처방전이 필요한 약도 편의점에서 취급해야 한다.

③ 약국이 영업을 할 때도 편의점에서 의약품을 판매해야 한다.

④ 의약품에 대한 접근성이 높아지면 약물 오남용 문제가 발생한다.

문 20. 다음 글을 통해 추론할 수 없는 것은?

> 연애심리학의 연구들을 살펴보면, 연애를 오래 하는 데 미치는 결정적인 심리는 '귀인(attribution) 과정'과 관련이 있다. 귀인 과정이란, 무슨 일이 일어나게 된 원인을 찾는 마음의 과정이다. 사람은 어떤 일을 성공하게 되면 어떻게 해서 성공할 수 있었는지 그 원인을 알고 싶어 한다. 실패를 했을 때도 마찬가지다. 사회심리학에서는 이처럼 무슨 일이 일어나게 된 원인을 찾는 마음의 과정을 '귀인 과정'이라고 부르고 있다.
>
> 이러한 귀인 과정에서 사람들은 무슨 일이 일어나게 된 원인을 자신의 성격이나 능력 등 내적 요인에서 찾기도 하고, 운이나 상황 등의 외부적 요인에서 찾기도 한다. 원인을 내적 요인에서 찾는 것을 '내적 귀인', 외부적 요인에서 찾는 것을 '외적 귀인'이라고 부른다. … (중략) …
>
> 이러한 귀인 스타일에 따라 사람들은 크게 '외적 귀인형'과 '내적 귀인형'으로 나눌 수 있다. 내적 귀인형은 한마디로 모든 것을 "내 탓이오"라고 하는 사람이고, 외적 귀인형은 스스로의 잘못을 인정하지 않으려는 핑계쟁이라고 보면 된다.
>
> 연애가 오래가는 대부분의 사람들은 내적 귀인형이다. 연애 관계가 어느 정도 발전하다 보면 트러블이 생기기 마련이다. 대개의 경우 사소한 일로 트러블이 생기는데, 이 트러블을 소홀하게 생각했다가는 결국 헤어지는 경우도 많다.

① 현상의 원인을 찾는 과정에 따라 연애 유지 기간이 결정될 수 있다.

② 내적 귀인형인 사람이 외적 귀인형인 사람보다 자아 성찰을 하는 경향이 있다.

③ 외적 귀인형인 사람은 내적 귀인형인 사람보다 타인의 외적 변화를 빠르게 인지한다.

④ 연애를 길게 유지한 사람들은 연애 관계에서 발생한 문제를 스스로의 잘못으로 생각할 가능성이 크다.

※ 쉬는 시간 없이, 실제 시험처럼 곧바로 영어 문제를 풀어 보세요.

영　어

제한 시간: 27분 | 시작 ___시 ___분 ~ 종료 ___시 ___분

문 1. 밑줄 친 부분의 의미와 가장 가까운 것은?

Internet users often come across inaccurate information, so research is needed to test the veracity of online claims.

① salience
② authenticity
③ endurance
④ imprecision

※ 밑줄 친 부분에 들어갈 말로 가장 적절한 것을 고르시오.
[문 2. ~ 문 4.]

문 2.

People who practice asceticism strive to live a simple life, adopting a frugal lifestyle and avoiding unnecessary luxuries and many modern _____.

① conveniences
② installments
③ judgements
④ achievements

문 3.

In recent years, automobile manufacturers have touted electric vehicles as the solution to the pollution problems caused by the traditional internal combustion engine. However, there are two major _____ to their adoption as a viable alternative: their cost and limited range. Electric vehicles are generally priced $10,000 to 20,000 more than their fossil-fuel-burning counterparts, but they cannot travel as far due to the limitations of current battery technology.

① adjustments
② hurdles
③ solutions
④ improvements

문 4.

Governments around the world are attempting to lessen the impact of the inflation that has swept the globe. After surveying the situation, many central banks are raising interest rates, a policy move _____ reducing the amount of money in circulation in the economy.

① compared with
② delivered by
③ attributed to
④ aimed at

문 5. 밑줄 친 부분의 의미와 가장 가까운 것은?

When learning a language, one must be aware of the nuances of the words that are used, as some harmless terms can have negative connotations in certain cases. To do this, one should study the various usages of potentially taboo words so as not to offend.

① entice
② confuse
③ conflate
④ insult

※ 우리말을 영어로 잘못 옮긴 것을 고르시오. [문 6. ~ 문 7.]

문 6. ① 나는 창문을 열었을 때 개가 짖는 소리를 들었다.
→ I heard a dog barked when I opened the window.
② 그는 사람들 앞에서 말하기를 주저했다.
→ He was hesitant to speak in public.
③ 그 기계공은 자동차를 수리하느라 바쁘다.
→ The mechanic is busy repairing the car.
④ 새끼 새들은 매 두시간마다 한 번씩 먹어야 한다.
→ The baby birds must eat every two hours.

문 7. ① 그 요리사는 그녀의 주방을 고급 장비로 개조했다.
→ The chef had her kitchen renovated with high-quality equipment.
② 그 선생님은 그의 학생들이 그들의 과제를 끝낸 후에 게임을 하도록 허락해주었다.
→ The teacher let his students play games after finishing their work.
③ 그녀는 아이들이 저녁 식사 전에 그들의 집안일을 모두 끝마치게 했다.
→ She made her children complete all their chores before dinner.
④ 그 학교는 자선 행사에 강당을 사용하도록 했다.
→ The school let the auditorium used for the charity event.

문 8. 어법상 옳은 것은?

① On heard the song, she had vivid memories of her childhood.

② I bought my father a quite expensive wallet for his birthday.

③ They tried their best and without a doubt achieved their goals.

④ Denatured alcohol contains compounds that make it taste bitterly.

문 9. 다음 글의 제목으로 가장 적절한 것은?

The term "augmented reality" refers to cybernetic information systems in which virtual elements are integrated with the outside environment. Augmented reality provides users with information about what is going on around them. Generally, this occurs through the use of smartphones, virtual-reality headsets, or other screens. Through these devices, information is overlaid onto real-world sights. A basic example of this is the "heads-up displays" found in many automobiles today. These systems display information on the windscreen in the line of sight of the driver, allowing them to see their speed, directions, and other information while still looking at the road in front of them. It is also the basis of the popular game Pokémon Go, in which virtual characters are displayed over the images captured by the smartphone's camera.

※ cybernetic: 인공두뇌의, 사이버네틱스의

① Augmented Reality Versus Virtual Reality

② Processing Real-World Information

③ Integrating the Real-World and Virtual Elements

④ How Heads-up Displays in Automobiles Work

문 10. 주어진 글 다음에 이어질 글의 순서로 가장 적절한 것은?

The art world and those concerned about the rapidly changing environment recently had a series of run-ins that left the general public shocked.

(A) These seemingly senseless acts baffled many onlookers, but they ultimately proved themselves to be effective, as the potentially destructive actions drew international attention and allowed the protesters to get their message that the environment is suffering at the hands of multinational corporations, such as petroleum producers, out to an international audience of millions.

(B) A group of student activists from an organization known as Last Generation have begun smearing famous works of art with food and gluing themselves to museum walls as a means of calling attention to the disastrous impact that climate change is having on the world, starting with covering the Mona Lisa in cake and continuing with other world-famous pieces from Van Gogh, Vermeer, Picasso, and Raphael, among others.

(C) Obviously, the activists recognized that there would be backlash when the world learned of their attacks on famous art, but they also knew that it presented an opportunity to encourage people to "extend the sense of protectiveness and defensiveness they felt toward the Van Gogh painting to life on Earth."

① (A) − (C) − (B)　　② (B) − (A) − (C)

③ (B) − (C) − (A)　　④ (C) − (A) − (B)

문 11. 밑줄 친 부분에 들어갈 말로 가장 적절한 것은?

A: How was your break?

B: Pretty good. I finally had time to finish working on a craft project.

A: What did you make?

B: A scale model of Monticello. It's right over there.

A: That's amazing! _____

B: About a week. There were a lot of details to finish.

① How did you get started on it?

② How did you learn about it?

③ How long did it take?

④ How many pieces are in it?

문 12. 두 사람의 대화 중 가장 어색한 것은?

① A: It seems like rent has gone up a lot recently.

　　B: Yes, everything costs an arm and a leg now.

② A: You've gotten much better at tennis since we last played.

　　B: The ball is in your court now.

③ A: I thought you were too tired to come to the party.

　　B: I was, but I got a second wind.

④ A: Was it hard to find a replacement for the broken platter?

　　B: No, not at all. They're a dime a dozen.

문 13. 다음 글의 내용과 일치하지 않는 것은?

Online communication has grown in popularity recently, with nearly 60 percent of people now saying they prefer digital communication to voice communication. However, this new form of interacting may not be as effective, as it leaves more things up for interpretation. When chatting, emailing, or sending online messages, one does not enjoy the benefit of other context clues that are available when speaking to someone. If having a conversation verbally, either in person or over the phone, one can pick up on the speaker's tone, inflection, and general demeanor, all of which can affect understanding of the words being used. In addition, online communication is usually considered "colder" than actually speaking to someone, limiting the propriety of its usage in some cases. For topics that are sensitive, or likely to elicit strong emotions, such as informing someone of an accident or the loss of their job, it is generally considered inappropriate and disrespectful to utilize online communication methods. On the other hand, when exchanging neutral, direct information, it may be better than verbal communication, as online communication can quickly deliver the gist, without the time-consuming aspects of discussing things verbally.

① 온라인 통신은 오늘날 다수의 사람들이 선호하는 방식이다.

② 말로 이루어지는 통신은 그것을 더 효과적으로 만드는 맥락 단서들을 포함한다.

③ 민감한 메시지를 온라인 통신상에서 전달하는 것은 때때로 무례해 보일 수 있다.

④ 누군가에게 직접 말하는 것은 디지털 메시지를 쓰는 것보다 더 빠르게 요점을 전달할 수 있다.

문 14. 다음 글의 흐름상 적절하지 않은 문장은?

Socrates, the ancient Greek philosopher, lived a life of contemplation, attempting to understand the world. However, the great thinker and teacher rarely reached any conclusions about anything that he was studying. ① Socrates was famous for training another renowned Greek philosopher, Plato. ② Rather than definitively answering questions about topics with which he was presented, Socrates insisted on asking more questions about them. ③ The philosopher believed that with each successive question, one became closer to the truth. ④ But once he arrived at a point that seemed like he had reached a conclusion, Socrates would ask a question that undermined it and restart the questioning process. This is because, according to the Socratic method, it is through examination that one learns, not through conclusions.

문 15. 어법상 옳지 않은 것은?

① The text of the mayor's speech was published in most of the city's newspapers.

② Symptoms of the disease can be last for up to six months.

③ The tentacled butterfly ray was presumed to be extinct for many years.

④ Unexpected changes in global weather patterns are of great importance to scientists.

※ 밑줄 친 부분에 들어갈 말로 가장 적절한 것을 고르시오.
[문 16. ~ 문 17.]

문 16.

The COVID-19 pandemic had a major impact on the Caribbean nation of Antigua and Barbuda, which ＿＿＿＿＿＿ tourism to ensure its economic stability. Due to lockdowns and travel restrictions, the economy shrank by more than 20 percent in 2020. This slowdown negatively affected every other aspect of life in the idyllic islands. According to Prime Minister Philip Joseph Pierre, the pandemic "seems to have slowed down everything but the deterioration of our beloved planet Earth."

① sets off　　　　　　② banks on

③ picks up　　　　　　④ leaves out

문 17.

The rise of social media in the mid-2000s turned the advertising industry on its head and caused companies to seek new ways to improve their customer _____. Gone are the days of being able to create advertisements that customers passively consume while reading periodicals or watching TV. Modern advertisements are now made with an eye toward going viral and spreading across social media sites from one user to another. Often this results in untraditional methods, such as paying influencers to use and tout a product or creating videos and pictures that will entertain the sites' users and prompt them to share them with their friends.

① feedback　　　　　② service
③ engagement　　　　④ acquisition

문 18. 다음 글의 요지로 가장 적절한 것은?

"If you're in the luckiest 1 percent of humanity, you owe it to the rest of humanity to think about the other 99 percent," says Warren Buffett, chairman of Berkshire Hathaway and the world's fifth richest person. This is the fundamental tenet of *noblesse oblige*, a term that literally means "the obligation of the noble." According to this concept, rather than just enjoying the spoils of their position, those with power must recognize their privilege and do good for others. For some wealthy individuals, this sense of civic responsibility has resulted in donations to charity groups, hospitals, and educational facilities—gifts which assist those in need and improve society's overall condition. In keeping with this concept, Buffett has signed "The Giving Pledge," promising to donate 99 percent of his wealth to causes that benefit others.

① We should work together to improve society.
② Elites should give back to their communities.
③ Everyone should recognize that they have some privilege.
④ Charitable groups should concentrate on education.

문 19. (A)와 (B)에 들어갈 말로 가장 적절한 것은?

The Greek philosopher Epicurus believed that the greatest way to live was through enjoying the pleasures of life, with peace of mind being the greatest of these. In contemplating such pleasures, Epicurus divided them into two overall categories: those of the body, like enjoying delicious food, and those of the mind, like fearlessness and joy. At a basic level, the desire for these makes Epicureanism a form of hedonism. ___(A)___, Epicurus advocated for a simple life that included avoiding overindulgence, which could lead to problems later. Full-on hedonism, ___(B)___, is solely concerned with attaining instant gratification of one's desire for pleasure.

　　　(A)　　　　　　(B)
① Nonetheless　　　in summary
② However　　　　on the other hand
③ Moreover　　　　of course
④ Instead　　　　　for instance

문 20. 주어진 문장이 들어갈 위치로 가장 적절한 것은?

Yoga also offers various mental health perks.

Why has yoga, which was once limited to the Indian subcontinent, become so popular around the world? Most likely for the many benefits it offers. (①) It helps increase muscle tone and strength as well as overall flexibility—all of which improve performance in other physical activities. (②) It helps relax the mind; concentrating on one's breathing and movement wipes out stressful thoughts and helps one think more clearly. (③) Furthermore, attempting to recreate and hold specific poses requires focus, which makes yoga an excellent tool for improving one's concentration and mental sharpness. (④) According to addiction treatment specialists, yoga can also help those who are struggling with substance abuse and addiction problems—the slow, methodical movements distract the mind and can reduce cravings.

※ 쉬는 시간 없이, 실제 시험처럼 곧바로 한국사 문제를 풀어 보세요.

한 국 사

제한 시간: 15분 | 시작 ___시 ___분 ~ 종료 ___시 ___분

문 1. 다음 사건이 발생한 왕의 재위 기간에 있었던 사실로 옳은 것은?

> 우산국은 명주의 정동쪽 바다에 있는 섬으로, 혹은 울릉도라고
> 도 부른다. 땅은 사방 100리인데, 지세가 험한 것을 믿고 복종하
> 지 않았다. 이찬 이사부가 하슬라주 군주가 되어 이르기를, "우
> 산국 사람들은 어리석고도 사나워서 힘으로는 다루기 어렵지만,
> 꾀를 쓰면 굴복시킬 수 있다."라고 하였다. 이에 나무로 사자 모형
> 을 많이 만들어 전선에 나누어 싣고 그 나라 해안에 이르러 거짓
> 으로 알리기를, "너희들이 만약 항복하지 않는다면, 곧 이 맹수
> 를 풀어서 밟아 죽이겠다."라고 하였다. 이에 우산국의 사람들이
> 몹시 두려워 곧바로 항복하였다.

① '건원'이라는 연호를 사용하였다.
② 사방에 우역을 처음으로 두었다.
③ 시장 감독 관청인 동시전을 설치하였다.
④ 화랑도를 국가적인 조직으로 개편하였다.

문 2. 다음 헌법이 시행된 시기에 있었던 사실로 옳은 것은?

> 제39조 대통령은 통일 주체 국민회의에서 토론 없이 무기명 투
> 　　　표로 선거한다.
> 제53조 대통령은 천재·지변 또는 중대한 재정·경제상의 위기에
> 　　　처하거나, 국가의 안전 보장 또는 공공의 안녕질서가 중
> 　　　대한 위협을 받거나 받을 우려가 있어, 신속한 조치를
> 　　　할 필요가 있다고 판단할 때에는 내정·외교·국방·경제·
> 　　　재정·사법 등 국정 전반에 걸쳐 필요한 긴급 조치를 할
> 　　　수 있다.

① 국민 교육 헌장이 선포되었다.
② 부·마 민주 항쟁이 일어났다.
③ 평화 통일론을 주장한 조봉암이 처형되었다.
④ 전국 민주 노동 조합 총연맹이 결성되었다.

문 3. 고대의 고분에 대한 설명으로 옳은 것을 모두 고른 것은?

> ㉠ 천마총은 천마도가 발견된 굴식 돌방무덤이다.
> ㉡ 무령왕릉은 중국 남조의 영향을 받은 벽돌무덤이다.
> ㉢ 사신도가 그려진 강서 대묘는 돌무지무덤으로 축조되었다.
> ㉣ 육정산 고분군에 위치한 정혜 공주 묘는 모줄임 천장 구조를
> 　하고 있다.

① ㉠, ㉢
② ㉠, ㉣
③ ㉡, ㉢
④ ㉡, ㉣

문 4. 다음 상황 이후에 일어난 사실로 옳지 않은 것은?

> 위만은 망명자의 무리를 꾀어내어 무리가 점차 많아지자, 이에 사
> 람을 보내 준왕에게 거짓으로 알리기를 '한나라의 군대가 10개
> 의 길로 쳐들어오니, 들어가 숙위하기를 청합니다.'라고 하고, 마
> 침내 돌아와 준왕을 공격하였다. 준왕은 위만과 싸웠지만 상대
> 가 되지 못하였다.

① 고조선 지역에 한나라의 창해군이 설치되었다.
② 8조에 불과하던 법 조항이 60여 개로 늘어났다.
③ 연나라 장수 진개의 침입으로 영토를 상실하였다.
④ 고조선이 군대를 보내 요동동부도위 섭하를 살해하였다.

문 5. (가) 인물에 대한 설명으로 옳은 것은?

> ⌐(가)⌐은/는 왕에게 빨리 궁궐을 벗어나 강화도로 가자
> 고 요청하였지만, 왕은 미적거리고 결정하지 못하였다. ……
> ⌐(가)⌐은/는 사신을 여러 도(道)에 보내 산성과 해도(海島)로
> 백성들을 이주시켰으며 강화도로 수도를 옮겼다. 이에 왕이 천도
> 한 공을 논하여 진양후로 책봉하였다.

① 천민 출신으로 김보당의 난 때 의종을 시해하였다.
② 문신들의 숙위 기구인 서방을 설치하였다.
③ 보현원에서 정변을 일으켜 정권을 장악하였다.
④ 교정도감이라는 기구를 설치하고 교정별감이 되었다.

문 6. (가) 시기의 사실로 옳은 것은?

> 일제는 헌병 경찰제를 시행하여 헌병이 일반 경찰의 업무까지 간
> 여하고 담당하도록 하였다. 헌병 경찰은 정식 법 절차나 재판을
> 거치지 않고 한국인에게 벌금이나 구류 등의 처분을 내릴 수 있
> 었다. 또한 일제는 조선 태형령을 제정하여 한국인에게만 태형을
> 적용하였는데, 이는 위압적인 ⌐(가)⌐ 시기의 모습을 보여준다.

① 매일 아침마다 궁성요배를 강요하였다.
② 도 평의회와 부·면 협의회 등이 설치되었다.
③ 동아일보, 조선일보 등의 한글 신문이 폐간되었다.
④ 관리뿐만 아니라 교사도 제복을 입고 칼을 착용하였다.

문 7. 고려의 중앙 정치 조직에 대한 설명으로 옳지 않은 것은?

① 어사대는 관리를 규찰·탄핵하는 언관의 역할을 맡았다.
② 삼사는 화폐와 곡식의 출납에 대한 회계를 담당하였다.
③ 도병마사는 고려의 독자적인 기구로 국방 문제를 논의하였다.
④ 상서성은 최고의 관서로, 그 장관인 문하시중이 국정을 총괄
　하였다.

문 8. 밑줄 친 '회의'에 대한 설명으로 옳은 것은?

> 베이징 방면의 인사는 분열을 통탄하며 통일을 촉진하는 단체를 출현시키고 상하이 일대의 인사는 이를 고려하여 개혁을 제창하고 있다. …… 근본적 대해결로써 통일적 재조를 꾀하여 독립운동의 신국면을 타개하려고 함에는 다만 민의뿐이므로 이에 회의의 소집을 제창한다.

① 창조파와 개조파가 서로 대립하였다.
② 박은식을 제2대 대통령으로 선출하였다.
③ 민족 혁명당이 임시 정부에 참여하는 배경이 되었다.
④ 파리 강화 회의에 김규식을 파견하는 것이 논의되었다.

문 9. 다음과 같이 주장한 인물에 대한 설명으로 옳은 것은?

> 천체가 운행하는 것이나 지구가 자전하는 것은 그 세가 동일하니, 분리해서 설명할 필요가 없다. 다만, 9만 리의 둘레를 한 바퀴 도는 데 이처럼 빠르며, 저 별들과 지구와의 거리는 겨우 반경(半徑)밖에 되지 않는데도 몇 천만 억의 별들이 있는지 알 수 없다. 하물며 천체들이 서로 의존하고 상호 작용하면서 이루고 있는 우주 공간의 세계 밖에도 또 다른 별들이 있다.

① 나라를 좀먹는 여섯 가지의 사회 폐단을 지적하였다.
② 『열하일기』에서 선박과 수레의 이용을 강조하였다.
③ 신분에 따라 토지를 차등 있게 분배할 것을 주장하였다.
④ 『임하경륜』에서 양반들도 생산 활동에 종사할 것을 주장하였다.

문 10. 다음의 경제 조치에 대한 설명으로 옳은 것은?

> 상태가 매우 좋은 갑종 백동화는 개당 2전 5리의 가격으로 새 돈으로 바꾸어 주고, 상태가 좋지 않은 을종 백동화는 개당 1전의 가격으로 정부에서 사들이며, 팔기를 원치 않는 자에 대해서는 정부가 절단하여 돌려준다. 다만, 모양과 질이 조잡하여 화폐로 인정하기 어려운 병종 백동화는 사들이지 않는다.

① 전환국의 주도로 시행되었다.
② 한국 상인들이 경제적으로 큰 타격을 받았다.
③ 조병식이 방곡령을 선포하는 계기가 되었다.
④ 대한천일은행이 중앙 은행의 역할을 하게 되었다.

문 11. (가)에 대한 설명으로 옳은 것은?

> 글 잘하고 절의를 가진 선비들이 조정으로 모여들었다. …… 그때에 여러 왕자들이 다투어 빈객들을 맞아들였는데, 문인과 재주가 뛰어난 사람들이 모두 안평 대군에게 의탁하여 (가) 에게는 이들보다 나은 인재들이 없었다. 한명회가 (가) 을/를 찾아가 신임을 얻게 되자 은밀하게 계책을 올리기를, "세상에 변고가 있을 때에는 문인들이 쓸모가 없으니 모름지기 무사들과 결탁하소서."라고 하였다.

① 경복궁의 이궁으로 창덕궁을 건립하였다.
② 성균관에 존경각을 짓고 서적을 소장하게 하였다.
③ 역법서인 『칠정산』 내외편을 편찬하였다.
④ 현직 관리에게만 수조지를 지급하는 직전법을 시행하였다.

문 12. 다음 건의문이 결의된 시기를 연표에서 옳게 고른 것은?

> 1. 외국인에게 의지하지 말고 관민이 한마음으로 힘을 합하여 전제 황권을 견고하게 할 것
> 2. 외국과의 이권에 관한 조약은 각 대신과 중추원 의장이 합동 날인하여 시행할 것
> ⋮
> 5. 칙임관을 임명할 때에는 정부의 자문을 받아 다수의 의견에 따를 것
> 6. 정해진 규정을 실천할 것

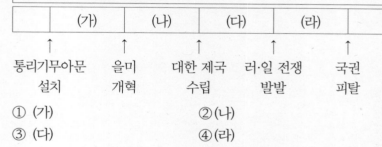

	(가)	(나)	(다)	(라)	
↑	↑	↑	↑	↑	
통리기무아문 설치	을미 개혁	대한 제국 수립	러·일 전쟁 발발	국권 피탈	

① (가) ② (나)
③ (다) ④ (라)

문 13. 통일 신라의 경제 상황에 대한 설명으로 옳지 않은 것은?

① 어아주, 조하주 등 고급 비단을 생산하여 당나라에 보냈다.
② 건원중보, 해동통보, 은병 등과 같은 화폐를 만들어 사용하였다.
③ 울산항이 국제 무역항으로 번성하여 아라비아 상인들도 왕래하였다.
④ 귀족들이 외국에서 수입한 비단, 양탄자, 유리 그릇 등 사치품을 사용하였다.

문 14. (가) 시기에 있었던 사실로 옳은 것은?

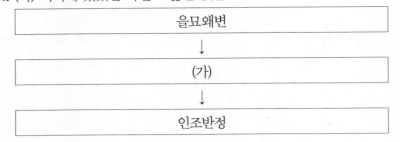

① 최세진이 『훈몽자회』를 편찬하였다.
② 외척 간의 갈등으로 을사사화가 일어났다.
③ 정여립 모반 사건으로 많은 동인이 처형당하였다.
④ 청이 군신의 관계를 맺을 것을 요구하며 침입하였다.

문 15. 다음 문서에 대한 설명으로 옳은 것은?

> 연합국의 목적은 일본국으로부터 제1차 세계 전쟁 이후 일본이 탈취하고 또는 점령한 태평양의 도서를 일체 박탈할 것과 만주·타이완 및 펑후 제도와 같이 일본이 중국으로부터 훔친 일체의 지역을 중화 민국에 반환함에 있고 …… 조선 인민의 노예 상태에 유의하여 적당한 시기에 조선이 자유 독립할 것을 결의한다.

① 일본에 무조건 항복을 요구하였다.
② 소련이 대일전에 참전할 것을 결정하였다.
③ 미국, 영국, 중국의 정상이 모여 회담을 한 후 발표되었다.
④ 4개국이 최고 5년간 한국을 신탁 통치할 것을 명시하였다.

문 16. 조선 시대에 편찬된 서적과 관련된 설명으로 옳은 것을 모두 고른 것은?

> ㉠ 『동국통감』: 고조선부터 고려 말까지의 역사를 정리한 역사 서이다.
> ㉡ 『고려사절요』: 김종서 등이 고려 시대의 역사를 편년체로 기록한 역사서이다.
> ㉢ 『만기요람』: 국왕의 정사에 참고하도록 정부 재정과 군정의 내역을 정리하였다.
> ㉣ 『오주연문장전산고』: 이익이 천지·인사·만물·경사·시문 등 5개 부문으로 나누어 정리하였다.

① ㉠, ㉢
② ㉡, ㉣
③ ㉠, ㉡, ㉢
④ ㉠, ㉢, ㉣

문 17. 밑줄 친 '왕' 재위 시기의 사실로 옳은 것은?

> 거란군이 귀주를 지나자 강감찬 등이 동쪽에서 맞아 싸웠다. …… 고려군이 공격하니, 거란군이 북으로 도망치기 시작하였다. 거란군의 시신이 들판에 널렸고, 사로잡은 포로와 획득한 말, 낙타, 갑옷 무기는 헤아릴 수 없었다. 거란군이 패한 것이 이보다 심한 적이 없었다. …… 강감찬이 개선하여 빼앗아 온 것을 바치니 왕이 친히 맞이하여 연회를 베풀었다.

① 개경에 현화사 7층 석탑이 건립되었다.
② 12목을 설치하고 지방관을 파견하였다.
③ 청연각과 보문각이 설치되었다.
④ 국가의 수입 증대를 위해 주현공부법을 처음 실시하였다.

문 18. 다음 자료에 나타난 의병 운동에 대한 설명으로 옳은 것은?

> 오늘 병사를 일으키려는 것은 국모의 원수를 갚으려는 것이다. 대개 어머니의 원수를 갚기 위해 아버지의 군사를 부리는 것은 떳떳한 이치이며 대의이다. 만약에 아들이 어머니의 원수가 있으면 아버지의 명을 기다린 후 복수한다고 한다면 이것이 어찌 아들이 어머니의 원수를 갚는 것이겠는가? 지아비도 지어미의 원수를 갚는 것이다.

① 충남 정산에서 민종식이 의병을 일으켰다.
② 해산된 군인들이 합류하여 전투력이 강화되었다.
③ 13도 창의군을 결성하여 서울 진공 작전을 전개하였다.
④ 유인석, 이소응 등 위정척사 사상을 가진 유생들이 주도하였다.

문 19. 다음 글의 저자에 대한 설명으로 옳은 것을 모두 고른 것은?

> 무릇 동양의 수천 년 교화계에서 바르고 순수하며 광대 정밀하여 많은 성현들이 전해주고 밝혀 준 유교가 끝내 인도의 불교와 서양의 기독교와 같이 세계에 대발전을 하지 못함은 어째서이며 …… 그 원인을 탐구하여 말류를 추측하니 유교계에 3대 문제가 있는지라.

> ㉠ 민족 정신으로 '낭가 사상'을 강조하였다.
> ㉡ 태백광노 또는 무치생이라는 별호를 사용하였다.
> ㉢ 『한국통사』, 『한국독립운동지혈사』를 저술하였다.
> ㉣ 「조선 민족의 진로」라는 글에서 '연합성 신민주주의'를 제창하였다.

① ㉠, ㉡
② ㉠, ㉣
③ ㉡, ㉢
④ ㉢, ㉣

문 20. 1930년대 전개된 항일 독립운동으로 옳지 않은 것은?

① 한국 독립군이 동경성 전투에서 일본군에 승리하였다.
② 동북 항일 연군 내 한인들이 조국 광복회를 결성하였다.
③ 중국 관내에서 무장 단체인 조선 의용대가 조직되었다.
④ 대한 애국 청년당의 조문기 등이 경성 부민관 의거를 일으켰다.

시험일: _____ 년 _____ 월 _____ 일

공무원 9급 공개경쟁채용 필기시험

제1회
공통과목 통합 모의고사

응시번호

성명

※ 국어·영어·한국사 문제를 제한 시간 57분 동안, 실제 시험처럼 한 번에 풀어 보세요. 각 과목의 제한 시간은 시험지 왼쪽 상단에 표기되어 있습니다.
 (*실제 시험에서는 국어·영어·한국사·전문 과목 2과목을 100분 동안 한 번에 풀어야 합니다.)

제1과목	국어	제2과목	영어	제3과목	한국사
제4과목	행정법총론	제5과목	행정학개론		

응시자 주의사항

1. **시험시작 전 시험문제를 열람하는 행위나 시험종료 후 답안을 작성하는 행위를 한 사람**은 「공무원 임용시험령」 제51조에 의거 **부정행위자로** 처리됩니다.

2. **답안지 책형 표기는 시험시작 전** 감독관의 지시에 따라 **문제책 앞면에 인쇄된 문제책형을 확인**한 후, 답안지 책형란에 해당 책형(1개)을 '●'로 표기하여야 합니다.

3. **답안은 문제책 표지의 과목 순서에 따라 답안지에 인쇄된 순서에 맞추어 표기**해야 하며, 과목 순서를 바꾸어 표기한 경우에도 문제책 표지의 과목 순서대로 채점되므로 유의하시기 바랍니다.

4. 시험이 시작되면 문제를 주의 깊게 읽은 후, **문항의 취지에 가장 적합한 하나의 정답만을 고르며**, 문제내용에 관한 질문은 할 수 없습니다.

5. **답안을 잘못 표기하였을 경우에는 답안지를 교체하여 작성하거나 수정할 수 있으며**, 표기한 답안을 수정할 때는 **응시자 본인이 가져온 수정테이프만을 사용**하여 해당 부분을 완전히 지우고 부착된 수정테이프가 떨어지지 않도록 손으로 눌러주어야 합니다. **(수정액 또는 수정스티커 등은 사용 불가)**

6. **시험시간 관리의 책임은 응시자 본인에게 있습니다.**
 ※ 문제책은 시험종료 후 가지고 갈 수 있습니다.

정답공개 및 이의제기 안내

1. 정답공개 일시 : 정답 가안 ▶ 시험 당일 13:00 / 최종 정답 ▶ 필기시험일 9일 후(월) 18:00

2. 정답공개 방법 : 사이버국가고시센터(www.gosi.kr) ▶ [시험문제/정답 → 문제/정답 안내]

3. 이의제기 기간 : 시험 당일 18:00 ~ 필기시험일 3일 후 18:00

4. 이의제기 방법
 · 사이버국가고시센터(www.gosi.kr) ▶ [시험문제/정답 → 정답 이의제기]
 · 구체적인 이의제기 방법은 정답 가안 공개 시 공지

📠 해커스공무원

국 어

제한 시간: 17분 | 시작 ___시___분 ~ 종료 ___시___분

문 1. 다음 중 올바른 우리말 표현은?

① (직장 상사에게) 한 해 동안 수고 많으셨습니다.
② (아내가 남편에게) 자기야, 오늘 저녁은 나가서 먹을까?
③ (손주에게) 민아야, 얼른 가서 어머니 좀 오시라고 해라.
④ (직장에 전화를 걸어) 안녕하십니까? 김경호 씨 좀 바꿔 주시겠습니까?

문 2. 다음 글의 논지 전개 방식으로 적절하지 않은 것은?

현대 사회를 흔히 정보화 사회라고 한다. 정보화 사회란 정보가 유력한 자원이 되고 정보의 가공과 처리에 의한 가치의 생산을 중심으로 사회나 경제가 운영되고 발전되어 가는 사회이다. 그 동안 사회학자들은 정보를 많이 갖게 될수록 주체적인 생활을 할 수 있을 것이라고 예상해 왔다. 그러나 점점 더 많은 양의 정보가 제공될수록, 사람들은 정보를 평가하기를 포기하고 몇몇 사람이 내린 평가에 의존하게 되었다. 즉 급격히 증가한 정보와 지식에 대한 접근 권한이 오히려 인지적 자율성을 빼앗아 가고 있는 것이다. 이는 문제를 풀다가 모르는 부분이 생기면 스스로 고민하지 않고 바로 교사에게 달려가는 학생과도 같다. 이처럼 다른 사람에 의해 이미 평가된 정보만을 가치 있게 여기고 스스로 정보에 대한 평가나 판단을 유보하는 사람들이 많아질수록 그 사회는 특정 분야에 대한 전문성을 갖춘 소수에게 엄청난 권력을 부여하게 되며, 결국 지식과 정보가 소수에게 독점된 권위적 사회가 될 것이다.

① 인과적 분석을 통해 미래를 전망하고 있다.
② 대상에 대한 개념을 밝혀 독자의 이해를 돕고 있다.
③ 기존의 예상과 빗나가는 현상을 제시하며 설명하고 있다.
④ 구체적인 사례를 제시하여 문제의 심각성을 강조하고 있다.

문 3. ㉠ ~ ㉢에 대한 이해로 적절하지 않은 것은?

四脚松盤粥一器	네 다리 소반 위에 ㉠ 멀건 죽 한 그릇
天光雲影共徘徊	㉡ 하늘빛과 구름 그림자 함께 떠도네
主人莫道無顔色	㉢ 주인이여 면목 없다 말하지 마오
我愛靑山倒水來	㉣ 얼비쳐 오는 청산 내사 좋으니.

- 김병연, 『무제』 -

① ㉠: 화자에게 베푸는 소박한 인정(人情)을 나타낸다.
② ㉡: 유유자적한 삶을 사는 화자 자신을 상징한다.
③ ㉢: 화자에게 시련을 주는 부정적인 존재이다.
④ ㉣: 화자의 안분지족하는 삶의 태도를 드러낸다.

문 4. 다음 글에 대한 감상으로 적절하지 않은 것은?

"여수 쪽으로 가시게 되면 영영 못 보게 되겠구만요."
옥화도 영감을 따라 일어서며 이렇게 말했다.
"사람 일을 누가 알간디, 인연 있음 또 볼 터이지."
영감은 커다란 미투리에 발을 꿰며 말했다. … (중략) …
"그럼 편히 계시오."
영감은 옥화에게 하직을 하였다.
"할아부지 거기 가 보시고 살기 여의찮거든 여기 와서 우리하고 같이 삽시다."
옥화는 또 한 번 이렇게 당부하는 것이었다.
"오빠, 편히 사시오."
계연은 이미 시뻘겋게 된 두 눈으로 성기의 마지막 시선을 찾으며 하직 인사를 하였다.
성기는 계연의 이 말에 꿈을 깬 듯, 마루에서 벌떡 일어나 계연의 앞으로 당황히 몇 걸음 어뜩어뜩 걸어오다간, 돌연히 다시 정신이 나는 듯, 그 자리에 화석처럼 발이 굳어 버린 채, 한참 동안 장승같이 계연의 얼굴만 멍하게 바라보고 있었다.
"오빠, 편히 사시오."
이렇게 두 번째 하직을 하는 순간까지도, 계연의 그 시뻘건 두 눈은 역시 성기의 얼굴에서 그 어떤 기적과도 같은 구원만을 기다리는 것이었고, 그러나 성기는 그 자리에 주저앉아 버릴 뻔하던 것을 겨우 버드나무 가지를 움켜잡을 수 있었을 뿐이었다.
계연의 시뻘겋게 상기한 얼굴은, 옥화와 그의 아버지가 그들을 지켜보고 있다는 것도 잊은 듯이 성기의 얼굴만 뚫어지게 바라보고 있었으나, 버드나무에 몸을 기대인 성기의 두 눈엔 다만 불꽃이 활활 타오를 뿐, 아무런 새로운 명령도 기적도 나타나지 않았다.

- 김동리, 『역마』 -

① '영감'은 운명론적인 사고방식을 지니고 있군.
② '성기'는 어쩔 수 없는 이별에 분노를 느끼고 있군.
③ '옥화'는 '영감'이 다시 돌아올 것을 예상하고 있군.
④ '계연'은 '성기'가 자신을 붙잡아 주기를 바라고 있군.

문 5. ㉠ ~ ㉣의 고쳐 쓰기로 적절하지 않은 것은?

'용광로(Melting Pot) 이론'은 다양한 인종이 어울려 사는 미국을 하나의 용광로에 비유하여 이민자들의 문화가 한데 섞여 지배 집단의 문화에 녹아들어 자연스럽게 동화되는 것을 의미한다. 물론 처음 용광로에 철광석이 떨어지면 불꽃이 튀는 것처럼 이민자들이 갖고 있는 다양한 문화는 사회 내에서 변화를 일으킬 수 있으나, 시간이 지나면 이질성은 줄어들고 ㉠ 부분적인 동질성을 확보하게 된다. 이는 기존의 문화 내에서 부조화를 유발할 수 있는 이민자들의 문화와 개성을 중시하기보다는 지배 집단의 문화를 중심으로 한 안정과 문화적 ㉡ 공정성을 강조하는 관점이다. 그러나 다문화주의적 관점에서 용광로 이론은 많은 비판을 받았다. 왜냐하면 용광로 이론은 소수 집단의 문화에 대한 억압과 차별을 유발하기 때문이다. 이에 대한 대안으로 제시된 '샐러드 볼 (Salad Bowl) 이론'은 다양한 문화를 ㉢ 대등한 관점에서 바라보고 각 문화의 고유성과 다양성을 존중한다. 이는 여러 문화가 함께 어우러져 ㉣ 상투적 문화를 창출할 수 있다는 점에서 세계화와 다문화 사회에 적합한 이론으로 주목받고 있다.

① ㉠을 '완전한'으로 고친다.
② ㉡을 '통합성'으로 고친다.
③ ㉢을 '대중적'으로 고친다.
④ ㉣을 '독창적'으로 고친다.

문 6. 다음 글에서 추론한 내용으로 가장 적절한 것은?

　논리 실증주의자와 포퍼는 지식을 수학적 지식이나 논리학 지식처럼 경험과 무관한 것과 과학적 지식처럼 경험에 의존하는 것으로 구분한다. 그중 과학적 지식은 과학적 방법에 의해 누적된다고 주장한다. 가설은 과학적 지식의 후보가 되는 것인데, 그들은 가설로부터 논리적으로 도출된 예측을 관찰이나 실험 등의 경험을 통해 맞는지 틀리는지 판단함으로써 그 가설을 시험하는 과학적 방법을 제시한다. 논리 실증주의자는 예측이 맞을 경우에, 포퍼는 예측이 틀리지 않는 한, 그 예측을 도출한 가설이 하나씩 새로운 지식으로 추가된다고 주장한다.
　하지만 콰인은 가설만 가지고서 예측을 논리적으로 도출할 수 없다고 본다. 예를 들어 새로 발견된 금속 M은 열을 받으면 팽창한다는 가설만 가지고는 열을 받은 M이 팽창할 것이라는 예측을 이끌어낼 수 없다. 먼저 지금까지 관찰한 모든 금속은 열을 받으면 팽창한다는 기존의 지식과 M에 열을 가했다는 조건 등이 필요하다. 이렇게 예측은 가설, 기존의 지식들, 여러 조건 등을 모두 합쳐야만 논리적으로 도출된다는 것이다. 그러므로 예측이 거짓으로 밝혀지면 정확히 무엇 때문에 예측에 실패한 것인지 알 수 없다는 것이다. 이로부터 콰인은 개별적인 가설뿐만 아니라 기존의 지식들과 여러 조건 등을 모두 포함하는 전체 지식이 경험을 통한 시험의 대상이 된다는 총체주의를 제안한다.

① 포퍼에 의하면 경험 외의 방법으로 증명할 수 있는 지식이 존재한다.
② 포퍼에 의하면 가설을 시험할 과학적 방법만 있다면 예측의 성공 여부를 알 수 있다.
③ 논리 실증주의자들에 의하면 여러 조건들을 고려하여 예측이 실패한 원인을 밝힐 수 있다.
④ 콰인에 의하면 기존의 지식에 부합하는 가설에서 도출된 예측은 변수가 없기 때문에 논리적이다.

문 7. ㉠~㉣에 대한 이해로 가장 적절한 것은?

　나는 당신의 ㉠옷을 다 지어 놓았습니다.
　심의(深衣)도 짓고, 도포도 짓고 자리옷도 지었습니다.
　짓지 아니한 것은 작은 주머니에 수놓는 것뿐입니다.

　그 주머니는 나의 손때가 많이 묻었습니다.
　짓다가 놓아두고 짓다가 놓아두고 한 까닭입니다.
　다른 사람들은 나의 바느질 솜씨가 없는 줄로 알지마는 그러한 비밀은 나밖에는 아는 사람이 없습니다.
　나는 마음이 아프고 쓰릴 때에 주머니에 수를 놓으려면 나의 마음은 ㉡수놓는 금실을 따라서 바늘구멍으로 들어가고 주머니 속에서 ㉢맑은 노래가 나와서 나의 마음이 됩니다.
　그리고 아직 이 세상에는 그 주머니에 넣을 만한 무슨 보물이 없습니다.
　이 작은 주머니는 짓기 싫어서 짓지 못하는 것이 아니라 ㉣짓고 싶어서 다 짓지 않는 것입니다.
　　　　　　　　　　　　　　　- 한용운, 『수의 비밀』 -

① ㉠은 임에 대한 사랑의 표현이다.
② ㉡은 화자를 번뇌에서 벗어나도록 돕는 임의 분신을 의미한다.
③ ㉢은 화자의 정성에 대한 임의 응답을 의미한다.
④ ㉣은 행위의 미완성을 통한 화자의 저항 의지를 의미한다.

문 8. 다음 대화에서 '현우'의 의사소통 방식으로 가장 적절한 것은?

민채: 현우야, 나 요즘에 고민이 있어. 공부를 제대로 해 보려고 하는데 뭘 어떻게 해야 할지 잘 모르겠어. 인터넷에서 공부법을 찾아봐도 잘 와닿지 않아.
현우: 정말 힘들었겠다. 나도 얼마 전까지는 같은 고민을 했는데, 이번에 찾은 방법은 나한테 잘 맞는 것 같아.
민채: 그래? 나한테도 방법을 알려 줄 수 있니?
현우: 물론이지. 이건 우리 담임 선생님께서 알려 주신 방법인데, 공부한 내용을 반복해서 읽는 거야.
민채: 그냥 반복해서 읽는다고? 그게 도움이 될까?
현우: 나도 처음에는 이해가 안 됐어. 처음에는 이 방법에 적응하는 데도 시간이 꽤 걸릴 거야. 그럴 땐 자투리 시간을 활용해 봐. 잠깐씩 반복해서 읽기만 하면 되는 거니까 공부에 대한 부담도 줄고 시간도 효율적으로 쓸 수 있어. 그러니까 어렵지 않게 성적을 올릴 수 있는 좋은 방법인 것이지!

① 상대방의 발화에 대해 의문을 갖고 문제점을 제기하고 있다.
② 문제점을 미리 예상하고 그에 대한 해결 방안과 효과를 제시하고 있다.
③ 문제의 본질을 파악하여 상대방이 어려움을 겪고 있는 이유를 설명해 주고 있다.
④ 문제의 원인이 자신에게 있음을 밝혀 상대방이 부담을 느끼지 않도록 배려하고 있다.

문 9. 다음 글에 대한 이해로 적절하지 않은 것은?

　농림 축산 식품부는 '스마트팜 보육 사업'을 신설하고 제1기 교육생 60명을 모집한다고 밝혔다. 모집 대상은 만 18세 이상부터 40세 미만의 청년으로, 전공에 관계없이 창업농을 희망하는 청년이라면 누구든지 지원할 수 있다.
　선발된 교육생은 3월 말까지 오리엔테이션을 거친 후 4월 2일부터 교육할 계획이며, 교육 과정은 입문 교육, 교육형 실습 교육, 경영형 실습 교육으로 구성되어 있다. 교육생별 영농 지식수준에 따라 3개월 내지 8개월의 입문 교육과 교육형 실습 교육을 수강한 후, 경영 실습 교육 과정에서는 팀별로 제공되는 스마트팜 실습 농장에서 자기 책임 하에 1년간 경영 실습을 할 수 있는 기회가 주어진다. 또한, 현장 실습과 경영 실습 과정에는 스마트팜 전문 컨설턴트의 현장 지도와 자문을 받으면서 영농을 할 수 있다.
　특히, 교육비는 전액 무료이며 교육생의 자격 요건에 따라 농업 법인 취업 알선과 월 최대 100만 원의 영농 정착금 혜택도 받을 수 있으며, 교육 과정을 수료한 청년 창업농에게는 스마트팜 종합 자금 및 신용 보증 기금 우대 지원, 비축 농지 장기 임대 우선 지원의 혜택이 주어진다.
　농식품부는 스마트팜 보육 사업을 통한 체계화된 교육과 실습 중심 교육을 통해 스마트팜을 이끌어 갈 전문 인력 확대와 청년 농업인의 유입 확대 등의 효과가 있을 것으로 기대하고 있다.

① 전체 교육 기간은 교육생마다 다를 수 있다.
② 농업 관련 전공자가 아니더라도 사업에 지원 가능하다.
③ 모든 교육생은 비축 농지 장기 임대 시 우선 지원 대상이 된다.
④ 실습 과정에서는 전문가에게 지도를 받을 수 있고 자문을 구할 수 있다.

문 10. 단어에 대한 설명으로 적절하지 않은 것은?

① 슬프다: '슳다'에 접미사 '-프-'가 붙어 형성된 말이다.

② 싸다: '값어치가 있다'에서 '저렴하다'의 뜻으로 바뀐 말이다.

③ 배꼽: '빗복'의 제2음절의 'ㅂ'과 'ㄱ'의 위치가 바뀌어 만들어진 말이다.

④ 좁쌀: '조'와 어두 자음군을 가지고 있던 '뿔'이 합쳐져 이루어진 말이다.

문 11. 다음 글의 주제로 가장 적절한 것은?

　　일반적으로 가족 구성원들이 서로 같은 가치관을 공유할 때 가장 친밀도가 높아진다고 생각하지만 실제로 가치관은 같은 가족이라고 해도 성별, 연령, 경험에 따라 다르게 형성된다. 이때 연령이나 경험에 따라 발생하는 가치관의 차이를 '세대 차이'라고 하는데, 아이는 부모 세대가 사회의 변화를 받아들이는 사회적 관용이 부족하다고 느끼거나 부모의 말과 행동에서 위선을 경험할 때 세대 차이를 느낀다. 그리고 부모는 자녀가 자신들의 규범을 따르지 않을 때 세대 차이를 느낀다.

　　그렇다면 어떻게 세대 차이를 줄일 수 있을까? 우선 부모가 가치관과 기준을 버리기는 어렵지만, 자녀의 말에 귀를 기울이고 그들의 가치관을 이해하기 위해 노력해야 한다. 또한 부모들은 그동안 자녀에게 강조해 왔던 말들을 실천함으로써 자녀에게 부모가 말을 실천에 옮길 줄 아는 존경의 대상이 되어야 한다. 마지막으로 자녀들이 자신의 자식이기 때문에 말을 들어야 한다는 생각을 버리고 자녀들을 독립적이고 성숙한 존재로 인정하고 존중해야 한다. 이러한 노력은 자녀가 부모에게 친근감을 느끼게 할 것이고, 나아가 서로의 가치관에 공감할 수 있는 발판이 될 것이다.

① 세대 차이 극복을 위해서 부모의 적극적인 노력이 필요하다.

② 세대 차이는 가정과 사회의 발전을 가로막는 방해 요소이다.

③ 부모와 자녀의 가치관 차이는 연령과 경험의 차이에서 비롯된다.

④ 자녀는 부모의 가치관을 적절히 수용해 세대 차이를 극복해야 한다.

문 12. 다음 글의 전개 순서로 가장 자연스러운 것은?

(가) 또한 시민들이 직접 참여하고 함께 만들고 즐기는 시민희곡 낭독공연, 시민공동체연극 워크숍 등 다양한 시민 축제 행사는 연극을 통해 공동체를 하나로 묶어 주었던 종합 제전의 성격을 회복하고 우리 시대 진정한 시민 축제의 진면목을 느끼는 데 부족함이 없게 해 주리라 생각합니다.

(나) 오늘부터 8일 동안, 시민들이 함께 참여하는 정약용 탄생 250주년 기념 총체극을 시작으로 한국과 프랑스, 호주, 일본, 중국, 러시아 외 여러 국가의 40개 연극 작품과 마주할 수 있을 것입니다.

(다) 앞으로도 '수원 화성 국제 연극제'가 전 세계의 보다 많은 관객들이 한 마음으로 함께할 수 있는 탄탄한 축제로 우뚝 설 수 있도록 꾸준히 노력해 주시리라 믿습니다.

(라) 유네스코 세계 문화유산인 아름다운 화성의 명소를 중심으로 수원 곳곳에서 '화성의 꿈, 시민낙락'을 주제로 열리는 이번 '수원 화성 국제 연극제'는 연극 본연의 즐거움뿐만 아니라 시민들이 참여해서 함께 만들어 가는 축제로 기획되어 더욱 큰 기대를 갖게 됩니다.

① (나) - (라) - (가) - (다)　　② (나) - (라) - (다) - (가)

③ (라) - (나) - (다) - (가)　　④ (라) - (나) - (가) - (다)

문 13. 밑줄 친 단어 중 동물과 관련된 말이 포함되지 않은 것은?

① 완벽한 글에는 사족을 달 필요가 없다.

② 중국산 김치가 국내 시장을 잠식하고 있다.

③ 일을 대충 처리하면 낭패를 보기 십상이다.

④ 위기에서 벗어날 수 있는 묘책을 마련해야 한다.

문 14. ㉠과 ㉡에 대한 설명으로 가장 적절하지 않은 것은?

(가) "아가, 너는 재상의 첩이 좋으냐, 여염집의 부인이 좋으냐? 아비, 어미가 있는데 부끄러울 게 뭐냐. 네 생각을 말해 보아라."

　　㉠채봉이 예사 여염집 처녀 같았으면 부모의 말이라 뭐라고 대꾸하지 않았을 터이지만, 원래 학식도 있을 뿐 아니라 장필성과의 일을 잠시도 잊지 않고 있는지라. 게다가 부모가 하는 얘기를 다 들은 터라 조금도 서슴지 않고 얼굴을 바로 하고 대답한다.

　　"차라리 닭의 입이 될지언정 소의 뒤 되기는 바라는 바가 아닙니다."

　　"허허, 그 녀석. 네가 첩 구경을 못해서 그런 소리를 하는구나! 재상의 첩이야 세상에 그 같은 호강이 또 없느니라."

　　- 작자 미상, 『채봉감별곡』 -

(나) 평강왕의 어린 딸이 잘 울었으므로 왕이 희롱하여, "네가 늘 울어서 귀를 시끄럽게 하니 커서 사대부의 아내가 될 수 없겠다. 바보 온달에게나 시집보내야겠다."라고 매양 말하였다. ㉡공주가 16세 되매, 상부(上部) 고씨(高氏)에게 시집보내려 하자 공주가 대답하기를, "대왕께서 항상 '너는 반드시 온달의 아내가 될 것이다.'라고 말씀하셨는데, 이제 무슨 까닭으로 예전의 말씀을 고치시나이까? 필부(匹夫)도 식언(食言)하지 않으려 하거늘 하물며 지존(至尊)이겠습니까? 왕자(王者)는 희언(戲言)이 없다고 합니다. 지금 대왕의 명령이 잘못되었사오니 소녀는 받들지 못하겠습니다." 하였다.

　　- 작자 미상, 『온달전』 -

① ㉠과 ㉡은 모두 주체적인 삶의 태도를 지니고 있다.

② ㉠은 부모에게 순응적인 면모를 보이나 ㉡은 끝까지 왕에게 순응하지 않는다.

③ ㉠은 배필을 선택할 때 재력(財力)보다는 자신의 사랑을 더 중시한다.

④ ㉡은 신의(信義)를 가장 중요한 덕목으로 여긴다.

문 15. 밑줄 친 말의 쓰임이 올바른 것은?

① 맑게 개인 하늘을 보니 마음이 편안해진다.

② 이번 일을 잘 추스리고 난 후에 이야기하자.

③ 예스러운 말투에서 그의 성격을 알 수 있었다.

④ 날이 너무 더워서 그런지 몸이 저절로 깔아진다.

문 16. 밑줄 친 부분의 한자 표기가 옳지 않은 것은?

① 거리 두기가 완화되면서 골목 상권이 <u>부활(復活)</u>했다.

② 그는 직장 상사의 <u>부조리(不條理)</u>를 만천하에 폭로했다.

③ 성급한 기술 개발은 오히려 <u>부작용(不作用)</u>을 불러온다.

④ 막내아들은 <u>불혹(不惑)</u>이 되어서야 겨우 장가를 갈 수 있었다.

문 17. 다음 글에 대한 이해로 적절하지 않은 것은?

20세기 미국은 전례 없는 평화와 번영을 누리게 되었고 사람들은 시간적·금전적 여유를 갖추게 되었다. 이에 따라 상품의 대량 생산과 대량 소비가 이루어졌고 기업은 더 많은 상품을 판매하기 위해 광고 제작에 힘을 쏟았다. 이러한 새로운 물결은 대중이 매체를 친숙하게 여기는 계기가 되었으며, 이에 일부 예술가들은 TV, 잡지, 광고와 같은 일상적 소재를 활용해 새로운 예술을 전개하는 '팝 아트(pop art)'를 탄생시켰다.

1960년대 팝 아트가 등장하기 전까지 미술계의 지배적인 양식은 추상 표현주의(抽象 表現主義)였다. 당시 예술 작품은 추상성이 짙고 난해해 엘리트 계층의 전유물에 불과했다. 그러나 팝 아트 작가들은 만화, 광고와 같은 일상에서 흔히 접할 수 있는 물건을 제재로 삼아 자신들의 작품을 대중들에게 선보였다. 팝 아트는 기존 미술의 관습에 대한 저항이라고 볼 수 있는데, 그들은 상업적이고 일상적인 도구들을 이용해 작품을 만드는 것에서 그치지 않고 예술 작품을 대량으로 복제했다. 즉, 작품의 유일성, 독창성에 대한 관념을 파괴하고 '고급 예술'과 '저급 예술' 간의 경계를 모호하게 만든 것이다.

팝 아트는 기법적인 측면에서도 기존의 미술과는 전혀 달랐다. 팝 아트의 거장인 '앤디 워홀(Andy Warhol)'은 어디서나 쉽게 구입할 수 있는 통조림 이미지 32개를 이어 붙여 대량 생산·대량 소비가 이루어지는 현대 사회의 단면을 드러내기도 하고 유명 연예인의 이미지를 초상화에 이용하기도 했다. 그뿐만 아니라, 전통적인 그림들과 인쇄된 이미지들을 결합하여 미술품을 만드는 기법을 사용하기도 했다. 다시 말해 팝 아트에 있어 정해진 기법은 존재하지 않았다.

① 팝 아트는 대중이 매체에 친숙해진 이후에 등장했다.

② 팝 아트는 작품이 희소성을 갖지 않도록 작품을 대량 복제했다.

③ 팝 아트가 등장하기 이전에 일반 대중은 예술을 접하기 어려웠다.

④ 앤디 워홀은 팝 아트의 기법을 정립하여 예술 장르로 정착시켰다.

문 18. 밑줄 친 부분에 어울리는 한자 성어로 가장 적절한 것은?

18세기 오스트리아에서 태어난 모차르트는 음악사상 가장 음악적으로 천재적인 인물로 손꼽힌다. 그는 어린 시절부터 뛰어난 재능을 보였으며 다양한 장르에서 수많은 명곡을 남겼다. 비록 그는 35세에 요절하였지만 <u>그의 명성과 명곡들은 오늘날까지도 전해지고 있다.</u>

① 面從腹背   ② 流芳百世

③ 囊中之錐   ④ 有名無實

문 19. 다음 글에 대한 이해로 적절하지 않은 것은?

'시간'은 인류의 역사와 항상 함께였지만, 현재 우리가 '시간'이라고 생각하는 개념은 사실 산업 혁명 시대의 발명품이다. 18세기 후반 산업 혁명 이후 공장을 중심으로 성장한 경제 체제는 생산량을 폭발적으로 증가시켜 자본가들에게 막대한 부를 안겨 준 대신 노동자의 낮과 밤, 그리고 계절을 빼앗았다.

산업 혁명 이전의 사람들은 태양이 떠 있을 때 일을 하고 태양이 지면 으레 잠이 들었다. 수확이 적은 겨울에는 충분한 수면을 취하고, 수확 시기에는 잠을 줄이고 낮잠으로 피로를 풀었다. 그러나 산업 혁명기의 노동자들은 공장 안의 좁은 공간에서 해가 언제 뜨고 지는지 알지 못했고, 밖이 추운지 더운지도 알지 못했다. 그들은 공장 종소리에 맞춰 일제히 일어나고 정해진 시간에만 휴식을 취할 수밖에 없었기 때문이다. 즉 작업 생산성을 높이기 위해 노동자들이 시간 감각을 느끼지 못하게 한 것이다.

고용주가 노동자에게 점점 더 많은 근무 시간을 요구하면서 최소한의 수면 시간마저 빼앗으려 하자, 노동자들은 고용주에게 표준화된 근무 시간을 요구하였다. 이와 같이 인간으로서 최소한의 권리를 보장받기 위한 투쟁은 끊임없이 지속되었고, 그 결과 현대 노동 시간의 개념을 확립하는 데 지대한 영향을 끼쳤다.

① 현대의 시간 개념은 산업 혁명 이후 성립되었다.

② 산업 혁명 이전의 인류는 시간의 영향을 받지 않았다.

③ 자본가는 노동자의 시간 감각을 통제해 생산성을 높였다.

④ 노동자들은 자본가에게 대항하여 인간다운 삶을 쟁취하고자 노력했다.

문 20. 다음 글에서 추론할 수 있는 것만을 <보기>에서 모두 고르면?

언어가 의미를 갖는 것은 언어가 세계와 대응하기 때문이다. 다시 말해 언어가 세계에 존재하는 것들을 가리키고 있기 때문이다. 언어는 명제들로 구성되어 있으며, 세계는 사태들로 구성되어 있다. 그리고 명제들과 사태들은 각각 서로 대응하고 있다. 이처럼 언어와 세계의 논리적 구조는 동일하며, 언어는 세계를 그림처럼 기술함으로써 의미를 가진다.

'그림 이론'에서 명제에 대응하는 '사태'는 '사실'이 아니라 사실이 될 수 있는 논리적 가능성을 의미한다. 따라서 언어를 구성하는 명제들은 사실적 그림이 아니라 논리적 그림이다. 사태가 실제로 일어나서 사실이 되면 그것을 기술하는 명제는 참이 되지만, 사태가 실제로 일어나지 않는다면 그 명제는 거짓이 된다. 어떤 명제가 '의미 있는 명제'가 되기 위해서는 그 명제가 실재하는 대상이나 사태에 대해 언급해야 하며, 그것에 대해서는 참, 거짓을 따질 수 있다. 만약 어떤 명제가 실재하지 않는 대상이나 사태가 아닌 것에 대해 언급하면 그것은 '의미 없는 명제'가 되며, 그것에 대해 참, 거짓을 따질 수 없다. 따라서 경험적 세계에 대해 언급하는 명제만이 의미 있는 것이 된다.

보기

ㄱ. 거짓이 될 가능성이 큰 명제는 의미 없는 명제일 확률이 높다.

ㄴ. 명제가 일단 발생한 사태와 대응한다면 명제의 진위를 판단할 수 있다.

ㄷ. 명제가 실제로 존재하는 대상을 언급하더라도 진위를 판단할 수 없다면 의미 없는 명제이다.

① ㄱ   ② ㄴ

③ ㄱ, ㄷ   ④ ㄴ, ㄷ

※ 쉬는 시간 없이, 실제 시험처럼 곧바로 영어 문제를 풀어 보세요.

영 어

제한 시간: **27분** | 시작 ___시___분 ~ 종료 ___시___분

※ 밑줄 친 부분의 의미와 가장 가까운 것을 고르시오.   [문 1. ~ 문 3.]

문 1.

> Sponsored social media posts have proven to be <u>lucrative</u> for influencers who have loyal followings.

① convenient   ② profitable

③ appropriate   ④ virtuous

문 2.

> During the dry season, the region's ponds and small lakes <u>vanish</u>.

① disappear   ② swerve

③ emerge   ④ expand

문 3.

> We have to wear uniforms at school <u>in accordance with</u> the student handbook.

① in remembrance of   ② in dissent with

③ in hindrance of   ④ in conformity with

문 4. 밑줄 친 부분에 들어갈 말로 가장 적절한 것은?

> I'm always surprised when I _____ someone I know while traveling.

① bump into   ② abide by

③ take over from   ④ grow up with

※ 어법상 옳지 않은 것을 고르시오. [문 5. ~ 문 6.]

문 5. ① He couldn't understand why his friend didn't enjoy reading books.

② Diseases are caused by pathogens that are invisible to the naked eye.

③ The official rules of the game has often ignored.

④ They are looking for someone who is able to teach them French.

문 6. ① People who meditate gain a sense of peace, tranquil, and serenity.

② Had I known the repair cost, I would have bought a new computer.

③ Half of the resort is currently closed as it is being renovated.

④ She bought several copies of the book to give out as gifts.

※ 우리말을 영어로 잘못 옮긴 것을 고르시오. [문 7. ~ 문 8.]

문 7. ① 그들은 3년 후에 집을 살 계획을 하고 있다.
→ They're planning to buy a house in three years.
② 나는 내가 가장 좋아하는 노래를 따라 부르지 않을 수 없다.
→ I can help but sing along with my favorite song.
③ 그녀는 기자의 질문에 열심히 대답했다.
→ She eagerly responded to the reporter's question.
④ 그 직원들은 그 건물을 떠나는 수밖에 없다.
→ The employees have no choice but to evacuate the building.

문 8. ① 우리는 너무 늦기 전에 티켓을 예매해야 한다.
→ We had better reserve our tickets before it is too late.
② 그는 항상 어디에 차를 주차했는지 기억하는 것에 어려움을 겪는다.
→ He always has trouble remembering where he parked her car.
③ 내가 집에 도착하자마자 내 이웃이 문을 두드렸다.
→ Hardly I have arriving home when my neighbor knocked on my door.
④ 그녀는 그녀의 성공을 열심히 일한 것의 결과로 본다.
→ She attributes her success to working hard.

문 9. 두 사람의 대화 중 가장 어색한 것은?
① A: Do you have an excuse for being late for work this morning?
B: Yes. The subway system broke down.
② A: I really liked the mystery elements the author used.
B: That's how he keeps the reader's attention.
③ A: Is there a specific sculpture in the gallery that interests you?
B: I've always enjoyed working with marble.
④ A: The food I cook always tastes great but it doesn't look good.
B: That sometimes happens to the best chefs, too.

문 10. 밑줄 친 부분에 들어갈 말로 가장 적절한 것은?

A: Long time no see. How was your winter break?
B: It was great. I went skiing in Switzerland with my family. How was yours?
A: It could've been better. _____.
I didn't really get to do anything.
B: Oh, that's too bad. I hope you're feeling better now.
A: Yes. Everything's back to normal.
B: I'm happy to hear that.

① I think it was a blessing in disguise
② There wasn't very much snow on the slopes
③ I was under the weather the whole time
④ Unfortunately, it took longer than expected

문 11. 주어진 글 다음에 이어질 글의 순서로 가장 적절한 것은?

The brains of people who are colorblind do not process colors properly, causing them to be unable to perceive colors the way others do.

(A) However, it is now thought that changing how light enters the eye can trick the brain into "seeing" colors correctly.
(B) Without the confusion of different wavelengths, EnChroma users' brains can then differentiate and see the colors they previously couldn't.
(C) This is the idea behind EnChroma, a new type of lens that blocks certain wavelengths, which cause color perception problems when they overlap, from entering the eye.

① (A) − (B) − (C)   ② (A) − (C) − (B)
③ (B) − (C) − (A)   ④ (C) − (B) − (A)

문 12. 주어진 문장이 들어갈 위치로 가장 적절한 곳은?

In reality, however, *bizarro* means "brave", not "unusual" or "amusing" as in English.

False friends are words in different languages that appear to be similar but have very different meanings. They can be spelled the same, have slight variations, or even sound the same, but they cannot be used interchangeably. The English word *bizarre* and the Spanish word *bizarro* are good examples of false friends. (①) The words look relatively similar and, when pronounced, *bizarro* sounds like *bizarre* with a Spanish suffix. (②) The development of these strikingly similar words occurs for a variety of reasons. (③) The most common is a shared etymology, and this is what results in the English and Spanish false friends *bizarre* and *bizarro*. (④) The terms both entered their respective languages via an earlier word adopted from Italian.

문 13. 다음 글의 제목으로 가장 적절한 것은?

Whenever we are hard at work, we often get to a point where we cannot do anything more, hitting a wall that makes us feel physically or mentally exhausted and prevents us from being productive. Although it seems like there is nothing that can be done to make it past this point, there is an effective solution: taking a break. It may feel counterintuitive, but studies show that stepping away can improve one's mental health and physical well-being, and increase the ability to complete tasks. According to biomedical scientist Dr. Javier S. Bautista, the key to increasing productivity can be as simple as making conscious decisions to rest and removing yourself from work for a while.

① Step Back to Get Ahead
② What It Takes to Succeed
③ How to Avoid Unnecessary Work Stoppages
④ Exhaustion Is the Biggest Barrier to Productivity

문 14. 글의 흐름상 가장 어색한 문장은?

In much of the Western world, multigenerational living has fallen out of favor. But recent research suggests that a return to this arrangement may offer benefits to children. ① Data show that living with grandparents who can invest more time and energy into them results in children who have higher cognitive functions. ② Although many cognitive skills are genetic, some can be improved with practice. ③ In addition to the cognitive benefits, living with grandparents also has emotional advantages. ④ Children who are raised with the assistance of their grandparents develop stronger social and familial bonds. As they interact with their grandparents, the children become more confident in themselves and in their relationships with others. Feeling more connected to and supported by those around them often leads to a reduction in behavioral and emotional problems.

※ 다음 글의 내용과 일치하지 않는 것을 고르시오.   [문 15. ~ 문 16.]

문 15.

Helen Keller was an American author and activist famous for her resilience. After contracting a mystery illness at 19 months of age, Keller was rendered both blind and deaf. Being unable to communicate, she felt as if she were "at sea in a dense fog," according to her autobiography, *The Story of My Life*. However, she eventually created a series of home signs that allowed her to have rudimentary communication with her family. Hoping to improve her abilities, Keller's parents hired a young woman named Anne Sullivan to be her teacher, a decision that would change her life profoundly. Sullivan taught Keller to communicate by spelling words into her hand, which allowed her to fully express herself for the first time. Using her new skills, Keller began to give public speeches with Sullivan's assistance. While many of these centered on the rights of the disabled, Keller also became famous for her advocacy for other marginalized groups such as women, the poor, and racial minorities.

① 헬렌 켈러는 질병으로 시각과 청각을 모두 잃었다.
② 헬렌 켈러는 가족과 기본적인 의사소통을 할 수 있었다.
③ 헬렌 켈러는 다른 사람의 도움 없이 대중 연설을 할 수 있었다.
④ 헬렌 켈러는 장애인과 여러 억압받는 이들을 옹호했다.

문 16.

For diners in the Americas and Europe, it would seem all but impossible to eat without some combination of fork, knife, and spoon, as these pieces of cutlery are used for nearly every meal. But this is not universal. In Eastern Asia, the functions of these pieces are often accomplished using chopsticks and a spoon; however, in some places, such as Thailand, Western utensils can be found alongside chopsticks, as each is considered superior for certain tasks. On the other hand, many South Asian, Middle Eastern, and African cultures eschew eating utensils altogether, opting instead for the fingers. Indians, for instance, mix foods with their fingertips, mashing it together and forming a bite-size morsel that they can transport to their mouths. To assist with this action, some sort of bread, such as roti or pita, is often served with meals, which permits diners eating these meals to sop or scoop up foods as others would do with spoons. This is taken a step further in Ethiopia, where a spongy flatbread called *injera* acts not only as an edible utensil but also as a plate.

① Western meals are generally eaten with forks, spoons, and knives.
② People in Thailand use Western utensils and chopsticks for different purposes.
③ Middle Eastern cultures consider it inappropriate for the hands to touch food.
④ Ethiopians use a flatbread as an edible serving vessel and utensil.

문 17. 다음 글의 요지로 가장 적절한 것은?

In countries with tipping cultures like the United States, it is often argued that the practice rewards workers for better service, but research shows that this may not be true. Studies have found that tipping rates are affected by non-merit-based factors over which servers have no control, such as attractiveness, gender, and race, allowing certain individuals to always earn more than others regardless of their respective skill. However, this discrimination is not only a problem for servers. It appears that tipping can lead to poorer service for customers, as staff members may deprioritize patrons whom they think will be poor tippers, often based on the same factors. In fact, most surveyed said that they had witnessed colleagues providing slower service to diners from whom they expected a low tip.

① Improving one's proficiency is the key to earning higher tips for waitstaff.
② People give lower tips to employees with whom they cannot form a connection.
③ Poor tippers are often remembered and provided slower service in the future.
④ Tipping can result in discriminatory practices by both diners and servers.

문 18. (A)와 (B)에 들어갈 말로 가장 적절한 것은?

Complexity—having a large number of regimented steps that must be followed—and divergence—having many selectable options—may seem like opposite ends of a spectrum, but this is not necessarily so. It is also incorrect to assume that they are mutually exclusive. A process that is complex may also be considered divergent. ___(A)___, a process can also be neither complex nor divergent. This does not mean, however, that there cannot be some overlap between the two or that one cannot be replaced by the other. ___(B)___, in some cases, substituting divergence with complexity may be wise. This is because the degree of expertise and decision making required for divergence is higher than for complex steps that follow specific rules. Imagine working in a restaurant. Your job will certainly involve both complex and divergent responsibilities. And the more time you spend on divergent tasks, the less efficient you will be, meaning more staff will be needed, increasing labor costs. If these were replaced by rules-based complex processes, then they would take less time, making staff more efficient both timewise and financially.

	(A)	(B)
①	On the other hand	In fact
②	As a result	Otherwise
③	Hence	For example
④	Nevertheless	Therefore

※ 밑줄 친 부분에 들어갈 말로 가장 적절한 것을 고르시오.
[문 19. ~ 문 20.]

문 19.

There are many ways to motivate customers to make purchases, but one of the most successful is to create a sense of urgency. For instance, when you're shopping online for airline tickets, you may often see "Only two seats left at this price" or "This price good for five minutes only." These subconsciously impel the customer to make a quick decision, often in the favor of making a purchase. This process works for two main reasons: one is that we worry that we will not get what we were looking for or that prices will change, and the other is that the less time we take, the greater the chance that we will decide to make a purchase. People are more likely to snap up things that appear to be _____.

① temporarily popular items
② limited-time offers
③ higher-quality products
④ name-brand designs

문 20.

If you're riding a bullet train travelling at 300 km/hr and throw a ball into the air, you may expect that the ball would move backwards, since it is no longer being pushed forward by the train, but in reality, it will simply go up and down. This is because of Newton's first law of motion, which states that "an object at rest will stay at rest, and an object in motion will stay in motion unless acted on by a net external force." In the case of throwing a ball in a bullet train, the ball is in motion as a result of being on the fast-moving train. When it is thrown into the air, it continues to move at the same speed as it was when it was in your hand. This is because the ball, just like you and the train, has inertia and will move in the same direction until something stops it. Unless something overcomes this force, the ball will continue on forever at the same speed. In reality, however, this would not occur, as both gravity and wind resistance would eventually cause the ball to _____ and come to rest.

① appear
② rise
③ travel
④ fall

※ 쉬는 시간 없이, 실제 시험처럼 곧바로 한국사 문제를 풀어 보세요.

한 국 사

제한 시간: 13분 | 시작 ___시 ___분 ~ 종료 ___시 ___분

문 1. 다음에 해당하는 나라에 대한 설명으로 옳은 것은?

> 여자의 나이가 열 살이 되면 서로 혼인을 약속하고, 신랑 집에서는 그 여자를 맞이하여 장성하도록 길러 아내로 삼는다. 여자가 성인이 되면 다시 친정으로 돌아가게 한다. 여자의 친정에서는 돈을 요구하는데, 신랑 집에서 돈을 지불한 후 다시 신랑 집으로 돌아온다.

① 10월에 무천이라는 제천 행사를 개최하였다.
② 남의 물건을 훔쳤을 때에는 12배로 갚게 하였다.
③ 사람이 죽으면 가족 공동 무덤인 목곽에 안치하였다.
④ 다른 부족의 경계를 침범하면 가축이나 노비로 변상하게 하였다.

문 2. (가)에 대한 설명으로 옳은 것은?

> 영휘 초에 마침 당나라 사신의 배가 돌아가려고 하자 얻어 타고 중국으로 들어갔다. …… __(가)__ 은/는 또 『화엄일승법계도』를 저술하고 아울러 간략한 주석을 붙여 일승(一乘)의 요긴한 알맹이를 모두 포괄하였으니 1000년을 두고 볼 귀감이 되어 저마다 보배로 여겨 지니고자 하였다.

① 인도를 다녀온 후 『왕오천축국전』을 남겼다.
② 김제 금산사를 중심으로 미륵 신앙을 전파하였다.
③ 무애가라는 노래를 지어 불교 대중화에 노력하였다.
④ 현세에서 고난을 구제받고자 하는 관음 신앙을 강조하였다.

문 3. 밑줄 친 '왕'의 재위 시기에 있었던 사실로 옳은 것은?

> 조광조가 왕에게 아뢰기를, "지방의 경우에는 관찰사와 수령, 서울의 경우에는 홍문관과 육경, 그리고 대간들이 모두 능력 있는 사람을 천거하게 하십시오. 그 후 대궐에 모아 놓고 친히 여러 정책과 관련된 대책 시험을 치르게 한다면 인물을 많이 얻을 수 있을 것입니다. 이는 역대 선왕께서 하지 않으셨던 일이요, 한나라의 현량과 방정과의 뜻을 이은 것입니다. 덕행은 여러 사람이 천거하는 바이므로 반드시 헛되거나 그릇되는 일이 없을 것입니다. 또, 대책 시험을 통해서는 그가 하려는 방법을 알게 될 것이니 두 가지 모두 손실이 없을 것입니다."라고 하였다.

① 양재역 벽서 사건이 일어났다.
② 회령에서 니탕개가 반란을 일으켰다.
③ 주세붕이 백운동 서원을 건립하였다.
④ 윤리서인 『삼강행실도』가 편찬되었다.

문 4. 다음 자료에 나타난 민족 운동에 대한 설명으로 옳은 것은?

> 정오가 가까워 오자 민족 대표들이 모여들기 시작하였다. 정오가 되자 태화관의 정자 동쪽 처마에 태극기가 걸렸다. 일동은 근엄한 자세로 태극기를 향하여 경례를 하였다. '독립 선언서' 낭독을 생략하고, 한용운이 인사말을 한 뒤에 그의 선창으로 '대한 독립 만세'를 외쳤다.

① 세계 약소 민족의 독립운동에 영향을 주었다.
② 순종의 인산일에 학생들의 주도로 전개되었다.
③ 국내에서 민족 유일당 운동이 시작되는 계기가 되었다.
④ 성진회와 각 학교 독서회 등에 의해 전국적으로 확산되었다.

문 5. 다음 중 유네스코 세계 기록유산으로 등재된 것을 모두 고른 것은?

> ㉠ 대동여지도
> ㉡ 『동의보감』
> ㉢ 국채 보상 운동 기록물
> ㉣ 『징비록』
> ㉤ 고려대장경판 및 제경판

① ㉠, ㉡, ㉣
② ㉠, ㉢, ㉣
③ ㉡, ㉢, ㉤
④ ㉢, ㉣, ㉤

문 6. (가) 지역에서 있었던 사실로 옳은 것은?

> 견훤이 서쪽으로 순행하여 __(가)__ 에 이르니 주위 백성들이 맞이해 위로하였다. 견훤은 인심을 얻은 것을 기뻐하며 주위의 사람들에게 말했다. "내가 삼국의 시초를 살펴보니 마한이 먼저 일어났고 진한과 변한은 따라 일어난 것이다. …… 신라와 당나라가 백제를 멸망시켰으니 내가 어찌 __(가)__ 에 도읍을 세워 의자왕의 오랜 분노를 갚지 않겠는가?" 마침내 후백제 왕이라 자칭하고 관부를 설치하여 직책을 분담시켰다.

① 망이·망소이가 봉기를 일으켰다.
② 신라의 5소경 중 하나가 설치되었다.
③ 조선 형평사 창립 총회가 개최되었다.
④ 동학 농민군이 조선 정부와 화약을 체결하였다.

문 7. 밑줄 친 '신문'에 대한 설명으로 옳은 것은?

> 뜻있는 친구들을 모아 회사를 조직하고 새로 신문을 발간하는데 순한글로 날마다 출판하고자 하니, 여러분께서는 많이 보시오. 신문의 명칭은 우리 대황제 폐하의 당당한 대한국 백성에게 속한 신문이라는 뜻에서 지은 것이니 또한 중대하도다.

① 천도교의 기관지로 일진회의 매국 행위를 비판하였다.
② 이종일이 창간하였으며, 하층민과 부녀자들이 많이 구독하였다.
③ 관보적 성격을 띠고 박문국에서 10일에 한 번씩 발행되었다.
④ 서재필이 정부의 지원을 받아 발행한 우리나라 최초의 민간 신문이다.

문 8. 다음 법령이 실시된 기간에 있었던 사실로 옳은 것을 모두 고른 것은?

> 제1조 국체를 변혁 또는 사유 재산제를 부인할 목적으로 결사를 조직하거나 이에 가입하는 자는 10년 이하의 징역 또는 금고에 처한다.
> 제4조 제1조 제1항의 목적으로 소요·폭행, 기타 생명·신체 또는 재산에 해를 가할 수 있는 범죄를 선동한 자는 10년 이하의 징역 또는 금고에 처한다.

> ㉠ 조선 청년 연합회가 조직되었다.
> ㉡ 제2차 조선 교육령이 공포되었다.
> ㉢ 조선어 학회 사건이 발생하였다.
> ㉣ 브나로드 운동이 전개되었다.

① ㉠, ㉡
② ㉠, ㉢
③ ㉡, ㉣
④ ㉢, ㉣

문 9. (가) 인물의 활동으로 옳은 것은?

> 위원장 (가) 은/는 다음과 같이 말하였다. "건국 준비에 가장 필요한 것은 첫째 치안을 유지함이요 둘째는 모든 건국의 소요되는 힘과 자재와 기구 등을 잘 보관하고 육성하여 새로 탄생되는 국가를 되도록 건전하게 건설하자는 것입니다. 치안 유지에는 치안대와 무위대를 차례로 조직·사용하는 한편 …… 대중의 식량 확보에는 최대한 노력을 하기로 합니다."

① 신민족주의를 내세운 국민당을 창당하였다.
② 삼균주의를 바탕으로 한 건국 강령을 작성하였다.
③ 통일 정부 수립을 주장하며 5·10 총선거에 불참하였다.
④ 일제의 패망과 광복에 대비하여 조선 건국 동맹을 조직하였다.

문 10. 고려 시대의 관리 등용 제도에 대한 설명으로 옳지 않은 것은?

① 제술과와 명경과를 통해 문관을 선출하였다.
② 음서는 사위나 조카, 외손자에게도 적용되었다.
③ 무관을 뽑는 무과가 정기적으로 실시되었다.
④ 법률, 회계, 지리 등의 기술학 시험인 잡과가 있었다.

문 11. 밑줄 친 '왕' 재위 시기의 사실로 옳은 것은?

> 왕이 평소 각간 위홍과 정을 통하였는데, 이때 이르러서는 늘 대궐 안으로 들이고 일을 처리하게 하였다. 그리고 그에게 명하여 대구 화상과 함께 향가를 모아 편찬하도록 하고, 이를 『삼대목』이라고 하였다.

① 오언태평송을 지어 당의 황제에게 바쳤다.
② 급찬 숭정이 발해에 사신으로 파견되었다.
③ 원종과 애노가 사벌주에서 반란을 일으켰다.
④ 사치 풍조를 없애기 위해 사치 금지 교서를 반포하였다.

문 12. 조선의 지방 제도에 대한 설명으로 옳지 않은 것은?

① 각 도의 행정을 총괄하는 관찰사를 파견하였다.
② 각 군현에 향촌 자치 기구인 경재소를 설치하였다.
③ 수령은 지방의 행정권, 사법권, 군사권을 가지고 있었다.
④ 군현 밑에 면·리·통을 설치하고 다섯 집을 1통으로 편제하였다.

문 13. (가) 토지 제도에 대한 설명으로 옳은 것은?

과전법 실시	→	(가) 실시	→	관수 관급제 실시

① 지급 대상 토지를 경기 8현으로 한정하였다.
② 인품과 관품에 따라 전지와 시지를 지급하였다.
③ 세습이 가능했던 수신전, 휼양전 등이 폐지되었다.
④ 해당 지역의 조세와 역 징발권을 부여하였다.

문 14. (가) 시기의 사실로 옳은 것은?

> 고구려가 낙랑군을 완전히 축출하였다.
> ↓
> (가)
> ↓
> 고구려가 백제의 수도인 한성을 함락시켰다.

① 신라가 지배자의 칭호를 마립간으로 변경하였다.
② 오경 박사인 단양이와 고안무가 일본에 파견되었다.
③ 고구려가 위나라 장수 관구검의 공격을 받았다.
④ 태학 박사 이문진이 역사서인 『신집』을 편찬하였다.

문 15. 대한 제국에서 추진한 정책으로 옳은 것을 모두 고른 것은?

> ㉠ 만국 우편 연합에 가입하였다.
> ㉡ 신식 화폐 발행 장정을 공포하였다.
> ㉢ 양잠 전습소와 잠업 시험장을 설립하였다.
> ㉣ 지방 행정 구역을 8도에서 23부로 개편하였다.
> ㉤ 상행위에 관한 업무를 관장하는 상무사를 조직하였다.

① ㉠, ㉡, ㉣
② ㉠, ㉢, ㉣
③ ㉡, ㉢, ㉣
④ ㉢, ㉣, ㉤

문 16. 다음 합의문에 대한 설명으로 옳은 것은?

> 2. 남과 북은 나라의 통일을 위한 남측의 연합제 안과 북측의 낮
> 은 단계의 연방제 안이 서로 공통성이 있다고 인정하고 앞으
> 로 이 방향에서 통일을 지향시켜 나가기로 하였다.
> 3. 남과 북은 올해 8·15에 즈음하여 흩어진 가족, 친척 방문단을
> 교환하며, 비전향 장기수 문제를 해결하는 등 인도적 문제를
> 조속히 풀어 나가기로 하였다.

① 남북한이 동시에 유엔에 가입하는 계기가 되었다.
② 북방 외교를 추진한 노태우 정부 때 발표되었다.
③ 이 합의문의 결과 개성 공단이 건설되었다.
④ 합의 사항의 추진을 위해 남북 조절 위원회를 구성하기로 하였다.

문 17. 조선 후기의 역사서에 대한 설명으로 옳지 않은 것은?

① 한치윤은 중국 및 일본의 자료를 참고한 『해동역사』를 저술하였다.
② 임상덕은 『동사회강』에서 기자 조선과 마한을 정통으로 인정하였다.
③ 홍만종은 『동국역대총목』에서 단군을 우리 역사의 시작으로 규정하였다.
④ 이긍익은 조선 시대의 정치와 문화를 정리하여 『연려실기술』을 저술하였다.

문 18. (가), (나)에 들어갈 이름을 바르게 연결한 것은?

> ○ [(가)]은/는 한반도에 남아 있는 유일한 고구려 비석으로,
> 당시 스스로를 천하의 중심으로 자부하는 고구려인의 천하관
> 이 반영되어 있다.
> ○ [(나)]은/는 신라가 함경도 지방으로 진출한 사실을 알려
> 주는 순수비로, 진흥왕 순수비 중에 가장 먼저 발견되었으며,
> 추사 김정희가 비문을 고증하였다.

	(가)	(나)
①	광개토 대왕릉비	마운령비
②	충주 고구려비	황초령비
③	광개토 대왕릉비	황초령비
④	충주 고구려비	마운령비

문 19. 밑줄 친 '그'에 대한 설명으로 옳은 것은?

> 일찍이 말하기를, "왜구를 제어함에는 화약만한 것이 없다."라고
> 하였으나, 국내에는 아는 사람이 없었다. 그는 항상 중국 강남에
> 서 오는 상인이 있으면 곧바로 만나보고 화약 만드는 법을 물었
> 다. 어떤 상인 하나가 대강은 안다고 대답하자, 자기 집에 데려
> 가 의복과 음식을 주고 수십 일 동안 물어 대강의 요령을 터득했
> 다. …… 왜선 3백여 척이 전라 진포에 침입했을 때 조정에서 그
> 가 만든 화약을 시험해 보고자 하였다.

① 왕에게 화통도감 설치를 건의하였다.
② 전민변정도감의 책임자로 임명되었다.
③ 관음포 앞바다에서 왜선을 격침하였다.
④ 왜구의 소굴이었던 대마도를 정벌하였다.

문 20. 다음 사건 이후의 사실로 옳은 것을 모두 고른 것은?

> 왕이 전교하였다. "이번에 덕산 묘소에 발생한 변고는 매우 놀랍
> 고 송구스러운 일이다. 바다 밖의 서양 놈들이 어찌 길을 알아서
> 멋대로 쳐들어 왔겠는가. 필시 우리나라의 간사한 무리들 가운데
> 길을 인도한 자가 있었을 것이다. 생각이 여기에 미치니 더욱 놀
> 랍고 통분하다."

> ㉠ 일본의 운요호가 초지진을 포격하였다.
> ㉡ 조선 정부가 프랑스 선교사를 처형하였다.
> ㉢ 어재연의 부대가 광성보에서 결사 항전하였다.
> ㉣ 외규장각에 보관되어 있던 『의궤』가 약탈되었다.

① ㉠, ㉡
② ㉠, ㉣
③ ㉡, ㉢
④ ㉡, ㉣

제1회 정답·해설 _ 해설집 p.4
※ OMR 답안지의 QR코드를 스캔하여 <모바일 자동 채점 + 성적 분석 서비스>를 활용해 보세요.